철학
도해
사전

철학도해사전

ⓒ 들녘 2016

초판 1쇄	2016년 2월 5일		
초판 6쇄	2022년 4월 18일		

지은이	페터 쿤츠만·프란츠 페터 부르카르트 프란츠 비트만		
그린이	악셀 바이스		
옮긴이	여상훈		

출판책임	박성규	펴낸이	이정원
편집주간	선우미정	펴낸곳	도서출판 들녘
편집	이동하·이수연·김혜민	등록일자	1987년 12월 12일
디자인	고유단	등록번호	10-156
마케팅	전병우	주소	경기도 파주시 회동길 198
경영지원	김은주·장경선	전화	031-955-7374 (대표)
제작관리	구법모		031-955-7381 (편집)
물류관리	엄철용	팩스	031-955-7393
		이메일	dulnyouk@dulnyouk.co.kr

ISBN	979-11-5925-126-9 (03100)	CIP	2016001646

이 도서의 국립중앙도서관 출판예정도서목록(CIP)은 서지정보유통지원시스템 홈페이지(http://seoji.nl.go.kr)와
국가자료공동목록시스템(http://www.nl.go.kr/kolisnet)에서 이용하실 수 있습니다.

값은 뒤표지에 있습니다. 잘못된 책은 구입하신 곳에서 바꿔드립니다.

철학
도해
사전

페터 쿤츠만
프란츠 페터 부르카르트
프란츠 비트만

여상훈 옮김

들녘

이 책은 철학의 역사를 주요 사상가를 중심으로 요약한 것이다. 독자들은 이 책을 통하여 철학이 제기하는 기본 문제와 그에 대한 답변 방식, 철학의 방법론과 개념을 이해하게 될 것이다. 각 장을 시작하는 개관 페이지는 철학자들이 이룬 사상적 업적의 역사적 배경을 다룬다.

DTV 출판사의 '도해 시리즈'는 내용을 개관하는 데는 대단히 유용하지만, 이를 위해서는 대표적인 내용만 골라서 연대기로 서술해야 하는 어려움도 있다. 저자들에게 허락된 짧은 분량으로는 모든 철학자를 다룰 수도 없고 상세한 설명도 할 수 없었다. 그래서 각 학파나 철학자의 가장 중요한 사상을 함축적으로 실었다.

철학적 사유를 그림과 표로 일목요연하게 보여준다는 것은 철학 분야에서 새로운 시도다. 도해 부분은 본문을 명료하게 보여주고 보완할 뿐 아니라 요약한다. 이런 장치는 철학에 대한 독자의 이해를 넓히고 독자 스스로 문제를 제기하도록 자극하려는 것이다.

저자들의 간략한 개념도를 제대로 된 그림으로 옮긴 악셀 바이스Axel Weiß 씨의 적극적인 협력에 감사드린다. DTV 출판사의 빈프리트 그로트Winfried Groth 씨와 동료들, 특히 색인을 작성한 리젤로테 뷔히너Liselotte Büchner, 사려 깊게 협조해준 가브리엘레 부름Gabrielle Wurm 두 분, 그리고 조언을 아끼지 않은 많은 분들께 감사드린다.

1991년 5월 뷔르츠부르크에서
저자 일동

"Esse est percipi aut percipere.(존재는 지각되는 것이거나 지각하는 것이다.)"

철학 좀 안다는 사람이면 다 아는 아일랜드 철학자 조지 버클리의 유명한 말입니다. 어떻게 해서 우리가 세계를 경험하게 되는지 설명하면서, 그는 애초부터 세계가 있어서 우리가 너무나 당연히 그것을 보고 겪는다는 생각을 한 번 뒤집습니다. "어떤 것이 '있어서' 우리 눈에 띄는 게 아니라 우리가 '보니까' 그게 있다"고 말입니다. 결국 세상에는 세계를 지각하는 "나", 그리고 내가 지각해서 비로소 있게 되는 "세계", 딱 두 가지 종류의 "존재"(얼마나 따분한 말인가요. "~이다", "있다"의 명사형인 being(영), Sein(독) 같은 말, 태어나서 엄마 다음으로 배우는 낱말 가운데 하나가 존재니 뭐니 하며 우리에게 너무나 무겁고 어렵게 던져지니 말입니다)만 있는 셈입니다.

철학에서 짐짓 인상을 쓰며 이리 비틀고 저리 꼬며 풀어놓는 언설이란 참 쓸 데 없는 말장난으로 들리기도 합니다. 그리고 그 가운데 많은 문장은 초등학교에서 썼다가는 선생님이 딸기밭처럼 새빨갛게 수정해서 돌려주실 정도로 우리말로도 낙제입니다. 게다가 우리나라의 모든 학문 분야에서 철학만큼 용어가 고정되지 않은 분야도 없을 겁니다. 이건 우리나라 철학 전문가들의 잘못만은 아닙니다. 손에 잡히지 않는 걸 다루는 분야일수록, 그리고 그런 분야의 주된 내용이 하필이면 영 생뚱맞은 언어권에서 온 것일수록, 모호함은 "업계" 전체를 위협하는 불치병이 되니 말입니다.

오래전에 교수님 한 분이 지나가며 하신 말씀이 아직 생생합니다. 이탈리아로 유학을 간 지 며칠 안 되어 시장을 갔을 때였습니다. 비릿한 생선 한 마리가 먹음직해서 달라고 했더니, 가게 주인 아주머니가 생선을 번쩍 들면서, "오페라레?" 하고 묻더랍니다(이탈리아에서 정말 이렇게 말하는지는 가본 적 없는 저로선 알 도리가 없습니다만). 교수님의 머리가 고속으로 회전하기 시작했습니다. '오페라레라……모두스 오페란디modus operandi(작업이나 작용의 방식)의 어원일 것 같은 오페라레? 그럼 어떤 작용? 생선이 나한테 미칠 작용? 저 아주머니가 왜 나한테 심오한 말을 할까?' 결국 생선을 사기는 하셨지만, 기숙사에 와서 물어보니 그건 "생선, 다듬어 줄까, 총각?"이란 말이었답니다.

순전히 말로 먹고사는 분야란 안 그래도 말 많고 잘난 사람 많아서 골치 아프잖아요? 그런데 이렇게 완전히 다른 언어권의 갑론을박을 번역이라는 믿지 못할 필터에 헹궈 모셔오다 보니, 그들에겐 일상적인 말로 하는 학문이 우리에겐 가방 끈 긴 사람들끼리 하는 귀족 학문이 되고 맙니다. 당연한 일이죠. 그렇다고 전문 용어 안 쓰는 경쾌하고 캐주얼한 철학 이야기만으로는 우리나라 빼고 세상 모든 사람이 21세기에도 여전히 무지하게 중요하다고 말하는 철학의 맛을 제대로 볼 수는 없습니다. 심각한 건 정말 심각하게 꼬치꼬치 짚을 필요가 있으니 말예요. 그렇다고 대학마다 돈 안 되고 "스펙"에 도움 안 되는 학과를 없애고 싶어 안달이 난 이 나라에서 짧은 철학사 한 권 번역한다고 몇 계절을 땀 흘리는 게 무슨 실리가 있고 보람이 있는 일일까요?

그래서 다시 버클리로 돌아가야겠습니다. 영화 〈클라우드 아틀라스〉를 보고 있는데 워쇼스키 자매가 여신이 될 운명인 클론 배두나의 입을 빌려 몹시 버클리스러운 말을 합니다. "To be is to be perceived and so to know thyself is only possible through the eyes of the other(존재한다는 것은 지각됨을 뜻한다. 그러니 그대가 누군지는 타인의 눈을 통해서만 알 수 있다)." 철학은 이런 모습으로 세상 사람들의 생활 속에 불쑥불쑥 등장합니다.

오지랖이 이렇게 대양처럼 넓다 보니, 도서관이 통째로, 신문 백 년치가 통째로, 영화가, 음악이, 태산같이 큰 돈이 광속으로 날아다니는 이 짜릿한 신세계에서도 어느 한 구석 철학이 입을 대지 않는 곳이 없습니다. "지금 대전까지 제일 빨리 가는 걸로 한 장!" 하면 KTX 표를 내주는 의사소통의 원리, 스타벅스에서 뚜껑을 여는 사과표 노트북의 직관적인 작동, 데모하는 열 명을 경찰 백 명이 둘러싸면 안 된다는 상식. 이 모든 것 안에 철학이 있다는 것, 그게 유독 우리만 눈 감고 보지 않으려는 세계의 상식입니다.

청바지를 입지도 않았고 인문학 열풍의 경박단소한 시류에 숟갈 하나 얹지도 못할 책을 굳이 출간하겠다는 출판사의 무모함, 돈 안 되는 두뇌품은 팔지 말라는 우리 사회의 벌거벗은 천박함, 이 두 가지가 번갈아 차고 뜨거운 자극이 되어 옮긴이를 여기까지 몰고 왔습니다. 도대체 수천 년이 지나도록 인류의 머릿속에 무슨 생각이 오갔길래 세상이 지금 딱 이 모습이 되었는지 궁금하시다면, 쫓기는 일상에서 조금의 인내와 조금의 정열을 남겨 이 책을 읽어보시기를 권합니다. 세상을 가장 크게 바꾸어 온 것은 총, 균, 쇠가 아니라 철학이라는 게 요즘 여론을 농단하는 자들이 입에 달고 사는 "인터내셔널 스탠다드"거든요.

철학의 역사는 우리에게 말합니다. 양심과 사상의 자유가, 부조리와 황금의 전횡을 향해 중지를 꼿꼿이 세울 권리가 조롱당하는 사회는 역사적으로 전제적 노예제 사회였다고 말입니다. 그런 사회의 표징은 학교와 종교, 정치와 사법처럼 영육의 룰을 다루는 집단의 타락입니다. 사정이 이 모양이니 철학이, 철학의 역사가 당장은 독자 여러분에게 어떤 위안도, 해결책도 주지 않을 것입니다. 하지만 또 한 번 철학이 우리에게 알려주는 것은 탐욕과 거짓의 지배가 우습게도 마음속 생각에 불과한 약한 것에 무너진다는 사실입니다. 철학에는 선한 사람을 지혜롭고 강하게 만드는 힘이 있습니다. 그러니 독자 여러분, 이 책을 여러분 인생의 배낭에 넣고 유쾌한 지식과 반전이 가득한 철학사의 여행을 떠나보시기를 권합니다.

여상훈

1. 도해와 함께 "철학 하기"

이 책은 비교적 적은 분량으로 철학사 전체를 요약하고 있습니다. 그러다 보니 문장은 메마르고 설명은 곳곳에서 부족해졌습니다. 이런 문제를 풀어주는 것이 바로 도해로, 독자 여러분이 이 책을 읽는 보람의 반쯤은 그림과 표로 이루어진 도해에 있을 것입니다.

삽화가 악셀 바이스에게 세계적인 도서 미술상("펠리체 펠리차노 국제 도서 미술상")을 안겨준 이 책의 도해는 주요 철학자들의 사유 경로를 알기 쉽게 따라잡을 수 있도록 도와줍니다. 도해는 화려하지는 않지만 직관적이면서 논리적입니다. 본문과 비교하면서 두 번 정도만 찬찬히 보면 난해한 개념과 사상 체계의 구성을 이해할 수 있습니다. 이 도해 안에 역사 안의 철학자들과 함께하는 "철학 하기"의 열쇠가 있는 셈입니다.

도해에는 본문에서 다루어지지 않은 내용도 포함되어 있습니다.

2. 한자어와 외국어를 함께 쓴 이유

우리글에 한자를 함께 쓰거나 학교에서 한자를 가르쳐야 한다는 주장에 전혀 동의하지 않는 역자의 생각과는 달리, 이 책의 많은 용어에는 한자어가 붙어 있습니다. 이 모순은 우리나라에서 철학 이야기를 나누는 일의 어려움을 그대로 보여줍니다. 우리나라에서 철학, 특히 서양 철학이라는 학문은 먼저 이를 수용한 일본인들의 용어 번역에 단단히 발목이 잡혔고(이런 사정은 중국도 마찬가지입니다), 그들이 일본식 한자 사용법을 기준으로 꼼꼼히 옮긴 용어 없이는 입도 뗄 수 없게 되었습니다. 이 문제를 이겨내기 위해 "우리말로 철학 하기"를 목표로 애쓰는 분들도 있지만, 이 책에서 그런 가능성을 담아내기에는 역자의 능력이 닿지 않았습니다.

한자어로 된 용어가 우리말에 완전히 녹아들어 따로 한자의 내용을 생각하지 않고도 그 논리를 충분히 알 수 있는 경우라면 한자어를 함께 쓸 이유가 없습니다. 하지만 독자들에게 많은 용어는 우리말 안에 들어와 있는 다른 외래어와는 다르고도 낯선 구조로 되어 있습니다. 그래서 앞으로 철학을 다루는 갖가지 글에서 만나게 될 한자 용어를 이 책에서 먼저 만날 필요가 있다고 생각했습니다.

우리말의 한자 사용법과 동떨어지게 만들어진 많은 일본식 용어도 내키지 않은 심정으로 쓰면서 되도록 이해를 돕는 역주를 달았습니다. 다만 전문가들의 인정을 받아 쓰이게 된 더 나은 번역어가 있으면 사용했습니다.

서양 고대어, 영어, 독일어 등 외국어 또는 그것의 우리말 읽기를 함께 쓴 것도 앞으로 만나게 될 그런 용어나 문장을 미리 알아두기를 권하려는 뜻입니다. 하지만 유럽어가 아닌 언어로 된 용어는 로마자 표기를 함께 썼습니다. 유럽어 가운데 그리스어도 강세 표시를 빼고 로마자로 표기했습니다.

3. 시대 구분, 인명과 지명 표기, 외국어 표기

지은이들은 고대, 중세, 근대, 현대라는 서구 중심의 시대 구분 용어를 사용합니다. 켈라리우스(C. Cellarius)의 역사 구분에 노예제(고대), 봉건제(중세), 자본제(근대)라는 마르크스주의의 지배 체제에 따른 구분이 더해진 것이 서양식 시대 구분입니다. 이 책에서는 어쩔 수 없이 지은이들의 용어를 그대로 옮겼지만, 곳곳에 등장하는 "노이차이트Neuzeit"라는 시대 구분 용어는 따로 구분하지 않았습니다. 이 독일어는 보통 16세기 이후 오늘에 이르는 시대를 가리키는 보통명사지만, 여러 분야의 일본어 번역자들은 이를 "근세"라고 옮겨 중세와 근대 사이의 어떤 시기(일본 한정으로는 에도 시대)를 일컫습니다. 그 바람에 우리나라에서도 그런 모호한 뜻으로 쓰입니다. 이 책에 등장하는 "노이차이트"는 근대로 통일하고, 제2차 세계대전 이후는 현대로 옮겼습니다.

인명과 지명은 원서의 표기법이 아니라 국제적인 관례를 따랐습니다("플로틴"이 아니라 "플로티노스", "크라카우Krakau"가 아니라 "크라쿠프Kraków"). 고대 그리스 시대 이후라도 그리스 철학자는 그리스식으로("디오니시우스Dionysius"가 아니라 "디오니시오스Dionysios"), 영국인, 프랑스인이라도 라틴어로 글을 쓰고 당대 학계에서 라틴명으로 불렸으면 라틴명으로 썼습니다.

외국어의 우리말 표기는 국립국어원이 정한 "외래어 표기법"을 원칙으로 했습니다. 그러나 도저히 용납 안 되는 몇 가지 외국어는 그에 따르지 않았음을 미리 밝히며 이해를 부탁드립니다.

라틴어의 우리말 표기는 고전 라틴어 읽기를 기준으로 했습니다.

4. 역주

철학을 처음 접하는 독자를 위해 간단한 설명이나 배경 지식이 필요한 곳곳에 * 표를 하고 역주를 달았습니다. 역주의 내용에 대한 책임은 전적으로 옮긴이에게 있습니다.

5. 인용문

이 책에서 저자들은 문헌을 인용하면서 대부분 그 출처를 밝히지 않습니다. 학술서가 아니기 때문일 것입니다.

인용문은 노랑 막대 뒤에 들여쓰기로 되어 있습니다. 그 가운데 따옴표 안에 있는 것들(예: "계몽이란 인간이 자기 탓으로 빠져 있는 미성숙한 상태에서 벗어나는 것이다.")은 그 내용이 누구의 말이고 어떤 책에서 인용한 것인지 문맥에서 짐작할 수 있습니다. 노랑 막대 뒤에 아무런 표시 없이 인용된 내용(예: 신이란 인간의 감정, 그 가운데 감사하는 마음이 표현된 것일 따름이다.)은 해당 철학자나 사조의 연구자들이 정리한 것입니다.

인용문의 번역은 한국어 출판물이 아니라 이 책의 독일어판을 기준으로 했으며, 오해를 일으킬 수 있는 고전 인용문은 되도록 원문을 찾아 옮겼습니다.

목차

20세기 철학

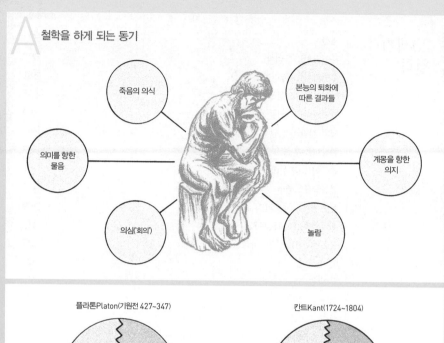

A 철학을 하게 되는 동기

죽음의 의식

본능의 퇴화에 따른 결과들

의미를 향한 물음

계몽을 향한 의지

의심('회의')

놀람

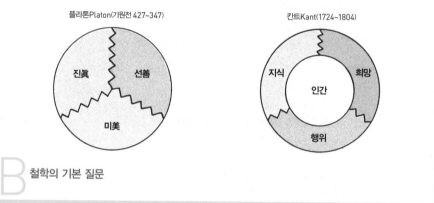

플라톤Platon(기원전 427~347)

진眞   선善

미美

칸트Kant(1724~1804)

지식   희망

인간

행위

B 철학의 기본 질문

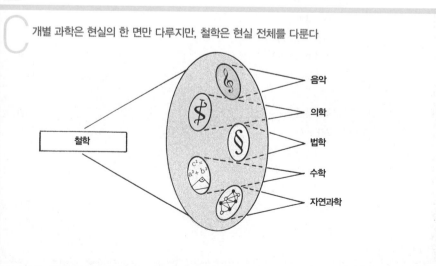

C 개별 과학은 현실의 한 면만 다루지만, 철학은 현실 전체를 다룬다

철학

음악

의학

법학

수학

자연과학

들어가는 말

그리스어에서 나온 **철학哲學, 필로소피아**philosophia 라는 말은 지혜를 향한 사랑을 뜻한다. 따라서 철학자는 지혜의 친구, 곧 갖가지 지혜를 탐구하는 일에 뛰어난 사람을 가리킨다.

사람들이 지혜를 얻으려고 노력하게 되는 동기, 무언가를 알아내려고 애쓰게 되는 원동력은 무엇일까?

다시 말해서, 우리는 무엇에 자극을 받아 철학을 하게 되는 것일까? 그리스 철학자 플라톤Platon(기원전 5세기)과 아리스토텔레스Aristoteles(기원전 4세기)는 철학의 **동기**를 "사람들이 무엇인가에 놀라는 것"이라고 생각한다.

> "⋯⋯오늘날도 마찬가지겠지만, (사람이 무엇을 보거나 겪고는) 놀라는 것이야말로 무언가를 알아내려고 노력하는 계기가 된다. ⋯⋯ 이렇게 질문을 던지거나 놀랄 때 사람은 자신이 무지하다는 생각이 든다. ⋯⋯ 그래서 그런 무지에서 벗어나려고 지혜를 탐구하기(철학하기) 시작한다⋯⋯."(아리스토텔레스)

인간은 자신이 경험하는 세계를 있는 그대로 받아들이는 것이 아니라 뭔가 이상하다고 여기며 이렇게 묻는다. "어떻게 애초에 뭔가가 있게 되었을까? 우리 눈앞에서 벌어지는 것(현상)을 뒤에서 움직이는 주체는 무엇일까? 우리는 왜 사는가?"

때를 가리지 않고 생기는 질문으로 인해 일상에서 너무도 당연한 것으로 여기던 것들은 갑자기 의심스러워지고, 우리의 개별적인 지식이 아무리 쌓여도 전체의 속내(본질)와 의미는 여전히 감춰져 있다는 사실이 분명해진다.

의심도 철학을 시작하거나 밀고 나가는 원동력이 된다. 무엇인가에 대해 알게 되면(인식認識하게 되면) 우리는 그 인식의 원천에 대해서도 의심하며 따져 묻는다. 인식의 원천만이 아니라 전해 내려오는 가치나 사회규범의 옳고 그름도 의심을 통한 비판의 대상이 된다.

또한 우리가 언젠가는 죽음을 맞을 것임을 의식하며 산다는 사실도 철학을 하는 근원이 된다.

> "쉼 없이 다가오는 죽음이야말로 아무것도 묻지 않고 멍청하게 살지 말라고, 자신에 대해 깊이 생각하고 인생에서 취할 본질적인 것이 무엇인지를 결

정하라고 다그친다."

고통과 죽음은 인간을 얄팍하기 짝이 없는 안식처에서 몰아내고 삶의 의미를 묻게 만드는 극한 경험이다.

인간의 생물학적인 특징은 본능의 퇴화라고 할 수 있다. 그래서 본능에 따른 행동 양식 대신 이성이 이끄는 행동양식대로 살도록 강요받는다. 하지만 이렇게 본능이 퇴화하면서 동시에 자기 자신을 규정하는 자유도 얻는다.

그러나 이렇게 본능이 퇴화하고 자신을 규정하는 자유를 얻은 인간은 자신이 살고 있다는 사실(존재하고 있다는 사실)이 무엇에 바탕을 두고 있는지 늘 이성적으로 반성하게 된다.

> "인간은 언제나 자기가 할 수 있는 것 이상을 원하고, 자신에게 정해진 것을 벗어나서 행동할 수 있는 존재다."(비클러W. Wickler)

철학적인 질문을 하지 않는 사람은 없다. 철학은 자신에 대해 책임을 지는 인간이 되려면 꼭 하게 되어 있는 행위 가운데 하나다. 따라서 모든 철학은 칸트E. Kant의 유명한 정의대로 **계몽**(가르쳐 깨우치는 일)이라고 할 수 있다.

> "계몽이란 인간이 자기 탓으로 빠져 있는 미성숙한 상태에서 벗어나는 것이다. 미성숙이란 다른 이의 인도 없이는 자기 지성知性을 활용할 수 없는 상태를 말한다."

철학이 무엇인지는 명확한 개념으로 설명할 수 없다. "어떻게 하는가?"에 따라 철학이 무엇인지가 밝혀지기 때문이다. 따라서 여기서는 철학을 설명하는 몇 가지 견해를 보여주는 것으로 그치려고 한다.

> "철학의 근원에는 자기 안의 세계와 바깥 세계의 수수께끼를 해명하려는 인간이 있다. …… 서로 다른 특징을 지닌 만화경 같은 세계에서 공통적, 보편적인 바탕을 확인하려고 진력하는 인간이 있는 것이다."(레플레A. Läpple)
>
> "철학은 '이성을 현실화하는 방법을 찾으려는 집요한 시도'라고 규정할 수 있다."(호르크하이머M. Horkheimer)
>
> "오늘날의 어법으로 말하면, 철학은 세계에 대한 인식과 삶을 이해하는 방

법을 묻는 보편적인 질문을 학문의 형식으로 논술하는 것이라고 이해할 수 있다."(빈델반트W. Windelband)

"철학자로 산다는 건 별난 직업이 아니다. 철학자는 인간이 본받아야 할 이상적인 모습도 아니다. 우리를 철학자로 만드는 것은 철학적인 사유를 폭넓게 하면서 새로운 공간, 가능성, 표현을 만들어내겠다는 의지다."(야스퍼스K. Jaspers)

플라톤은 철학이 **기본적으로 탐구하는 대상**으로 진眞, 선善, 미美, 셋을 꼽았다. 세상에 존재하는 모든 것의 특성이 이 셋으로 나타난다고 생각한 때문이다.

나중에 칸트는 철학의 탐구 분야를 다음과 같이 나누었다.

—나는 무엇을 알 수 있는가?(형이상학形而上學)

—나는 무엇을 해야 하는가?(도덕道德)

—나는 무엇을 바랄 것인가?(종교宗敎)

—인간이란 무엇인가?(인간학人間學)

이 가운데 "인간이란 무엇인가"라는 마지막 탐구는 다른 모든 탐구를 하나로 모아 다룬다.

철학은 개별 과학과는 다르다. 개별 과학은 현실의 각 단면을 다루지만(생물학은 생명을, 화학은 물질이 만들어지는 구조를), 철학은 그렇지 않다.

존재하는 것의 전체 면모가 그것의 본질과 어떤 관계인지를 밝힘으로써, 인간에게 그 의미와 가치를 전달하려는 노력이 철학이다.

개별 과학은 언제나 특정한 전제에서 출발하기 때문에 그 전제의 배후까지 거슬러 갈 수는 없다. 하지만 철학은 되도록 아무런 전제 없이 출발한다. 다시 말하면, 철학의 방법과 대상은 미리 규정되어 주어지지 않고 철학에 의해 비로소 규정된다.

자신과 세계를 이해하고 설명하려는 철학의 프로세스에서 종착점이란 없다. 그것은 어느 시대나 새로이 도전해야 하는 근원적인 과제이기 때문이다.

A 아리스토텔레스Aristoteles의 구분: 철학이라는 집 안에 있는 여러 방

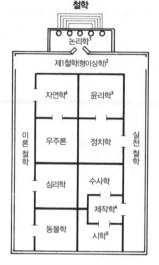

철학

논리학[1]

제1철학(형이상학)[2]

이론 철학	자연학	윤리학[3]	실천 철학
	우주론	정치학	
	심리학	수사학	
	동물학	제작학[6]	
		시학[5]	

1. 아리스토텔레스에게 논리학이란 사물을 분류하고 정의하는 학문.
2. 불변의 존재(신)를 연구하는 학문.
3. 출구 표시에서 알 수 있듯이 정치학은 윤리학의 상위 학문.
4. "제작학"은 수사학과 시학을 포괄하는 학문. 유용성과 아름다움을 창출하는 학문이라는 뜻에서 제작학으로 명명.
5. "시학"은 어학 또는 문예학으로 옮기는 편이 더 적절할 듯.
6. 오늘날의 "물리학"과 같은 낱말. 실제로 존재하는 자연 사물의 성질과 변화에 관한 학문.

B 요한네스 스코투스 에리우게나Johannes Scotus Eriugena의 구분

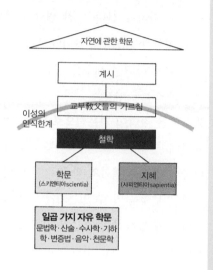

자연에 관한 학문

계시

교부敎父들의 가르침

이성의
인식한계

철학

학문
(스키엔티아scientia)

지혜
(사피엔티아sapientia)

일곱 가지 자유 학문
문법학·산술·수사학·기하학·변증법·음악·천문학

C 오늘날 철학의 여러 분야와 연관 학문

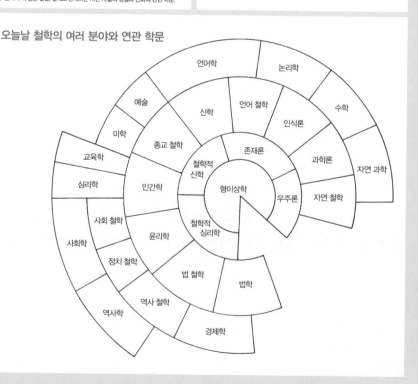

언어학 · 논리학 · 언어 철학 · 수학 · 인식론 · 자연 과학 · 과학론 · 자연 철학 · 우주론 · 법학 · 경제학 · 역사학 · 사회학 · 심리학 · 교육학 · 미학 · 예술

신학 · 언어 철학 · 존재론 · 자연 철학 · 과학론 · 종교 철학 · 철학적 신학 · 형이상학 · 철학적 심리학 · 윤리학 · 법 철학 · 역사 철학 · 정치 철학 · 사회 철학 · 인간학

<table>
<tr><td>

철학의 여러 영역

</td><td>

문제를 무엇으로 정하느냐에 따라, 그리고 대상을 어떤 영역으로 정하느냐에 따라 철학은 여러 전문 분야로 나뉜다.

</td></tr>
</table>

인간학

인간의 본성이 무엇인지를 알아내려는 노력은 철학의 근본 문제에 속한다. 공통된 인간다움이 무엇인지를 밝히려는 노력은 인간으로 하여금 스스로를 들여다보게 만들고, 세계 안에서 인간이 어떤 지위(예를 들면 다른 생물과 비교해서)를 차지하고 있는지를 알도록 한다. 또한 이런 노력은 인간으로 하여금 의미 있는 자기실현을 가능하게 할 뿐 아니라 인간에게 어울리는 사회를 만드는 데 실천적으로 기여하게 한다.

윤리학

기본적으로 윤리학은 인간의 태도와 행위를 결정하는 선善에 관해 질문을 던진다. 윤리학의 목표는 이성에 적합한 행위와 (함께하는) 삶의 기초에 이르는 방법을 확실하게 보여주는 것이다. 윤리학의 원리와 근거는 외적인 권위와 통상적인 견해를 끌어들이지 않고도 보편타당하고 이성적으로 이해할 수 있는 것이어야 한다. 그래야만 통용되는 도덕보다 상위의 비판적인 위치에 있게 되기 때문이다.

메타meta 윤리학*의 과제는 윤리에 관한 언명言明을 두고 그 언어 형식과 기능의 배경을 다시 한 번 들여다보는 것이다.

* 종래의 윤리학, 즉 규범 윤리학이 인간의 행위가 어떠해야 하는지—예를 들면 "선을 행하고 악을 피하라."—논하는 것과는 달리, 메타 윤리학은 규범 윤리학에서 사용하는 언어의 논리와 의미를 캐물어—"선을 행해야 한다면, 그 선이란 실제로 무엇을 뜻할까? 선은 정말 모든 사람에게 선일까?"—규범의 모호함을 극복하려는 현대 분석철학의 노력이다. 오늘날 통속적으로 "메타"라는 말은 "무엇의 상위에 있는"이란 듯의 접두사로 쓰인다. 447쪽 참조.

미학

미학은 미美, 곧 아름다움이 무엇인지, 예술과 자연에서 그 아름다움이 어떤 모습으로 드러나는지, 그리고 그것을 받아들이는 사람에게 어떤 영향을 미치는지를 보편적으로 규정하려는 노력이다. 미학은 각 경향에 따라 규범을 정하고 기술記述하는 등 순수하게 기능적인 기초 작업을 담당한다. 예술 자체에 대한 이론을 논하고, 미적 판단, 미적 감각, 체험 등에 관해 질문을 던지는 것이 미학이다. 최근에는 정보 이론이나 언어 분석을 통해 미학에 접근하기도 한다.

형이상학과 존재론

형이상학은 아리스토텔레스로부터 시작되었다. 형이상학이 "제1철학"이라고 불리는 이유는 그것이 존재하는 것들의 존재 자체에 숨은 제1근거와 원천을 캐묻기 때문이다. 형이상학은 다루는 주제에 따라 다음과 같이 여러 분야로 나뉜다.

존재 자체를 다루는 존재론

신의 존재를 다루는 철학적 신학

마음을 다루는 심리학

존재하는 모든 것들과 전체의 연관 관계를 다루는 우주론

논리학

논리학은 앞뒤가 맞고 체계적으로 사고하는 방법을 다룬다. 고전적 형식 논리학은 요소론(개념, 판단, 추론)과 방법론(탐구 절차와 논증 절차)으로 나뉜다.

근대 수리 논리학은 극단적으로 형식화와 수학화를 추구한다. 수리 논리학에서는 고유한 작동 규칙을 가진 기호(상징) 체계라고 할 만한 논리 계산이 사용된다. 나아가 언명*이 진眞, 위僞라는 두 가지 진리값뿐 아니라 그 이상 다수의 진리값을 가질 수도 있는 다치多値 논리 체계도 등장한다.

> * "언명"은 일상의 언어생활에서는 우리가 말, 문장을 포괄적으로 일컫는 표현인데, 철학에서는 참인지 거짓인지를 가릴 수 있는, 곧 진, 위를 매길 수 있는 주장, 논제를 가리킨다.

인식론과 과학론

인식론은 인식의 조건, 본질, 한계 등에 관한 이론이다. 인식론은 인식의 주체, 객체, 내용이 인식과 어떤 관계인가를 주제로 다룬다.

과학론은 개별 과학에서 이루어지는 인식의 전제나 근거를 다룬다. 이를 위해 과학론은 개별 과학의 방법, 원리, 개념, 목표를 해명하고 비판적으로 검증한다.

언어철학

언어철학은 언어의 발생, 발전, 의의, 기능 등을 탐구한다.

오늘날 언어철학에서 지배적인 이론은 비트겐슈타인Wittgenstein을 계승한 언어분석론으로, 이는 다음과 같이 두 가지 흐름으로 나뉜다. 먼저 이상理想 언어 이론은 언어 비판과 형식화라는 도구를 통해 엄밀한 과학의 요소를 최대한 동원함으로써 고도로 정확한 언어를 만들어내려는 흐름이다. 이와는 반대로 "일상 언어의 철학"이라고 불리는 흐름에서는 언어를 그 일상적인 용법과 의미를 바탕으로 분석한다.

이런 갈래 말고도 철학에는 여러 개별 과학과 연결된 분야가 있다.

역사철학은 역사의 본질, 의미, 경과를 짚어 해석하는 가운데 인간을 그 역사성 안에서 이해하려 한다.

종교철학은 종교라는 현상의 본질을 캐묻는 가운데 인간과 사회에서 종교가 맡는 기능을 탐구하고 경우에 따라서는 비판한다.

자연철학의 주제는 전체 자연의 해석과 설명인데, 여기에는 자연 과학의 역사도 포함된다.

법철학과 **정치철학**은 국가와 사회의 구조, 기능, 의미를 고찰한다. 인간은 사회적 존재이고 인간의 자기실현은 공동체 안에서만 이루어지는 것으로 여겨진다. 무엇보다 현대 법철학과 정치철학은 근대 산업사회가 초래한 삶의 조건에 대한 비판도 포함한다.

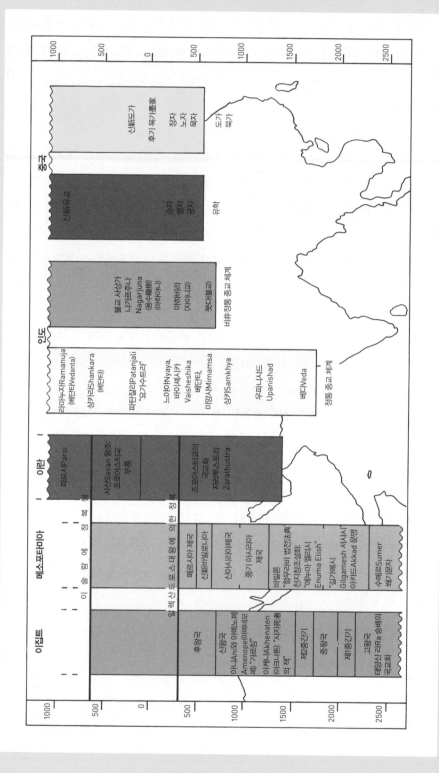

동양철학*: 개관

초창기 **인도 철학**은 **베다**Veda("지식")에 실려 전해온다. 이 경전이 작성된 정확한 시기는 불확실하지만, 가장 오래된 부분은 기원전 1500년까지 거슬러 올라가는 것으로 추정된다.** 가장 오래된 시대의 신화와 종교에 관한 지식이 담겨 있는 이 방대한 문서는 고대 인도 제관이 종교 행사에 사용하기 위한 것(제식문헌)이다.

베다는 다음과 같이 네 편으로 이루어진다.***

> 리그베다Rigveda(찬가)
>
> 사마베다Samaveda(노래)
>
> 야주르베다Yajurveda(제문祭文)
>
> 아타르바베다Atharvaveda(주문呪文)

각 편 말미에는 해설문이 따라온다.

브라마나Brahmana(제관)****는 제사의 의미와 목적, 제문 등 절차의 올바른 사용법을 설명하는 임무를 맡는다.

철학적으로 가장 중요한 자료인 우파니샤드Upanishad는 시간이 흐르면서 폭이 넓어진 인도 철학의 기본 주제를 다룬다.

> 카르마karma(업業)와 윤회 이론, 브라만brahman(범梵)과 아트만atman(아我)을 하나로 보는 범아일여梵我一如 사상 등이 그것이다.

기원전 500년경부터 **고전적 철학 체계**의 시대가 시작된다. 철학이 비교적 폐쇄적인 베다 경전 시대와는 달리, 이때부터는 다양한 학파와 사상가가 등장한다.

> 하지만 이 시기에도 개별 사상가들이 철학적 저작의 전면에 드러나지 않고 역사적인 자료에도 별다른 가치를 두지 않는 등 인도 철학의 경향은 달

* 여기서 "동양"은 중국, 인도, 그리스나 로마의 영향을 받기 전 이집트, 서아시아와 중국 전체를 가리킨다.

** 베다 경전의 성립은 기원전 1500년 무렵 중앙아시아에서 인더스강 유역으로 이주한 아리아인들이 인도 원주민을 정복하고 지배계급을 이룬 시기와 일치한다. 아리아인과 함께 들어온 종교적, 철학적 사색이 베다의 골격이다. 이때 틀이 잡힌 사성계급―카스트제도: 브라만, 크샤트리아, 바이샤, 수드라―에서 최상위 브라만 계급을 포함한 상위 세 계급은 모두 아리아인의 차지였다. 훗날 우파니샤드와 그 뒤 육파 철학의 등장 배경에는 브라만 계급의 지배력 약화가 있었다.

*** 베다는 표음문자로 기록된 최초의 경전으로, 고대 인도의 산스크리트Sanskrit어로 되어 있다. 이 넷 가운데 본경이라고 할 만한 것은 가장 오래된 리그베다이며, 나머지 셋은 리그베다의 응용편이다.

**** 브라마나는 베다의 뜻을 설명하는 해설편, 주석 등을 가리키기도 한다.

25

라지지 않는다.

이 시기에 철학은 브라만 집단, 곧 종교 지도자 계급의 전유물이던 상태에서 벗어나 민중의 여러 계층에 침투한다. 일반적으로 고전적 철학 체계는 베다 경전을 계시된 진리라고 인정하는 정통 체계와 베다 경전이 계시의 권위를 독점하는 것을 거부하는 비정통 체계로 나뉜다.

고전적 철학 체계 가운데 **정통 체계**는 다음 여섯(인도 철학 육파)이다.

> 상캬Samkhya/ 요가Yoga
>
> 느야야Nyaya/ 바이셰시카Vaisheshika
>
> 베단타Vedanta/ 미망사Mimamsa

비정통 체계는 불교, 자이나교 등이다.

그 뒤 서기 1000년 무렵에는 인도 철학의 탈고전기가 시작된다. 그리고 19세기에 들어서면서 인도의 철학은 근대를 맞는데, 이 시기의 특징은 서구 사상과의 만남이라고 할 것이다.

중국의 고전 철학은 무엇보다 유학儒學과 도가道家라는 두 사조에 영향을 받는다.

> 유학과 도가 이외에도 여러 사상적 흐름이 있는데, 묵가, 법가, 명가, 음양가 등이 그에 속한다.

유학은 공자孔子(기원전 551~479년)의 가르침에서 유래하지만, 공자 자신은 자기 사상이 예부터 내려오는 전통 안에 있다고 여긴다. 공자가 가르친 내용은

> 도덕과 국가에 관한 보수적인 철학이다.

공자의 가장 중요한 후계자는 맹자孟子(기원전 371~289년)로, 그는 유학의 이론적 기초를 확대한다. 그 뒤 유학 사상의 결정적인 내용을 담은 문헌으로 여겨진 것은 〈사서四書〉라고 불리는 다음 저작이다.

> 〈논어論語〉(공자의 말씀), 〈맹자孟子〉, 〈중용中庸〉, 〈대학大學〉

유학은 초기에는 도가와, 나중에는 중국에 전래된 불교의 가르침과 갈등을 빚지만,

> 신유학新儒學(11세기부터)은 중국의 실질적인 통치 철학이 된다.

> 신유학에서는 전통적인 도덕철학 주제가 음양설까지 거슬러 올라가는

우주론으로 확대된다.

도가는 노자老子의 저작으로 여겨지는 〈도덕경道德經〉(기원전 5~3세기. 〈노자〉라고도 함)을 바탕으로 형성된다. 도덕경의 주제는 "올바른 도와 덕의 가르침"이다.

> 도덕경은 인간의 삶이 자연의 조화로운 도 안에서 이루어진다고 여긴다. 그리고 그 기본 사상은 "무위無爲"*를 통한 ┃ *행위를 하지 않음 작용이다.

도가에서 두 번째로 중요한 인물은 장자莊子(기원전 4세기 무렵)다.

묵자墨子에서 시작된 **묵가墨家**는 민중의 행복을 지향하는 공리주의를 내세운다.

고전 철학과 함께 나타난 사상적 흐름으로는 음양가를 들 수 있는데, **음양가**의 바탕은 〈역경易經〉이라는 문헌이다. 음양가는 우주에서 일어나는 모든 일의 근원을 이렇게 가르친다.

> 우주의 모든 현상은 음陰(여성적이고 부드럽고 어두운)과 양陽(남성적이며 단단하고 밝은)이라는 근본 원리의 상호작용에서 생긴다.

그리고 이 우주적 질서는 인간의 삶, 도덕, 사회와 연결되어 있다.

고대 동양의 문화 중심지는 다음과 같다.

> **이집트**: 이집트 문화의 특징은 죽음 뒤의 삶이라는 관념이다. 다양한 신이 존재하는 이집트 문화에는 여러 형태의 단일신교henotheism와 유일신교 monotheism가 있다.**
>
> **메소포타미아**: 유프라테스강과 티그리스강 사이에서 수메르, 아카드, 아시리아, 바빌론 등 대왕조가 세워지고, 세계 창조를 노래하는 대서사시들이 태어난다.
>
> **이란**: 자라투스트라(기원전 560년 무렵)가 이원론의 요소가 강한 유일신교를 세운다.
>
> **근동**: 세 가지 세계 종교의 탄생지다. 유대교, 그리스도교, 이슬람교는 예언자와 문서를 통해 자신을 드러내는 전능한 창조신을 숭배한다.

** 단일신교와 유일신교는 혼동하기 쉬운 용어다. 단일신교는 다수의 신을 인정하되 그 가운데 최고의 신이 있다는 신앙, 유일신교는 어느 한 신 이외에는 어떤 신도 없다는 신앙을 가리킨다. 고대 이집트, 메소포타미아를 비롯한 근동에서는 단일신교가 지배적이었다. 이스라엘인들조차 단일신교에서 유일신교로 넘어간 것은 상당히 후대의 일이다.

A 우파니샤드: 카르마karma(업業)와 윤회

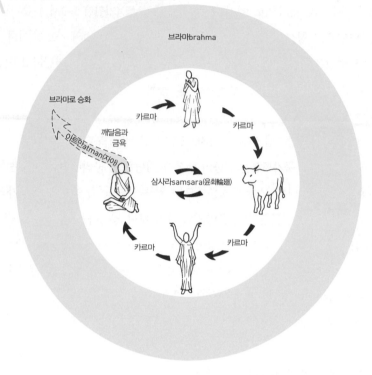

브라마brahma

브라마로 승화

깨달음과
금욕

아트만atman(자아)

카르마

카르마

카르마

카르마

삼사라samsara(윤회輪廻)

B 느야야-바이셰시카
Nyaya-Vaisheshika: 논증법

주장	"저 산에 불이 났다."
근거	"연기가 나므로."
예시	"부엌이 그렇듯이, 연기가 나는 곳에는 불이 있다."
적용	"저 산에도 연기가 난다."
결론	"그러므로 저 산에는 불이 났다."

C 원자론原子論

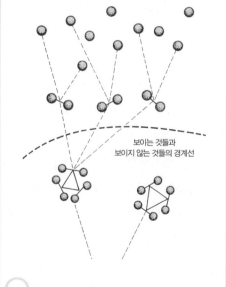

보이는 것들과
보이지 않는 것들의 경계선

인도철학I: 정통파I

인도에서는 존재의 근원을 묻는 질문이 철학적 사고를 이끄는데, 그런 질문의 초기 증거는 **리그베다**에 나오는 유명한 **창조 찬가**에 시로 등장한다. 이 창조 찬가는 일자一者*를 세계의 근원으로, 존재와 비존재가 나뉘기 전, 여러 신이 나타나기 전부터 있

> * 여러 철학 사조에서 "하나인 것" 또는 만물의 근원이나 회귀점을 가리키는 말이다. 이에 상대되는 개념은 "다자多者".

는 것으로 노래한다.

"그때는 비존재도, 존재도 없었다. / 하늘도, 그 위의 우주도 없었다. / 누가 세계를 감추어두었고, 누가 세계를 가두어두었는가? / 바닥을 알 수 없는 심연은 어디에 있었고, 대양은 어디에 있었는가?

그때는 죽음도, 불사不死도 없었다. / 밤이나 낮도 분명하지 않았다. / 처음에는 바람도 없이 오로지 숨결만 있었다. / 일자만이 있을 뿐, 다른 아무것도 없었다."

〈**우파니샤드**〉**(기원전 800~500년 무렵)는 순수한 철학 이론서가 아니고 다양한 직관을 포함하고 있다. 가장 잘 알려져 있고 영향력 또한 가장 큰 내용은 **브라만**brahman(브라흐만, 범梵, 범천梵天)과

> ** 우파니샤드는 "가까이 앉음"을 뜻하는 말로, "스승 곁에 가까이 앉아 얻은 지식"을 모은 것이다. 힌두교 스승들이 베다 경전을 설명하는 철학적 사색을 담고 있다.

아트만atman(아我)이 둘이 아니라 하나라는 "범아일여梵我一如" 이론이다.

브라만은 그 안에 모든 존재가 들어 있는 근원으로, 세상의 모든 것에 상통하는 본질이라고 파악된다.

아트만은 개별자 하나하나가 가지고 있는 본질이라는 의미의 자기(영혼)를 가리킨다. 이렇게 하여 아트만은 단순히 외적이고 비본래적인 개별 인간의 속성과 구별된다.

인간이 인식해야 할 가장 결정적인 것은 아트만과 브라만이 근본적으로 하나라는 사실이다. 모든 것을 통합하는 단 하나의 세계 원리만이 존재하며, 모든 존재처럼 영혼도 이 원리 안에 들어 있다. 그러므로 인간은 자기 자신의 가장 깊은 곳에

서 사라지지 않을 존재를 만날 수 있다.

> "브라만은 참으로 이 세계 전체다. …… 브라만은 마음 안에 있는 나의
> 아트만이다."

두 번째 중요한 사상은 **카르마**karma(업業)와 **윤회** 이론이다.

> 인간은 자신이 지은 업으로 인해 피할 수 없이 새로운 모습으로 태어나기
> 를 되풀이한다.

모든 행위가 영혼으로 하여금 계속 순환하게 만들기 때문에 윤회의 사슬은 영원히 이어진다. 윤회를 뜻하는 **삼사라**samsara("출구로 돌아가는 과정")라는 말은 인간이 이 세상에서 일어나는 일 가운데 얽혀 있음을 묘사한다. 이 개념의 바탕에는 도덕적인 세계 질서가 자리 잡고 있다. 인간이 하는 선행 또는 악행에 따라 나중에 그의 존재가 높낮이가 다른 차원의 생명으로 다시 태어나기 때문이다.

이런 이론의 배경에는 영원한 **세계 원리**(다르마dharma, 법法)라는 사상이 있다. 이 다르마는 우주 안에 질서를 부여하는 주체로, 일어나는 모든 일의 바탕이 되며, 인간에게는 모든 행동의 척도로 나타난다.

> 각 개인은 자신의 사회적 지위에 따라 그에 상응하는 의무를 다함으로써
> 자신의 다르마와 일치를 이루며 살아야 한다.

그런데 〈우파니샤드〉가 작성된 시대는 인간 존재에 대한 평가가 비관적으로 바뀌는 때다.

> 인간이라는 존재는 고통으로 가득하고 덧없다. 죽음과 탄생을 영원히 되
> 풀이하는 가운데 언제나 새로운 고통을 만난다. 겉으로 보이는 인생의 풍요
> 로움은 브라만과 비교하면 아무런 가치가 없다.

이런 생의 순환(윤회)에서 풀려나려는 마음에서 **해탈**解脫(목샤moksa)을 향한 바람이 생긴다. 모든 행위가 윤회의 원인인 속박이 되므로, 선한 행위만으로는 해탈에 이르지 못한다.

> 따라서 올바른 길은 모든 행위와 욕구를 억제하는 것(금욕)이다.

> 그러나 여기에 지식이 따르지 않으면 아무런 열매도 맺지 못한다.

브라만의 본질을 알아내는 최고의 직관적 통찰이 해탈에 이르는 힘이다. 브라만

을 아는 자는 스스로가 브라만이기 때문이다.

> "브라만이 바로 나 자신이다. 이 사실을 아는 자는 모든 속박에서 자유로워진다."

대양의 조류가 결국 모습이나 이름도 없이 사라지는 것처럼, 현자의 개별적 실존도 무한한 브라만 안에서 녹아 사라진다.

고전 철학 시대의 여섯 정통 체계는 베다의 권위를 인정한다.

그 가운데 **느야야**와 **바이셰시카**는 나중에 하나의 체계로 합쳐진다.

> 느야야 학파가 무엇보다 논리와 논증의 영역을 다룬 것과는 달리, 바이셰시카 학파는 원자론에 바탕을 둔 자연철학을 내세운다.

하나로 합쳐진 체계는 무엇보다 카테고리(범주) 이론을 정립하여 두각을 나타낸다.

그들이 내세운 일곱 카테고리*는 다음과 같다.　　　* 행복에 이르기 위해 이해해야 할
　　　　　　　　　　　　　　　　　　　　　　　만물의 원리 일곱 가지를 가리킨다.

> 실체, 속성, 활동, 보편성(관계의 공통성),

특수성, 내속內屬(필연적으로 연결되어 있는 부분들 사이의 관계), 비존재.

느야야와 바이셰시카의 추론 이론은 다섯 가지 논증 형식으로 전개된다. 도해B가 보여주는 것은 자주 등장하는 논증 사례의 하나다.

> 논증이 옳은 것이려면 주어(산), 논리적 이유 또는 확인 수단(연기), 그리고 논리적 결론 곧 확인되어야 하는 것(불) 등이 서로 올바른 관계에 놓여 있어야 한다.

결론은 이유보다 포괄적이어야 한다. 즉, 다음과 같은 사실이 중요하다.

> 연기가 나는 곳에는 언제나 불이 있다. 그러나 불이 있는 곳이라고 언제나 연기가 나는 것은 아니다.

느야야—바이셰시카의 자연철학은 모든 물질은 파괴 불가능한 원자로 만들어졌으며 원자로 만들어진 가시적 물체는 소멸될 수 있다고 주장한다. 세계 안에서 한 시대가 지나가면 원자 사이의 결합은 해소되고 말지만, 휴식기가 지나면 그 원자들이 다시 서로 뭉쳐 새로운 세계가 만들어진다.

A 상캬Samkhya 철학

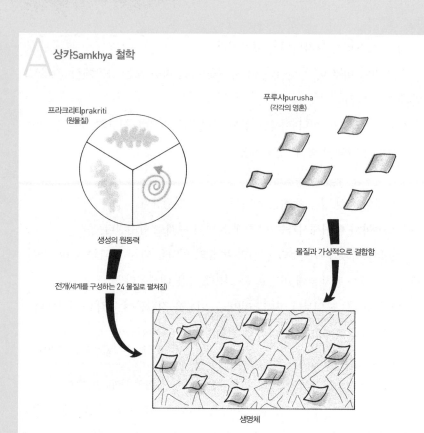

프라크리티prakriti
(원물질)

푸루샤purusha
(각각의 영혼)

생성의 원동력

물질과 가상적으로 결합함

전개(세계를 구성하는 24 물질로 펼쳐짐)

생명체

B 샹카라Shankara의 일원론

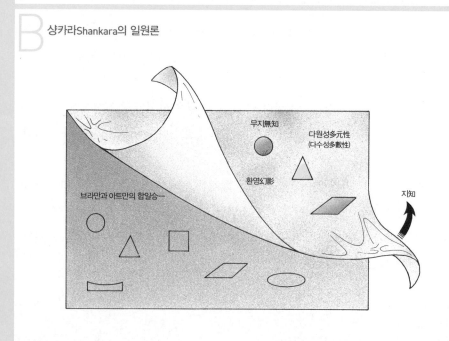

무지無知

다원성多元性
(다수성多數性)

환영幻影

브라만과 아트만의 합일合一

지知

인도철학Ⅱ: 정통파Ⅱ

상캬 철학의 세계관은 순수 정신과 질료의 이원론二元論이다. 무엇에 의해서도 창조된 적이 없고 영원한 두 가지 세계 원리는 푸루샤purusha라는 순수 정신과 프라크리티prakriti라는 질료다.

푸루샤는 의식을 가지고 있지만 온전히 수동적이어서, 혼자서는 어떤 것도 만들어내지 못한다.

원래 상캬는 단 하나의 포괄적인 푸루샤가 있다고 생각했지만, 나중에는 다수의 개별적 푸루샤를 출발점으로 삼게 된다.

프라크리티는 능동적으로 작용하는 힘이기는 하지만, 의식을 가지고 있지 않기 때문에 목표 지향적이지 않다.

이 두 원리가 함께 움직여야 세계가 만들어질 수 있다. 이때 프라크리티 안에서는 다음과 같이 세계를 펼쳐내는 세 가지 힘(구나guna)이 작용한다.

밝고 기쁜 것.

활동적이고 정열적인 것.

어둡고 억제하는 것.

이 세 힘은 새로운 세계 시대가 시작되기 전에는 정지 상태에 있다. 그러다가 이 힘들이 움직이기 시작하면서 세계를 구성하는 24가지 물질이 만들어진다.

상캬는 이성, 자의식, 감관 지각 등도 이 구성 요소에 속하는 것으로 여긴다. 푸루샤는 질료인 프라크리티와는 완전히 분리된 것이어서 프라크리티를 관찰할 뿐이다. 따라서 인간이 정신과 육체의 결합이라는 것도 외견상으로만 그럴 따름이다. 다음 비유를 보면 이 둘의 분리가 더욱 명확해진다.

투명한 수정水晶 뒤에 붉은 물건을 놓으면 수정이 붉은색을 띠는 것처럼, 정신도 감각적인 것에 둘러싸여 그 모습이 달라진다. 정신이 겪는 일은 실제로는 프라크리티에 속하는 것이다.

인간이 생사의 윤회에서 해탈하려면,

자신의 푸루샤가 세계 안의 어떤 것과도 연관되어 있지 않음을 인식해야 한다.

새로운 카르마는 세속에서 하는 행위를 통해서 만들어지는데, 이런 인식이 있으면 세속의 행위를 향한 관심이 사라진다는 것이다.

상캬는 **요가** 사상에 이론적인 바탕을 제공했고, 요가는 해탈에 도달하는 실천적인 방법을 제시했다. 그런데 요가는 상캬와는 달리 인격적인 최고신의 존재를 상정한다.

요가의 바탕은 인간이 정신 집중, 명상, 고행 등을 통해서 마음의 안정과 고차원적인 통찰에 이르고, 최종적으로는 물질적인 프라크리티로부터 해방된다는 사상이다. 고전적 요가 체계는 여덟 단계로 이루어져 있는데 첫 다섯 단계는 육체의 경험을 전면에 내세우는 반면, 나머지 세 단계는 정신적인 통찰에 중점을 둔다.

1. 억제(도덕율의 준수) 2. 수양(몸을 깨끗이 하는 규율, 금욕, 학습) 3. 바른 자세의 유지 4. 호흡 조절 5. 외적인 대상으로부터 감관을 거두어들임 6. 일정한 지점에 의식을 집중함 7. 명상 8. 사고의 침잠沈潛(정신을 신적인 것에 일치시키고 개별적인 실존을 소멸시킴)

베단타("베다의 완성")는 처음에 우파니샤드를 일컫는 말이었다가 나중에 베다 해석을 바탕으로 하는 교리 체계를 가리키는 개념으로 사용된다. 우파니샤드와 함께 바가바드기타Bhagavadgita*도 가장 중요한 베단타에 속한다.

우파니샤드의 가장 중요한 사상가는 샹카라 Shankara(기원전 700년 무렵)로, 엄격한 일원론—元論을 설파한다. 우주의 근본 원리는 하나뿐이고, 이 원리가 전체로서는 브라만으로, 개별 자아로서는 아트만이라고 파악된다(29쪽 참고).

* 바가바드기타는 700편으로 구성된 서사시로, "성스러운 신에게 바치는 찬가"라는 뜻이다. 기원전 4세기 무렵부터 작성되었는데, 힌두교의 주요 신들을 찬양한 시편이다.

> (하나의 원리인) 브라만과 아트만은 무한한 공간과 어느 그릇에 담긴 공간의 관계로 표현할 수 있다. 그릇에 담긴 공간도 마찬가지 공간이며, 다만 한정된 공간일 뿐이다.

따라서 진리는 "둘일 수 없음"("아드바이타advaita", 불이不二 일원론)이며, 사물이 여렷으로 나타나는 것은 환영幻影(마야maya)에 지나지 않는다. 우리가 사물을 여럿이라고 경험하는 것은 무지로 인해 속기 때문이다.

> 윤회에서 벗어나려면 브라만과 아트만이 일체라는 최고의 지식을 얻어야 한다.

그러나 베다 곳곳에는 실재(사물)가 여럿 있음을 상정하는 다원론의 단초가 등장한다. 이 사실에 대해 샹카라는(일원론이라는) 최고의 통찰 이외에도 많은 사람들의 이해 능력에 맞는 낮은 차원의 지식도 있다고 설명한다.

> 이 낮은 차원에서는 여러 개별 영혼, 그리고 이 영혼과는 다른 신이 언급되며, 사람들은 이 신을 여러 형태로 숭배한다.

샹카라의 뒤를 이은 사상가들은 그의 엄격한 일원론을 수정한다.**

> 예를 들어 라마누자Ramanuja는 한 인격신이 세계와 개별 영혼이라는 두 가지 속성을 갖는다고 주장한다. 그리고 이 개별 영혼은 "모든 것의 합일(전일자全一者)" 안으로 합쳐진 뒤에도 여전히 자신의 개별성을 유지한다고 가르친다.

또 마드바Madhva는 신, 개별 영혼, 세계 등이 완전히 분리되어 있다는 다원론을 주장한다.

미망사Mimamsa 학파는 베다를 올바르게 해석하기 위한 규칙에 집중한다.*** 이 학파는 베다가 영원하고 어느 것으로부터도 창조되지 않은 권위라고 생각한다. 이들에 의하면 텍스트의 의미를 알아내기 위해서는 특정한 다섯 가지 단계를 거쳐야 한다.

그 목표에 맞게 미망사 학파는 무엇보다 해석학적이고 언어철학적인 주제에 몰두한다.

** 샹카라가 말하는 브라만은 인간의 말로는 규정할 수 없는 궁극적 실재, 순수 의식이다. 따라서 브라만은 인격신이 아니다. 훗날 라마누자가 살던 시대의 인도 민중은 인격신인 비슈누를 숭배하고 있었다. 이런 상황이 브라만을 인간이 인식할 수 있는 인격신으로 새롭게 해석함으로써 당대의 주류 신앙에 사상적인 기반을 마련해준 라마누자가 샹카라의 무신론을 비판한 배경이었을 것이다.

*** 미망사는 최고신의 존재를 부정하는 일종의 무신론의 입장이었다. 이들은 우주의 질서, 인간의 운명 등이 모두 베다를 따르는 제사행위에 의해 결정된다고 주장했다. 베다의 참다운 언어가 인간으로 하여금 아무것에도 기대지 않는 자립적인 진리를 알게 하며, 따라서 제사 의식에 사용되는 베다 언어가 초월적인 다르마(법)를 인식하게 한다는 것이다. 그러므로 이들에게는 베다의 언어를 해석하는 작업이 가장 중요했고, 이를 위해 문법, 운율론, 음성론, 어원론, 논증법 등 언어와 연관된 이론을 체계화했다.

불교: '인생의 수레바퀴'

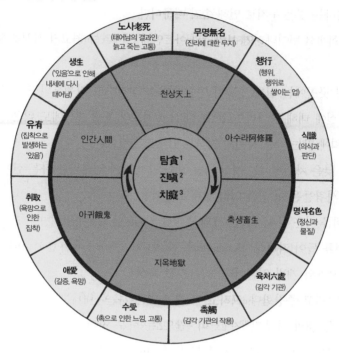

노사老死
(태어남의 결과인
늙고 죽는 고통)

무명無名
(진리에 대한 무지)

생生
('있음'으로 인해
내세에 다시
태어남)

행行
(행위.
행위로
쌓이는 업)

천상天上

유有
(집착으로
발생하는
'있음')

인간人間

아수라阿修羅

식識
(의식과
판단)

탐貪¹
진瞋²
치癡³

취取
(욕망으로
인한
집착)

아귀餓鬼

축생畜生

명색名色
(정신과
물질)

애愛
(갈증. 욕망)

지옥地獄

육처六處
(감각 기관)

수受
(촉으로 인한 느낌. 고통)

촉觸
(감각 기관의 작용)

■ 고통의 원인(삼독三毒)

■ 윤회로 태어날 수 있는 여섯 세계(육도六道)

■ 생의 인과관계(십이연기十二緣起)

1 탐함. 좋아하는 것에 집착함
2 분노. 좋아하지 않는 것을 미워함
3 어리석음. 진리에 대한 무지

나가르주나Nagarjuna의 공空 사상

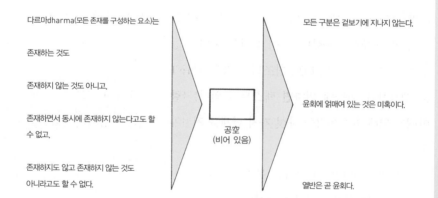

다르마dharma(모든 존재를 구성하는 요소)는

존재하는 것도

존재하지 않는 것도 아니고,

존재하면서 동시에 존재하지 않는다고도 할
수 없고,

존재하지도 않고 존재하지 않는 것도
아니라고도 할 수 없다.

공空
(비어 있음)

모든 구분은 겉보기에 지나지 않는다.

윤회에 얽매여 있는 것은 미혹이다.

열반은 곧 윤회다.

인도철학Ⅲ: 자이나교, 불교

자이나교는 마하비라Mahavira(기원전 500년 무렵)가 창설했다. 불교와 마찬가지로 자이나교는 베다의 권위에 바탕을 두지 않은 사상 체계에 속한다.

세계를 구성하는 기본 요소는 완전성에 도달할 본성을 가진 **개별 영혼**, 그리고 **무생물**이다(무생물에 속하는 것은 공간, 에테르, 물질 등이다).

영혼은 물질적인 것에 섞여 있는 까닭에 원래부터 가지고 있는 완전한 지식(전지全知)과 행복에 도달하는 능력을 실현할 수 없다. 영혼은 그 행위에 의해 물질적인 것을 자기 안으로 끌어들임으로써 카르마의 재료를 갖게 되고, 이 카르마의 재료는 욕정으로 인해 영혼 안에 자리를 잡아 영혼이 윤회에 얽매이도록 한다는 것이다.

구원의 목표는 영혼의 해방, 그리고 합일을 완성한 자들의 장소로 올라가는 것이다.

그런 상태에 도달하기 위해서 영혼은 덕에 합당하게 삶으로써 윤회를 끊고, 이미 가지고 있는 카르마를 금욕 생활로 소멸시켜야 한다.

불교는 고타마 싯다르타Gautama Siddharta(기원전 560년 무렵~480년)의 활동과 가르침에서 비롯됐다. 그는 깨달음을 얻은 뒤 자신을 붓다Buddha("깨달은 자")라 칭한다. 불교는 영원한 신이라는 존재를 내세우지 않으므로 무신론적 종교에 속한다. 불교에서는 어떤 것도 존재하는 것으로 여기지 않으며, 모든 것을 오로지 생기고 소멸하는 과정으로만 파악할 뿐이다. 따라서 붓다는 자기 자신(영혼)이라는 개념도 거부한다. 영속하는 실체란 없기 때문이다.

세계 안에서 일어나는 모든 현상의 바탕이 되는 마지막 요소들도 물질적이거나 정신적인 실체가 아니라 오로지 비지속적인 성질과 상태일 따름이다. 이런 **존재의 근본 요소**(다르마dharma)는 다음과 같이 다섯 가지(오온五蘊)다.

색色: 물질*	수受: 감각**	상想: 식별***
행行: 동인****	식識: 의식 행위*****	

* 육체처럼 물질적인 요소.

** 육체의 감관을 통한 고통이나 쾌락의 경험.

*** 감관의 경험이 만들어내는 생각.

파악할 수 있는 모든 현상(돌, 동물, 인간 등)은 이 오온의 조합으로 이루어진다. 그런 현상이 출현하고 소멸하는 바탕은 인과의 구속(연기緣起)이다.

붓다는 윤회와 카르마에 의한 행위의 인과를 가르친다. 영혼이라는 지속하는 실체가 있다고 생각하지 않으므로, 전생의 행위에 따라 새로 생성되는 생명체는 전생의 생명체와는 육체적으로나 영혼으로서나 같지 않다. 그보다 생명체가 죽은 뒤에도 행위에서 비롯된(행위로 인한) 인과의 사슬이 새로운 탄생으로 이끄는 것이다. 이런 맥락에서 **인과의 사슬*** 교리는 이렇게 가르친다(글 라제나프H. v. Glasenapp 인용).

*12연기법.

> 1. 무지로부터 2. 카르마를 만드는 동인이 생기며, 이 동인에서 3. 의식이 생기고, 이 의식에서 4. 이름과 물질의 형태(개체)가 나오고, 이로써 5. 감관이 생기고 6. 감관을 통해 외부 세계와 접촉하게 되며(감관 지각) 7. 감각을 통한 수용으로부터 8. 갈증(욕망)이 나오고, 욕망과 함께 9. 집착이 생기며, 이 집착으로부터 10. 카르마에 의한 생성이 일어나고, 카르마에 의한 생성이 11. 새로운 탄생으로 이어지며(생) 12. 태어난 까닭에 늙어 죽게 된다(노, 사).

이런 윤회를 끊으려면 무지를 소멸시키고 무지로 인한 악을 소멸시켜야 한다. 해탈로 이끄는 지식의 내용은 다음 **네 가지 거룩한 진리**(사성제四聖諦)다.

모든 존재자는 고통으로 가득하다(고苦).

고통의 원인은 번뇌다(집執).

고통의 해방은 번뇌의 소멸이다(멸滅).

번뇌의 소멸로 이끄는 것은 팔정도八正道다(도道).

팔정도는 붓다의 윤리적 요청이다.

> 1. 정견正見: 바르게 보기 2. 정사유正思惟: 바르게 생각하기 3. 정어正語: 바르게 말하기 4. 정업正業: 바르게 행동하기 5. 정명正命: 바르게 생활하기 6. 정정진正精進: 바르게 정진하기 7. 정념正念: 바르게 깨어 있기 8. 정정正定: 바르게 집중하기

사성제를 깨닫고 팔정도를 실천한 사람은 해탈에 이른다.

목표는 **열반**涅槃(니르바나nirvana, "불꽃이 바람에 의해 꺼진 상태")에 도달하는 것이다. 열반에 든다는 것은 삶의 번뇌에서 벗어나 윤회를 멈추게 됨을 뜻한다. 깨달은 자 곧 붓다는 생전에 모든 욕망에서 해방됐고, 죽음과 동시에 완전한 열반에 들었다. 붓다 사후 그의 가르침은 여러 방향으로 발전해갔다.

> **소승**小乘('작은 수레' 히나야나Hinayana) **불교는** 선발된 소수가 득도를 추구하는 승려 중심의 불교를 가리킨다.

대승大乘('큰 수레' 마하야나Mahayana) **불교는** 소승불교와는 달리 폭넓은 대중을 향한다. 대승 불교에서 붓다 숭배는 유신론有神論의 요소를 가지게 되고, 신도는 득도를 위해 보살菩薩(보디사트바Bodhisattva, "깨달음을 얻은 대중")의 도움을 얻을 수 있다고 믿는다. 보살이란 깨달음에 이르렀지만 중생을 위해 열반에 들기를 포기한 사람을 말한다.*

불교 이론이 발전하는 데는 특히 나가르주나 Nagarjuna(용수龍樹 보살, 150년 무렵)의 이른바 "중론中論"이 중요한 역할을 한다. 중론은 스스로 아무것에도 얽매이지 않고 존재하는 것이 핵심이라고 가르친다. 모든 존재 요소는 오로지 서로 의존하고 있을 따름이므로 무엇으로도 규정할 수 없는 것이고, 따라서 그것은 공空하다(텅 비어 있다). 그러므로 세계 일체는 공하고,

> 이 공함은 존재와 비존재 너머에 있는 유일한 원리임이 드러난다.

존재와 비존재의 차이는 실제로는 착각에 지나지 않는다. 그러므로 삼사라samsara(윤회)와 열반 사이에도 아무런 차이가 없다. 깨달음에 이르도록 하는 것은

> 우리는 열반에 들어 있으며, 공空만이 유일하게 현실에 존재한다는 인식이다.

*대승 불교를 이해하는 데 가장 중요한 공空사상은 어떤 것이 실재함을 부정한다. 원리(법)도 "이것이다"라는 자성自性(스스로의 본성)을 갖지 않으므로 공이다. 말하자면 눈에 보이든 보이지 않든 모든 존재는 실재하는 것이 아니고 영에 의해 잠시 그 이름만을 가질 뿐이다(가명). 이렇게 존재는 "있거나 없음"을 떠난 것 곧 중도中道이다. 이 중도를 통해 이치를 들여다보는 것이 나가르주나의 중관中觀이며, 그의 저작 〈중론〉에 의해 틀이 잡힌 공사상이 불교의 공사상을 요약한 대승 불교의 핵심 경전인 〈반야심경〉("색즉시공, 공즉시색": 물질이 곧 공이며 공이 곧 물질이다)의 성립에 결정적인 역할을 했다. 이렇게 모든 법이 실재가 아니라 연기에 의한 것이므로, 인간의 잘못된 견해 여덟 가지─무엇이 '생긴다', '없어진다', '끊어진다', '지속된다', '같다', '다르다', '온다', '간다' ─를 바로잡으려는 것이 그의 이른바 "팔불중도八不中道"다. "나지도 멸하지도 않으며, 늘 있지도 끊어지지도 않으며, 같지도 다르지도 않으며, 오지도 가지도 않는다."

A 유학儒學의 국가론

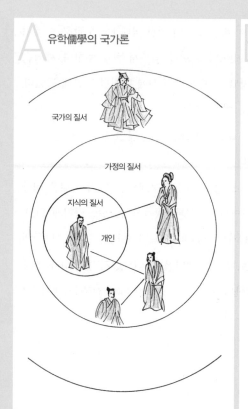

국가의 질서

가정의 질서

지식의 질서

개인

B 유학과 법가法家의 국가론 비교

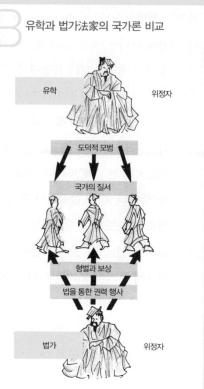

유학 · 위정자

도덕적 모범

국가의 질서

형벌과 보상

법을 통한 권력 행사

법가 · 위정자

C 역경易經: 팔괘

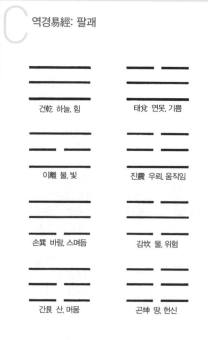

건乾 하늘, 힘

태兌 연못, 기쁨

이離 불, 빛

진震 우뢰, 움직임

손巽 바람, 스며듬

감坎 물, 위험

간艮 산, 머뭄

곤坤 땅, 헌신

D 주돈이周敦頤: 우주의 갖가지 기氣(힘)

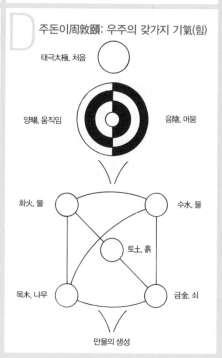

태극太極, 처음

양陽, 움직임

음陰, 머뭄

화火, 불

수水, 물

토土, 흙

목木, 나무

금金, 쇠

만물의 생성

중국 I:
유학과 음양론

유학의 기원은 공자孔子(기원전 551~479년)의 가르침이지만, 공자는 자신이 오랜 옛날부터 전해오는 사상적 전통 안에 있다고 생각하며, 그런 까닭에 그는 그 사상적 전통에 타당성을 부여하고자 한다. 공자 스스로는 아무런 저작을 남기지 않았다. 그의 가르침은 훗날 〈논어論語〉라는 책으로 편찬되었다.

그의 사상은 인간의 구체적인 삶과 실천의 중요성을 지향하는데, 도덕철학과 국가철학에서 그의 견해는 보수적이다. 공자가 근본적인 **덕목**으로 내세우는 것은

> 인仁, 의義, 예禮, 지智, 신信 등 다섯이다.

이 다섯 가지 덕목은 다음과 같은 인간의 기본 관계 안에서 실현된다.

> 통치자와 신하, 아버지와 아들, 형과 동생, 남편과 아내, 친구와 친구.

국가가 안정을 이루는 바탕은 개인의 도덕, 가정의 핵심적인 역할에 있다. 참된 지배자는 오로지 스스로 도덕적 모범을 보임으로써 인민을 통치한다. 〈대학大學〉의 한 구절은 전체 사회와 그 구성원 사이의 도덕적 연관을 이렇게 요약한다.

> "나라를 다스리기를(치국治國) 원하는 자는 먼저 자기 집안을 바로잡아야 (제가齊家) 한다. 자기 집안을 바로잡으려는 자는 먼저 자기 자신을 수양해야 (수신修身) 한다. 자기 자신을 수양하려는 자는 먼저 그 마음을 바로 해야(정 심正心) 한다. 마음을 바로 하려는 자는 그 뜻을 성실히 해야(성의誠意) 하고, 그 뜻을 성실히 하려는 자는 먼저 깊은 지식에 이르도록 힘써야(치지致知) 한다. 깊은 지식에 도달하도록 노력함은 만물 의 이치를 꿰뚫어보는(격물格物) 데 있다."*

> * 역자가 전체 인용문의 용어와 내용을 보완했으므로 원서의 내용과 다르다.

올바른 사고를 하기 위해서는 개념을 명확하고 질서 정연히 하는 유학의 프로그램을 따라야 한다.

> 이상으로 삼을 것은 교양 있는 군자, 곧 현자賢者다.

그러므로 유학은 정신과 정서 양쪽을 위한 교육을 무엇보다 중요하게 여긴다.

맹자孟子(기원전 371~289년)는 사람의 본성은 원래 선하다고 생각한다. 모든 덕의 바탕은

> 이미 사람이 태어날 때 주어졌으며, 따라서 인간은 그것을 펼쳐내기만 하
> 면 된다.

국가 전체의 상태는 통치자의 도덕적 질에 따라 달라진다. 사람들은 선한 통치자에게는 스스로 복종한다. 그러므로 통치자가 최고의 목표로 삼아야 할 것은 인민의 행복과 도덕이다.

이와는 달리 순자荀子(기원전 313~238년 무렵)는 사람의 본성은 악하므로

> 오로지 교육과 문화를 통해서 어렵사리 개선될 수 있다고 믿는다.

도덕에 바탕을 둔 유학의 국가론에 반대되는 견해를 주장한 사람들은 **법가**法家다. 그들의 목표는 강력한 통일 국가이고, 그런 국가를 지탱하는 것은 강력한 통치자 일족과 군대, 그리고 풍요로운 농업(경제)이다. 그런 힘의 기초는 누구에게나 구속력이 있는

> 법률이며, 이 법률의 준수를 보장하기 위해서는 엄격한 형벌과 보상 체계
> 가 있어야 한다.

권력을 지향하는 법가의 정치적 강령은 냉정하고도 실천적인 동시에 반전통주의적이다.

11세기부터는 **신유학**新儒學*이 중국의 지배적인 철학이 된다.

* 송나라 시대 이후 새로이 등장한 유가 사조인 성리학, 양명학을 후대 사람들이 편의상 일컫는 말이다.

신유학의 대표적인 이론가 주희朱熹(1130~1200년)는 이원론을 주장한다. 그의 두 근본 원리는

> 보편적인 형식 원리인 **이**理(세계 이성)와 물질적인 작용 원리인 **기**氣다.

인간도 자연을 규정하는 이 두 가지 원리에 의해 규정된다.

> 이理는 모든 인간이 똑같이 지닌 본질이며, 기氣는 개별 인간이 가진 각기
> 다른 속성이다.

인간의 도덕적 본성도 보편적인 형식의 모범을 따르므로, 이理는 행동의 규범으로 작용한다.

이와는 달리 왕양명王陽明(1472~1528년)은 일원론을 주장하면서, 유일한 세계 원리

는 이성이고, 인간의 정신은 이성의 일부를 나누어 갖는다고 한다.

> 인간은 모든 것을 인식할 능력을 자기 안에 가지고 태어났다.

자신의 이기적인 욕망을 극복한 사람은 세계 이성과 합일할 수 있게 된다. 그러므로 도덕적 행위와 인식은 서로 밀접하게 연관되어 있다.

음양론陰陽論의 내용은 〈역경易經〉("변화에 관한 가르침")에 요약되어 있다. 이 이론은 숫자에 관한 사색을 포함하고 있는데, 특정한 숫자의 조합이 우주와 인간에게 공통된 질서 공식을 통해서 자연의 변화와 인간의 삶을 연결한다고 설명한다. 이러한 사색의 기본이 되는 것은

> 길고 짧은 세 줄로 만들어진 여덟 개의 조합, 곧 팔괘八卦로, 이 조합들은
> 자연의 힘과 성질을 상징한다(도해C 참조).

팔괘로 만들어지는 64개의 조합은 우주의 모든 힘을 공통의 질서 체계 안에서 설명한다.

음양론이 주장하는 두 가지 근본 원리는

> 양陽(남성적, 단단함, 밝음, 활동적)과 음陰(여성적, 부드러움, 어두움, 소극적)이다.

모든 사물과 사건의 생성과 변화는 이 양과 음의 공동 작용으로 해석할 수 있다. 신유학과 도교가 우주론을 조직하기 위해 동원한 것도 이 음양론이다. 유학자 주돈이周敦頤(1017~1073년)는

> 우주적 힘의 상호작용을 도식으로 나타낸다(도해 D).

최상위의 힘(태극太極)이 움직이면 양의 힘이 생기고, 뒤이어 머무는 힘과 음의 힘이 따라나온다. 음과 양이 함께 작용하여 물질을 이루는 다섯 가지 원소가 만들어지고, 이 다섯 가지 원소로부터 존재하는 만물이 나온다.

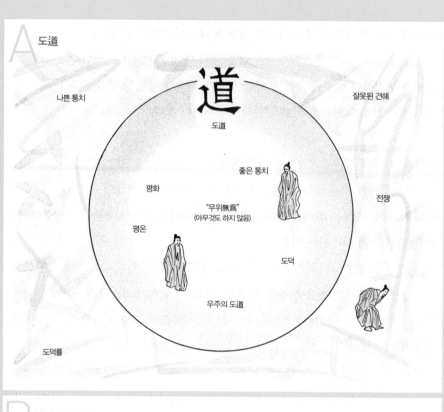

A 도道

道

도道

나쁜 통치　　　　　　　　　　　　　　　　잘못된 견해

좋은 통치

평화

"무위無爲"
(아무것도 하지 않음)

평온

전쟁

도덕

우주의 도道

도덕률

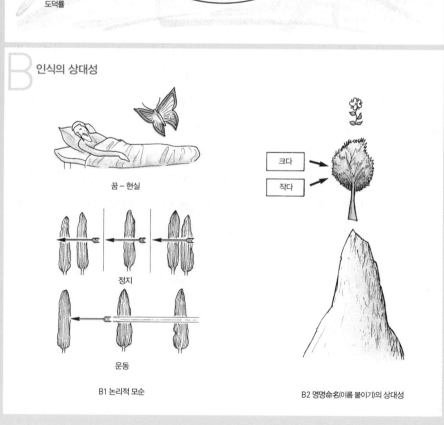

B 인식의 상대성

꿈 - 현실

크다

작다

정지

운동

B1 논리적 모순

B2 명명命名(이름 붙이기)의 상대성

중국 II:
도교와 묵가

도교의 근본을 이루는 고전 문헌은 〈도덕경道德經〉(기원전 5~3세기)으로, 노자老子의 저작이라고 여겨진다. 하지만 노자가 실존 인물인지는 역사적으로 확인되지 않는다.

도덕경은 "길(도道)과 덕"을 주제로 하는데, 여기서 **도**는 주로 인간의 삶, 특히 통치자의 삶과 연관되어 있다. 도가 무엇인지를 적합하게 표현하는 말도 없고, 이름도 없다. 모든 이름은 특정한 실재를 지칭하지만, 도는 모든 구별을 떠나 무엇보다 통치의 원칙, 곧 "자연과 개별 생명의 길"을 가리키기 때문이다.

> "사람은 땅을 본받고, 땅은 하늘을 본받고, 하늘은 도를 본받고, 도는 자연을 본받는다人法地, 地法天, 天法道, 道法自."(도덕경 25장)*

그러므로 현자와 현명한 통치자의 올바른 길은 자기 내면의 모든 이기적인 행위에서 벗어나 도를 따르는 것이다.

> 현자는 **무위**無爲로써 작용한다.

현자가 무위로써 작용한다는 것은 "아무것도 하지 않음"을 뜻하는 것이 아니라 일어나는 일에 불필요하게 개입하지 않는다는 것이다. 스스로 도모하는 일을 그만둘수록 모든 일은 도를 더 잘 따르게 된다.

> "도는 하고자 함이 없으나 하지 않는 것도 없다道常無爲, 而無不爲."(도덕경 37장)**

도덕경은 국가와 통치 질서를 비난하지는 않지만 최소한으로 제한되어야 한다고 주장한다.

> 법률과 규정이 많으면 많을수록 범죄자도 많아진다.

> 통치자의 통치 행위가 적으면 적을수록 그 나라는 더 나아진다.

도덕에 관한 규정이 많다는 것은 현실에서 덕이 사라졌음을 말해주는 징표다. 덕을 따라 사는 사람은 덕에 대해 생각할 필요도 없고 지켜야 할 규칙도 필요치 않다. 현자는 단순하게 살면서 약함을 내보임으로써 작용하고, 그 때문에 종종 물과 비교된다.

| *출전 및 번역은 역자.
| **출전 및 번역은 역자.

45

▎물은 모든 생명에게 유익하며, 부드럽지만 어떤 딱딱한 것에도 다치지 않는다.

도교에서 노자를 잇는 주요 인물인 장자莊子(기원전 4세기)는 유학의 세세한 도덕률을 하찮게 여긴다. 그에게 유학의 도덕률은 근원적이고 도덕적인 단순함을 잃어버렸음을 보여주는 표식이다. 장자는 사람들의 경험과 가치 기준이 상대적일 수 있음을 보여줌으로써 그들의 견해에 대한 잘못된 확신을 뒤흔들려 한다. 이를 위한 비유가 유명한 "나비꿈"(호접지몽蝴蝶之夢) 이야기다.

▎"어느 날 장주莊周가 꿈속에서 나비가 되었다. 그는 훨훨 날아다니는 나비가 되어 즐거울 뿐, 자기가 장주임을 알지 못하였다. 얼마 후 꿈에서 깨어보니 자신은 틀림없는 장주였다. 그러니 장주가 꿈속에서 나비가 된 것인지, 아니면 그 나비가 꿈을 꾸면서 장주가 된 것인지 알 수가 없었다. 하지만 장주와 나비는 분명히 뚜렷한 구별이 있다. 이를 일러 사물의 변화라 한다."(《장자》 "제물론齊物論" 중)* | *출전 및 번역은 역자.

장자는 언어의 한계도 지적한다. 예를 들어 도라는 말도 자기 스스로를 거두어들인다는 역설적인 문구로 표현될 수밖에 없다는 것이다.

도의 자각은 비유를 통해 에둘러 설명할 수 있는 불가사의한 방법으로만 가능하다. 말하자면, 정신은 먼저 평정한 상태가 되어야 하는데, 이는 고요한 물이 맑아지는 것과 마찬가지다. 정신이 저항을 멈추어야 도가 정신을 바람에 날리는 잎처럼 움직여가게 된다.

묵자墨子(기원전 5~4세기)는 세상의 모든 악이란 보편적인 인간애가 결여되어 생긴다고 생각한다. 모든 것을 포용하는 **사랑**("겸애兼愛")이 지배한다면 분명 평화와 풍요가 뒤따른다는 것이 **묵가**의 사상이다.

▎인민의 안녕은 모든 정치적 행위의 최고 원칙이다.

묵자는 인민의 안녕에 도움이 되지 않는 모든 것을 거부한다. 전쟁과 사치, 문화의 많은 부분도 마찬가지인데, 그런 것을 유지하느라 인민이 착취당하기 때문이다.

묵자에 의하면, 확실한 이론에 도달하기 위해서는 다음 관점을 바탕으로 하는 구성된 특정한 방법을 따라야 한다.

> ▌ 옛 사상가들의 견해와 비교하기
> 경험적인 사실들과 일치하는지 확인하기
> 사회 안에서 실천하여 확증하기

명가名家(궤변론자)라는 이름 안에 포함시킬 수 있는 사상가 무리가 있기는 하지만, 그 대다수는 오로지 다른 학자들의 언급을 통해서만 존재가 확인된다. 명가에 속하는 이들의 논증 방식은 다른 학파의 학자를 몰아붙여 자신의 이론을 정밀하게 다듬도록 만드는 것이다. 전승되는 단편을 보면 명가가 언어철학과 논리적 패러독스(역설) 문제를 다루었음을 알 수 있다. 명가의 논증은 역설적인 여러 결론만 전해오므로, 그들이 실제로 행한 논증의 의미와 방법에 관해서는 유추할 수 있을 따름이다. 명가의 역설적인 추론으로 전해오는 예는 다음과 같은 것들이다.

> ▌ "흰 개는 검다."

이 문장에 대해서는 이런 해석이 있다. 개가 눈이 멀었다면 사람은 그 개를 눈먼 개라고 부를 것이다. 하지만 그 개가 눈이 크다고 해서 큰 개라고 하지 않는다. 그러므로 눈이 검은 흰 개를 두고 검은 개라고 부르지 않을 이유가 없다.

> ▌ "날아가는 화살은 움직이는 것도 아니고
> 정지한 것도 아니다."

고대 그리스 철학자 제논Zenon(63쪽 참조)의 논리를 연상시키는 이 주장은 이렇게 해석할 수 있다. 화살의 움직임을 아주 작게 나누면, 그렇게 나누어진 한순간 동안 화살은 정지해 있다. 그러므로 그렇게 정지한 순간이 연속된다고 해도 그것은 정지의 연속이므로 화살은 결국 움직이지 않는다. 그럼에도 현실에서 화살은 언제나 표적에 도달하며, 따라서 움직이고 있는 것이다.*

> * 명가를 대표하는 공손룡公孫龍, 혜시惠施 등의 주장은 명칭과 개념, 부분과 전체가 구분되어야 한다는 것이었다. 단순히 억지 논증을 펼쳤다기보다는 언어(명名)와 사실(실實)의 관계를 밝혀 전국시대의 정치적, 사회적 혼란을 바로잡으려 했다. 백마비마(흰 말은 말이 아니다), 견백동이(딱딱하고 흰 돌은 같은 돌이 아니다)라는 명가의 논리를 전하는 순자와 장자 등의 문헌이 명가를 비판하는 바람에 명가 사상가들은 실상을 벗어난 궤변론자로 낙인찍혔다. 하지만 고대 그리스 철학자 제논의 "날아가는 화살" 궤변이 절대적 진리가 있다는 사고방식에 이의를 제기하기 위함이었던 것처럼, 명가는 이성의 판단에 비해 감각의 경험은 상대적인 진실만을 가져다줄 뿐이라고 주장한 것으로 보인다.

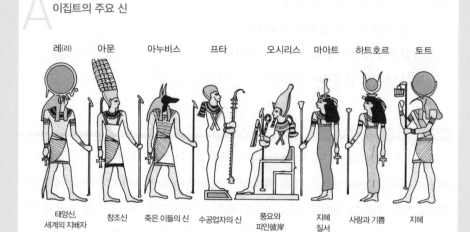

A 이집트의 주요 신

레(라)	아문	아누비스	프타	오시리스	마아트	하트호르	토트
태양신, 세계의 지배자	창조신	죽은 이들의 신	수공업자의 신	풍요와 피안彼岸	지혜 질서	사랑과 기쁨	지혜

B 죽은 이들의 심판

죽은 이

토트가 결과를 적는다

아누비스가 죽은 이의 심장과 마아트를 저울에 올린다

심판자는 오시리스

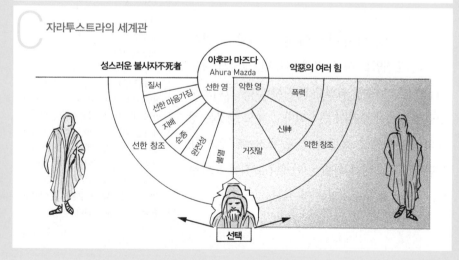

C 자라투스트라의 세계관

성스러운 불사자不死者

아후라 마즈다
Ahura Mazda
선한 영　악한 영

악靈의 여러 힘

질서
선한 마음가짐
지배
순종
선한 창조
경건
구원

폭력
신神
거짓말
악한 창조

선택

고대 근동

이집트는 가장 오래된 인류 문명의 발상지로 여겨진다. 이집트 문명은 고왕국(기원전 2900~2040년), 중왕국(기원전 2040~1537년), 신왕국(기원전 1536~715년), 그리고 두 번의 중간기를 거치면서 발달했다. 여기에 후왕국(기원전 332년까지)도 포함될 수 있다(24쪽 도해 참조).

이집트의 종교는 다양한 신을 숭배했는데, 여러 부족이 모여 이집트가 이루어진 것도 많은 신이 등장한 이유 가운데 하나일 것이다. 이집트 종교에서 특별한 역할을 한 것은 태양신이다. 역사가 흐르는 가운데 이집트 신의 세계는 수많은 재편과 융합을 겪는다.

신왕국에 들어서자 태양신 레Re는 창조신 아문Amun과 합쳐져 아문 레Amun-Re가 되었다(지배자는 "레의 아들"이라는 칭호를 가지고 있었다). 나중에는 오시리스Osiris가 아문 레의 뒤를 이어 왕국의 신이 되었다.

마아트Maat는 우주와 윤리의 세계질서를 상징한다. 후기에 들어 마아트는 진리와 성실한 자기 인식도 상징하게 된다. 마아트의 아버지 프타Ptah는 모든 예술가와 수공업자의 수호신이다. 하트호르Hathor는 사랑과 기쁨의 여신이다.

기원전 1260년 무렵 "이단왕" 아케나텐Akhenaten은 완전한 일신교를 구현하려 했다. 그의 개혁 목표는 아문과 같은 근본신이 다른 신과 함께 숭배되지 않도록 하는 것이었다. 숭배해야 할 대상은 오로지 아톤Aton(태양)이다. 그는 〈태양 찬가〉에서 이렇게 노래한다.

"당신의 업적은 얼마나 많은가요! 그 모든 업적이 사람의 눈에는 보이지 않도록 숨어 있습니다. 유일한 신이시여, 당신 말고는 어떤 신도 존재하지 않습니다…… 당신은 각자에게 맞는 자리를 마련해주시고, 각자에게 필요한 것을 주십니다. 사람들은 당신에게서 자기 먹을거리를 얻고, 그 생애도 당신이 헤아리십니다."

오시리스는 원래 풍요의 신이었는데, 신화에는 명부冥府와도 관계가 있는 신으로 등장한다.

> 오시리스의 누이 이시스가 그를 다시 살려냈다.

인간의 삶이 **내세**로 이어진다고 강조하는 것은 이집트 종교에서 가장 중요한 특징 가운데 하나다. 〈사자死者의 책〉은 죽은 자가 "서쪽 나라"에 도착해서 받는 재판을 묘사한다.(도해B 참조)

> 오시리스는 재판관의 역할을 맡고, 사자死者의 신 아누비스Anubis는 인간의 심장과 정의(마아트)를 저울 양쪽에 올려 달아본다. 그 결과는 지혜의 신이기도 한 달의 신 토트Thot가 적는다.

죽은 자는 죄를 고백하면서 자신이 생전에 한 행동들을 변명해야 한다. 영(카ka)의 생명력을 유지하는 데는 죽은 자의 몸을 방부 처리 하는 것이 도움이 된다고 여겨졌다. 착하게 살아온 사람의 인격(바ba)은 죽은 뒤 오시리스와 일체를 이루게 된다.

이집트의 **지혜시**智慧詩는 아니Ani와 아메노페Amenope(900년 무렵) 등에 의해 전승되었다. 지혜시의 내용은 성서의 잠언집(예를 들어 가톨릭교회가 사용하는 외경인 "지혜서")과 유사한데, 인간이라는 존재에 대한 관찰과 생활을 위한 조언을 담고 있다.

> "근심 가득한 부富보다는 행복한 가운데 먹는 빵이 더 낫다. 열정적인 사람은 불타는 장작이 될 나무지만, 소박한 사람은 정원에서 열매를 맺는 나무다."

이란에서는 자라투스트라Zarathustra(그리스어로는 조로아스터Zoroaster)가 아후라 마즈다Ahura Mazda("전지全知하신 주님")를 숭배하는 유일신교를 창설한다.* 페르시아의 전승에 따르면 자라투스트라가 등장한 것은 기원전 500년 무렵이었다.**

> 이 종교는 때때로 마즈다교敎로, 그 신도는 조로아스터 신도, (이슬람교가 들어온 뒤

* 흔히 조로아스터교, 배화교拜火敎 등으로 불린다. 불을 숭배한다고 해서 배화교라고 하지만, 실제로는 불이 아니라 밝음, 빛을 숭배한다고 보아야 한다.

** 자라투스트라의 활동 시기, 곧 조로아스터교의 발생 시기는 기원전 1500년~500년 무렵으로 그 폭이 대단히 넓다.

로는) 파르시Parsi 등으로 불렸다.

아후라 마즈다는 지혜로운 창조신이며, 그를 수행하는 자들은 성스러운 불사자不死者(아메샤 스펜타Amesha Spenta)로 신적 본질의 인격적 표현이다. 신적 본질은

> 올바른 질서, 선한 마음가짐(보후 마노bohu mano), 지배자의 권력, "아르마이티", 곧 인간을 향한 신의 전심全心, 완전성과 불멸이다.

자라투스트라는 세계를 두 원리가 서로 싸우는 전장으로 묘사한다.*

> 마즈다와 마즈다의 피조물 사이를 잇는 성스러운 영靈에 맞서는 악령이 있다는 것이다.

> * 선한 신과 악령이라는 이원론, 일신교에서 유일신교로 변한 과정, 세계의 종말과 심판 등이 유대교의 교리 확립에 영향을 끼쳤을 것이다.

이렇게 성령과 악령의 **이원론**이 세계의 창조와 변화를 관통하고 있다고 여긴다.

> "그리고 태초에 이 두 영이 쌍둥이처럼 있었는데, 두 영은 스스로를 생각과 말과 행동의 선과 악이라고 부른다. 선한 행위를 하는 사람들은 이 둘 가운데 올바른 쪽을 선택한 것이다."

이 싸움에 참여하는 악한 힘은 거짓말, 나쁜 생각, 폭력이다. 옛 신들(다에바daeba) 또한 악령으로, 인간을 지혜와 하늘의 법(아샤asha)에서 벗어나도록 한다.

> 후기의 교리에 따르면, 이 싸움은 1회에 3000년씩 총 4회에 걸쳐 벌어진다.

자라투스트라에 따르면 **인간**은 "뼈로 된" 존재, 곧 육체적이자 정신적인 존재자다. 인간은 선과 악 가운데 하나를 선택해야 하며, 올바른 쪽을 선택하면 결국에는 선이 실현되도록 힘을 보탤 수 있다.

> 마지막에는 아후라 마즈다의 왕국이 건설된다.

창조의 마지막 전환점에는 세계 심판이 열린다. 그 자리에서 신은 모든 사람에게 생각과 행위에 대한 책임을 묻게 된다.

> 악한 쪽을 선택했던 사람들은 엄한 벌을 받고, 선한 사람들은 지복至福과 불멸이라는 상을 받는다.

아후라 마즈다의 장엄한 왕국은 올바른 질서와 최선의 생각 안에서 완성된다.

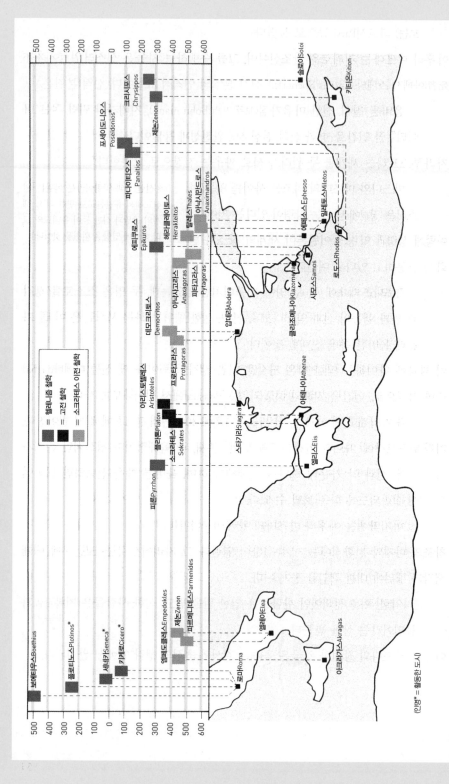

보에티우스Boethius
플로티노스Plotinos*
세네카Seneca*
키케로Cicero*
엠페도클레스Empedokles
제논Zenon
파르메니데스Parmenides

피론Pyrrhon
소크라테스Sokrates
플라톤Platon
아리스토텔레스Aristoteles
프로타고라스Protagoras
데모크리토스Democritos
아낙사고라스Anaxagoras
피타고라스Pytagoras
탈레스Thales
헤라클레이토스Herakleitos
아낙시만드로스Aniximandros
에피쿠로스Epikuros
파나이티오스Panaitios
포세이도니오스*Poseidonios*
크리시포스Chrysippos
제논Zenon

== 헬레니즘 철학
== 고전 철학
== 소크라테스 이전 철학

로마Roma
엘레아Elea
아크라가스Akragas
엘리스Elis
아테나이Athenae
스타기라Stagira
압데라Abdera
클라조메나이Klazomenae
사모스Samos
에페소스Ephesos
밀레토스Miletos
로도스Rhodos
키티온Kition
솔로이Soloi

(인명* = 활동한 도시)

서양 고대철학: 개관

태동기

서양 철학의 요람은 지중해 연안, 소아시아의 이오니아 지방, 이탈리아 남부에 있던 그리스 식민지들이었다. 이 지역에서는 당시 알려져 있던 세계 각지와 활발한 교역이 이루어졌고, 이런 교역으로 그리스 식민 도시들은 경제적 풍요뿐 아니라 여러 민족의 지식도 얻게 되었다. 이때 얻은 지식은 다음과 같다.

> 수학, 천문학, 지리학, 달력, 화폐 제도, 종이 제조.

외래 문화와 접촉하면서 그리스인의 정신적 지평은 더욱 넓어졌다.

이 시대의 특징은 귀족이 지배하는 정치체제에서 다른 정치체제(참주정, 민주정)로 전환되기 시작했다는 것, 그리고 이런 전환 때문에 내정內政의 위기 현상이 나타났다는 것이다. 이렇게 정신적 방향이 바뀌면서, "신화에서 로고스로"(네스틀레W. Nestle)라고 불릴 만한 전환이 일어났다. 인간의 모습을 한 신들이 모든 것을 가르치던 시대가 지나고, 이제부터는

> 세계의 질서와 그 안에서 인간이 차지하는 지위를 알려줄 자연적이고도 합리적인 원리를 찾기 시작한 것이다.

하지만 이런 사고의 전환이 갑작스레 완성되지는 않아서, 옛날의 신화적 사고는 소크라테스 이전 철학자들 그리고 심지어 플라톤에게서도 여전히 자주 모습을 드러낸다.

서양 고대 철학의 **주요 특징**은 다음과 같다.

—세계의 원초(아르케arche)와 근본 법칙(로고스logos)에 대한 질문, 이 질문과 함께 합일合—의 근거 탐구.

—알레테이아aletheia(숨김이 없음, 진실)라는 개념에 연관된 주제, 곧 존재, 진실, 참된 인식 등의 추구.

—인간의 본성과 윤리 내용의 탐구: 영혼의 성질, 선(아가톤agathon), 덕(아레테arete) 등. 개인 윤리에서는 에우다이모니아eudaimonia(행복)의 성취에 관한 탐구.

시대구분

소크라테스 이전 철학

이 시기의 철학은 밀레토스Miletos 학파의 자연철학, 피타고라스Pythagoras 학파, 엘레아Elea 학파, 헤라클레이토스Herakleitos, 초기 자연철학자, 원자론자의 사상을 포함한다.

소피스트(궤변론자)도 소크라테스 이전 철학자에 포함시키는 것이 보통이다. 그러나 소크라테스 이전의 다른 철학자들과는 달리 소피스트의 관심은 자연의 근본 원리가 아니라 인간과 사회에 있었다.

신화적 사고 모델의 미몽을 깨뜨리고 종래의 도덕관념에 의문을 제기한 소피스트 시대는 그리스의 계몽 시대라고 일컬어진다.

고전기

이 시기의 철학을 이끈 사람은 소크라테스, 플라톤, 아리스토텔레스였는데, 이들은 스승과 제자 관계였다.

이 시기의 철학 중심지는 아테네였다.

소크라테스 사상은 소피스트 사상을 배경으로 시작한다. 소크라테스는 독립적인 윤리학의 창시자로 여겨진다. 그의 사상은 전적으로 윤리학의 근본 문제에 집중한다. 키케로에 의하면 그는

"철학을 하늘에서 땅위로 끌어내렸다."

플라톤은 소크라테스 이전 철학자들과 소크라테스가 내세운 문제들을 받아들여, 이데아론과 영혼론으로 이루어진 그들로 하여금 명가의 형이상학적인 틀 안에서 해답을 제시하고자 한다.

아리스토텔레스는 체계적으로 구축되고 학문적 바탕 위에서 조직된 철학의 창시자라고 할 수 있다. 그의 철학은 인간이 경험하는 모든 분야를 대상으로 한다.

헬레니즘 철학

역사와 사회의 변혁(알렉산드로스 대왕의 흥망, 로마라는 세계 제국의 등장)을 바탕으

로 헬레니즘 철학에서 가장 의미 있는 두 흐름이 등장한다.

그것은 **스토아**Stoa 학파와 **에피쿠로스**Epikuros 학파의 사상으로, 양쪽 모두 철학의 중점을 윤리학으로 옮겼다는 것이 특징이다.

스토아 학파의 역사는 세 시기로 구분된다. **초기 스토아 학파**는 스토아철학 체계를 만들어내고 완성한다. 이 학파에서 가장 중요한 인물로는 학파 창시자인 키티온Kition(오늘날의 키프로스)의 제논Zenon과 크리시포스Chrysippos를 들 수 있다.

중기 스토아 학파에 가장 큰 영향을 미친 사람은 그리스철학을 로마에 전한 파나이티오스Panaitios와 초기 스토아 윤리의 엄격주의를 완화하려고 노력한 포세이도니오스Poseidonios다.

후기 스토아 학파의 중심은 로마이며, 세네카Seneca와 에픽테토스Epiktetos, 마르쿠스 아우렐리우스Marcus Aurelius 등이 중심인물이다.

또 다른 학파의 창시자는 에피쿠로스로, 그의 사상은 로마의 시인 루크레티우스Lucretius와 호라티우스Horatius의 작품 곳곳에 등장한다.

그밖에 회의론懷疑論과 절충주의折衷主義가 있다. **회의론**은 철학의 이론 체계를 근본적인 회의에 붙이는 사상으로, 엘리스Elis의 피론Pyrrhon이 이끈다.

절충주의는 여러 사상의 융합을 올바른 철학 방법으로 택한다.

헬레니즘 철학에 큰 영향을 끼친 것은 플라톤이 창시한 **아카데미아**Academia 학파와 아리스토텔레스가 창시한 **페리파토스**Peripatos 학파다.

서양 고대 철학은 **신플라톤주의**의 중심인물인 플로티노스Plotinos와 함께 다시 한번 그 정점에 다다른다.

마지막으로 보에티우스Boethius는 고대의 사상적 전통을 정리해서 중세에 전달한다.

이미 고대 후기에 조직되기 시작한 그리스도교 철학(아우구스티누스Augustinus와 교부敎父 철학)은 관례대로 중세철학에서 다룰 것이다.

서양 사상에 결정적인 영향을 미친 사람들은 그리스인이다. 서양 정신사의 전체 발달 과정이 그들이 설정한 문제와 사고 모델을 반영하고 있으니 말이다.

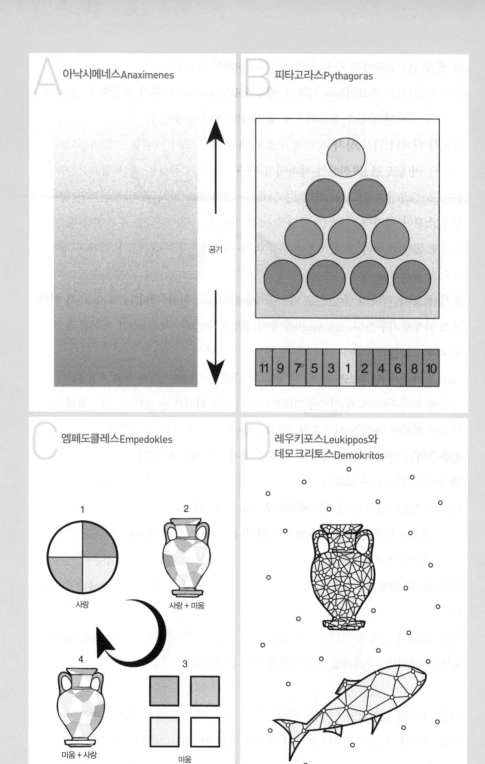

A 아낙시메네스Anaximenes

공기

B 피타고라스Pythagoras

| 11 | 9 | 7 | 5 | 3 | 1 | 2 | 4 | 6 | 8 | 10 |

C 엠페도클레스Empedokles

1
사랑

2
사랑 + 미움

4
미움 + 사랑

3
미움

D 레우키포스Leukippos와
데모크리토스Demokritos

소크라테스 이전 철학 I

밀레토스의 자연철학자들

철학의 첫 이론은 다음과 같은 사상을 담고 있다.

존재하는 모든 것에는 공통의 **원초**(아르케arche)가 있고, 이것이 다양한 사물이 생겨나는 공통의 원물질이 됨과 동시에 우리가 경험하는 모든 변화의 원인으로 작용한다.

최초의 철학자는 **밀레토스**Miletos**의 탈레스**Thales(기원전 624년 무렵~546년 무렵)라고 여겨진다. 그는 사물을 구성하는 원물질이 물이라고 생각한다.

모든 사물은 물로 만들어지며, 아르케는 살아 있으면서 스스로 움직이는 것이라고 생각되므로, 모든 사물 또한 스스로 살아 있다(이른바 물활론物活論).

나아가 탈레스는 수학("탈레스의 정리"*)과 천문학(기원전 585년의 일식을 정확히 예측했다) 분야에서도 활약한다.

그의 제자 **아낙시만드로스**Anaximandros(기원전 611년 무렵~546년 무렵)는 사물을 만드는 근본 원리를 한층 추상적으로 파악하여, 그 원리는 바로 **아페이론**apeiron**, 곧 무한자, 무제한자, 규정할 수 없는 것이라고 주장한다. 이 아페이론에서 세계의 모든 사물이 서로 대립하는 것으로 생겨났다가 다시 아페이론으로 돌아간다는 것이다.

"사물의 근원은 아페이론이다. 사물은 그로부터 나왔다가 소멸하여 필연적으로 자신이 만들어진 근원으로 다시 돌아간다."

> * "반원에 내접하는 각은 직각이다" 라는 탈레스의 정리가 중요한 이유는 그것을 논증하는 연역적 추론(91쪽, '아리스토텔레스I; 논리학' 참조)이 서양의 철학과 과학을 이끈 논증 이론을 만들어냈기 때문이다. 탈레스를 출발점으로 하는 논증 기하학은 눈에 보이는 물질(기계적인 현상)에서 정신적인 원리(추상적인 규칙)를 이끌어내는 방법을 제시했다.
>
> ** 다른 자연철학자들과는 달리 세계가 물, 흙 등 물질 원소가 아니라 정신적인 것으로 만들어졌다고 생각한 것이 아낙시만드로스 우주론의 특징이다. 또 그는 생물이 물에서 생성되었고 간단한 형태에서 복잡한 것으로 발달했다는 진화론을 생각한 첫 사상가일 것이다.

아낙시메네스Anaximenes(기원전 585년 무렵~525년 무렵)는 아르케를 다시 물질적인 것으로 규정한다. 그는 공기가 모든 사물의 원물질이라고 주장한다.

공기가 짙어지면 차가운 것(예를 들어 물, 흙, 돌)이 생기고, 공기가 옅어지면 따뜻한 것(불)이 생긴다.

그는 이렇게 사물의 질적인 내용이 양의 변화에 따라 달라진다고 생각했다.* 그에 따르면 인간의 영혼도 공기로 만들어졌기 때문에 인간도 이 원리에서 벗어나지 않는다.

피타고라스 학파

사모스Samos 출신 피타고라스(기원전 570년 무렵 ~500년 이후)가 창립한 학파의 구성원들은 이탈리아 남부 크로톤Kroton에서 수도원과 유사한 공동체를 이루고 살면서 **수**數의 의미를 탐구한다.

피타고라스 학파의 사상가들은 음계에서 각 음의 간격이 합리적으로 일정한 비례를 이루는 현弦의 길이와 일치함을 처음으로 발견한다.** 이를 바탕으로 그들은 실재하는 모든 것의 본질이 숫자와 관계되어 있다는 사상을 펼치기 시작한다.

수는 "규정할 수 없는 것"(아페이론)을 규정하고 제한함으로써 우주의 질서를 만들어낸다. 모든 사물은 수가 모사模寫된 것 즉 수의 모상이고, 사물의 본질을 이루는 형식은 그 모상의 수학적 구성과 같다.***

수에도 질적인 차이가 있다. 예를 들어 1은 모든 수의 상위에 있으며, 모든 수의 근원이다. 홀수는 제한적이면서 완전한 수로, 짝수는 무제한적이고 불완전한 수로 여겨진다.

피타고라스 학파는 수의 이론을 다양한 분야에서 구성해간다.

* 다시 말하면 거의 비물질적인 공기가 느슨해지거나 촘촘해지는 변화에 의해 서로 다른 사물이 만들어진다고 본 것이다. 탈레스의 아르케가 물질이고 아낙시만드로스의 아르케가 추상이라면, 그의 아르케는 그 가운데라고 할 수 있다.

** 원래의 현에서 나는 음과 현의 길이를 절반으로 했을 때 나는 음 사이를 한 옥타브로 정한 것도 이들이었다.

*** 가장 아름다운 비례를 뜻하는 "황금비"도 피타고라스 학파의 작품이다. 그들은 오각형을 가장 완전한 도형이라고 생각했는데, 오각형의 각 꼭짓점을 잇는 선분이 다른 선분을 1.618:1의 비율로 나눈다는 사실을 발견하고는 이를 황금비로 여겼다. "앞의 두 수를 더한 수의 행렬"인 피보나치수열에서 뒤의 수를 앞의 수로 나누어나가면 그 결과는 1.618에 무한히 가까워진다. 앵무조개의 구조, 식물의 잎 차례, 해바라기의 씨앗 배치 등에서도 이 비율이 발견된다. 조화로운 수와 비례에 집착한 피타고라스 학파는 오늘날에야 그 모습을 알게 된 자연계의 조화를 그 옛날에 이미 추론해낸 것이다.

**** 고대 기하학에서 19세기 수학에 이르기까지 공리는 자명한 것으로 여겨져 더 이상 증명하거나 근거를 물을 필요도, 방법도 없는 원리를 가리켰다. 이 정의는 독일 수학자 다비트 힐베르트가 공리를 "그 어떤 것에서도 추론되지 않은 완전히 형식적인 언명으로, 형식화된 명제 체계를 구성하며 증명이 필요 없는 근본적 언명"이라고 정의할 때까지 통용되었다. 이에 비해 정리定理는 기존의 명제나 공리에서 추론되어 논리적으로 모순이 없는 언명으로, 증명이 가능하고 필요한 것을 가리킨다.

수학 분야에서는 체계를 세우고 공리公理****를 만드는 데 공을 들인다. 피타고라스의 정리는 각 수 사이의 비합리적인 관계를 찾아내게 했다.

피타고라스 학파가 구상한 우주의 모습은 별들이 어느 고정된 중심 주위를 일정한 간격으로 회전한다는 것이다.

윤리학에서도 그들은 조화를 가장 중요한 요소로 보았다. 심지어 그들은 덕목까지도 특정한 숫자로 나타낼 수 있다고 생각한 것으로 보인다.

수학과 음악에서 과학적인 연구가 이루어지기는 했지만, 피타고라스 학파를 지배한 것은 종교적, 신비적 색채다. 이런 사실은 무엇보다 육체와 영혼을 분리된 것으로 생각한 영혼의 윤회 이론에서 두드러진다.

영혼은 인간이 가진 원래의 본질을 보여주는 것으로, 이 영혼은 육체적인 것으로 인한 오염으로부터 해방되어야 한다.

엠페도클레스Empedokles(기원전 492년 무렵~432년 무렵)는 사랑과 미움이라는 힘에 의해 움직이는 **4원소**가 만물을 이룬다고 주장한다.

사물은 물, 흙, 불, 공기로 만들어진다.

절대적 사랑 안에서는 각 원소가 서로 합쳐져 균질한 단일체를 이루지만, 미움은 그 단일체를 각 원소로 분리한다. 사랑과 미움이라는 두 힘이 서로 적대적으로 작용하면 네 가지 원소가 섞여 구체적인 사물이 만들어진다.

지각知覺 이론에서 엠페도클레스는 사물에서 흘러나온 것이 우리 감관의 틈 안으로 들어온다고 생각한다. 그렇게 들어온 것이 감관의 틈과 완전히 일치하면, 다시 말해서 같은 것이 서로 만나면 우리가 사물을 지각하게 된다는 것이다.

아낙사고라스Anaxagoras(기원전 500년 무렵~425년 무렵)는 사물을 구성하는 것은 무한히 많고 질적으로도 서로 다른 원물질이라고 생각했다.* 사물의 성질은 이 원물질들이 섞이는 비율에 따라 정해진다.

이 원물질은 사물에서 아무리 작은 부분에도 모두 들어 있다.

* 엠페도클레스와 아낙사고라스는 사물이 여러 가지 서로 다른 원소로 이루어진다는 '다원론'이라는 점에서 이전의 자연철학자들과 달랐다.

원물질을 움직이는 것은 누스nous(정신)로, 정신은 계획에 따라 질서 정연하게 원물질들에 작용한다.

레우키포스Leukippos(기원전 5세기)는 **원자론**의 창시자로 알려져 있는데, 그의 원자론은 제자 데모크리토스Demokritos에 의해 우리에게 전해지고 발전을 거듭한다.

> 모든 사물은 "더 이상 나누어지지 않는, 아토모스a-tomos*" 덩어리로 이루어지는데, 이 덩어리들은 그 형상, 위치, 배열만 서로 차이가 있을 뿐, 완전히 같은 물질이다.

원자는 예로부터 역학적으로 서로 누르고 튕겨내는 작용을 통해 움직인다. 원자 사이에는 텅 빈 공간만 있을 뿐이다. 레우키포스의 단편에는 인과율을 말하는 문구가 있다.

> "세상의 모든 것은 의미와 필연성에 따라 생성되며, 계획 없이 생기는 것은 아무것도 없다."

* 부정을 뜻하는 접두사 a와 "자른다"는 동사 temnein의 명사형 tomos가 합쳐져 "나눌 수 없는 것"이라는 말이다. 오늘날 "원자"를 뜻하는 atom의 어원이다.

소크라테스 이전 철학 II

데모크리토스Demokritos(기원전 460년~370년 무렵)는 레우키포스의 원자론을 바탕으로 **유물론**을 전개한다.

원자의 조합으로 구성된 사물의 성질은 이른바 일차적이고 객관적인 성질, 즉 부피, 관성, 밀도, 경도硬度 등에 의해 정해지며, 색깔, 냄새, 맛 등은 이차적이고 주관적인 성질이다. 이 이차적인 성질은 사물에서 흘러나오는(유출되는) 작은 상像에 의해 지각된다.

영혼도 미세한 (불의) 원자로 구성되며, 이 원자가 사물에서 나오는 작은 상에 의해 움직이면서 감각기관에 인상을 남긴다. 이 원자론에 따라 데모크리토스는 인간의 모든 지적 활동도 원자라는 물질이 만들어내는 과정이라고 생각한다.

데모크리토스의 윤리학은 영혼의 올바른 상태를 인간이 추구할 목표로 상정한다. 영혼의 올바른 상태는 균형과 평정 안에 머무는 것, 이성, 중용, 감각적 향유의 절제, 정신적 부의 존중 등을 통해 얻어진다.

"정신은 자기 스스로에게서 즐거움을 이끌어내는 데 익숙해져야 한다."

크세노파네스Xenophanes는 이탈리아 남부 엘레아Elea에서 창설된 **엘레아 학파**의 첫 사상가다. 그의 사상의 중심 주제는 호메로스Homeros와 헤시오도스Hesiodos가 서술한 의인화擬人化된 신들을 부정하고 단일신 관념을 내세우는 것이다.

"단일신은 여러 신과 인간 가운데 가장 위대하며, 단일신의 형상과 사고는 죽을 운명을 가진 존재와는 비교할 수조차 없다."

파르메니데스Parmenides(기원전 540년 무렵~470년 무렵)의 **존재의 통일성 이론**은 철학적으로 그 영향력이 지대하다.

존재하는 것의 속성은 "무엇으로부터 생겨나지 않았고, 소멸하지도 않으며, 전체이며, 무엇에 의해서도 움직여지지 않으며, 시간을 초월하며, 하나이며, 지속적"이다.

이와는 달리 "비존재자"(존재하지 않는 것)가 있다는 것에는 이의를 제기한다. 따라서 이런 기본 명제가 나온다.

A 데모크리토스

작은 상像의 인식에 관한 기계론적 이론

경도硬度
부피
관성
밀도

색깔
냄새
맛
소리

1차 성질과 2차 성질

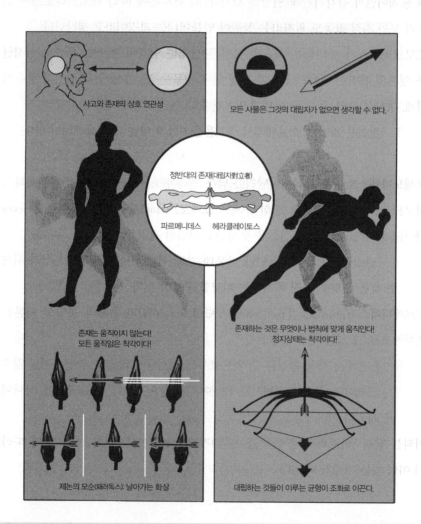

B 파르메니데스Parmenides와 엘레아Elea 학파

사고와 존재의 상호 연관성

정반대의 존재(대립자對立者)

파르메니데스   헤라클레이토스

존재는 움직이지 않는다!
모든 움직임은 착각이다!

제논의 모순(패러독스): 날아가는 화살

C 헤라클레이토스Herakleitos

모든 사물은 그것의 대립자가 없으면 생각할 수 없다.

존재하는 것은 무엇이나 법칙에 맞게 움직인다!
정지상태는 착각이다!

대립하는 것들이 이루는 균형이 조화로 이끈다.

▌ "존재자는 존재하고, 비존재자는 존재하지 않는다."

모든 것을 충족하는 존재는 움직여지지 않으며 변화되지도 않는다. 그렇지 않다면 존재자와는 다른 비존재자라는 것을 상정해야 하고, 그러면 비존재자를 향한 움직임을 받아들여야 하기 때문이다.* 파르메니데스는 이 이론과 일상적인 경험(실제로는 늘 변화가 일어나는 현실) 사이의 괴리를 해명하기 위해 "감관적 경험은 허위이고 가상적인 것"이라고 설명한다.

이렇게 경험적 직관과 이성적 인식은 철저히 분리된다.** 참된 인식은 단일하고 변화를 겪지 않는 존재에게만 가능하다고 한 것이다.

"여하튼 사고와 존재는 동일하다."

엘레아의 제논 Zenon***은 파르메니데스의 제자로, 유명한 옛 논증들을 이용해서 그런 논증을 내세우는 상대방들이 모순에 빠진다는 것을 보여줌으로써 자신의 이론을 확고히 하려 했다. 예를 들어 그는 "운동이란 시간에 따른 위치의 변화다"라는 생각이 역설로 이어진다는 것을 보여주었다.

▌ 시간이란 작게 쪼개지는 시간의 조각이 연속된 것이라는 생각을 전제로, 시위를 떠나 날아가는 화살의 움직임을 시간의 조각에 따라 쪼개면 시간의 조각마다 화살은 멈추어 있는 셈이 된다. 따라서 그렇게 멈춘 화살의 연속은 역시 움직이지 않는 것이다.

그러나 시간을 무한한 연속으로 가정하면, 달리기 시합에서 아킬레스가 자기보다 약간 앞서서 출발하는 거북이를 절대로 앞지를

* 파르메니데스는 결국 존재를 절대적인 것이라고 생각하는 셈이다. "그릇이 있다"는 말은 반드시 "그릇이 아닌 것도 있다"는 사실, 나아가 "그릇이 없다"는 사실까지 포함하는 말이고, 그렇게 되면 존재에 대한 언명은 비존재를 전제로 하는 모순에 빠져 "없는 것이 있다"는 터무니없는 언명이 가능해진다. 따라서 비존재를 부정해야만 존재를 말할 수 있다는 것이 파르메니데스의 생각이다. 존재는 절대적이지만 우리 인식이 상대적이므로 불완전하게 보이는 존재, 개별성을 가진 존재 등이 있는 것으로 보인다는 식으로 철학사 안에서 두고두고 반복되는 존재론의 중요한 선구라고 할 수 있다. 물론 파르메니데스는 존재가 절대적임에도 존재와 비존재가 마구 뒤섞여 나타나는 것으로 보이는 이유를 묻는 사람들에게 "그것은 당신의 불완전한 견해일 따름"이라고 일축한다.

** 크세노파네스, 파르메니데스, 엘레아의 제논 등 엘레아 학파가 이처럼 경험적 직관과 이성적 인식을 구별한 것은, 우리 눈에는 변화하는 것처럼, 다수인 것처럼 보이는 존재가 사실은 영원히 변화하지 않으며 그 본성이 동일하다고 생각했기 때문이다. 아무리 작게 쪼개더라도 여전히 존재자라는 본성은 유지되며, 따라서 경험을 뛰어넘는 절대성, 불생불멸하는 통일자를 상정하게 된다는 것이다. 바로 이 사고에서 고대 그리스 최초의 형이상학이 싹텄다고 할 수 있다.

*** 키티온의 제논과는 다른 인물이다.

수 없게 되는 모순이 생긴다. 아킬레스가 자신의 출발점보다 앞에 있는 거북이의 출발점에 도달하면, 그동안 거북이는 얼마만큼 앞으로 나간 상태일 것이고, 그런 일이 반복되면 둘 사이의 간격은 점점 작아지기는 하지만 절대 극복되지는 않을 것이기 때문이다.

헤라클레이토스Herakleitos(기원전 550~480년)는 (변하지도, 없어지지도 않는 존재를 주장하는) 엘레아 학파에 반대되는 견해를 내놓는다. 그의 주된 관심사는 어떤 사물도 벗어날 수 없는 끊임없는 **생성과 소멸**이다. 이를 설명하는 그의 유명한 이야기가 있다.

> "사람은 같은 냇물에 두 번 발을 담글 수 없다." 왜냐하면
>
> "모든 것은 흘러가고, 아무것도 머물지 않는다."*

* "모든 것은 흘러간다"는 이 명제는 흔히 "판타 레이Panta rhei"라는 그리스어로 많이 인용된다. 생성과 소멸로 세계를 이해하려는 헤라클레이토스의 관점은 현대철학의 존재론이 존재에서 변화로 그 관심사를 옮겨가는 데 큰 역할을 했다.

그는 세계가 대립하는 성질의 끊임없는 교환으로 이루어져 있다고 생각한다.

> "차가운 것은 따뜻해지고, 따뜻한 것은 차가워진다. 축축한 것은 마르고, 건조한 것은 축축해진다."

어떤 것도 그에 **대립하는 것**(대립자) 없이는 생각할 수 없다. 예를 들면

> 삶과 죽음, 잠에서 깨는 것과 잠드는 것, 밤과 낮이 그렇다.

대립하는 것 사이의 긴장 관계로부터 모든 일이 생긴다.

> 이런 의미에서 대립하는 것의 지속적인 싸움인 분쟁(전쟁)이야말로 모든 사물의 모체라고 여겨진다.

하지만 모든 것은 **로고스**logos**의 지배 아래 있으며, 로고스가 법칙으로서 모든 변화 과정을 이끈다. 그런 로고스를 인식하는 것이 바로 지혜다.

로고스는 법칙을 부여하며(윤리적인 의미로도), 모든 것에 공통으로 존재하며, 대립하는 것의 합일(일자)이다.

"모든 것으로부터 일자—者가 나오고, 일자로부터 모든 것이 나온다."

헤라클레이토스는 대립하는 것의 합일이라는 사상을 내세움으로써 철학사에서 첫 변증법 사상가로 불린다. 또한 모든 것의 합일이며 규범을 부여하는 로고스라는 사고는 훗날 자연법 이론의 초석을 마련한다.

파르메니데스와 마찬가지로 헤라클레이토스도 감각으로 받아들이는 것과 사고로 도달하는 것을 구별한다. 그러나 헤라클레이토스는 세계 이성인 로고스에 합치하는 사고를 통해서만 참된 지혜에 도달할 수 있다고 한 점이 다르다.

"자연은 자신을 숨기기를 좋아한다. 대부분 사람들은 자신이 일상적으로 만나는 일에 대해서는 별로 생각하지 않을 뿐 아니라 자신이 경험한 것을 이해하지도 않는다. 그들은 그런 일을 그저 당연한 것으로 여길 뿐이다."

** 소크라테스 이전의 여러 그리스 철학자가 이미 로고스라는 표현을 사용했겠지만, 헤라클레이토스는 이 개념을 적극적으로 사용한 첫 인물일 것이다. 그에게 로고스는 세계의 움직임을 지배하는 원리, 변화 가운데 질서와 조화를 부여하는 원리다. 모든 것은 변하기 때문에 절대 고정된 것은 없지만, 헤라클레이토스 앞에 펼쳐지는 세계는 예측 가능하도록 규칙적이고 아름답다. 그런 일정함, 지속성, 조화를 설명하려면 무엇인가 변화를 지배하는 원리가 있어야 할 것이다. 그는 그 원리를 로고스로 "표현"했다. 로고스의 어원은 "레게인legein"으로, "말한다, 설명한다"는 동사다. 설명은 일관성 있고 이치에 맞아떨어져야 설득력이 있고, 이는 변화에도 불구하고 조화와 질서를 가능하게 하는 원리에 어울리는 속성이다. 헤라클레이토스에서 원리가 되고 스토아 학파에 의해 "원초적 창조의 힘", "모든 존재의 제1원리"로 절대화된 로고스는 그리스도교 성서의 저자 가운데 한 사람인 요한에 의해 세계를 창조한 신의 인격적인 말씀, 원리, 신 자체, 신의 아들을 표현하는 말로 사용되었다. 그 뒤로 서양 철학은 로고스를 라틴어 라티오ratio로 번역하여 "이성"에 해당하는 말로 써왔고, 일상 언어에서도 논리, 설명, 합리적인 연구 등과 연관된 낱말의 어원으로 사용한다.

법

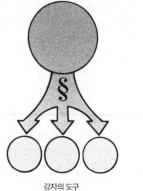

강자의 도구

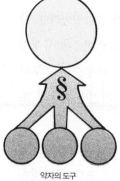

약자의 도구

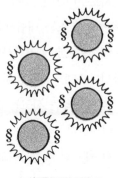

서로를 보호하기 위한 것

종교

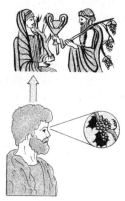

신神은 유익한 것의 투사投射:
포도 – 디오니소스
(프로디코스)

"인간은 만물의 척도다"
(프로타고라스)

신이라는 투사는 법을 강화하기 위한 것
(크리티아스)

인식

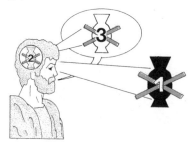

고르기아스의 3테제

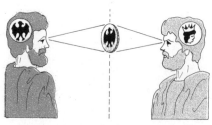

하나의 대상에 대해서는 언제나 두 가지 견해가 있다.
(프로타고라스)

소피스트의 사상

페르시아전쟁 이후 그리스는 경제적으로 풍요로워지면서 교양에 대한 욕구도 강해졌다. 동시에 민주제라는 국가 형태는 시민들에게 세련되게 연설할 수 있는 능력을 요구했다.

기원전 5세기 무렵, 이런 그리스 사회에서 돈을 받고 교양과 웅변술을 가르치던 사람들은 **소피스트**("지혜를 가르치는 교사")라는 집단명으로 불렸다.

동시에 일반적인 지식수준의 상승(예를 들어 다른 민족을 관찰함으로써 가능해진)과 기존 철학 이론의 다원주의는 소피스트 사상의 바탕을 마련했다.

수사학修辭學을 가르치는 교사의 문제점은 어떤 임의의 사안이라도 설득력 있게 주장할 수 있도록 만들어야 하고, 경우에 따라서는 "근거가 아주 빈약한 사안도 강력한 것으로 만들어야 하는 것"이었다.

그들의 이런 사상은 당시 상황의 지원까지 받아 **상대주의**로 이어진다.

이 상대주의는 다음과 같은 점에서 주목할 만하다.

—**법사상**에서: 현재 적용되고 있는 법률의 배경을 캐물음으로써 소피스트는 자연의 법(피세이physei)과 규범(법, 노모스nomos)의 대립이라는 견해에 도달한다. 히파아스Hippias는 플라톤 앞에서 이렇게 단언한다.

"법(노모스nomos)은 인간에게 전횡을 휘두르며, 인간에게 자연을 거스르는 많은 것을 강요한다."

실정법은 그 본성이 타당한 것이 아니라 오로지 입법자의 이익을 위해 만들어졌다는 말이다.*

트라시마코스Thrasymakos는 "실정법은 약자를 억압하기 위한 강자의 도구일 뿐"이라고 말한다.

그와 반대로 칼리클레스Kallikles는 법이란 약자를 지키는 방어벽이라고 주장한다.

*소피스트에 의하면 보편타당한 규범은 없다. 법(규범)이란 사람들 사이의 규약으로 만들어져 합의로 유지되는 것일 따름이기 때문이다. 이로써 소피스트는 르네상스 이후 등장한 법사상의 흐름을 수천 년 앞서갔다.

▎ 리코프론Lykophron은 법적 질서가 시민의 생명과 재산에 대한 상호 보증이라고 생각한다.

—도덕철학에서: 소피스트에게는 도덕적 가치도 자연으로부터 온 것이 아니라 사람들 사이의 약속(테세이thesei)에 의해 성립하는 것이다. 그러므로 시간과 장소가 달라지면 그런 가치도 달라진다.

—종교에서: 소피스트는 법과 마찬가지로 종교도 인간이 만들어낸 것이라고 해석한다. 크리티아스Kritias는 다음과 같이 설명한다.

▎ "법은 …… 인간이 공공연히 폭력을 행사하지 못하도록 막지만, 바로 그런 법으로 인해 인간은 몰래 악행을 저지른다. 이런 모습을 보면 나는 머리가 영악한 어느 인간이 그런 인간들을 상대하기 위해 신에 대한 두려움이라는 것을 발명해냈다는 생각이 든다. 그렇게 해서 남몰래 행동과 말과 생각으로 악행을 저지르는 인간들이 두려움을 느끼게 하려고 말이다."

프로디코스Prodikos의 주장은 다르다.

▎ 신이란 인간의 감정, 그 가운데서도 감사하는 마음이 표현된 것일 따름이다. 인간은 자신에게 이익을 가져다주는 모든 것을 다른 무엇보다 신적인 것에 투사한다. 이집트인이 나일강을 신으로 여기는 것이 바로 그런 모습이다.

마지막으로 디아고라스Diagoras가 논쟁에 끌어들인 것은

▎ "신의 정의"라는 관념이 우리가 세계 안에서 경험하는 불의와 모순된다는 주장이다.

—인식론에서: 특히 지속적인 영향을 끼친 것은 수사학에서 나온 상대성이라는 관점이다. 가장 중요한 소피스트로 여겨지는 프로타고라스Protagoras(기원전 480년 무렵~410년 무렵)는 이렇게 말한다.

▎ "모든 일에 대해서는 서로 대립하는 두 가지 언명이 존재한다."

그러므로 동일한 명제가 어느 상황에서는 참이지만 다른 상황에서는 거짓이 될

수 있다. 결국 객관적 진리란 절대 없다는 말이다. 이로부터 프로타고라스의 유명한 "호모 멘수라homo-mensura"(척도인 인간) 명제가 나왔다.

> "인간은 만물의 척도이며, 존재하는 것에 대해서는 그 존재의 척도, 존재하지 않는 것에 대해서는 그 비존재의 척도다."

이 호모 멘수라 명제가 소피스트 사상의 핵심이다.

> 존재를 규정하는 것은 인간이며, 인간을 넘어서는 모든 것은 거부된다(회의주의). 그리고 모든 존재는 객관적이지 않고 주관적이며, 변할 수 있다(상대주의).

고르기아스Gorgias(기원전 485년 무렵~380년 무렵)는 유명한 세 가지 테제로 소피스트의 회의론을 극한까지 이끈다.

> 존재하는 것은 아무것도 없다.
> 무엇인가 존재한다고 해도 알 수가 없다.
> 알 수 있다 해도 전달할 수 없다.

따라서 모든 시도, 예를 들어 엘레아 학파의 시도에 대해서도 객관적인 존재를 찾아내어 알려줄 가능성은 애초부터 부인된다.

> 인간은 언제나 언어와 견해 곧 독사이doxai의 그물에 갇혀 있다. 그런 인간은 그야말로 "만물의 척도"다.

소피스트 철학의 **의의**를 정리하면 다음과 같다.

—그리스 자연철학의 전통에 맞서 인간을 철학적 탐구의 중심에 두었다.

—사고 자체를 철학의 주제로 삼았다.

—이 두 가지와 밀접하게 연결된 것은 언어 문제이므로, 언어는 소피스트에게 중요한 역할을 했다.

—종래의 도덕적 가치 기준에 대한 비판은 완전히 새로운 사고의 지평을 열어, 독립적이고 이성에 바탕을 둔 윤리학의 주춧돌을 마련했다.

마지막으로, 뒤이어 등장한 그리스 고전 철학(소크라테스, 플라톤, 아리스토텔레스)은 소피스트의 철학이 없었다면 생각할 수 없는 것이었다.

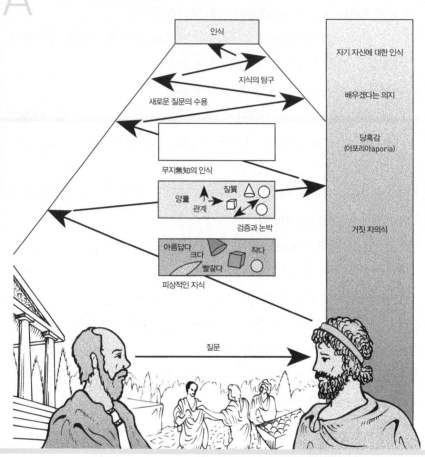

A 소크라테스Sokrates의 논박법

인식

자기 자신에 대한 인식

지식의 탐구

배우겠다는 의지

새로운 질문의 수용

당혹감
(아포리아aporia)

무지無知의 인식

양量 질質
관계

검증과 논박

거짓 자의식

아름답다
크다 작다
빨갛다

피상적인 지식

질문

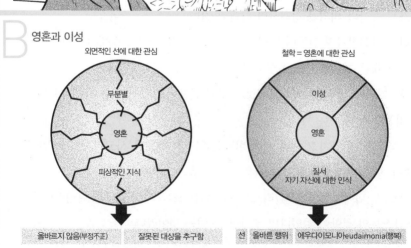

B 영혼과 이성

외면적인 선에 대한 관심

철학 = 영혼에 대한 관심

무분별

이성

영혼

영혼

피상적인 지식

질서
자기 자신에 대한 인식

올바르지 않음(부정不正) | 잘못된 대상을 추구함

선 올바른 행위 에우다이모니아eudaimonia(행복)

소크라테스

아테네의 소크라테스(기원전 470년 무렵~399년)는 그리스철학의 고전기를 열었으며, 독립된 철학적 윤리학의 창시자다.

우리가 그의 사상을 만나는 가장 중요한 원천은 그의 제자 플라톤이 남긴 대화편이다. 대화편은 지칠 줄 모르는 대화 가운데 아테네 사람들의 갖가지 견해를 검증하고 그들에게 올바른 삶을 권고하는 소크라테스의 모습을 전해준다. 그런 행동 때문에 점점 적대감을 사게 된 그는 결국 기원전 399년 신을 모독하고 젊은이들을 잘못된 길로 이끌었다는 죄목으로 재판에 넘겨진다. 재판은 독약에 의한 사형 판결로 끝난다.* 소크라테스 철학의 중심은 **선**(아가톤agathon)과 **덕**(아레테arete)에 대한 탐구였다. 〈소크라테스의 변론〉에서 그는 이런 탐구의 동기가 델피의 신탁 비문이었다고 밝힌다.

"너 자신을 알아라."(그노티 세아우톤 Gnothi seauton.)

그는 이 비문을 인간의 지식을 검증하고 인간에게 속하는 선을 규정해야 한다는 요구라고 해석한다. 당시 그리스인이 이해한 "아레테"는 어떤 것의 본질에 대한 적합성適合性을 뜻한다. 인간에게 이 적합성은 자신의 신적이며 이성적인 부분, 즉 **영혼**이다.

그러므로 선은 인간 영혼의 고유한 아레테(적합성)이며, 그것을 인식하고 얻는 것이

* 소크라테스의 관심사는 참된 지식을 바탕으로 참된 삶의 방법과 방향을 찾는 일이었다. 지식과 삶의 일치, 지행합일이야말로 그가 생각한 올바른 삶이었고, 그런 의미에서 그의 죽음은 자신이 가르친 철학과 윤리의 정점을 보여준 사건이었다. 사형 판결을 받은 그가 망명을 권하는 제자에게 "악법도 법이니 따르겠다"고 했다지만, 그는 그런 말을 한 적이 없다. 사형을 둘러싼 정황을 전하는 플라톤의 대화편 〈크리톤〉에서 그는 자신에게 내려진 부당한 판결을 따르겠다며 그 이유를 설명한다. 민주국가에서 법은 구성원들의 합의로 만들어진다. 그렇게 만들어진 법이 부당하다고 생각하면 이의를 제기하고 그 법을 바꾸기 위해 노력해야 한다. 그렇지 않았다면 합의된 법에 따르는 것이 정의로운 행동이고 올바른 모범을 보이는 것이다. 그는 개인과 국가의 관계가 훗날 계몽주의 시대 사상가들처럼 사회계약에 의해 성립된다고 보았고, 이 점에서 그는 이미 당대의 정치사상을 뛰어넘었다. 따라서 국가는 보호 받을 가치가 있고, 계약에 합의한 구성원은 합의를 지키는 것이 옳은 행동이라는 것이다. 오늘날 기본권과 민주주의에 위배되는 것이라도 실정법은 지켜야 한다고 주장하는 사람들이 자주 예를 드는 것이 소크라테스의 죽음이지만, 그의 죽음은 실정법이 실체적 불의를 요구하더라도 무조건 따라야 한다는 기계적 법치주의法治主義를 강조한 것이 결코 아니다. 그의 죽음은 펠로폰네소스전쟁에서 아테네가 스파르타에 패하여 소크라테스가 지지한 아테네 귀족정이 무너지고 '외세'를 등에 업은 30인 과두정이 권력을 잡은 상황과도 현실적으로 연관되어 있었을 것이다.

야말로 모든 임무 가운데 가장 중요한 임무다.

그런데 소크라테스는 사람들이 스스로 선과 덕에 대해 잘 안다고 믿지만 실제로는 껍질뿐인 지식에 사로잡혀 있음을 알게 된다. 그런 외관상의 지식은 대화 가운데 로고스(이성)를 통한 엄밀한 검증을 견디지 못한다는 것도 경험한다. 그는 확실한 인식에 도달하기 위한 최고의 방법을 고안해낸다. 그것은 바로

논박법이다.(도해A 참조)

소크라테스는 견해를 검증하는 질문을 던져 상대방이 가진 껍질뿐인 지식을 뒤흔들고, 그로써 상대방으로 하여금 자신이 아무것도 모른다는 것을 깨닫게 한다. 이렇게 해서 빠져나갈 길 없는 당혹스러운 상태(아포리아aporia)가 되면, 그런 상태를 전환점으로 해서 이성적인 의견 일치를 바탕으로 참된 통찰을 찾는 대화를 시작할 수 있다. 소크라테스가 추구한 지식은

> 실천적인 지식인데 그런 지식은 그 내용이 선과 덕의 인식이며 비판적인 자기 검증을 통해 확보할 수 있고, 실생활에서 올바로 사용되는 것을 지향하는 지식이다.

이런 과정에서 두드러지는 것은 특수한 것에서 보편적인 것으로 나아감이고, 이를 통해 탐구 대상인 개념의 본질이 파악된다. 소크라테스와 대화하는 상대방은 여러 현상에 사로잡혀 본질적인 내용이 아니라 오로지 사례로만 대답할 수 있을 뿐이다. 그래서 아리스토텔레스는 이렇게 말한다.

> "소크라테스의 공로라고 확실히 말할 만한 것은 두 가지다. 첫째는 경험으로부터 접근하게 하여 근거를 확인하는 것, 둘째는 보편 개념을 구축한 것이다."

소크라테스의 방법은 로고스에 대한 신뢰를 바탕으로 하는데, 로고스에 내재하는 법칙성은 이성적인 대화 가운데 진정한 통찰이 이루어지도록 한다.

> 그러므로 나는 "내 안에 있는 것 가운데 탐구 과정에서 가장 선한 것임이 밝혀진 로고스 말고는 어떤 것도 따르지 않을 것이다."

덕의 본질을 철학적으로 통찰하려는 노력은 소크라테스에게는 포괄적인 의미로 "영혼을 '보살피는 일, 에피멜레이아epimeleia'"를 뜻한다. 영혼의 상태에서 인간의 선함이 나오는데, 이는 영혼이야말로 모든 것을 보살피는 것인 동시에 모든 것

가운데 보살핌을 받아야 하는 것이기 때문이다. 영혼은 통찰과 이성이 지배하는 동안에는 자신의 아레테를 실현하지만, 무지無知가 우세할 때는 아레테에 도달하지 못하고 악에 떨어진다. 영혼으로부터 먼저 인간을 위한 다른 모든 선한 것들이 나오고, 질서와 조화가 본질인 에우다이모니아eudaimonia(행복, 지복) 또한 나온다. 이런 사상은 소크라테스의 다음 명제를 이해하는 바탕이 된다.

> "누구도 자발적으로(알면서도) 부정한 행위를 하지 않는다."

왜냐하면 모든 악한 행위는 선과 악에 대한 무지에 기인하기 때문이다. 아는 사람은 선할 수밖에 없다.

하지만 대부분 사람들은 삶의 본질을 잘못 알고 있다.

> "당신은 가능한 한 많은 재산을 얻으려 하고 또 명예와 영향력에 관심을
> 가지는 것이 부끄럽지 않은가? 통찰과 진리에 대해서, 그리고 당신 영혼이
> 최대한 선해지는 것에 대해서 당신은 관심을 가지지도, 고려하지도 않는다."

소크라테스는 자신의 철학을 **산파술**로 이해한다. 그는 누구나 스스로 찾아내야 하고 바깥에 있어서 누구도 가져다줄 수 없는 통찰과 자기 인식에 도달하도록 돕는 사람이기를 원하기 때문이다.

소크라테스는 관념적인 방법으로 사고와 행위의 일치를 실현했다. 이를 위해 그를 도운 것은 "다이모니온daimonion"(내적인 신의 소리)이다. 그의 행위를 인도한 이 목소리는 그에게는 영혼이 가진 신적 성질이다.

철학적 견해로 인해 소크라테스는 어떤 학파도 창설하지 않지만 서로 대립하는 두 학파가 소크라테스를 원조로 한다고 주장한다.

키레네Kyrene 학파는 행복론을 개조하여 쾌락을 원리로 삼는 쾌락주의를 내세웠다(아리스티포스 Aristippos).

키닉Kynik 학파*는 물질적인 것을 가볍게 본 소크라테스의 태도를 극단적으로 강조했다(시노페Sinope의 디오게네스Diogenes는 통 안에서 산 것으로 유명하다).

* 키닉 학파로 불린 사상가들은 윤리 덕목이 상대적일 수 있다고 생각하고, 그보다는 개인의 자율, 소유의 포기 등을 통해서 행복에 이르는 것을 이상으로 삼았다. "키닉"이라는 말이 그리스어로 개를 뜻하는 키온kyon에서 유래했다고 여겨 견유 학파라고도 하지만, 이는 근거가 약하다.

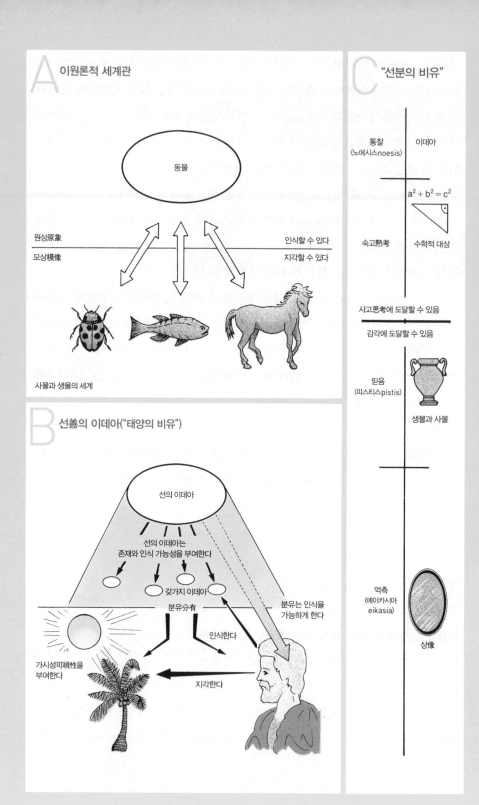

<table>
<tr><td>

플라톤I:
이데아론

</td><td>

플라톤Platon(기원전 427~347년)은 이데아론을 조직함
으로써 소크라테스가 내세운 문제에서 출발하여 소크
라테스 이전 철학의 커다란 부분을 의미 깊게 재수용
하는 철학 체계를 창설했을 뿐 아니라, 서양 정신사에
서 예를 찾기 힘들 만큼 큰 영향력을 끼친 사고체계를
구축하는 데 성공했다. A. N. 화이트헤드의 말대로,

</td></tr>
</table>

모든 서양 철학은 "플라톤 철학의 각주脚註"에 지나지 않는다.

기원전 385년 무렵 플라톤이 설립한 학교 **아카데미아**Academia는 거의 천 년 동안
유지되었다. 플라톤 철학의 전성기는 플로티노스Plotinos가 조직한 고대 후기의 신
플라톤주의 시대와 이탈리아의 르네상스 시대였다.

이데아론은 비물질적이며 영원불변하고 본질적인 "**이데아**idea(에이도스eidos)"의
존재를 상정한다.

플라톤이 말하는 이데아는 실재의 원상原象이며, 이 원상에 따라 눈에 보
이는 세계의 사물이 형성된다.

이 이데아론은 객관적으로, 다시 말하면 우리가 인지하든 말든 상관없이, 그리고
우리의 사상 세계와도 상관없이 실재한다. 그러므로 이데아는 우리 의식이 상정하
여 비로소 생성되는 것이 아니라 우리 의식에 의해 (추후에) 그 존재가 인식될 뿐이
다. 이런 까닭에 플라톤의 철학은 **객관적 관념론**이라고 할 수 있다. 예를 들어보자.

우리는 곤충, 물고기, 말 등의 개별 사물이 서로 아주 다른 형상을 하고 있
음에도 불구하고 그것을 모두 동물이라고 인식한다. 이 사실로부터 추론할
수 있는 것은, "동물"이라는 공통의 원상이 있고 이 원상이 모든 동물에 공통
된 것이며 모든 동물의 본질 형식을 규정한다는 것이다. 바로 이런 동물의 이
데아야말로 대단히 다양한 생명체를 비로소 동물로 만든다.(도해A 참조)

플라톤의 이데아론에 대한 가장 신빙성 있는 해석이라고 할 "**세계 이원론**"에 따르
면, 플라톤은 불변하는 이데아의 세계는 변하기 쉬운 것들의 세계보다 상위에 있
다는 생각에서 출발한다. 그래야만 불변하는 이데아의 세계가 유지되는데, 이는

이미 엘레아 학파가 존재의 전제 조건으로 요구한 것이다.

물체의 세계는 윤리적으로나 존재론적으로 이데아계보다 하위에 있는 것으로 여겨진다.

> 물체의 세계는 이데아로 이루어져 본래 존재하는 세계를 분유分有(메텍시스methexis, 일부분을 나누어가짐)하거나 모방(미메시스mimesis)할 때에만 존재한다.

이데아계의 인식론적, 방법론적 구성 요소는 플라톤의 대화편 〈국가〉에 나오는 선분의 비유에서도 묘사된다. 이 비유에 따르면 세계는 두 영역으로 나뉜다.

가시적인 것들의 세계

—간접적으로 지각할 수 있는 것(예를 들어 그림자, 거울에 비친 상)의 세계

—직접적으로 지각할 수 있는 것(예를 들어 대상, 생물)의 세계

정신에 의해서만 파악할 수 있는 것들의 세계

—수학 등 학문의 영역. 수학은 직관적 소재(예를 들어 기하학 도형)를 넘어 보편적 정리와 같은 정신적 인식에 도달한다.

—이데아계. 이곳에는 아무런 직관도 없는 순수이성에 의해서만 도달할 수 있다.

플라톤 철학의 구심점은 **선의 이데아***다. 선은 소크라테스에게도 주요 관심사지만, 훨씬 폭이 넓은 플라톤 사고의 틀 안에서 그것은 윤리학을 크게 넘어서는 위치를 차지하며, 나아가 모든 존재의 목표이자 근원으로 받아들여져 인식론뿐 아니라 존재론에서도 핵심이 된다.

> 이렇게 선은 모든 이데아의 근원지인 것으로 제시되고, 이 근원지는 모든 이데아를 넘어서서 존재한다.

이데아는 선으로부터 존재와 가치를 이끌어내고,

* 플라톤이 세계를 이데아와 물질의 세계라는 이중구조로 이해한 것은, "영원불변하는 그 무엇"을 존재의 원천으로 생각한 엘레아 학파의 형이상학과 맞닿아 있다. 동시에 플라톤은 '선의 이데아'라는 틀에서 존재의 이원론에 선이라는 가치를 끌어들여, 훗날 "선" 또는 "참된 지식" 같은 가치의 절대적 타당성을 의심하는 사고가 등장할 때마다 철학 자체가 무기력해질 단초를 제공했다고 할 수 있다.

나아가 그 존재와 가치와 함께 전체 세계를 이끌어낸다. 선은 세계 안에 질서와 척

도와 통일을 제공한다.

> "그러나 '왜 선인가' 하는 물음은 플라톤에게는 의미 없는 물음이다. 존재
> 하는 것의 배후에 무엇이 있는지는 물을 수 있지만, 선의 배후에 무엇이 있
> 는지 물을 수는 없기 때문이다."(기곤O. Gigon)

플라톤은 〈국가〉의 "태양의 비유"에서 인간은 선의 빛 가운데서만 존재를 인식할
수 있다고 말한다.

> "그러므로 인식 가능한 것에 진리를 부여하고 인식하는 주체에 인식능력
> 을 주는 이것을 나는 선의 이데아라고 규정한다. …… 인식의 대상물은 단
> 지 인식되는 것에 머물지 않고 선의 실재와 본질도 받는데, 이 선 자신은 존
> 재하는 것은 아니지만 그 숭고함과 힘에서는 존재하는 것을 넘어선다."(도해B
> 참조)

사고할 수 있는 것(사고의 대상) 안에서 선이 차지하는 위치는 가시적 세계 안에서
태양의 위치와 비교된다.
"태양은 가시적인 것들을 보이게 할 뿐 아니라, 스스로 생성하지 않으면서도 생성
과 성장과 영양을 제공한다."
플라톤의 **자연학**은 대화편 〈티마이오스Timaios〉에 서술되어 있다.

> 생성하는 물질 세계는 그 제작자 데미우르고스Demiurgos가 이데아의 모
> 상대로 이성에 합당하게 계획적으로 만드는 것이다(목적론).

그러므로 플라톤이 말하는 세계는 코스모스, 곧 자연의 조화이기도 하다.*
이데아의 모상을 가지고 있지만 아직 형성되지 않은 질료를 플라톤은 "데코메논
dechomenon", 곧 "받아들이는 질료"라고 부른다. 이것은 존재와 생성 사이에 있는
제3자로 등장한다.

> 그러나 이성이 없는 질료가 세계의 공통 원인으로서 관여하고 있으므로,
> 이데아의 모상은 세계 안에서 불완전한 상태로 남아 있다.

---

* 그리스어 "코스모스"는 원래 "조
화"라는 뜻이다.

A **"동굴의 비유"**

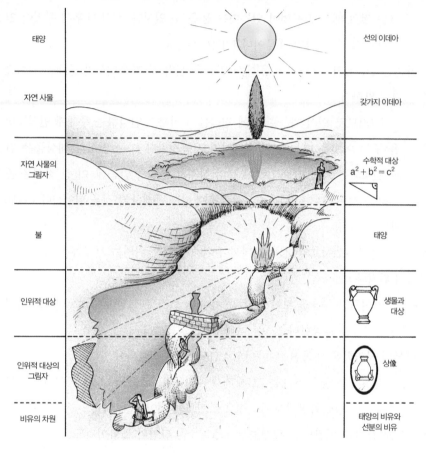

태양		선의 이데아
자연 사물		갖가지 이데아
자연 사물의 그림자		수학적 대상 $a^2 + b^2 = c^2$
불		태양
인위적 대상		생물과 대상
인위적 대상의 그림자		상像
비유의 차원		태양의 비유와 선분의 비유

B **〈크리톤Kriton〉에 등장하는 플라톤 대화의 구조**

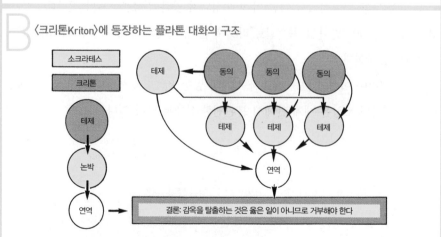

소크라테스

크리톤

테제 → 논박 → 연역 →

테제 ← 동의 동의 동의

테제 테제 테제

연역

결론: 감옥을 탈출하는 것은 옳은 일이 아니므로 거부해야 한다

플라톤Ⅱ: 인식론과 변증법

플라톤은 이데아론을 내세움으로써 인식론에서도 그에 앞선 사상가들을 뛰어넘는다.

엘레아 학파가 "그 자체로 멈추어 있는 우주"라는, 인간의 경험과는 모순된 생각을 옹호할 수밖에 없었던 반면, 플라톤은 감각으로 경험할 수 있는 세계를 인식의 원천으로 여기기를 완전히 그만둘 수 있었다.

인식론을 설명하는 선분의 비유에서 핵심은 **합리주의**를 지향하고 있다는 사실이다. 어떤 대상의 존재론적 위치가 높으면 높을수록, 그리고 그 대상을 인식할 가치가 높으면 높을수록 그 인식은 더욱 확실하며, 또한 그 인식의 원천이 직관이 아니라 **이성**이라는 사실은 더욱 명백하다.

플라톤은 비유에서 언급한 각 존재 영역에 구체적으로 다음과 같이 각기 다른 인식 등급을 부여한다.

> "그러면 선분의 비유에서 구분하듯이 영혼에서 생성되는 네 가지 일을 상정해보자.
>
> 최고의 선분에 대응하는 것은 통찰(노에시스noesis, 직관), 두 번째 선분에는 이성적 숙고(디아노이아dianoia), 세 번째 선분에는 신념(진리라고 여기는 것, 피스티스pistis), 가장 낮은 선분에 대응하는 것은 억측(에이카시아eikasia)이다."

"노에시스"와 "디아노이아"는 되도록 감각의 경험에 의존하지 않고 현실을 인식하는 방식이다. 특수한 것에서 보편적인 것을 추론하는 귀납을 생각한 소크라테스와는 달리, 플라톤의 이론에서 최고의 인식 형태는 귀납으로 도출되지 않는다. 이데아는 그때그때 "육화된" 이데아에서 추론되는 것이 아니라 아무런 전제 없이 직관되는 것이다.

> "이성(노에시스)은 아무런 전제 없이 모든 대상의 근원적 시초까지 도달하여 그것에 접촉한 뒤 다시 …… 하강한다. 이때 이성은 감관이 지각할 수 있는 어떤 것의 도움도 받지 않고 오로지 이데아 자신의 도움만 받아 이데아에서 이데아로 옮겨가다가 종국에는 이데아로 돌아간다."

그렇다면 영혼은 어떻게 이데아를 알게 되는 것일까? 이런 질문에 대해 플라톤은 자신의 인간학(83쪽 참조)과 일맥상통하는 대답을 내놓는다. 즉, 영혼은 이전에 자신이 다른 세상의 존재일 때부터 이미 이데아를 알고 있었다는 것이다. 이데아는 '펼쳐지는 것'이 아니라 '직관되는 것'이고, 따라서 우리 영혼은 이미 알고 있는 이데아를 다시 상기想起할 따름이다. 모든 인식과 학습은 **상기**, 즉 **아남네시스** anamnesis라고 할 수 있다.

> 영혼은 실재하기 이전에는 이데아를 직관하고 있었지만, 자신이 물物 안에 들어온 뒤로는 그 이데아를 잊었다.

플라톤의 비유 가운데 가장 유명한 동굴의 비유는 이데아를 향한 상승을 묘사한다.

> 인간은 동굴 안에서 사슬에 묶여 있어 현실 세계를 전혀 보지 못하는 존재라고 할 수 있다. 그는 오로지 빛에 의해 동굴 벽에 비친 인위적인 사물의 그림자를 현실이라고 생각한다.

그런데 아남네시스는 이 불행한 인간들 가운데 하나가 햇빛 아래로 인도되어 그곳에서 자연적인 대상과 태양이 실제로 어떻게 생겼는지를 보게 되는 과정에 비할 수 있다.

이때 동굴 안의 그림자와 대상은 감각적인 경험에 해당한다. 그것들은 예지적 대상, 즉 이성으로 통찰할 수 있는 대상의 영역을 벗어난 세계를 가리킨다.

> 상승의 각 단계는 선분의 비유에 등장하는 각 영역과 상관관계에 있다.

플라톤은 인간을 반복해서 참된 존재와 선의 영역으로 이끄는 동인을 **에로스**(eros)라고 부른다. 에로스는 이데아를 직관하는 데 전념하고 싶다는 동경을 인간 안에서 일깨운다. 대화편 〈향연〉에서 에로스는 인식의 아름다움을 얻기 위한 노력으로 묘사된다. 에로스는 감각적인 것들의 세계와 정신적인 것들의 세계 사이에서 둘을 잇는 역할을 맡는다. 타인과의 관계에서 에로스는 타인을 인식으로 이끌려는 교육적 관심(에피멜레이아epimeleia)을 드러낸다.

플라톤은 이 인식에 도달하는 방법을 **"변증법"***이라고 일컫는다. 그에게 변증법은 경험적 세계를 다루는 자연과학과는 달리 현실 존재를 다루는 모든 학문의 정수다.

플라톤은 **대화** 가운데 상기가 가능해진다고 생각한다. 대화에서는 언제나 이데아를 재현하는 개념이 사용된다. 대화에서는 직관적인 것들의 도움 없이 변증법만으로 이데아가 밝혀지고, 이데아들 사이의 관계가 한층 이해하기 쉽게 드러난다.

> 이렇게 되는 것은 개념의 분석과 종합을 통해서 가능하며, 가설을 만들어 검증을 통해 받아들이거나 버림으로써도 가능하다.

그래서 플라톤의 대화편에 등장하는 인물들은 테제를 안티테제에 비추어 검증하기 위해 의식적으로 대립하는 입장에 선다.

* 고대 그리스철학에서 시작된 토론이나 설득 방법의 하나다. 제시된 어떤 명제("정명제")를 그 명제와는 모순되는 제2의 명제("반명제")에 맞서게 하여 두 명제의 모순을 통일함으로써 바람직한 결론("합명제")을 이끌어내는 역동적인 논법이다. 이 정-반-합 명제는 헤겔의 용어로 테제These-안티테제Antithese-진테제Synthese라고 불리기도 한다.

플라톤의 저작 대부분은 소크라테스가 주인공인 **대화편**이다. 이 대화편의 해석이 어려운 이유는 편찬 기간이 길어지면서 역동적으로 달라지는 이론들을 담고 있다는 정황 때문이다. 그뿐 아니라 플라톤은 자기 사상을 자유분방한 대화 형식 안에 담으면서 막상 자신은 등장인물들 뒤로 숨어버린다.

플라톤이 직접 **저술**한 것으로 여겨지는 25권의 대화편은 덕에 관한 질문(대부분 초기 대화편)과 인식을 둘러싼 질문(〈메논Menon〉, 〈테아이테토스Theaitetos〉 등), 정치학(〈국가〉, 〈법률〉 등), 자연철학(〈티마이오스Timaios〉)을 다룬다.

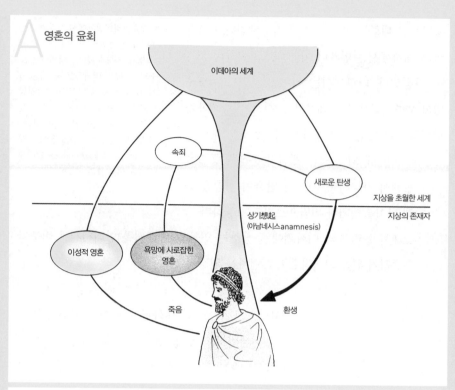

A 영혼의 윤회

이데아의 세계

속죄

새로운 탄생

지상을 초월한 세계

상기想起
(아남네시스anamnesis)

지상의 존재자

이성적 영혼

욕망에 사로잡힌
영혼

죽음

환생

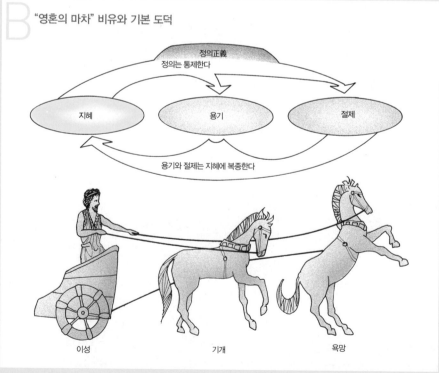

B "영혼의 마차" 비유와 기본 도덕

정의正義
정의는 통제한다

지혜

용기

절제

용기와 절제는 지혜에 복종한다

이성

기개

욕망

플라톤III:
인간학과 윤리학

플라톤은 형이상학과 마찬가지로 인간학에서도 이원론자다.

> **육체**와 **영혼**은 완전히 구분되어 있으며, 영혼이 육체를 지배하도록 되어 있다.

그는 피타고라스 학파와 오르페우스교敎의 이론에서 영혼의 불사不死라는 관념을 이어받는다. 플라톤이 제시하는 **영혼 불사론**의 이유는 이렇다.

—영혼은 균질한 실체이고, 따라서 이데아의 불변성과 일치한다.

—같은 것끼리는 서로 알아본다(서로를 인식한다). 영혼은 순수한 존재(이데아)를 알아보므로 그것과 닮았고 또 같은 원천에서 나온 것이 분명하다.

—둘 다 다른 것에 의해서 움직여지지 않고 스스로 움직인다.

—영혼의 본질적인 특징은 생명력이며, 생명력의 반대인 죽음을 결코 받아들일 수 없다는 사실로부터 영혼의 불사가 변증법적으로 추론된다.

플라톤은 이 영혼 불사의 논증을 〈파이돈Phaidon〉에서 이렇게 요약한다.

> "신적이고 불멸하는 것, 이성적인 것, 단일한 형태인 것, 해소될 수 없는 것, 이런 것들에 가장 닮은 것이 영혼이다……."

영혼의 불사와 연결된 것은 영혼의 **실재 이전**과 **실재 이후**이다. 영혼은 사람이 죽은 뒤에 실재하는 것과 똑같이 이 지상의 실재 이전에도 존재했다.

영혼은 아남네시스(상기, 기억해냄)라는 테제에 상응하여 누스nous, 곧 신적이고 이성적인 것의 영역에서 나오며, 감각적인 욕망으로 인해 육화된다. 그리하여 영혼은 "질병을 앓는 듯" 육체 안에 갇힌다. 플라톤은 이를 두 낱말로 표현한다.

> "소마soma는 세마sema다", 곧 육체(soma)는 영혼의 무덤(sema)이란 것이다.

따라서 지상의 삶은 영혼이 자신의 근원으로 돌아가는 과정이다.

> 그러나 영혼을 그 근원에 이어주는 것은 이성에 의한 통제다.

플라톤은 영혼을 세 부분으로 나누는데, 이 구분에도 그의 이원론이 반영된다.

> 근본적으로 신적인 것:

—이성

지각 세계에 속하는 것:

―고귀한 것, 곧 **기개**

―저항하는 것이므로 저급한 것, 곧 **욕망**

이렇게 이성, 기개, 욕망으로 삼등분한 영혼을 플라톤은 쌍두마차로 표현한다.

▌ 이성은 마부, 기개는 순종하는 말, 욕망은 반항하는 말과 같다.

플라톤은 영혼의 각 부분에 상응하는 **덕목**을 말한다.

▌ 인간의 영혼 안에 있는 이성적인 것의 과제는 현명해지는 것이다. 따라서 이성의 덕은 **지혜**다.

▌ 기개의 과제는 열성적으로 이성에 순종하는 것이다. 따라서 기개의 덕은 **용기**다.

욕망 또한 이성의 인도를 따라야 한다. 그러므로 욕망의 덕은 **절제**다.

플라톤은 이렇게 영혼의 세 부분에 속하는 덕목보다 높은 곳에 네 번째 덕을 올려놓는다.

▌ 그것은 **정의**(디카이오시네dikaiosyne)라는 덕이다.

영혼을 이루는 모든 부분이 그에 상응하는 덕과 과제를 적절히 충족할 때, 비로소 정의가 지배하게 된다. 바로 이 정의라는 덕에서 그리스인들이 절제와 조화를 덕과 동일시하는 경향이 있음이 드러난다.

▌ 정의, 지혜, 절제, 용기라는 네 가지 덕목은 오늘날까지 사추덕四樞德으로 불린다.*

이데아 영역의 이성적인 본질로부터 나오는 것은 이성이 구체화된 사추덕과 이성의 지배에 대한 요청만이 아니다. 지성으로만 인식할 수 있는 정신적인 것들의 세계가 우월하다는 생각에서 나오는 또 하나의 결과는 육체적인 것에 대한 경멸이다. 이 점에서 플라톤의 인간학과 윤리학은 인식에 관한 그의 견해와 일치한다.

▌ 감각적 세계는 불확실한 추측만을 허용할 뿐, 참된 인식은 불가능하게 만든다.

윤리적인 면에서도 추구할 가치가 있는 것은 정신적인 세계다. 어느 세계에서나 현자는 육체와 감각의 감옥에서 벗어나려고 애쓴다.

그런 노력의 보상으로 무엇을 기대할 수 있는지는 내세의 삶에서도 드러난다.

> 이성적인 것의 영혼은 순수하게 정신적인 것의 세계로 돌아가지만, 비이
> 성적인 것의 영혼은 이데아로 올라가지 못하고 첫값을 치러야 한다.

덕으로 얻는 또 다른 보상은 본질적으로 그 영혼 자체 안에 있다.

> 인간의 삶은 자신의 근원으로부터나 본질로부터 통찰력 있는 삶을 살도
> 록 규정되어 있으므로, 플라톤의 견해로는 인식의 인도를 따르는 삶보다 더
> 선한 삶이란 없다.

여기에 속하는 것은 이데아의 직관과 선의 추구다.

그러나 현자는 교육과 정치에서도 해야 할 과제가 있다. 이는 동굴의 비유에서도
명확히 드러난다.

> 이데아를 직관하는 사람은 그 이데아의 아름다움에 압도당하는 가운데
> 서도 그렇게 직관된 것을 "일상" 안으로 옮겨 오는 것이 중요하다.

이는 무엇보다 다른 사람들도 이데아로 올라갈 수 있도록 돕는다는 점에서 그렇다.

쾌락도 그것이 선을 위한 이성적 봉사라면 삶에서 완전히 배제할 것은 아니다. 그
래서 플라톤은 〈필레보스〉(Philebos)에서 말한다.

> "(바람직한 삶이란) 꿀처럼 단 쾌락과 물처럼 무미건조한 통찰이 섞인 것이
> 다."

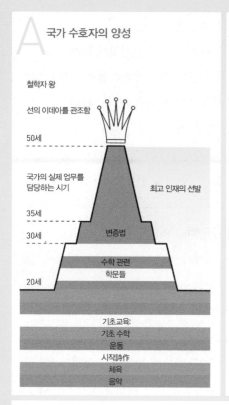

A 국가 수호자의 양성

철학자 왕

선의 이데아를 관조함

50세

국가의 실제 업무를
담당하는 시기   최고 인재의 선발

35세

30세   변증법

수학 관련
학문들

20세

기초교육:
기초 수학
운동
시작詩作
체육
음악

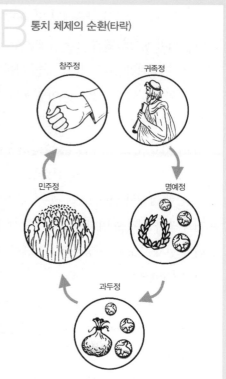

B 통치 체제의 순환(타락)

참주정   귀족정

민주정   명예정

과두정

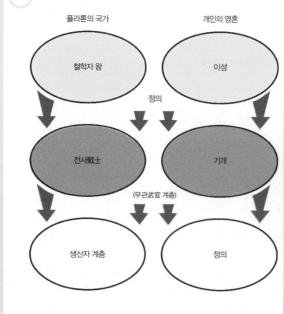

C 국가와 영혼의 유사점

플라톤의 국가   개인의 영혼   국가의 형태
(국가를 지배하는 영혼들이 거울에 비친 모습)

철학자 왕   이성   귀족정

정의

전사戰士   기개   명예정

(무관武官 계층)

생산자 계층   정의   과두정
민주정
참주정

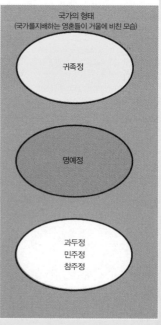

플라톤Ⅳ: 국가론

플라톤은 〈국가〉(폴리테이아Politeia)에서, 그리고 부분적으로 달라지기는 했지만 〈법률〉에서 **이상 국가**를 구상한다. 이 두 저작은 그리스 역사에서 등장한 구체적인 문제도 언급하지만, 플라톤은 당시의 현실 상황을 서술하지는 않는다. 그보다 그는 생각할 수 있는 최선의 국가를 묘사한다.*

그래서 국가론을 다루는 그의 저작은 결국 **유토피아** 곧 이상향을 이야기하는 것에 가깝다.

국가 제도의 생성은 국가를 만들겠다는 인간의 의도에 기인하지 않는다. 그보다

국가는 개별 인간의 나약함 때문에 만들어진다. 약자의 재능은 특정한 활동만 할 수 있도록 제한되어 있기 때문에 다른 사람과 협력하지 않으면 안 된다.

그러므로 공동체는 시작부터 분업을 토대로 한다. 그의 국가론에 나타나는 본질적인 특징 가운데 하나는 국가와 개인을 지속적으로 비교한다는 점이다. 그는 영혼을 세 부분으로 나눈 것처럼 국가도 세 가지 **계급**으로 나눈다.

—지배 계급: 모든 시민이 올바로 살 수 있도록 하는 것은 오로지 현자들만 가능하다. 그래서 플라톤은 철학자들이 국가의 최상위에 있어야 한다고 주장한다(**교육 계급**).

—전사戰士 계급: 내외로부터 국가를 수호하는 계급(**군인 계급**).

* 플라톤이 당시 아테네의 상황을 거론하지 않는 것은 역자에게 의미심장하다. 그에게 이상적인 국가 체제는 아테네가 아니라 스파르타였기 때문일 것이다. 당시 아테네는 민주정이었지만 혼란스러웠고, 스파르타는 모든 권력을 독점한 소수가 다수의 노예를 지배하는 전체주의적 계급 사회였다. 플라톤에게 이상적 체제는 철학자 왕을 중심으로 명예를 중시하는 귀족이 권력을 독점하는 귀족정이었고, 다른 모든 체제는 귀족정이 타락한 형태라고 생각했다. 그의 논리가 "변화"를 퇴화나 타락으로 이해한 고대 그리스철학의 전통에 기인한 것이라고 생각하는 사람도 있지만, 동시에 그의 유일한 정치적 관심사가 계급의 편파성 문제가 아니라 덕의 실현, 부도덕한 상황의 배제였기 때문일 것이다. 이상 국가를 설계하면서 그는 자기 철학의 영혼론을 응용했다. 영혼에 세 가지 계층이 있는 것처럼 사회에도 능력에 따른 계급이 있는 것이 당연했다. 국가의 유일한 목표는 조화의 다른 이름이라고 생각한 정의의 실현인데, 그런 조화를 위해서는 전 사회적인 통제가 필수이며, 아이와 여성을 포함한 모든 "재산"의 공유가 강제되어야 한다. 의도하지 않은 것이기는 하지만, 인류는 그런 이상 사회가 열등한 체제로 "타락"하지 않고도 어떻게 인간에게 억압과 폭력의 그림자를 드리우는지 고대에서 현대에 이르도록 뼈저리게 경험해왔다.

—시민, 수공업자, 사업가, 농민 계급: 공동체에 필요한 것을 확보하는 계급(**생산 계급**).

"철학자 왕"이란 자질이 특별한 사람을 가리키는 말로, 그의 자질은 50년 동안 다방면에 걸친 수련으로 더욱 완벽해진다. 철학자 왕에게서는 지혜와 권력이 하나로 연계되어 있다.

하지만 특히 더 중요한 것은

┃ **교육**이다. 플라톤은 교육이 국가 제도 전체의 바탕이라고 생각한다.

국가의 어떤 제도도 지배자의 권력을 제한하지 않으므로, 수련으로 얻은 지배자의 통찰력만이 국가의 복리를 좌우한다.

철학자 왕의 수련 과정은 다음과 같다.

　　—음악, 시작詩作, 운동을 통한 기초 교육, 20세까지

　　—수학, 천문학, 조화이론 등 학문 교육, 10년

　　—변증법 교육(철학), 5년

　　—국가의 실제 업무 담당

　　—그 뒤 통치를 맡거나 관상觀想하는 삶으로 물러남

이런 수양 기간에 엄격한 검증을 거쳐 철인 지배자에 적합한 소수의 인물이 선택된다.

상위 두 계급은 오로지 공동체의 복리를 위해 자신의 삶을 바쳐야 하므로, 플라톤은 재화 공동체라는 개념을 내세워 처음부터 그 어떤 이기적인 사고도 금지한다.

┃ 재산의 사유는 금지된다.

여성과 아이도 모든 사람에게 공유된다(이렇게 하여 전사 계급이 그 권력을 국가 내부로 돌릴 동기를 없앤다).

┃ 심지어 아이를 낳는 것도 최고를 선발한다는 뜻에서 국가가 통제한다.

개인의 능력(아레테arete)이 이성의 지배에서 나오는 것처럼, 국가 제도의 유용성도 철학의 지배 곧 철학자 왕의 지배에서 나온다.

┃ 그리고 전사 계급은 용기를 이상으로 하는 기개에 상응하는 것이다. 인간에게 욕망이 있는 것처럼 생산 계급이 가진 이상은 절제.

하지만 개인이나 국가에서 **정의**라는 덕목은 각 부분의 활동에서 나오지 않고 각자, 각 부분이 특정한 활동을 수행하는 가운데 이루어지는 조화에서 나온다.

> 이런 국가는 시민의 모든 행위를 독점하는 국가, 전체주의적인 국가다.

이런 국가의 체제는 귀족정, 즉 가장 뛰어난 소수의 지배에 기초를 둔 체제다. 플라톤이 서술하는 **국가 체제의 순환**에서 귀족정은 명예정으로 대체되며, 이 명예정은 과도기적인 현상이다. 명예정에서도 지배자의 존재를 인정하지만, 시간이 지날수록 돈의 영향이 커지면서 다음 체제인 과두정寡頭政(소수에 의한 지배)이 등장한다. 과두정에서는 권력이 재산의 크기와 일치한다. 이미 이상적인 국가로부터 멀어진 이 타락한 체제에서는 개인의 부가 핵심적인 위치를 차지한다.

> "덕과 부는 각각 천칭의 양쪽 접시에 놓인 것처럼 움직인다. 한쪽 접시가
> 내려가면 다른 쪽은 올라간다."

이런 체제는 그때까지 돈이 없어서 권력에서 소외되었던 사람들이 민주정을 밀어붙이면서 급격하게 전복되어 종말을 맞는다. 그러나 민주정은 결국 무정부 상태의 출현을 초래함으로써 최악의 독재 체제인 참주정僭主政이 등장하는 데 결정적으로 힘을 보탠다.

전체적으로 보면 플라톤의 이상 국가는 역사 안에서 한 번도 실현된 적이 없다(그런 국가를 시칠리아 섬에 세우려던 플라톤의 시도는 실패로 끝나고 말았다).

노년의 저작 **〈법률〉**(노모이Nomoi)에서 플라톤은 더는 이상적인 지배자의 모습에서 출발하지 않는다.* 이제 국가 체제는 이상적인 지배자가 아니라 법률에 의해 규제된다. 플라톤은 〈국가〉의 상세한 서문에서 법률의 의미를 밝히는데, 법률의 목표는 시민의 교사가 되는 것이라고 설명한다.

* 이 후기 저작에서는 철학자 왕이라는 이상형은 등장하지 않는다. 그 대신 법률을 바탕으로 하는 시민의 정치적 참여가 강조된다.

A 아리스토텔레스의 주요 저작 분류

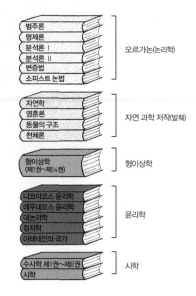

범주론
명제론
분석론 I
분석론 II
변증법
소피스트 논법
— 오르가논(논리학)

자연학
영혼론
동물의 구조
천체론
— 자연 과학 저작(발췌)

형이상학
(제1권~제14권)
— 형이상학

니코마코스 윤리학
에우데모스 윤리학
대논리학
정치학
아테네인의 국가
— 윤리학

수사학 제1권~제8권
시학
— 시학

B 아리스토텔레스의 범주론

실체: 아리스토텔레스

질: 철학자   양: 171cm
관계: 알렉산더 대왕의 스승   장소: 아테네

때: 아침   자세: 일어선 상태
소유: 무관심   활동: 교육

C 삼단논법의 네 가지 격格

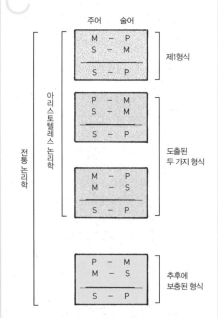

주어   술어

M — P
S — M
―――――
S — P
— 제1형식

P — M
S — M
―――――
S — P

M — P
M — S
―――――
S — P
— 도출된 두 가지 형식

P — M
M — S
―――――
S — P
— 추후에 보충된 형식

아리스토텔레스 논리학

전통 논리학

D 귀납법과 연역법

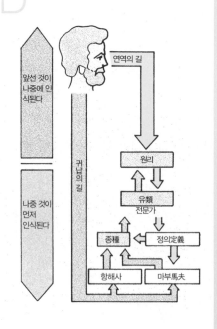

앞선 것이 나중에 인식된다

나중 것이 먼저 인식된다

귀납의 길

연역의 길

원리

유類
전문가

종種   정의定義

항해사   마부馬夫

아리스토텔레스 I: 논리학

아리스토텔레스Aristoteles(기원전 384~324년)는 스타게이라Stageira*에서 태어났으며, 20년 동안

* 당시는 마케도니아, 지금은 그리스 도시 스타기라.

아카데미아에서 플라톤의 제자로 공부했다. 기원전 342년 무렵 후에 대왕이 되는, 황태자 알렉산드로스의 스승이 되었다. 나중에는 아테네에 자신의 학교를 설립했으며, **페리파토스**Peripatos 학파를 창시했다.

그의 저작 가운데 남아 있는 것은 대부분 강의 초안으로, 자신의 학교 리케이온 Lykeion에서 사용하려고 작성한 것이다(이른바 "비의적秘義的 저작"). 이것을 편찬한 것이 다음과 같은 **〈아리스토텔레스 저작집〉**(코르푸스 아리스토텔리쿰Corpus Aristotelicum)이다.

> 1. 논리학 저작. 이것은 나중에 〈오르가논Organon〉("도구")이라고 불리게 된다. 2. 자연학 저작 3. 형이상학 4. 윤리학 저작 5. 미학 관련 저작(도해A)

서양 정신사에 가장 크게 기여한 것 가운데 하나는 그의 **논리학**이다.

> 아리스토텔레스는 사고의 질서를 내용(만)이 아니라 형식을 기준으로도 탐구한 최초의 인물이다(형식 논리학).

아리스토텔레스의 논리학은 특히 보에티우스와 페트루스 히스파누스를 거치면서 전통적 논리학 전체의 바탕이 된다.

스승 플라톤과 마찬가지로 그의 논리학에서 중심이 되는 것은 개념이다. 즉, 개념만이 **카테고리**(범주)**를 표시한다는 것이다. 이에 대한 가장 완전한 형태의 설명은 다음과 같다.

> "무엇과도 연결되지 않은 채 말해지는 낱말이 표시하는 것은 실체 아니면 양, 또는 질, 또는 관계, 아니면 장소, 시각, 상태, 소유, 활동, 고통 가운데 하나다."(도해B)

** 철학에서 카테고리(범주)는 존재하는 만물의 기본적인 속성, 또는 그 속성에 따른 분류 틀을 가리킨다. 그리스 고대철학에서는 일반적으로 존재하는 것들을 분류하는 방법이나 위계질서, 존재하는 것의 속성, 즉 "특정한 어떤 것이 존재하는 경우, 그것을 '무엇'이라고 불러야 하는가?"라는 것이 바로 카테고리를 확인하는 질문이다. 칸트 철학에서 카테고리는 사유를 가능하게 하는 선험적 형식으로, 그 형식을 기반으로 해야만 우리의 경험이 가능해진다.

그러나 보통은 복수의 낱말이 연결되어 문장이 되고, 그 문장이 참 또는 거짓을 언명한다면 그것은 **판단**이라고 불린다.

이런 판단은 특정한 규칙에 따라 **추론**과 연결된다. 아리스토텔레스는 〈분석론 전서〉에서 그 규칙을 제시한다. 두 가지 판단이 제3의 판단 하나와 연결된 것을 **삼단 논법**이라고 한다.

아리스토텔레스는 삼단 논법을 다음과 같이 가장 순수한 형식으로 정식화한다.

> "b 전체에 대해 a가, c 전체에 대해 b가 언명된다면, c 전체에 대해서는 a도 필연적으로 언명되어야 한다. 이 형태의 추론을 삼단 논법의 제1형식이라고 한다."(훗날 a는 P, b는 M, c는 S로 기호가 바뀐다.)

고전적인 삼단 논법은 다음과 같은 것이다.

> (1) 모든 인간은 죽는다.
>
> (2) 소크라테스는 인간이다.
>
> (3) 따라서 소크라테스는 죽는다.

여기서 명제 (1)과 (2)는 전제를 표시하고, 명제 (3)은 결론(콘클루시오conclusio)이다. "인간"은 이 삼단 논법에서 매개 개념(그리스어: 호로스 메소스horos mesos, 라틴어: 테르미누스 메디우스terminus medius)으로, 결론에서는 사라진다.

> 아리스토텔레스는 이 삼단 논법 제1형식에 더하여 두 가지 형식을 제시하는데, 이 두 가지는 매개 개념이 주어 또는 술어 자리에 온다는 점에서 제1형식과 다르다.

추론을 연결한 것이 **논증**論證이다. 이것은 **연역적인 방법**으로, 보편적인 것에서 특수한 것으로 나아간다.

> 아리스토텔레스에 따르면, 이미 존재하고 있는 것이라도 그 원인(아이티아aitia)에서 도출해내어야 하는 것이 학문의 목표다.

아리스토텔레스가 말하는 논증이란 도출(아포데익시스apodeixis)을 뜻한다.

이와는 반대인 것이 **귀납**歸納(에파고게epagoge)이다. 그는 〈변증법〉에서 귀납을 이렇게 설명한다.

> "귀납은 개별적인 것에서 보편적인 것으로 나아간다. 예를 들어 (항해술에) 전문적인 항해사가 가장 좋은 항해사라면, 또 전문적인 마부가 가장 좋은 마부라면, 일반적으로도 각 분야에 정통한 사람이 최선의 사람이라고 할 수 있다."

확실히 플라톤과는 달리 아리스토텔레스는 사전 지식과 감각적 경험의 결합으로 만들어지는 귀납의 길에서도 인식을 얻을 수 있다고 생각한다. 물론 학문의 목표는 보편적 원인으로부터 필연적으로 특수한 것을 도출하는 것이지만, 보편적인 것 쪽으로 나아가는 길은 귀납에 의해서도 이루어진다.

> 논박할 수 없는 필연적인 논증은 학문이 완성된 뒤에 가능하다. 왜냐하면 그 학문은 먼저 귀납을 통해 지식을 얻기 때문이다.

귀납은 유類 안에서 공통적인 것을 찾는다. 모든 존재자의 구분을 가능하게 하는 것은 **정의**定義(호리스모스horismos)다. 정의는 유와 종차種差*로 구성된다.(예를 들면, "인간은 이성적 생명체다."**)

*유와 종차: '전체 집합'과 '부분 집합'. 전체 집합─삼각형/ 부분 집합─등변삼각형, 부등변삼각형, 이등변삼각형. 종차: 부분 집합의 원소들 사이의 차이.

** "인간"─유/ "이성적"─종차. 사람 이외의 생명체와는 다른 성질.

귀납과 연역이 함께 작동되면 앞선 것과 나중에 오는 것의 관계가 역전된다.

> 원래는 앞선 것인 보편적인 것은 나중에 오는 특수한 것보다 늦게 인식된다.

그러나 가장 앞서면서 가장 보편적인 것(**원리**)은 논증할 수 없다.

> "원리는 논증의 직접적인 명제다. 이 명제가 직접적인 이유는 그것에 앞서는 명제가 없기 때문이다."

이것이 타당한 이유는 도출에서 다시 도출한다면 무한 역진(무한 후퇴)에 빠지기 때문이다. 아리스토텔레스 자신이 무엇보다 그런 원리의 하나로 거론하는 것은 다음과 같은 모순율이다.

> "동일한 것이 동일한 관점에서 어느 하나에 속하기도 하고 동시에 속하지 않기도 할 수는 없다."

"바로 이것이 논리학에서 가장 확실한 원리다."(트렌델렌부르크A. Trendelenburg)

A 라파엘로Raffaello의 "아테네 학당"(부분) (1510년경)

플라톤은 천상의 이데아계를, 아리스토텔레스는 지상의 생성계 生成界를 가리키고 있다

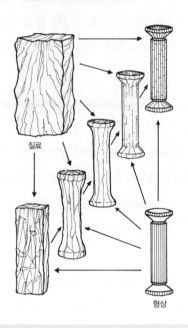

B 질료質料와 형상形相에서 대상이 만들어지는 모습

질료

형상

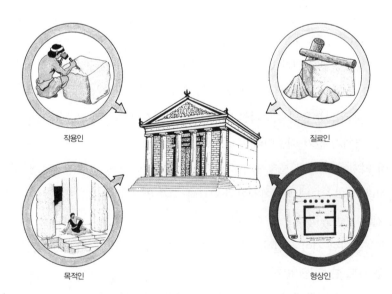

C 아리스토텔레스의 4원인론

작용인

질료인

목적인

형상인

아리스토텔레스 Ⅱ: 형이상학

"형이상학"(라틴어: metaphysica)이라는 개념은 역사적 우연에 의해 만들어졌다. 아리스토텔레스의 모든 저작을 모아 처음으로 편찬할 때, 보편적인 원리를 다루는 열네 권의 저작을 자연학 다음에 두었다(그리스어: 메타 타 피시카meta ta physika, "자연학 다음")*. 이로부터 자연의 배후를 탐구하는 학문이 "메타피시카"로 불리게 되었다.

〈형이상학〉에서 아리스토텔레스는 플라톤과 결별한다. 이 책 1권에서 그는 스승의 이데아론을 비판한다.**

> "(이데아는) 다른 물物***을 인식하는 데도 …… 그 존재에도 아무런 도움이 되지 못한다. 이데아는 이데아의 한 부분을 나누어 가지는("분유分有하는") 물 안에도 없기 때문이다."

여기서 스승과 제자의 가장 중요한 차이가 언급된다. 아리스토텔레스는 이데아와 실재하는 물을 구분하는 플라톤의 이원론을 넘어서려 한 것이다. 이를 위해 그는 물의 본질은 그 물 안에 있어야 한다고 요구한다.

> *이 열네 권은 원래 제목이 없었다. 아리스토텔레스는 제1철학이라고 불렀고 편찬자들은 "자연학 다음에 오는 책"이라고 썼는데, 훗날 스토아 학자들이 이를 "자연을 '넘어서'는' 학문"으로 잘못 이해하는 바람에 아주 적절한 개념이 만들어졌다. 우리가 쓰는 "형이상학形而上學"은 일본이 서양 문물을 수용할 때 만들어진 역어다.
>
> ** 아리스토텔레스는 스승 플라톤을 수용하고 비판하면서 뚜렷하게 다른 사상을 내세웠다. 이성의 올바른 사용이 이데아계를 파악하는 기초라고 생각한 플라톤에 비해, 아리스토텔레스는 이성을 불신하기 시작했다. 같은 이원론이지만 아리스토텔레스는 질료와 형상의 이원론이다. 플라톤은 이상 국가를 구상하지만 아리스토텔레스는 가능한 국가를 구상한다는 차이가 있다.
>
> *** "물질적인 것"

아리스토텔레스에게 사물의 **실체**實體(**우시아**ousia)는 그 사물 안에 있을 수밖에 없다. 물론 그에게는 유류類도 실체이지만, 그것은 유추된 뜻으로 실체다. 그래서 아리스토텔레스는 새로운 이원론을 내놓는다.

> 그것은 **질료**質料(그리스어: 힐레hyle, 라틴어: 마테리아materia)와 **형상**形相(그리스어: 에이도스eidos, 모르페morphe, 라틴어: 포르마forma)의 이원론이다.

이 둘은 대상 안에서 반드시 함께 나타난다.

> 순수한 질료는 순수한 형상과 마찬가지로 찾을 수 없다.

아리스토텔레스의 목표는 앞서간 모든 철학자들의 아포리아aporia(난제難題)를 폐기하는 것이다. 그는 자신의 질료와 형상의 이론을 **생성**이라는 종합(진테제 Synthese)과 연결한다.

> 질료라는 "바탕"(히포케이메논hypokeimenon) 위에 사물의 형상이 만들어 진다.

질료 안에 있는 **본질**은 가능성(그리스어: 디나미스dynamis, 라틴어: 포텐티아potentia) 으로서만 들어 있는데, 이 본질은 형상을 통해 현재성顯在性*, 현실성(에네르게이아 energeia)를 얻는다. **물의 본질**은 사물의 초월적 이데아 안에 있지 않다. 그 본질은 사물이 연속해서 나타나는 가운데 현실이 된다.

> 이렇게 물이 펼쳐진 것을 그는 **엔텔레케이아**entelecheia라고 부른다.(도해B 와 비교)

엔텔레케이아라는 낱말은 "텔로스telos"(목적)에서 나왔다.**

아리스토텔레스의 관점에서는 모든 펼쳐진 것에는 목표가 전제되어 있으며, 이 목표가 "우시아"를 펼쳐질 가능성에서 현실적인 펼 쳐짐(전개)으로 나아가게 한다.

*현실 안에 외형적으로 드러나 있음.

** 안에서en—목적tele—나아가다 keia, 완전히 목적을 이룬 상태, 즉 "완전 현실태".

여기서 그는 플라톤 철학에서 아직 신화적 사상이었던 **목적론**을 형이상학에서 중심이 되는 위치에 끌어올린다.

아리스토텔레스는 그에 상응하도록 우시아가 펼쳐지는 네 가지 원인을 언급한다.

—**형상인**形相因(카우사 포르말리스causa formalis): 집이 계획된 모양대로 지어지듯 사물은 자신의 형상에 따라 규정된다.

—**목적인**目的因(카우사 피날리스causa finalis): 목적론에 대한 아리스토텔레스의 기 본 사상에 따르면, 목적이 없이는 어떤 일도 생기지 않는다. 예를 들어 집의 목적 은 악천후로부터 우리를 보호하는 것이다.

—**작용인**作用因(카우사 에피키엔스causa efficiens): 모든 전개는 그것을 재촉하는 추 진력이 필요하다. 집이 만들어지는 추진력은 벽돌공과 대목수다.

—**질료인**質料因(카우사 마테리알리스causa materialis): 모든 사물은 질료로 이루어져

있다. 집의 질료는 벽돌과 돌 등이다.

이 가운데 질료인은 사물의 우연성과 불규칙성의 원인이 된다.

> 질료는 형상이 실현되는 것을 "방해한다."

질료의 강제(아난케ananke)는 형상에 의해 규정되는 본질인 **실체**에 저항하고, 이 때문에 완전히 우연한 것이 만들어진다.

> 아리스토텔레스는 이 우연한 것을 심베베코타symbebekota, 곧 **"우유偶有"***라고 부른다.

* 실체에 덧붙이거나 변화시키거나 실체로부터 떼어내도 실체에는 변화를 일으키지 않는 것. 또는 그런 속성—우유성. 즉 사물의 비본질적인 속성.

여기서 규정된 것, 즉 실체는 개념으로 파악할 수 있는 것과 연관되어 있고, 규정되지 않은 것, 즉 우유는 개념으로 파악할 수 없는 것과 서로 연관되어 있으며, 이 연관성으로 인해 우유적인 것은 아리스토텔레스 논리학의 전제 조건들에 따라 학문에서 배제된다.

아리스토텔레스 철학에서 이성이 차지하는 위치는 흔히 뢴트겐선으로 비유된다.

> 뢴트겐선은 감각적으로 인식할 수 있지만 비본질적인 것을 뚫고 들어가서 개념으로 파악할 수 있는 것, 본질적인 것에 도달한다.

전개에 관한 사상은 아리스토텔레스의 철학 체계에 여러 **계층**으로 구성된 세계라는 사고를 더해주었다. 가장 아래에 있는 순수 질료에서 가장 높은 순수 형상으로 올라가는 전개가 아리스토텔레스의 자연학 전체를 관통하고 있기 때문이다.

> 따라서 최상위 존재 곧 신은 순수 형상이어야 한다.

아리스토텔레스가 형상과 사고를 연계시키기 때문에, 그가 말하는 신은 자기 자신을 사고의 대상으로 삼는 순수한 정신이다.

> 신은 테오리아theoria 안에, 즉 자기 자신의 순수하게 정신적인 관조觀照에 몰입해 있다.

세계가 끊임없이 변화하는 데 운동이 필요하다는 사실로부터 또 한 가지 신의 속성이 드러난다. 멈춰 있는 세계를 움직이게 한 자극이 끝없이 반복될 수는 없으므로, 자신은 무엇에 의해 움직여지지 않으면서 처음으로 세계를 움직이게 한 누군가가 있어야 한다.

▌ **무엇에 의해서도 움직여지지 않으면서 처음으로 세계를 움직이게 만든 주체**가 바로 아리스토텔레스의 신이다.

전체적으로 보면 세계를 움직이는 신이라는 구조 안에는 질료인을 포함하여 모든 원인이 개입되어 있다.

그런데 아리스토텔레스의 신에 대한 관념에는 세계에 대한 신의 무관심도 엿보인다.

▌ 신은 세계의 움직임에 개입하지 않으며 세계로부터 영향을 받지도 않는다.

신 자신이 무엇에 의해서도 움직여지지 않으므로 세계 또한 신의 활동에 의해 움직여지지 않는다. 세계의 움직임에 영향을 미치는 것은 순수 형상인 신을 "동경하여" 그에게로 나아가려는 질료의 노력이다.

아리스토텔레스는 자신의 **영혼론**에서 영혼을 **세 부
분**으로 나누는데, 이 구분은 자연의 계층 구조에 상
응하는 것이다.

▎식물혼,

감각혼 또는 동물혼,

사람에게서만 발견되는 이성.

식물혼은 양분의 섭취, 동물혼은 감각과 공간 안에서 움직이는 능력, 이성(누스
nous)은 정신 활동이라는 속성이 있다.

여기서 영혼은 육체의 전체적인 형상 원리가 된다.

▎"영혼은 능력에 맞게 삶을 유지하는 육체
에서 가장 높은 엔텔레케이아*(완성태完成態)
다."

* 완성태는 질료가 형상을 얻어 현
실화된 상태. 아리스토텔레스가 말
하는 인간의 영혼 또는 생명 기능.
96쪽 참조.

정신의 위치는 특별하다.

▎정신은 감각으로 받아들이는(수용적) 정신과 활동하는(창조적) 정신으로
구분할 수 있다. 이때 전자는 질료(가능성)를, 후자는 형상(현실성)을 보여준다.

여기서 영혼의 제2부분인 지각과 연결되어 있는 수용적 정신은 사고의 대상을 그
형상에 따라 받아들이는 반면, 창조적 정신은 모든 것에 작용하는 원리로서 정신
혼의 모든 활동을 나타낸다.

▎영혼의 다른 부분과는 달리, 창조적 정신은 육체에 구속되어 있지 않으므
로 죽지 않는다.

그러나 사고는 감각과 결합해야만 생기므로, 죽은 뒤의 정신은 (플라톤과는 달리)
개별적 정신이 아니다.

아리스토텔레스 **윤리학**의 대상은 결단을 바탕으로 하는 행위인 인간의 실천이라
는 영역이며, 바로 이 점에서 변하지 않는 것, 영원한 것을 향하는 이론 철학과는
구분된다.

A 영혼론

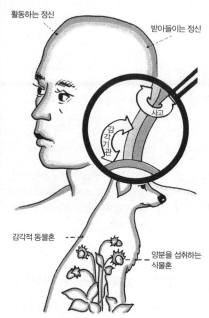

- 활동하는 정신
- 받아들이는 정신
- 사고
- 감각기관
- 감각적 동물혼
- 양분을 섭취하는 식물혼

B 윤리적인 덕德은 잘못된 양극단 사이에서 중용을 지키는 것

무모	용기	비겁
환락	절제	둔감
낭비	관대	인색

C 윤리적 입장

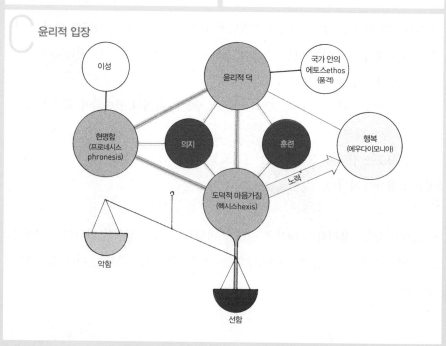

- 이성
- 윤리적 덕
- 국가 안의 에토스ethos (품격)
- 현명함 (프로네시스 phronesis)
- 의지
- 훈련
- 행복 (에우다이모니아)
- 노력
- 도덕적 마음가짐 (헥시스hexis)
- 악함
- 선함

모든 존재자는 본성에 따라 자신만이 가지고 있는 선을 추구하며 그 선 안에서 자신을 완성한다.

인간의 선은 이성에 인도된 영혼의 활동이다.

그런 활동에서 인간은 외적인 상황에 구애되지 않는 에우다이모니아eudaimonia (행복)를 발견하며 이 행복이야말로 인간이 노력하여 얻으려는 최종 목표다. 그래서 〈니코마코스 윤리학〉에서 아리스토텔레스는 이렇게 말한다.

"우리가 인간만이 하는 활동으로서 특정한 삶을 상정하고, 또한 인간만이 하는 활동으로서 영혼의 활동과 이성에 인도되는 행위를 규정한다면 ……
그리고 인간에게만 있는 활동이 탁월한 것이 된다면, 인간에게 선이란 영혼이 자신의 특별한 능력(곧 이성의 능력)을 바탕으로 하게 되는 행위다."

영혼만의 선을 좀 더 상세히 규정하기 위해 아리스토텔레스는 지성적 덕과 윤리적 덕을 구분한다.

지성적 덕은 온전히 이성 자체의 행사인데, 아리스토텔레스는 이 이성을 다시 이론적 이성과 실천적 이성으로 구분한다.

이들 가운데 윤리적 행위를 위해 결정적으로 중요한 것은 오로지 현명함(프로네시스 phronesis)*이다.

* 프로네시스는 아리스토텔레스의 〈니코마코스 윤리학〉에서 일반적인 지혜, 즉 '에피스테메'와 구별하여 '실천적인 지혜', '최선의 결정을 내리는 현명함'을 가리키는 말이다.

윤리적 덕이 무엇인지는 인간에게 이미 알려져 있다. 윤리적 덕은 사회와 국가에 현존하는 질서를 통해 전달되며, 전통과 보편적인 동의가 윤리적 덕에 타당성을 부여한다(신중함, 관대함 등).

아리스토텔레스는 통용되는 가치를 습득하는 것이 도덕적인 훈련에서 본질적인 부분이라고 생각한다.

프로네시스와 윤리적 덕이 함께 작동해야 인간이 도덕적 행위를 하게 된다.

"……현명함이 없으면 본질적인 선에 도달할 수 없고 윤리적 덕 없이는 현명할 수 없다."

여기서 현명함의 과제는 인간을 선으로 이끄는 올바른 수단과 길을 알아내는 것이고, 윤리적 덕은 목표를 제시한다.

이 두 가지가 함께 **의지**(불레시스bulesis)를 선으로 향하도록 규정하는데, 이는 그 두 가지가 통찰을 통해 인간의 노력이 지향할 올바른 목표를 제시함으로써 이루어진다. 그러면 인간은 저절로 노력하게 되고 정열(격정)은 억제된다. 여기서 의지의 자유는 아리스토텔레스에게는 문제가 아니다.

> "그런데 윤리적 덕이 의지에서 나오는 태도인 동시에 그 의지가 사려 깊은 노력이라면, 옳은 결정을 내릴 수 있기 위해서는 참된 통찰과 올바른 노력이 있어야 한다. 그리고 그 결정은 사고를 통해 긍정될 뿐 아니라 노력을 통해 얻어져야 한다."

아리스토텔레스의 견해에서 두드러지는 점은, 도덕적 마음가짐(헥시스hexis)이 통찰만으로는 얻어지지 않고 훈련, 습관, 학습 등 실천을 통해서 얻어진다는 것이다. 그러므로 덕에 관한 더 상세한 규정이 지향하는 것은 경험 많은 사람의 판단과 모범이다.

윤리적 덕의 내용은 그릇된 두 극단 사이의 **중도**(메소테스mesotes)라고 규정된다. 즉,

> 용기(비겁과 무모의 중간)
>
> 절제(환락과 둔감의 중간)
>
> 관대(인색과 낭비의 중간)

특히 주목할 가치가 있는 것은 **정의**다. 정의는 공동체를 위해 가장 뛰어난 덕이기 때문이다. 배분적 정의는 사회의 재화와 명예가 정당하게 나누어지도록 보살피고, 보상적 정의는 발생한 피해를 보상한다.*

본질적 덕에 속하는 또 한 가지는 우정이다. 우정을 통해 인간은 개별 존재에서 공동체로 옮겨가는 과정을 완성한다.

*아리스토텔레스의 정의는 사회 구성원의 이해를 균등하게 하는 것이다. 배분적 정의는 재화와 명예의 분배가 '정당하게', 즉 각자의 능력과 자격에 적합하게 이루어지도록 하는 것이고, 보상적 또는 평균적 정의는 손해와 보상 사이의 균등성, 범죄와 처벌 사이의 균등성을 실현하되 각자의 능력이나 지위를 고려하지 않고 모든 이에게 적용되도록 하는 것이다.

아리스토텔레스Ⅳ: 정치학과 시학

아리스토텔레스가 펼치는 **국가론**에서는 그가 사용하는 **방법**과 **본질**의 특징 몇 가지가 드러난다. 플라톤과는 반대로, "경험론자"인 아리스토텔레스는 자기 지식 대부분을 비교 연구를 통해서 얻는다.

그래서 아리스토텔레스는 158개 나라의 제도를 분석했다고 하는데, 그 가운데 전해오는 것은 〈아테네인의 국가〉라는 단편뿐이다.

스승과 제자를 가르는 두 번째 특징은 현실적인 것을 다루는 기준이다. 플라톤은 국가를 이상적인 것으로 구상하지만, 아리스토텔레스는 국가를 가능한 것으로 구상한다.

"우리는 최선의 국가뿐 아니라 가능한 국가도 염두에 두어야 한다."

국가의 발생 문제에서도 아리스토텔레스는 플라톤과는 달리 개인의 나약함이 사회 결합의 동기라고 보지 않는다. 그보다는 국가 형성의 초기에 공동체를 구성하려는 개인의 본성적 경향이 있었던 것으로 여긴다. 그는 이런 고전적 명제를 남긴다.

> "인간은 그 본성으로부터 국가를 만드는 존재다*Ho anthropos physei **zoon politikon** estin."

* '국가'에 해당하는 원문은 '폴리스', 당시 도시 국가를 가리키는 말의 변형이다. 그의 명제 "인간은 정치적 존재zoon politikon다"란 결국 "인간은 국가를 만들게 되어 있는 존재다"라는 원문을 추후에 의역한 것인 셈이다.

아리스토텔레스에게는 언어도 국가 형성이 자연적 성향에 따른 것임을 보여주는 증거다. 언어는 인간이 단순히 목숨을 유지하는 것을 목표로 삼지 않고 유익하고 선하고 올바른 것에 대해 서로 의사소통을 해야 할 공동체를 지향함을 보여준다는 것이다.

플라톤과 마찬가지로 아리스토텔레스도 시민의 도덕적 완성이 국가의 과제라고 생각한다. 국가는 행복하고 선한 삶을 위해 있다. 개인의 덕은 국가 안에서 비로소 완전히 계발된다. 국가는 작은 것에서 큰 것으로 이어지는 여러 공동체로 형성된다.

A 국가의 형태

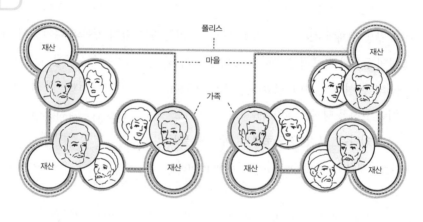

참주정

선한 국가 형태
통치
조언   재판

민주정

타락   타락

과두정

타락

도덕적 완전성을
보장함

억제   보장   억제

선호   선호

부유층 ◄──────── 중산층 ────────► 빈곤층

B 시민에서 가족을 거쳐 마을과 국가(폴리스polis)가 만들어진다

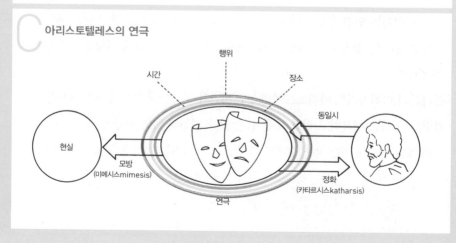

폴리스

재산

마을

재산

재산

가족

재산

재산

재산

재산

C 아리스토텔레스의 연극

행위

시간

장소

동일시

현실

연극

모방
(미메시스mimesis)

정화
(카타르시스katharsis)

가장 근본적인 것은 두 사람(부부, 아버지와 자식, 주인과 노예)의 공동체이고, 이것들이 모여 가족 공동체가, 그리고 가족 공동체가 모여 마을이, 그리고 마지막으로 여러 마을이 모여 국가(폴리스)를 이룬다.

폴리스가 되어야 비로소 공동체의 아우타르키(곧 자급자족, 자립, 자기 보존)가 보증된다. 폴리스를 이루는 원칙은 **국가 체제(헌법)**다.

"국가는 특정한 체제 안에 사는 시민들의 공동체다."

플라톤과 마찬가지로 아리스토텔레스도 국가 형태를 세 가지 정당한 체제와 이 정당한 체제에 따르는 타락한 세 가지 체제로 구분한다. 여기서 아리스토텔레스도 한 체제에서 다른 체제로 바뀌는 일이 일어난다고 설명한다.

왕정이 타락한 참주정

귀족정이 타락한 과두정

인민정이 타락한 민주정

체제 구분의 기준은 통치권을 가진 사람의 숫자다.

한 사람—소수—전체

공동의 복리에 봉사하는 것은 선한 국가 형태이고, 지배자의 이익만을 좇는 것은 타락한 국가 형태이다.

아리스토텔레스는 원칙적으로는 세 가지 "올바른" 국가 형태 가운데 어느 것도 선호하지 않는다. 가장 쉽게 실현할 수 있고 가장 안정적인 국가 형태는 **시민정**(온건한 인민정)이라고 생각했다. 시민정은 다른 통치 체제들의 장점을 혼합한 것으로, 윤리학의 원리처럼 덕의 원칙인 극단 사이의 중도라는 기준에 맞는다.

"국가 공동체는 중간층을 바탕으로 구성된 것이 최선이다…… 중간층이 결정적인 요소가 되면 극단이 우세해지는 것을 막는다."

어쨌든 아리스토텔레스가 역사를 분석하여 내린 결론은, 시민의 요구와 그 나라 환경에 가장 적합한 것이 바로 최선의 국가 형태라는 것이다.

국가의 내적 **질서**에 관해서는 **사유재산**에 못지않게 **가족**을 보존해야 한다는 것이 그의 생각이다.

가족은 마을보다, 마을은 국가보다 기본적인 것이므로, 가족은 사회의 자연적 질서로 다른 단위보다 우대해야 한다. 국가가 젊은이들의 **교육**에 관해 근본적인 책임을 진다고 해도 마찬가지다.

사유재산 문제에서 아리스토텔레스는 중도의 길을 선택하여 (플라톤이 생각한) 재산 공유제를 거부한다.

그는 도시 국가 스파르타를 염두에 둔 중도를 선택한다.

> "스파르타에서는 재산의 사적 소유를 유지하면서도 그 사용은 누구에게 나 허용된다."

아리스토텔레스는 **노예제**를 사회 내부의 구조에 명백히 포함시킨다. 또한 모든 불평등(예를 들어 남자와 여자 사이의 불평등)도 자연적인 장치로 여긴다. 다만 남성 자유시민 사이의 평등은 인정한다.

시학은 아리스토텔레스 실천 철학의 한 분야다. 동명의 저작에서 그는 문예 이론, 특히 비극 이론을 제시하는데, 그 영향력은 전무후무한 것이다. 아리스토텔레스 시학의 주요 개념은 다음과 같다.

> —**모방**(미메시스mimesis): 예술은 현실을 모사하는 것이기는 하지만 역사 서술처럼 사실을 있는 그대로 써서는 안 된다.
> —행위, 시간, 장소의 **통일**: 작품의 전개는 통일성, 일관성, 완결성을 추구해야 한다. 그리고 그 길이는 한나절을 넘기지 말아야 한다.
> —**카타르시스**("정화淨化"): 예술은 관객이 자신을 등장인물과 동일시하면서 자신의 정열을 자신의 현실이 아닌 다른 영역에서 해소하는 가운데 자신을 정화하도록 해야 한다.

역사적 영향력이라는 면에서 아리스토텔레스와 비교될 수 있는 사상가는 고대의 플라톤과 근대의 칸트 정도일 것이다. 중세에는 그의 철학이 스콜라철학의 바탕이 된다.

> 근대로 넘어오는 시기까지 아리스토텔레스의 저작은 오류가 없는 것으로 통했다.

스토아학파 I: 논리학과 자연학

스토아 학파는 헬레니즘 시대부터 고대 후기에 이르도록 커다란 영향력을 행사한 철학 사조다. 이 학파는 보통 다음 세 시기로 나뉜다.

―초기 스토아 학파: 스토아 학파의 창시자는 키티온 Kition(현재의 키프로스)의 제논 Zenon(기원전 336~264년)이다. 그의 제자 클레안테스 Kleanthes(기원전 232년 무렵 사망), 그리고 이 고전 철학 체계에 가장 완벽한 짜임새를 부여한 크리시포스 Chrysippos(기원전 281~208년 무렵) 등이 이 시기의 대표적인 철학자다. 고대의 어느 시에는 이런 구절이 있다.

"크리시포스가 아니었으면 스토아 또한 없었으리라."

―중기 스토아 학파: 파나이티오스 Panaitios(기원전 180~110년)와 포세이도니오스 Poseidonios(기원전 135~51년)는 스토아 학파의 사상을 로마로 전달하는 역할을 하고, 스토아철학의 윤리적 엄격주의*를 완화한다.

> * 도덕과 정의 문제에서 스토아 학파의 타협 없는 엄격함을 잘 보여주는 것이 "하늘이 무너져도 정의가 실현되어야 한다"(피아트 유스티티아, 루아트 코엘룸Fiat justitia, ruat coelum)는 그들의 경우였다.

―후기 스토아 학파: 특히 세네카 Seneca(기원전 4년~서기 65년), 노예 출신인 에픽테토스 Epiktetos(50~138), 황제 마르쿠스 아우렐리우스 Marcus Aurelius(121~180년) 등이 후기 스토아 학파의 주요 사상가다. 이들의 저작이 다룬 주제는 삶의 극복과 도덕에 관한 물음이다.

스토아 학파에서는 철학을 **논리학, 자연학, 윤리학** 등 셋으로 구분한다. 스토아 학파의 사상가들은 각 철학 분야의 의미를 과수원의 모습으로 설명한다.

> 논리학은 과수원을 보호하는 담장, 자연학은 위를 향해 자라는 나무, 윤리학은 나무의 열매다.

스토아 학파의 **논리학**은 형식 논리학 외에도 언어 이론과 인식론을 포함하고 있다. 스토아 학파는 삼단논법을 다섯 가지 가언적, 선언적 추론 형식으로 확장하는데, 타당한 모든 추론은 이 추론 형식을 통해 짜맞출 수 있다고 생각한다. 여기서 변

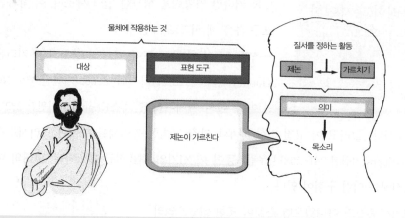

A 스토아Stoa 학파의 언어 철학

물체에 작용하는 것

대상 　표현 도구

질서를 정하는 활동

제논 ↓→ 가르치기

의미

제논이 가르친다

목소리

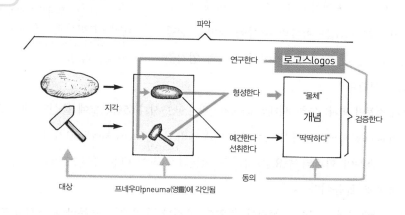

B 스토아 학파의 인식론

파악

연구한다

로고스logos

지각

형성한다

"물체"

개념

"딱딱하다"

검증한다

예견한다
선취한다

대상　프네우마pneuma(영靈)에 각인됨　동의

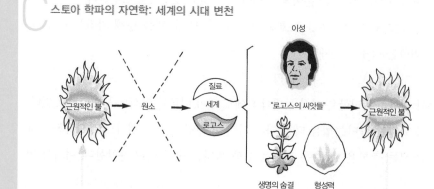

C 스토아 학파의 자연학: 세계의 시대 변천

이성

근원적인 불　원소

질료
세계
로고스

"로고스의 씨앗들"　근원적인 불

생명의 숨결　형성력

항變項이 되는 것은 개념이 아니라 명제다("명제 논리학").

1. A면 B다. 이제 A다. 따라서 B이기도 하다.

2. A면 B다. 이제 B가 아니다. 따라서 A도 아니다.

3. 동시에 A와 B일 수 없다. 이제 A다. 따라서 B가 아니다.

4. A 또는 B다. 이제 A다. 따라서 B가 아니다.

5. A 또는 B다. 이제 B가 아니다. 따라서 A다.

스토아 학파의 언어철학은 낱말의 발생(어원)을 다룬다. 그들은 어떤 낱말이라도 그 어원을 찾아낼 수 있다고 믿는다.

> 그래서 그들은 "제우스Zeus"의 소유격 "제노스Zenos"가 "젠zen"(살아간다)에서 나왔다고 주장한다.

스토아 학파의 의미론은 언어의 기호(세마이논semainon), (언어 기호가 나타내려는) 의미(세마이노메논semainomenon), 대상을 각각 구분한다.* 의미를 표현하는 도구는 음성의 꼴로, 이를 통해서 소리, 그리고 소리의 물체적 작용에 연결된다. 마찬가지로 객체도 물리적 공간에 속한다. 이와는 반대로 의미(렉톤lekton) 자체는 비물체적이다. 의미는 정신적 활동의 산물이다. 이성이 함께 작용해야 비로소 음성 표시가 의미를 가지는 말이 되기 때문이다.

> "말을 한다는 것은 생각한 것을 기호로 바꾸어 음성 표시로 내뱉는 것이다."

> * 여기서 '기호'와 '의미'는 현대 언어학, 특히 소쉬르의 '기표(시니피앙signifiant)'과 '기의(시니피에signifie)'에 상응한다. 487쪽 참조.

스토아 학파의 **인식론**은 물질적인 것에서 출발한다.

> 지각은 우리 물질혼의 상태를 변화시키거나(크리시포스), 나아가 밀랍에 찍히듯 영혼에 각인된다(제논).

그렇게 각인된 "인상"은 다른 인상과 연결된다. 그렇게 해서 개념은 개별적인 지각 안에 있는 보편적인 것으로서 자연적으로 생성될 수 있는데, 이렇게 자연적으로 생기는 개념을 스토아철학자는 "프롤렙시스prolepsis"**(선취 개념)라고 부른다. 이

성(로고스logos)의 작용을 통해서도 표상***이 개
념으로 바뀐다. 표상은 지각과 마찬가지로 로고
스의 동의가 있어야 한다. 그래야만 파악이 가능
해진다. 따라서 대상을 실제로 이해하기 위해서는
먼저 자연에 충실한 모사模寫가 영혼 안에 있어서
그런 모사가 올바른 이성의 작용에 의해 인정되어
야 한다.

> "지식은 뒤흔들 수 없을 뿐 아니라 그 어
> 떤 이성적 근거로도 번복할 수 없는 이해(카
> 탈렙시스katalepsis)다."

** 어원은 "선취, 전제"를 뜻하지만,
에피쿠로스나 스토아 학파의 인식
론에서는 지각한 것들에서 만들어
지는 보편 개념을 가리킨다.

*** 일상 언어에서 표상表象은 "추
상적인 것을 구체적으로 표현해
내는 것"을 뜻하지만, 철학에서 자
주 등장하는 표상(독일어: 포어슈텔
룽Vorstellung, "앞에 놓음", "상상함")은
좀 다른 뜻으로 쓰인다. 우리가 어
떤 사물이나 사실을 보거나 겪으면
그것에 대해 일정한 생각 곧 관념이
생긴다. 그렇게 "대상에 대한 구체적
인 관념"이 바로 표상이고, 그런 관
념을 가지는 과정을 "표상한다"고
일컫는다.

자연학에서 스토아철학자가 "존재"로 인정하는 것은 작용하거나 작용을 받는 것,
곧 물체다.

> 수동적인 것(작용을 받는 것)에 상응하는 것은 질료(힐레hyle)이며, 활동적
> 인 것(작용하는 것)에 상응하는 것은 "로고스"다.

로고스는 세계 이성이며, 이것은 숨결(프네우마pneuma)로서 고유한 성질이 없는
질료에 침투하여 질료가 계획되어 있는 대로 펼쳐지도록 작용한다. 모든 대상에
는 "로고스의 씨앗들"(로고이 스페르마티코이logoi spermatikoi)이 들어 있고, 대상이
펼쳐질(전개) 계획이 마련되어 있다.

> "로고스는 힐레(질료)와 떨어질 수 없이 결합되어 있다. 그 둘은 서로 섞여
> 있다. 로고스는 힐레를 완전히 관통하여 힐레에 모양을 주고 구체적인 사물
> 이 되게 함으로써 우주를 만들어낸다."

만물의 근원이 되는 원소는 불이다. 불에서 다른 모든 원소(공기, 물, 흙)가 나와 구
체적인 세계를 만든다. 불은 온기가 되어 모든 사물에 침투하고, 모든 사물에서 생
명의 숨결을 이룬다. 따라서 불은 영혼이며 모든 것을 이성적으로 움직이는 힘이다.
스토아철학자들은 순환을 역설한다. 세계는 근원적인 불에서 나와 불 안에서 소멸
한다. 이렇게 세계가 불타고 나면 구체적인 개별 사물의 세계가 다시 만들어진다.

| *64쪽 헤라클레이토스 부분 참조

스토아학파Ⅱ: 윤리학

스토아 학파의 **신학**은 로고스론이다.*

신은 원초적인 창조의 힘이고, 이 창조의 힘이 모든 존재의 제1원인이다. 신은 모든 물질의 로고스이며, 이 로고스 안에 모든 사물의 이성적 맹아가 들어 있다.

사물의 형태를 만들어내는 불, 질서를 부여하는 로고스, 그리고 제우스까지 신으로 여겨진다. 스토아철학자들에게 우주는 모든 생명과 사고가 나오는 근원이며, 우주 자체가 하나의 생명체로, 그것의 영혼이 바로 신이다.

로고스의 이성으로부터 나오는 것이 모든 사물과 일을 목적과 계획에 맞도록 이끄는 질서다.

"이 사고로부터 목적론적으로 완벽하게 질서가 잡힌 세계라는 사상이 나온다. 그런 세계에서는 모든 것의 연관 관계가 의미 있는 질서를 보여주며, 이 질서는 유일한 신적 힘에 의해 계획되어 차례대로 실현된다."(포르슈너M. Forschner)

스토아 학파는 이렇게 확정되어 있는 질서를 **운명**(그리스어: 헤이마르메네heimarmene, 라틴어: 파툼fatum)이라고, 이 운명 안에 확정되어 있는 목표를 **섭리****(그리스어: 프로노이아pronoia, 라틴어: 프로비덴티아providentia)라고 부른다. 세계를 지배하는 필연성에서 벗어날 수 있는 것은 아무것도 없다.

** "섭리"의 여러 어원은 모두 "미리 생각한다, 미리 안다, 미리 본다"는 뜻이다.

외부 세계가 인과법칙과 목적론에 의해 정해진 대로 흘러간다는 생각은 스토아 학파 **윤리학**의 기본 사상이기도 하다. 외적인 선은 얻기 어려운 것이 일상이므로 오로지 내적 태도만이 인간의 능력이 닿는 유일한 것이다. 세네카는 이렇게 말한다.

"인간이 자신의 의지로 무엇인가를 원하면, 운명은 그를 그것으로 인도한다. 그런 의지를 갖지 못하면, 운명은 그를 마음대로 끌고 간다."

인간의 외적인 자유재량은 운명의 작용에 얼마나 능동적으로 참여하는가에 달려

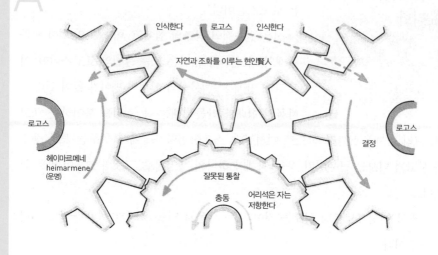

A 스토아 학파의 결정론決定論

인식한다　로고스　인식한다

자연과 조화를 이루는 현인賢人

로고스

로고스

헤이마르메네
heimarmene
(운명)

잘못된 통찰

결정

충동

어리석은 자는
저항한다

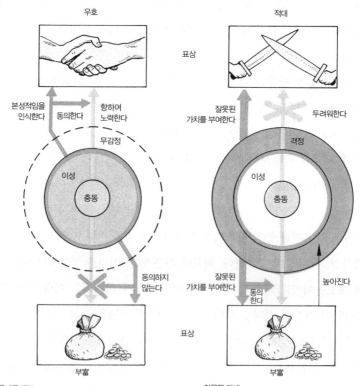

B 윤리학

우호

적대

표상

본성적임을
인식한다　동의한다

향하여
노력한다

잘못된
가치를 부여한다

두려워한다

무감정

격정

이성

이성

충동

충동

동의하지
않는다

잘못된
가치를 부여한다

동의
한다

높아진다

표상

부富

부富

올바른 태도

잘못된 자세

있다는 것이다.

인간의 **목표**는 "자연과 온전히 일치되어 사는 것"이다. 그렇게 하면 인간은
  조화를 얻게 되고, 이 조화가 인간을 "삶의 선한 흐름"과 행복(에우다이모
  니아eudaimonia)으로 이끈다.

행복은 그 어떤 정동情動*도 영혼의 평정 상태를 \
방해하지 않을 때 얻어진다. 격정은 지나치게 강 \
해진 충동을 가리킨다. 정동의 근원을 생각해보면, 그것은 표상에 잘못된 가치가
주어질 때 생긴다. 정동이 작동하면 "파토스pathos", 곧 격정이 생긴다. 격정이 채
워지는 일은 아주 드물기 때문에, 그에 사로잡힌 인간은 언제나 불만족일 수밖에
없다.

> * 갑자기 일어나는 감정, 감성적인
> 움직임.

  스토아 학파가 생각하는 이상적인 상태는 **무감정**(아파테이아apatheia, 부동
  심不動心)으로, 이것은 모든 정동에서 해방된 상태를 뜻한다.

스토아 학파는 정동을 다음 네 가지로 구분한다.
  쾌락, 불쾌, 욕망, 두려움.

이런 정동은 "올바른 이성"(오르토스 로고스orthos logos)을 움직여 피해야만 한다.
  이성이 충동의 대상이 가진 가치에 동의하면 충동은 정동이 된다.

사물의 가치를 올바르게 통찰하면 잘못된 선을 추구하지 않게 되고 악이라고 여
겨지는 것들을 두려워하지 않게 된다. 그러기 위해서는 외적인 선이 아무런 가치
가 없음을 알아야 한다.

  "정동이 생기는 것은 이성이 충동에게 …… 잘못된 목표를 정해주어 좌
  절을 겪을 때이다."(호센펠더M. Hossenfelder)

스토아 학파는 사물을 선한 것, 악한 것, **아디아포라**adiaphora(중립적인 것, 아무래
도 좋은 것) 등 세 가지로 나눈다. 선한 것은 덕, 악한 것은 덕의 반대쪽에 있는 것
이다. 그리고 중립적인 것은 덕과 덕의 반대쪽에 있는 것을 뺀 나머지 모든 것으
로, 인간의 행복에 아무런 도움이 되지 않는다. 그런 것은 머리카락 숫자처럼 완전

히 상관이 없거나, 아니면 "우선시되거나" "방치된다". 우선시되는 것은 자연적 본성에 합치하는 것이다.

> 가치중립적인 것 가운데서라도 무엇인가를 선택해야 할 때는 자연적 본성에 더 가까운 것을 선호하게 된다. 건강과 질병 가운데는 건강을 선호하는 것이 그렇다.

그래서 스토아철학자는 행위도 두 가지로 구분한다.

> (잘못된 통찰로 인한) 악한 행위와 (올바른 통찰에 의한) 선한 행위.

이 둘 사이에 있는 중간 행위가 자연적으로 주어진 소질을 실현하는 데 도움이 된다면 "적합한" 행위라고 할 수 있다.

> 이 적합한 행위는 올바른 통찰에 기인하지는 않지만, 그 본성에 의해 선을 실현한다.

행복 여부를 결정하는 것은 **덕**이다. 본질적으로 덕은 사물의 가치에 대한 도덕적 통찰이다. 이로부터 다른 덕목(정의, 용기 등)이 나온다.

> 덕은 **인식**이므로 가르칠 수 있으며 잃어버리지 않는다.

덕과 그 반대되는 것 사이에는 중립적인 것이란 없다. 인간의 행위는 통찰에 기인하거나 그렇지 않거나 둘 가운데 하나이기 때문이다.

사물과 충동에 대한 올바른 **관계**는 올바른 이성의 토대 위에서 가능하다. 그런 관계 안에서 얻는 조화가 바로 행복이다.

스토아철학의 중심 사상은 **오이케이오시스** oikeiosis*(지향, 애호) 이론이다. 애호를 바탕으로 인간의 도덕적 노력은 이미 인간의 본성 안에 주어진 성향에 포함되어 있다는 것이다. 오이케이오시스는 자기 지각에 의해 자신에게 주어져 있다고

> *어원으로는 "자기를 향함", "자기에게 귀속시킴"인데, 스토아 학파는 욕구와 충동이라는 본능을 넘어 자기 정체성을 보존하는 인간의 도덕적 성향을 오이케이오시스라고 표현했다. "자기 지향"으로 옮기면 적당할 것이다.

확인되는 것을 지향하는 가운데 이루어진다. 인간은 자기에게 주어진 본성적인 것을 애호하며, 자신에게 이로운 것과 해로운 것을 구분한다. 그래서 모든 생명체

가 자기 보존 욕구도 가지고 있는 것이다.

▌ 성장하는 가운데 인간은 이성이야말로 자신이 가지고 있는 것 중에서 진
정으로 본성에 합치하는 본질임을 알게 된다.

그런데 오이케이오시스는 도덕적 활동의 영역을 공동체로 넓힌다.

▌ 개인에게는 자신만이 아니라 부모, 친구 등이, 그리고 결국 전체 인류가
자신에게 속해 있다.

A 에피쿠로스Epikuros의 원자론

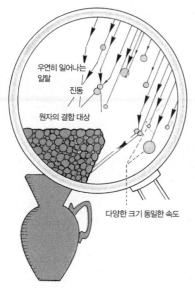

우연히 일어나는 일탈

진동

원자의 결합 대상

다양한 크기 동일한 속도

B 규범론

사상

거짓 · 참

거짓 ← 지각할 수 없음 / 지각할 수 있음 → 참

모순됨 · 상像 · 모순되지 않음

입증되지 않음 · 입증됨

경험

C 통찰력 있는 사람은 가장 큰 쾌락을 보장하는 쪽을 선택한다

욕구

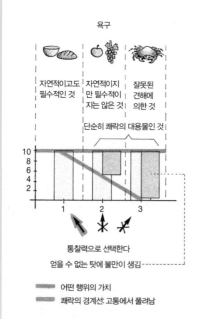

자연적이고도 필수적인 것

자연적이지만 필수적이지는 않은 것

잘못된 견해에 의한 것

단순히 쾌락의 대용물인 것

10
8
6
4
2

1   2   3

통찰력으로 선택한다

얻을 수 없는 탓에 불만이 생김

어떤 행위의 가치

쾌락의 경계선: 고통에서 풀려남

D 에피쿠로스의 정의론正義論

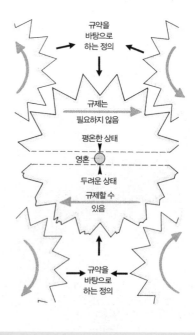

규약을 바탕으로 하는 정의

규제는 필요하지 않음

평온한 상태

영혼

두려운 상태

규제할 수 있음

규약을 바탕으로 하는 정의

에피쿠로스

에피쿠로스Epikuros(기원전 342~271년)는 무엇보다 실천을 핵심으로 여기는 학파를 창설했다. 그의 학파는 로마의 호라티우스Horatius와 루크레티우스Lucretius에게도 영향을 미쳤다. 루크레티우스의 저작 〈사물의 본성에 관하여〉(De rerum natura, 기원전 50년 무렵)는 에피쿠로스의 잠언집, 서간과 함께 에피쿠로스 철학을 이해하는 데 가장 중요한 문헌으로 꼽힌다.

에피쿠로스의 **자연학**은 다음 세 가지 원리에 바탕을 둔다.

　―존재하지 않는 것으로부터는 아무것도 생겨나지 않는다.

　―존재하지 않는 것으로 소멸해가는 것은 아무것도 없다.

　―우주는 지금 있는 그대로 언제나 있었으며 앞으로도 늘 그렇게 있을 것이다.

우주를 구성하는 것은 물체와 공허뿐이다. 우리는 물체가 존재한다는 것을 지각을 통해 안다. 공허는 물체의 정지(장소)와 운동을 위한 전제 조건이다.

에피쿠로스는 데모크리토스Demokritos(61쪽 참조)의 **원자론**에 의존한다. 물체는 원자로 구성된다. 원자는 형태, 무게, 크기 이외의 성질은 가지고 있지 않다. 원자는 수학적으로는 나눌 수 있지만 물리적으로는 더 이상 나눌 수 없다. 그래야만 원자가 존재하지 않는 것으로 소멸되지 않는다는 사실과 여러 가지 형태로 나타난다는 사실이 당연해진다. 원자의 형태가 다양한 까닭에 물체의 형태도 다양하다.

　원자는 그 무게 때문에 끝없이 나란히 공간으로 떨어진다. 이때 우연히 원자 몇 개가 방향을 바꾸면 그것들은 충돌하면서 서로 "얽힌다". 이렇게 해서 물체가 만들어진다.

원자의 수와 공허에는 한계가 없다. 그래서 에피쿠로스는 우주 안에 수없이 많은 세계가 존재한다고 주장한다.

에피쿠로스의 인식론은 **규범론**이라고 불린다. 자연학의 바탕은 상像이다. 상은 물체의 표면에서 원자가 흘러나와 만들어진다. 이 상이 관찰자의 물질로 된("미세한 가루로 된") 영혼에 사물의 정밀한 모습을 각인하는 것이다. 감관을 통한 지각은 진리 여부를 확인하는 시금석이다.

> "현실에서 보이는 것 또는 관찰을 통해 사고에 잡히는 것만이 참된 것이다."*

우리는 상 또는 각인의 반복을 통해 이성의 활동에서 그 바탕이 되는 선취先取 개념(사전事前 관념, 프롤렙시스)을 얻는다. 이성이 만든 억견(**독사****doxa)이 지각할 수 있는 것과 연관될 때 이 억견은

—감관 지각에 의해 확증되어 참이라고 여겨진다. 또는

—감각적 경험에 의해 확증되지 않거나 모순되면 "공허한 견해"로 버려진다.

이성이 만든 억견이 지각할 수 없는 것과 연관될 때 억견은

—지각할 수 있는 것과 모순되면 거짓이다.

—어떠한 감각적 경험과도 모순되지 않으면 참이다.

예를 들어 공허한 공간은 운동이라는 개념을 위해서는 논리적으로 반드시 있어야 하는 것으로 요청되는 동시에 지각에 의해 그 존재가 반박되지도 않는다. "착각과 오류는 언제나 추가로 사고된 것에 있기 마련이다. 이 추가로 사고된 것과 연관된 것은 확증이 필요한 것, 또는 반증되지 않아야 해서 확증도 반증도 이루어지지 않는 것이다."

윤리학은 에피쿠로스 철학의 핵심으로, 그 원리는 **쾌락*****이다. 모든 생명체는 자연적으로 쾌락을 추구하며 고통을 회피하려 한다. 그러므로 삶의 목표는 쾌락이다. 에피쿠로스는 쾌락을 고통과 동요가 없는 상태로 정의한다. 이로써 그는 쾌락과 고통에 속하지 않는 제3의 상태는 인정하지 않는다. 육체의 고통(무언가가 없어서 생기는)과 정신의 고통(불안으로 인한)을 제거하면 쾌락을 얻는다. 에피쿠로스는 쾌락을 얻을 수 있다는 점을 강조한

다. 배고픔, 목마름 등을 피함으로써 기본적인 욕구를 채우면, 쾌락이 더 커지는 않지만 쾌락의 여러 형태가 등장한다. 쾌락을 느끼는 것이 더욱 다양해지는 것이다. 그래서 에피쿠로스는 기본적인 욕구를 다음 세 가지 집단으로 나눈다.

—자연적이면서 필수적인 욕구

—자연적이지만 필수적이지 않은 욕구

—잘못된 견해로 인해 생기는 무가치한 욕구

첫 번째 욕구는 별다른 노력 없이도 채울 수 있다. 그래서 에피쿠로스는 절제를 중요한 덕의 하나로 여긴다. 통찰은 "쾌락 계산"에 따라 이로운 것과 해로운 것을 저울질할 수 있게 해준다. 그래서 쾌락이라고 하더라도 육체적 고통과 영혼의 불안정을 가져와 더 큰 불쾌함을 일으킬 수 있는 것은 회피하게 된다.

> 예를 들어 정치 활동은 인생 경로에 너무나 큰 불확실성을 가져오기 때문에, 에피쿠로스는 은둔 생활을 권한다.

아타락시아ataraxia(평정平靜), 곧 동요 없는 올바른 생활은 육체적 고통이 없는 상태, 동요와 혼란이 없는 정신적 자유 상태다. 평정을 얻는 데는 덕도 도움이 된다.

> 현자는 예를 들어 정의를 지향할 것이다. 그렇지 않으면 그는 사회의 제재를 받을 수 있다는 불안에서 결코 벗어나지 못한다.

정당하다고 여겨지는 것은 인간이 이로운 것을 확보하기 위해 합의한 규약 안에 있다. 또한 인간은

> "쾌락으로 이끄는 가장 확실한 수단으로 우리에게 주어져 있는…… 지혜를 활용해야 한다."(키케로Cicero)

잘못된 견해(억견)를 몰아내는 데는 아타락시아를 위협하는 불안을 없애는 것이 효과적이다.

> 에피쿠로스에 의하면, **신**은 세계 안에서 일어나는 일에 개입하지 않는다. 그들은 지극히 행복한 존재이며, 자기 존재의 평안을 (세계에 개입하는) "수고스러운 과제"로 깨뜨리지 않는다.

에피쿠로스는 세계를 조종하는 것은 필연성도, 운명도 아니라고 생각한다.

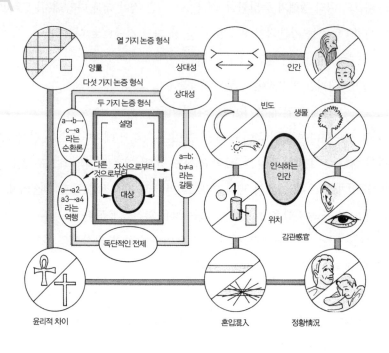

A 섹스토스 엠피리코스Sextos Empirikos의 비교를 통한 논증 형식

열 가지 논증 형식

양量 · 상대성 · 인간

다섯 가지 논증 형식

상대성

두 가지 논증 형식

설명

a→b→c→a 라는 순환론

다른 것으로부터 · 자신으로부터

대상

a→a2→a3→a4 라는 역행

a=b; b≠a 라는 갈등

독단적인 전제

빈도

생물

인식하는 인간

위치

감관感官

윤리적 차이 · 혼입混入 · 정황情況

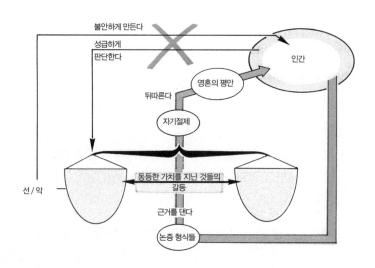

B 피론Pyrrhon 회의론의 구도

불안하게 만든다

성급하게 판단한다

인간

영혼의 평안

뒤따른다

자기절제

선/악

동등한 가치를 지닌 것들의 갈등

근거를 댄다

논증 형식들

회의론과 절충론

엘리스Elis의 피론Pyrrhon(기원전 365~275년)이 주창한 **회의론**懷疑論(스켑시스skepsis, "두리번거림")은 섹스토스 엠피리코스Sextos Empiricos*(200~250년 무렵)에 의해 체계적으로 서술되었다.

* 라틴어 이름은 섹스투스 엠피리쿠스Sextus Empiricus이나 그리스 출신인 그의 원래 이름은 섹스토스 엠피리코스다.

"회의란 온갖 현상과 사고의 대상을 가능한 모든 방법으로 서로 대치시키는 기법이다. 우리는 이 기법으로 서로 대치된 사안과 논증이 모두 동등한 가치가 있음을 확인하여 판단을 정지하고, 그 뒤에는 영혼의 평정을 얻게 된다."

피론의 회의론은 **판단 정지**(에포케epoche)와 **영혼의 평정**(아타락시아ataraxia)이 서로 연관되어 있다는 것에서 출발한다.

모든 동요는 대상을 인식하고 평가하려는 강박에서 온다.

본성적인 선 또는 악에 대한 독단적 믿음은 인간을 혼란과 불안으로 몰아넣는다. 회의론자가

판단을 정지하고 무관심한 상태가 되면, 그림자가 육체를 따르듯 영혼의 평정이 따라온다.

피론의 회의론은 사물의 본성에 관한 판단 정지의 근거가 "같은 힘을 가진 것들의 갈등"(**이소스테니아**isosthenia)에 있다고 본다.

모든 언명에는 그에 대치되는 등가의 언명이 있다고 생각할 수 있다.

회의론자는 판단 정지를 이끌어내기 위해 대치시킬 수 있는 것을 찾는다. 그런 뒤하나의 현상 또는 사고를 또 하나의 대립하는 현상 또는 사고와 비교한다.

이를 위해 섹스토스는 회의론을 위한 세 그룹의 **논증** 목록을 제시한다.

1. 상대성을 바탕으로 하는 열 가지 논증**: 상대적인 것은 다음과 같다.

—판단의 주체는 상대적이다. 왜냐하면 생명

** 회의론의 논증 가운데 상대성을 근거로 하는 것이 열 가지 있고, 이 열 가지 논증은 세 가지 상위 목록인 "주체의 상대성", "객체의 상대성", "주체와 객체의 상대성"으로 나뉜다.

체, 인간, 감관, 그리고 지각이 일어나는 상황 등이 서로 다르기 때문이다.

—판단의 객체는 상대적이다. 사물은 그 양에 따라 서로 다르게 나타난다(모래알은 딱딱하지만 모래 더미는 부드럽다). 여러 민족 사이에도 관습과 생활양식이 서로 다르다.

—판단의 주체와 판단의 객체는 어느 것이나 상대적이다. 관찰자가 어떤 위치에 있는가에 따라 사물은 다르게 보이며, 또는 주체와 객체 어느 한 쪽에 무엇인가가 "섞여 있기도" 하다. 현상이 일어나는 빈도도 그 위치에 영향을 끼친다.

2. 다섯 가지 논증: 모든 언명이 빠져드는 갈등과 무한 역행, 그리고 상대성, 독단적 전제 조건들, 순환 논증이 그것이다.

3. 두 가지 논증: 모든 것은 원칙적으로 자기 자신으로부터 인식되거나 아니면 어떤 다른 것으로부터 인식된다.

사물에서 실제로 나타나는 모순으로 인해 첫 번째 가능성*은 배제된다. 따라서 두 번째 가능성도 무한 역진이나 순환론에 빠질 뿐이다. 회의론자는 방법론에 바탕을 둔 이런 회의를 상투어(포나이phonai)로 표현한다.

> * 어떤 것이 자기 자신으로부터 인식될 가능성.

"그보다 앞서지는 않는다"(다른 주장보다 앞서는 주장을 할 때도), "아마도", "모든 것은 확정되어 있지 않다" 등이 그런 상투어다.

회의론자는 이 상투어 자체도 독단적으로 타당한 것이라고 생각하지 않는다. 그 상투적 표현도 회의의 대상이 된다는 것이다. 피론 학파는 회의론자조차 반박할 수 없는 현상을 엄격한 근거로 삼으며, 그런 현상에 대해서는 판단을 정지한다.

> 섹스토스에 따르면, 벌꿀이 우리 입에 달게 느껴진다는 사실에는 이론을 제기할 수 없지만, 벌꿀이 달다는 언명에 대해서는 논쟁할 수 있다.

그의 전제대로면 회의론자는 **행위**마저도 정지해야 할 것이다. 하지만 행위를 정지하는 것은 불가능하므로 회의론자는 "일상적인 생활 경험"에 의존한다. 일상적인 생활 경험에 속하는 것으로는 자연의 "밑그림"과 본성에 의한 저항할 수 없는 경험 이외에도 주변의 풍습이나 자신이 학습한 기술 등이 있다.

회의론자는 (독단적이지 않게) 이런 규칙을 따름으로써 행위를 멈추지 않은 상태에서 판단을 정지할 수 있다.

아르케실라오스Arkesilaos(기원전 315~240년), 카르네아데스Karneades(기원전 213~128년)와 함께 **신아카데미아 학파**도 회의론으로 방향을 바꾼다. 판단 정지의 목적 가운데 하나는 더 확실한 인식을 얻는 것이다. 스토아 학파(107쪽 참조)에 맞서 신 아카데미아 학파의 회의론자들은 동의할 수밖에 없는 "카탈렙시스적" 표상의 존재에 이의를 제기한다.

진리의 척도란 없다. 진리일 수 있는 개연성(확률)이 있을 따름이다.

표상은 오로지 믿을 만하거나 아니면 동시에 "지장이 없는 상태", 즉 다른 표상들과 모순되지 않는 상태일 뿐이다. 가장 큰 확실성을 얻는 것은 표상이 다음과 같이 추가적으로 "철저히 검증"되었을 때다. 즉,

"통상적인" 지각에 영향을 미칠 수 있는 모든 오류의 원천을 최대한 탐색해낼 때인 것이다.

툴리우스 키케로M. Tullius Cicero(기원전 106~43년)는 자신의 저작에서 고대의 여러 학파의 사상을 종합(절충)한다. 그는 로마 절충론의 가장 중요한 사상가로 여겨진다.

그의 특별한 업적은 다음과 같다.

―그리스의(특히 윤리학, 정치학의) 이론을 로마제국의 상황에 적용했다.

―자연법에 관한 고전 이론을 정식화했다.

키케로에게 법의 본성은 본질적으로 인간과 인간의 이성에 속하는 것이었다. 그는 시대에 따라 달라지는 법률 위에 변하지 않는 자연법을 두었다.

―서로 경쟁하는 고대 철학 체계들을 후대에 전달했다.

키케로는 그리스철학의 관념 체계를 라틴어로 번역함으로써 서양 철학의 전통이 이어지는 데 기여한다.

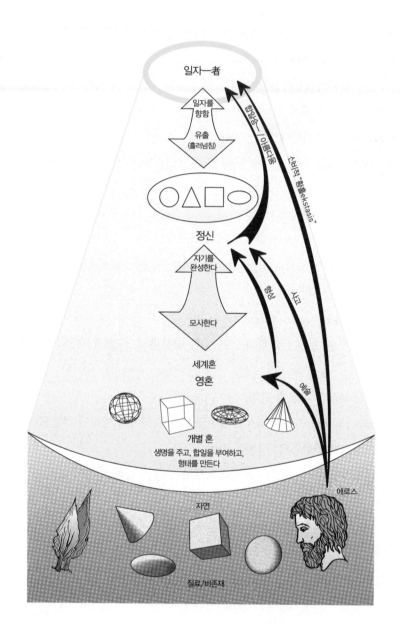

신플라톤주의

고대에 마지막으로 등장한 위대한 사상 체계는 **신플라톤주의**다. 신플라톤주의 철학자들은 무엇보다 우주론에서 플라톤(75~89쪽)으로 돌아가서 그의 사상을 아리스토텔레스와 스토아 학파의 테제에 연결한다.

신플라톤주의의 주요 인물은 다음과 같다.

—암모니우스 사카스Ammonius Sakkas(175~242년 무렵). 그는 플로티노스의 스승이며 알렉산드리아에서 학파를 세운 인물이다.

—플로티노스Plotinos(204~270년 무렵). 신플라톤주의의 실질적인 창설자이다.

—프로클로스Proklos(410~485년 무렵). 스콜라 학자로, 신플라톤주의 체계의 완성에 가장 크게 기여한다.

플로티노스의 철학은 그의 제자 포르피리오스Porphyrios가 편찬한 〈엔네아데스 Enneades〉에서 엿볼 수 있다. 이 책은 **일자**—者(그리스어: 헨hen)를 향한 상승과 일자로부터의 하강을 서술한다. 플로티노스가 선善이라고도 부르는 이 일자는 절대적인 일성一性("하나임") 또는 충만이다. 모든 존재뿐 아니라 모든 아름다움도 일자로부터 나온다. 어떤 존재자도 일자와 연결되지 않고는 존재할 수 없다. 플로티노스는 무엇보다 태양을 예로 든다.

> 빛은 태양과 분리할 수 없이 연결되어 있다. 태양에서 빛을 잘라내기란 불가능하다. 빛은 언제나 태양 쪽에 머문다. 마찬가지로 존재도 그 원천 곧 일자에서 분리될 수 없다.

일자는 절대적 일성이므로, 직접적이면서도 개념적으로 구별된 존재자는 일자에 도달할 수는 없다.

> "일자는 존재자가 아니다. 그것이 존재자라면, 그런 일자는 다른 어느 존재자의 언명의 대상이 된다. 일자에게는 …… 어떤 이름도 주어질 수 없다. 그것이 일자라고 불린다 해도, 이전에는 다른 어떤 것이었다가 지금 비로소 일자가 된 것은 아니다. 오히려 일자로부터 나온 존재가 일자를 인식한 것이다."

일자는 그 충만으로 인해 흘러넘친다. 플로티노스는 이렇게 흘러넘치는 것을 "방사放射", **에마나티오**emanatio라고 부른다. 이를 통해 높은 단계의 존재가 낮은 단계의 존재 안에서 모사된다. 이런 과정에서 일자와 충만은 점점 없어져, 질료로 이루어진 존재가 물체의 세계를 형성하게 된다.

에마나티오에 의해 가장 먼저 생기는 것은 **정신**(누스nous)이다. 정신은 이데아의 영역, 곧 모든 사물의 영원한 원상原象이 있는 영역이다. 그러므로 정신은 최고 단계의 존재자다. 예지에 의해서만 감지되는 이 세계는 일자에 부합하는 것이지만, 동시에 그 자체가 일자와 차별화한다.

> 정신의 사고 작용은 사고하는 자와 사고 대상의 분리, 그리고 대상들 사이의 차이를 요구한다.

그러므로 정신에는 (그 영원성에서 비롯된) 존재, 항상성, 동일성이라는 원리 외에도 사고를 수행하기 위한 운동의 원리, 차이의 원리 등이 따른다.

정신이 성숙하면 **영혼**이라는 열매가 달린다.

> 발음된 낱말이 사고의 모상模像인 것처럼 영혼은 정신의 모상이다.

정신의 "작용 결과"인 영혼이 하는 가장 높은 단계의 활동은 정신의 관조觀照다. 영혼은 정신의 영역과 물질의 영역을 연결한다.

> 세계혼인 정신은 우주에 침투하여 형태를 부여하고 생명을 불어넣고, 이 세계에 조화를 부여한다.

영혼은 자기 안에 개별혼들을 가지고 있다. 이 개별혼들은 질료와 결합하여 물체 세계의 개별 사물을 만들어낸다. 플로티노스는 질료를 비존재자라고 부른다. **질료**는 그 자체로는 형태가 없고 질서가 잡혀 있지 않으며 추하다. 질료는 일자의 빛에서 가장 멀리 떨어져 있다. 그래서 플로티노스는 "물질의 암흑"이라는 말을 한다.

> 질료와 영혼의 결합은 정신에 대한 영혼의 관조를 방해하고 질료의 원천인 일자에 대한 관조도 방해한다.

플로티노스는 일자를 향한 **상승**을 정화 과정으로 본다. 이 상승의 동기는 근원적 아름다움과 근원적 일자를 향한 사랑(에로스eros)이다. 상승은 관상觀想을 거쳐 이루어진다.

> 예를 들어 예술은 감각적 아름다움에 대한 지각을 거쳐 순수하고도 자기 완결적인 형상의 아름다움을 파악하기에 이른다.

철학에서도 영혼은 물체라는 그림자의 세계를 넘어서 정신으로 돌아간다.

최고의 해방은 엑스타시스ekstasis*("자기를 넘어섬")인데, 이것은 일자의 직관으로 직접 **빠져드는** 것이다.

> *영혼의 이탈이나 신과의 합일을 통해 자신을 잊어버리는 상태를 말한다. 오늘날의 일상 언어에서는 "황홀경"을 뜻하는 말이기도 하다.

신플라톤주의 철학의 영향은 보에티우스Boethius(480~524년 무렵)의 사상에서도 엿보인다. 보에티우스는 "마지막 로마인이자 첫 스콜라철학자"라고 불린다. 그는 고대 철학(무엇보다 아리스토텔레스 철학)의 원전을 번역하고 주해를 달아 편찬한다. 그는 라틴 세계의 개념 체계와 용어 색인의 필요성을 스콜라철학에 전달한다. 억울한 죄목으로 감옥에 갇혀 있는 동안 그는 〈철학의 위안〉(Consolatio philosophiae)을 썼는데, 이 책의 내용은 "필로소피아"(철학)라는 이름을 가진 가상의 여의사와 나눈 이야기이다. 모든 "치료"의 바탕은 **섭리**에 관한 논의다.

> **신**은 세계의 창조자이자 조종자이며, 이 세계에 일성一性을 부여한다.

그런 신은 섭리의 영속성을 보증한다. 이와는 반대로 운명과 운명 안에서 작용하는 악은 신이라는 중심에서 이탈하여 생기는 것으로 여겨야 한다.

> "이렇게…… 신적 정신에서 멀어진 것은 점점 더 운명에 종속된다…… 그리고 견고한 최고의 정신에 연결되면 벗어날 수 없는 운명을 피하게 된다."

인간은 자신의 이성을 바탕으로 (변화무쌍한) 외적 사물로부터 초연하려고 애써야 한다. 그렇게 되면 (겉보기에) 악한 운명도 훈련, 개선에 도움이 되고 형벌이라는 이로운 것이 될 수 있다.

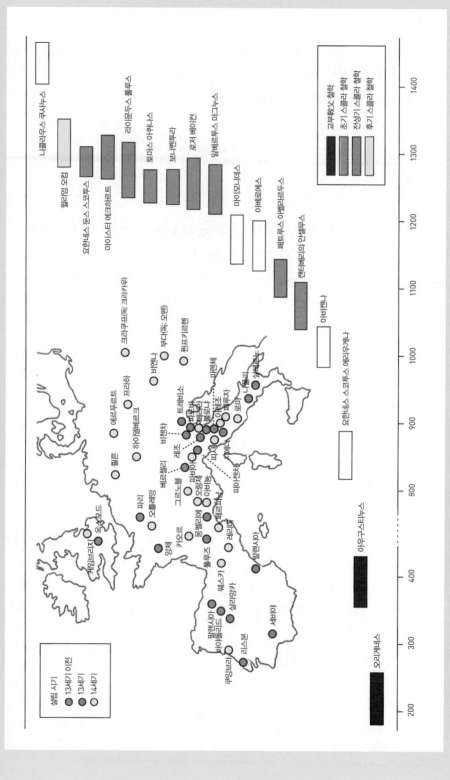

중세 철학: 개관

서양 **중세철학**의 특징은 **그리스도교**와 철학의 결합이라고 할 수 있다.[*]

중세철학은 그리스도교 철학이다. 그 내용도 그렇고 대표적인 인물도 모두 성직자다.

그래서 중세철학의 주제에는 언제나 신앙과 지식의 관계도 포함된다. 그렇다고 해서 중세의 사고가 오로지 교의教義로 일관한 것은 아니다. 철학 사조 사이의 논쟁과 여러 주제에 대한 교회의 이단 선언 등은

당시의 사고가 자립적이고도 다양한 방향으로 활동했음을 보여준다.

중세철학의 첫 시기는 여전히 고대와 겹친다. **교부학**(2~7세기)은 교부教父("교회의 지도적 성직자")들이 고대 철학을 동원해서 그리스도교 이론을 공고히 구축하고 이를 통해서 비교도와 그노시스gnosis파(영지주의靈智主義)[**]로부터 교회를 지키려고 노력한 사조다.

고대 그리스도교 철학에서 가장 중요하고 영향력이 큰 사상가는

마르쿠스 아우렐리우스였다. 신플라톤주의 철학의 영향을 받은 그의 저작은 중세 사상의 주요 원천 가운데 하나다.

고대가 끝나고(고대의 종말을 말하는 상징적인 사건은 유스티누스 황제가 529년에 플라톤의 아카데미아를 폐쇄한 것이다) 몇 세기 동안 고대 철학은 수도원에 의해 지켜지고 전승된다. 하지만 그 사이 철학 사상의 자립적인 동력은 사라진다.

[*] 철학과 그리스도교의 결합은 이미 그리스도교의 성립 초기부터 이루어졌다고 보아야 할 것이다. 유대인이지만 그리스 영토인 타르소스 출신으로 그리스와 로마의 사유를 경험한 바울/바오로는 영혼과 육체의 이원론, 신과의 합일을 시작으로 많은 그리스철학의 사유를 동원해서 예수의 가르침을 설명했고, 이는 로마와 옛 그리스 지방에 흩어져 그리스어를 사용하고 그리스적 사유에 익숙한 유대인들에게 효과적이었다.

[**] 영지주의는 그노시스 곧 "신비로운 지식"을 믿는 사상으로, 유럽에서 인도에 이르는 폭넓은 지역의 사상과 종교에 뿌리를 둔 것이다. 그리스도교 안의 영지주의 사상은 그리스도교가 그리스, 로마 세계로 확산되면서 생겨났는데, 그리스 사상의 내용과 용어를 차용해 신과 피조물의 합일, 육체적 부활의 부정, 이원론적 세계관, 교계제도의 거부를 주장해서 그리스도교 주류로부터 이단으로 여겨졌다.

9세기부터 시작된 사상적 흐름은 보통 **스콜라철학**으로 불린다.

스콜라철학(스콜라schola는 "학교, 학파")이라는 말은 학교에서 학문을 연구하는 사람, 특히 교사의 철학을 가리킨다. 이 교사는 카를 대제 이래로 세워진 대성당 학교, 궁정 학교, 그리고 나중에는 대학에서 가르치는 사람들이다.

그러나 스콜라철학에서 가장 두드러지는 특징은 그 방법론이다.

질문은 동의와 반박을 통해 합리적으로 검증되어 해답으로 이어진다.

전승된 지식에 대한 새로운 해석, 비판적 연구, 학교를 통한 전달 또한 스콜라철학의 특징이다.

12세기부터 여러 곳에서 설립된 대학은 중세의 정신적 활동을 위한 중심이 된다. 대학 교육은 다음과 같은 네 가지 분야로 이루어진다.

철학(셉템 아르테스 리베랄레스septem artes liberals*, "일곱 가지 자유 교과"), 신학, 법학, 의학.

* 오늘날 교양 과목을 가리키는 "liberal arts"의 기원.

대학에서 행해지는 토론은 엄격하게 스콜라철학의 방법론 체계를 따른다. 마지막에 이르러 나타난 형식적 경직성은 르네상스 시대에 스콜라철학의 형식이 비판 받는 단초가 된다.

스콜라철학을 키운 고대 사상의 원천은 다음과 같다.

아우구스티누스Augustinus, 신플라톤주의 전통(자신을 디오니시오스 아레오파기테스 또는 디오니시우스 아레오파기타Dionysius Areopagita라고 밝히지만 실제로는 누구인지 알려지지 않은 사상가의 저작을 포함해서), 아리스토텔레스의 논리학을 전한 보에티우스, 나중에는 아리스토텔레스의 모든 저작.

스콜라철학은 시기적으로 다음과 같이 구분된다.

초기 스콜라철학(11~12세기): 스콜라철학의 방법론 구축이 시작된다. 이때 보편 논쟁이 벌어져 그 뒤 수 세기 동안 논쟁의 주제가 되었다. 보편 논쟁은 보편적인 규정(예를 들어 "인간"이라는 말처럼 유類와 종種에 관한 규정)은 사고와는 상관없는 현실을 포함하고 있는가, 아니면 그것은 오로지 사고 안에서만 실재하는 것인가,

하는 질문을 다룬다.

▎철학이 발달하는 데는 **아랍 세계**의 영향이 큰 의미가 있었다.

800년에서 1200년에 이르는 시기에는 이슬람 문화가 그리스의 철학과 과학을 전달하는 역할을 한다. 고대 그리스 사상가들의 저작은 아랍어로 번역되어 서양으로 전달된다. 이렇게 하여 그리스도교가 지배하는 중세에는 이전보다 훨씬 많은 문헌에 접근할 수 있었는데, 아리스토텔레스의 모든 저작도 마찬가지다.

전성기 스콜라철학(12~13세기 무렵): 아리스토텔레스 철학이 다시 수용되면서 전성기 스콜라철학의 모습이 만들어진다. 당시 스콜라철학자는 반드시 아리스토텔레스 철학을 알아야 했다. 이 시기에는 아우구스티누스 사상을 지향하는 프란치스코 수도회와 아리스토텔레스 사상을 따르는 도미니코 수도회가 대립한다.

▎이 시기에 아리스토텔레스 철학과 그리스도교 철학을 체계적으로 연결하기 위해 가장 폭넓은 시도를 한 인물은 토마스 아퀴나스Thomas Aquinas다.

아리스토텔레스의 몇몇 이론은 그리스도교의 교의에 합치하지 않았다. 때문에 교회는 때때로 아리스토텔레스의 저작을 금서 목록에 올리거나 일련의 철학 주제를 이단적인 것이라고 배척한다.

▎마이스터 에크하르트Meister Eckhart에 의해 중세 **신비주의**는 그 정점에 도달한다. 신비주의의 주된 관심은 내면적 직관과 신과의 합일을 얻는 정신적 방법이다.

이 시기의 주요 사상가로는 하인리히 조이제Heinrich Seuse, 요한네스 타울러 Johannes Tauler, 장 제르송Jean Gerson 등이 있다.

후기 스콜라철학(14세기): 이 시기의 스콜라철학은 윌리엄 오컴William Ockham을 필두로 옛 학파들(비아 안티콰via antiqua, "옛 길"이라고 불린)의 형이상학 체계를 비판하는 데 집중한다. "새로운 길"(비아 모데르나via moderna 또는 **유명론**唯名論이라고 불린다)은 자연과학의 발달과 함께 등장한다(니콜 오레슴Nicole Oresme, 장 뷰리당 Jean Buridan).

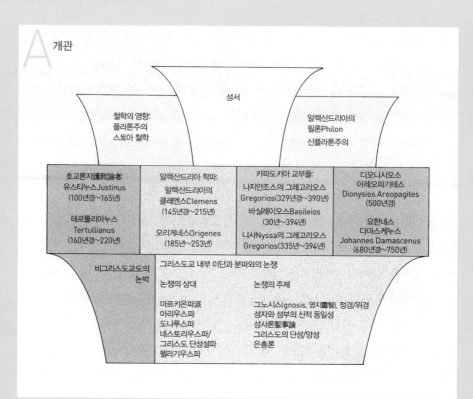

A 개관

성서

철학의 영향:
플라톤주의
스토아 철학

알렉산드리아의
필론Philon
신플라톤주의

| 호교론자護敎論者:
유스티누스Justinus
(100년경~165년)

테르툴리아누스
Tertullianus
(160년경~220년) | 알렉산드리아 학파:
알렉산드리아의
클레멘스Clemens
(145년경~215년)

오리게네스Origenes
(185년~253년) | 카파도키아 교부들:
나지안조스의 그레고리오스
Gregorios(329년경~390년)

바실레이오스Basileios
(30년~394년)

니사Nyssa의 그레고리오스
Gregorios(335년~394년) | 디오니시오스
아레오파기테스
Dionysios Areopagites
(500년경)

요한네스
다마스케누스
Johannes Damascenus
(680년경~750년) |

비그리스도교도의
논박

그리스도교 내부 이단과 분파와의 논쟁

논쟁의 상대

마르키온파派
아리우스파
도나투스파
네스토리우스파/
그리스도 단성설파
펠라기우스파

논쟁의 주제

그노시스(gnosis, 영지靈智), 정경/위경
성자와 성부의 신적 동일성
성사론聖事論
그리스도의 단성/양성
은총론

B 유스티누스Justinus의 로고스론

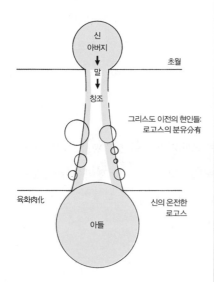

신
아버지

초월

말

창조

그리스도 이전의 현인들:
로고스의 분유分有

육화肉化

신의 온전한
로고스

아들

C 디오니시오스 아레오파기테스 Dionysios Areopagites의 존재 단계론

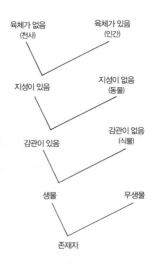

육체가 없음
(천사)

육체가 있음
(인간)

지성이 있음

지성이 없음
(동물)

감관이 있음

감관이 없음
(식물)

생물

무생물

존재자

교부철학

교부철학 시대는 예수의 제자들 사후에 이어진 고대 그리스도교 시기를 가리킨다. 이 시기 성직자들("파트레스patres")의 저작은 때로는 성서 다음으로 권위를 인정받았지만, 그들의 사상은 그 체계에서나 역사적으로나 통일되어 있지 않았다. 그것은 오히려 그리스도교 신앙을 지키기 위한 호교론護敎論과 학문으로 자리 잡은 신학 사이를 잇는 중간 단계에 가까웠다.

이에 대한 예외는 커다란 영향력을 발휘한 아우구스티누스의 저작이었다. 교부철학에 영향을 끼친 것으로는 플라톤 철학, 알렉산드리아의 필론Philon(기원전 25년~서기 40년 무렵), 신플라톤주의 철학, 스토아철학 등이었다.

2세기의 호교론자들은 생긴 지 얼마 되지 않은 교회를 "이교도들"의 편견과 공격으로부터 보호하려 했다. 유스티누스의 호교론적 견해를 예로 들면 이렇다.

예수의 등장 이전에도 이미 현명한 사람들이 부분적으로나마 창조를 이룬 말씀의 조각들을 가지고 있었는데, 그 말씀이 그리스도의 육화肉化를 통해 완전히 실현되었다.

그노시스주의gnosticism 곧 영지주의는 차원 높은 인식을 통해 단순한 신앙을 극복하려는 사조로, 이에 대항한 사람이 **알렉산드리아의 클레멘스**Clemens(145년 무렵~늦어도 215년)다. 그는 그리스도교의 새로운 신앙 내용과 고대 철학의 형식을 결합하여 그리스도교적으로 올바른 그노시스("깨달아 알게 된 지식")를 구축하려 한다. 이렇게 노력하는 가운데 그는

철학은 과연 신앙에 도움이 되는가, 아니면 아무런 도움도 되지 않는가, 아니면 오히려 신앙에 해로운가,

라는 논쟁에서 분명한 입장을 갖게 된다.

클레멘스는 철학이란 신이 원하는 것이며 따라서 철학을 현명하게 사용하는 것은 영혼에 유익한 일이라고 생각한다. 신의 계시를 받지 못한 그리스 철학자라고 할지라도 세계의 원초적 근원을 찾는 문제 같은 것에서 신으로부터 자연적인 깨달음을 받는다는 것이다.

철학과 신앙을 연결하려는 클레멘스의 시도를 반대한 인물로는 철학을 단호히 거부한 테르툴리아누스Tertullianus(160년 무렵~220년 이후)가 있다. 그는 철학이 신앙의 영역에 침투하는 것을 거부한다.

> "예루살렘이 아테네와 함께 도대체 무엇을 만들어낼 수 있단 말인가?"

오리게네스Origenes(185년 무렵~늦어도 253년)에 의해 철학은 계시의 내용을 성찰하는 작업으로 자리를 잡는다.

> 신은 비물질적이며 무無로부터 세계를 창조했다. 신의 아들은 로고스이며, 로고스는 아버지와 세계를 연결하는 위치에 있다. 세계의 사물은 아버지의 모상이 아니라 로고스의 모상이다.

원천적으로 신은 모든 정신적 존재를 동등하게 창조했다. 창조된 존재들 사이의 차이는 자유 의지로부터 생기며, 이 자유 의지를 통해 존재는 악이 될 수도 있다. 신 곁에 있는 정신적 존재는 천사이며, 완전히 타락한 정신적 존재가 마귀이다. 그리고 그 둘 사이에 인간이 있다. 영혼은 죄에 대한 형벌로 육체 안에 묶이게 되었지만 정화될 가능성도 있다.

정신은 이 세계에서 존재하다가 악에서 풀려나 다시 신에게로 돌아가 신과 하나가 될 것이다.

니사Nyssa의 **그레고리오스**Gregorios(335년 무렵~394년)는 인간을 감각적 세계와 정신적 세계의 매개자로 본다. 영혼은

> "신에 의해 창조되어 살아 있는 이성적인 실체로, 이 실체는 자신을 통해서 유기적이며 감각 능력이 있는 육체에 생명력과 지각 능력을 부여한다."
> 영혼과 육체는 하나가 되어 있다. 그러므로 감각 작용과 지성의 작용은 서로에게 의존하고 있다. 하지만 감관을 도구로 사용하는 지성이 둘 가운데서는 우위를 차지한다.

인간은 신의 상像이다. 신은 어떤 것에 의해서도 창조되지 않았고 따라서 불변의 존재이지만, 인간은 피조물이며 따라서 변화하는 존재다. 여기에는 다음과 같은 가능성이 있다.

> 인간은 자기 자유 의지의 힘으로 선에서 악으로 역행할 수 있다.

디오니시오스 아레오파기테스 Dionysios Areopagites(가명, 500년 무렵)는 중세의 철학, 신학, 신비론에 큰 영향을 끼친다. 스스로 예수의 제자로부터 배웠다고 주장한 그는 신플라톤주의와 그리스도교의 사상을 융합함으로써 스콜라철학의 길을 준비한다.

디오니시오스는 **신을 인식하는 세 가지 길**을 알고 있다고 한다.

> 긍정의 길은 신의 속성(예를 들어 "삼위일체")을 언급한다.

> 부정의 길(부정 신학)은 피조물을 출발점으로 삼아 신으로부터 창조된 것에 지나지 않는 모든 것을 부정한다(예를 들어 "신은 육체가 없다"는 식으로).

이 두 번째 길은 신에 관한 우리의 말이 적절하지 않음을 확실하게 자각할 것을 요구한다. 신에 관한 모든 서술은 이름 지을 수 없는 것에 대한 상징일 따름이다. 그러므로 결론적으로

> 신비의 길만이 모든 피조물이 규정할 수 없는 자로 향해 가는 상승의 길이 된다.

모든 존재자의 근원적 모상은 신의 사고와 의지 표명으로서 신 안에 있다. 세계 안에 있는 모든 사물은 그로부터 나오며, 사물은 신의 근원적 모상에 참여함으로써 그 본질을 유지하게 된다. 이렇게 하여 사물은 신에 참여하지만, 신은 사물에 참여하지 않는다. 왜냐하면

> 신은 (범신론과는 반대로) "존재를 초월하며" "본질을 초월하여" 있기 때문이다.

사물이 신으로부터 나오는 것은 단계적으로 이루어지며, 그런 단계적 발생에 의해 존재에 위계질서가 있게 된다.

> 이 존재의 위계질서는 스콜라철학의 존재론에서 기본 구조를 이룬다.

세계는 자신이 나온 근원, 자기 존재의 바탕인 신에게로 돌아가기 위해 노력한다. 신을 향한 영혼의 동경은 신적 일자와 신비적 합일을 통해 충족된다.

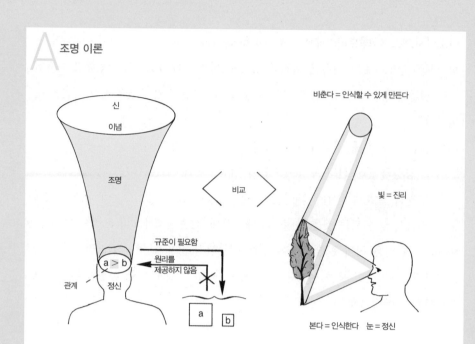

A 조명 이론

신

이념

조명

< 비교 >

규준이 필요함

원리를
제공하지 않음

a > b

관계

정신

a   b

비춘다 = 인식할 수 있게 만든다

빛 = 진리

본다 = 인식한다   눈 = 정신

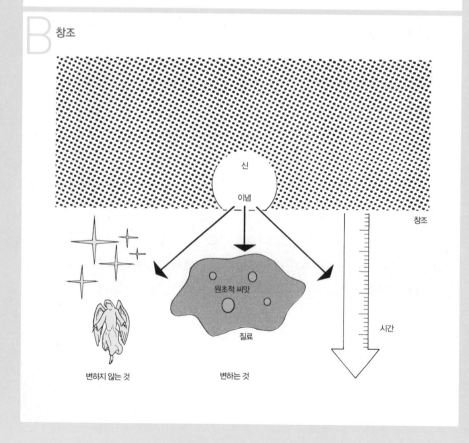

B 창조

신

이념

창조

원초적 씨앗

질료

시간

변하지 않는 것

변하는 것

아우구스티누스 I

아우렐리우스 아우구스티누스 Aurelius Augustinus (354~430년)의 저작은 서양 정신사에서 그 영향력이 가장 컸던 창작 가운데 하나다. 아우구스티누스는 고대가 끝나는 시기에 고대 철학의 유산에 관심을 가지게 되어

> "그리스도교 철학"의 주춧돌을 놓고 이로써 그는 중세의 선구자가 된다.

하지만 그의 사고에는 중세뿐 아니라 근대와 현대에 이르는 사상적 단초가 많이 들어 있어서, 데카르트Descartes의 철학, 후설Husserl의 내적 시간 의식 분석 등에서 다시 등장하게 된다.

아우구스티누스라는 인물을 알 수 있게 하는 가장 중요한 문헌은 그의 저작 〈고백록〉(Confessiones)이다.

> 첫 몇 장章에서 그는 신앙인이 되기 전 불안정하고 내적 갈등으로 가득했던 삶을 서술한다. 그 뒤 몇 장에는 유명한 "기억론"이 등장하는데, 경험에 대한 성찰, 의식, 시간 등을 다루는 이 부분에서는 훗날 펼쳐질 의식 철학을 미리 보여주는 단초가 발견된다.

아우구스티누스가 제시한 자기 인식의 길에서 특별한 점은 그 길이 신을 지향하고 있다는 것이다.

> 나를 이미 그리고 언제나 알고 있는 (즉 창조한) 신의 빛 안에서만 나는 나 자신을 인식한다.

인간은 신앙 안에서 인식 가능성을 펼칠 수 있으며, 동시에 반대로 통찰을 통해 신앙이 증명된다.

> "알기 위해서는 믿어라. 믿기 위해서는 알아라."(크레데 우트 인텔리가스, 인텔리게 우트 크레다스Crede ut intelligas; intellige ut credas.)

인식을 위한 전제 조건을 찾는 가운데 아우구스티누스는 의식의 **내적 자기확실성**에서 지식의 기초를 발견한다.

그는 회의론을 넘어서려고 노력하는 중에 훗날 데카르트가 다시 사용하게 되는 사고 과정과 맞닥뜨린다. 나의 바깥에 있는 사물에 대해서 나는 잘못 알 수 있다. 그러나 내가 그 사물에 관해 알고 있다는 사실 자체를 의심한다면, 이를 통해 나는 의심하는 나 자신을 확실히 의식한다. 모든 판단, 의심, 오류에는 나의 실존이 확실히 전제되어야 한다는 것이다.

> "만일 내가 속고 있다면, 나는 존재한다."(시 에님 팔로르, 숨Si enim fallor, sum.")

이렇게 확실성의 기초를 향한 길은 우리를 **내면**으로 이끈다. 이에 관한 아우구스티누스의 고전적 표현은 이렇다.

> "바깥으로 나가지 말고 그대 자신 안으로 들어가라. 진리는 인간 안에 살고 있으니."(놀리 포라스 이레, 인 테 입숨 레디; 인 인테리오레 호미네 하비타트 베리타스Noli foras ire, in te ipsum redi; in interiore homine habitat veritas.)*

* 신앙의 본질을 설명하는 아우구스티누스의 사유는 놀라울 정도로 근대적이다. 인간의 내면, 내적 의식 안에서 신을 발견한다는 그의 고백록과 함께 그리스도교 철학은 근대 철학의 주관주의의 선구가 되었다.

진리를 좇는 사람은 자신을 점점 더 내면 깊은 곳으로 이끄는 동시에 사랑을 통해 신을 향해 상승한다. 감각적인 외부 세계(포리스foris)에서 인간 정신의 내면(인투스intus)으로, 그리고 자기 내면에서 마음의 가장 깊은 곳(인티뭄 코르디스intimum cordis)로, 즉,

> 진리의 근원 자체인 신에게로 움직이는 것이다.

인간은 그 내면에서 시간을 뛰어넘어 누구에게나 적용되는 필연적이며 **확실한 진리**를 발견하게 된다(예를 들어 수학의 기본 원리나 모순율).

이런 진리는 감각적 경험에서 나오지 않는다. 감각적 경험을 분석하면 거기에는 이미 특정한 이념이 전제되어 있다. 다시 말해서 감각적 경험은 반드시 정신적인 부분이 있어야 가능하다는 것이다.

> 그래서 예를 들어 단일성, 동등성 등은 우리가 감각적 경험 이전부터 가지고 있는 이념이다.

마찬가지로, 감각에 의해 각인된 사물의 인상은 우리에게 사물의 개념을 전해주지 못한다. 우리가 이 각인된 인상의 상像을 기억하고 있다가 결합하고 비교할 수 있을 때만 비로소 감각적 사물의 성질을 명확하게 알게 된다. 어떻게 해야 우리가 감각적 경험과는 상관없이 이념을 가질 수 있을까, 하는 질문에 아우구스티누스는 **조명**(일루미나티오illuminatio) 이론으로 대답한다.

영원한 진리는 신에 의한 빛의 방사 덕분에 우리에게 주어진다.

> 이것은 햇빛의 작용과 비교할 수 있다. 눈에 해당하는 것은 정신의 힘이다. 빛을 받는 사물은 인식 대상에, 태양은 진리의 힘에 해당한다.

여기서 아우구스티누스는 신플라톤주의의 빛의 형이상학에서 전승된 비유를 사용한다.

이념은 **신의 정신** 안에 있는 모든 존재의 원상原像이다. 세계는 이 원상이 현실이 된 것, 모사된 것이다.

> 신은 무無에서 세계를 창조한다.

이 말은 창조 이전에는 질료도 없고 시간도 없었음을 뜻한다. 시간이 창조와 더불어 비로소 생겼다면 신은 시간 바깥에 있으며, 따라서 세계가 생성된 때가 언제인지를 묻는 질문은 의미가 없다.

세계를 구성하는 요소는 물질, 시간, 형식(곧 영원의 이념)이다. 신은 존재의 일부를 최종적인 형식으로 한 번에 창조했고(천사, 영혼, 별), 피조물 가운데 다른 부분들은 변화해간다(예를 들어 생명체의 육체). 이를 설명하기 위해 아우구스티누스는 원초적 씨앗 이론(라티오네스 세미날레스rationes seminales, 이른바 배종설胚種說)을 동원한다.

> 이 씨앗은 신이 물질 안에 넣은 것이며, 이것이 생명체로 성장한다.

이렇게 그는 절대적 창조자의 활동 이외의 다른 근거를 동원하지 않고도 세계 안에서 사물이 펼쳐지는 과정을 설명한다.

A 시간에 관한 내적 의식

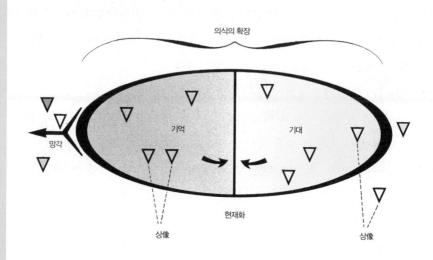

의식의 확장

기억

기대

망각

현재화

상像

상像

B 역사신학

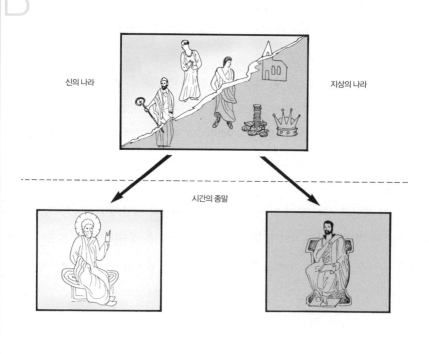

신의 나라

지상의 나라

시간의 종말

아우구스티누스 II

〈고백록〉 제11권에 나오는 **시간**의 분석은 유명하다. 이 분석은 시간 경험을 구성하는 의식 작용(메모리아 memoria, 기억)을 확인할 뿐 아니라

시간적인 존재자라는 인간의 존재 상태를 영원한 진리에 비추어 원칙적으로 성찰한다.

이로써 아우구스티누스는 우주와 연계된 고대의 시간 이해를 벗어나 주관적이고 내면적인 시간 의식으로 방향을 바꾼다.

시간을 객관적으로 주어진 어떤 것으로 여겨 관찰하면, 그런 시간은 이질적인 시점들로 분해된다. 왜냐하면 과거는 이미 없고 미래는 아직 없으며 현재는 과거에서 미래로 이어지는 미세한 점들로 환원되고 말기 때문이다.

그럼에도 우리는 시간의 길이를 의식하고 시간을 경험하며 시간의 척도를 가지고 있다. 이것은 인간의 의식이 사라지기 쉬운 감각적 인상이 남기는 흔적을 기억 속에 상像으로 보관하여 그 상이 오래 남도록 하는 능력이 있어야만 가능하다. 이 상을 현재화하는 방법에 따라 시간의 세 가지 차원에 각기 특징이 부여된다.

"지나간 것의 현재, 곧 기억,

현재적인 것의 현재, 곧 직관,

미래에 일어날 것의 현재, 곧 기대."

따라서 과거나 미래가 있다고 말한다면 그것은 정확하지 않다. 현재화를 통해서 과거와 미래로 연장되는 현재의 경험만이 존재한다고 해야 한다. 이렇게 우리는 영혼의 확장(디스텐티오 아니미distentio animi)으로 주어진 시간을 영혼 안에서 가늠한다. 이렇게 과거와 미래로 확장된 시간의 가장자리에서 기억 속의 상은 점점 더 암흑 속으로 사라진다.

정신은 시간의 여러 차원을 만들어내므로, 인간의 내면은 언제나 기대와 이행과 기억으로 분산된다.

자기만의 시간성에 대한 경험은 인간에게 사라지지 않는 것을 보여준다. 정신은 영원한 진리를 향함으로써 평정 상태가 된다.

"……이곳으로 오거나 가는 많은 것에 휘둘려 산만해지지 않고, 이미 처

음부터 와 있는 것을 향해 평안해진다."

모든 존재자가 자신에게 존재를 부여한 영원한 신을 향해 정신을 집중하는 것을 보면, 인간이 "영원에 관여한다"는 것은 사실임이 입증된다.

아우구스티누스는 인간을 "육체와 영혼으로 이루어지며 지성을 부여 받은 실체"로 보며, 그 가운데 영혼의 우위를 인정한다. 인간의 내면은

> 의식(메모리아memoria, 기억)과 지성(인텔리겐티아intelligentia)과 의지(볼룬타스voluntas)의 합일체이며, 따라서 신적인 삼위일체의 모사다.

아우구스티누스 **윤리학**의 근본 개념은 **사랑**이며, 이 사랑은 의지와 하나가 된다.

> 인간이 하는 노력의 마지막 목표는 지복至福이다.

그러나 인간이 지복에 이르는 것은 세계 안에 있는 여러 가지 재화를 얻어서는 이루어지지 않고, 사라짐이 없고 오로지 자기 자신을 위해 사랑을 받는 신을 통해서 이루어진다. 신은 자기 자신을 바탕으로 인간을 창조했으므로, 오로지 인간 안에서 자기 노력의 완성을 찾게 된다.

인간은 참된 사랑, 곧 신을 지향하는 사랑 안에서 행위의 기준을 발견한다. 참된 사랑은 어떤 도덕 규칙도 필요하지 않다. 그래서 아우구스티누스는 이렇게 말한다.

> "사랑하라, 그리고 그대가 원하는 것을 하라(딜리게 에트 쿠오드 비스 파크Dilige et quod vis fac)."*

* 이 유명한 문구는 흔히 "사랑하라, 그리고 그대가 원하는 것을 하라"라고 옮기지만, 문맥상 "사랑하라. 그런 다음 그대가 원하는 것을 하라."의 뜻으로 새기는 것이 옳을 것이다.

그러나 인간은 대체로 자기애에 사로잡혀 있는 탓에 그릇된 선을 선택한다. 그래서 우티uti(사용한다)와 프루이frui(향유한다)의 구분이 필요하다.

> 우리는 외적인 능력을 더 차원 높은 목적을 위해서만 사용해야 한다. 더 차원 높은 목적이란 신 안에서의 지복이며, 우리는 그 지복 그것 자체를 위해 향유할 수 있다.

그러나 그것을 우리 자신을 위해 향유한다면 우리는 사랑의 참된 목적을 놓치게 된다.

아우구스티누스는 악을 향하는 인간의 성향을 인간이 태초에 스스로 짊어진 원죄라는 개념으로 설명한다. 인간은 자신의 힘으로는 원죄에서 풀려나지 못하며, 신의 **은총**에 의지해야 한다.

> 선을 지향하는 인간의 자유에는 신에 의한 선택이라는 바탕이 있다.

아우구스티누스가 〈신국神國〉(De civitas Dei)에서 서술한 **역사 이해**는 서양의 역사철학과 중세의 정치적 권력 분립에 커다란 영향을 끼친다.

역사는 개념적으로 보면 두 나라, 곧 신의 나라와 지상의 나라 사이에 벌어지는 싸움이다. 두 나라의 바탕에는 서로 다른 방식의 사랑이 있다.

> "……지상의 나라는 신에 대한 경멸로까지 이어지는 자기를 향한 사랑에 의해, 신의 나라는 자기 경멸로까지 고양되는 신을 향한 사랑에 의해."

이 두 나라가 비유하는 것은 물론 외적인 현상의 형식인 교회와 국가로, 양쪽 모두 서로 다른 정신적 질서를 대표한다.* 실제 역사에서는 언제나 두 나라가 서로 섞여 있으며, 역사가 끝났을 때 비로소 두 나라가 나뉘면서 신의 나라가 승리자임이 밝혀지게 된다.

* 아우구스티누스가 신국의 반대편에 현실 국가가 있다고 생각한 것은 그때까지의 통념과는 다르다. 그리스도교로 교화된 로마제국은 역사 안에 성립된 신국이라고 여겨졌지만, 아우구스티누스가 활동하던 시기 로마는 서고트인들에 의해 처참하게 약탈당했다. 이 사건은 아우구스티누스와 당대의 사상가들을 혼란에 빠뜨렸고, 로마제국을 비롯한 현실 국가를 신국의 대척점에 두게 되는 계기인지 모른다.

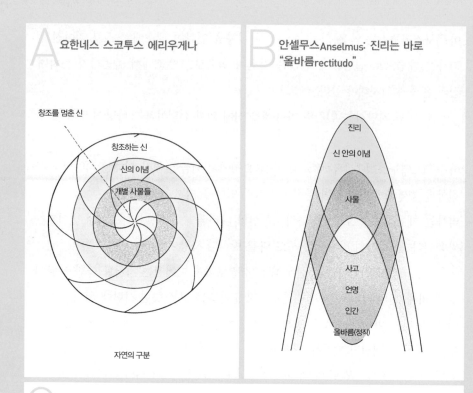

A 요한네스 스코투스 에리우게나

창조를 멈춘 신

창조하는 신

신의 이념

개별 사물들

자연의 구분

B 안셀무스Anselmus: 진리는 바로
"올바름rectitudo"

진리

신 안의 이념

사물

사고

언명

인간

올바름(정직)

C 안셀무스: "신의 실재에 관한 존재론적 논증"

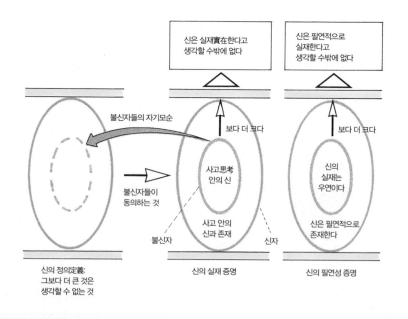

신은 실재實在한다고
생각할 수밖에 없다

신은 필연적으로
실재한다고
생각할 수밖에 없다

불신자들의 자기모순

보다 더 크다

보다 더 크다

불신자들이
동의하는 것

사고思考
안의 신

신의
실재는
우연이다

사고 안의
신과 존재

불신자

신자

신은 필연적으로
존재한다

신의 정의定義:
그보다 더 큰 것은
생각할 수 없는 것

신의 실재 증명

신의 필연성 증명

초기 스콜라철학

고대가 끝나자 그 사상적 유산을 유지하는 것에 만족
하는 시대가 몇 세기 동안 이어졌다.

그런 시대에 등장한 예외가 아일랜드 출신인 **요한네
스 스코투스 에리우게나**Johannes Scotus Eriugena(810
년 무렵~877년)의 독창적인 업적이다. 850년 "대머리
왕" 카를 2세는 그를 궁정 학교로 불렀다.

인간의 모든 지적 충동은 신의 **계시**에 대한 신앙에서 시작될 수밖에 없다. 그리고
그 계시의 의미를 밝히는 것은 **이성**이 해야 할 일이다. 계시와 참된 이성 사이에는
아무런 모순도 없다. 교부의 가르침이 계시와 일치하는 한, 신자는 그들의 권위에
따라야 한다.

> 권위와 이성이 서로 모순될 경우에는 이성을 우선해야 한다.(20쪽 도해B와
> 비교)

〈섭리에 관하여〉(De divina praedestinatione liber)라는 저작에서 에리우게나는 인간
의 자유 의지가 그리스도교 신앙과 필연적으로 연계된 것이라고 지적함과 동시에,
신이 인간으로 하여금 지옥의 형벌을 받도록 해두었다는 것은(즉, 지옥은 죄의 회개
를 위한 것이라는 주장) 신의 선의에 합치하지 않는다고 함으로써 논쟁에 뛰어들
어 많은 사람의 관심을 받는다.

자신의 주저인 〈자연의 분류에 관하여〉(De divisione naturae)에서 그는 자연을 **네
가지 형태**로 나눈다.

> ―사물을 창조하는 주체이면서 자신은 아무것으로부터도 창조되지 않는 자
> 연: 창조자인 **신**.
> ―창조된 것이면서 자신도 창조하는 자연: **신의 이념**. 신의 이념은 세 번째
> 자연의 원상이다.
> ―창조된 것이면서 아무것도 창조하지 않는 자연: **개별 사물**(피조물).
> ―창조하지도 않지만 그렇다고 피조물도 아닌 자연: 활동 정지 상태에 들어

가 **창조 행위를 멈춘 신**(창조의 최종 목적).

창조 전체는 숨겨진 신이 자신을 드러내는 것(신의 자기 계시)이라고 이해해야 한다. 신은 창조를 통하여 자신을 규정한다. 인간의 **정신**은 세계를 이해하는 열쇠, 곧 신의 자기 계시를 알게 하는 열쇠다.

캔터베리의 안셀무스 Anselmus Cantuariensis(1033~1109년)는 11세기의 가장 중요한 신학자로, "스콜라철학의 아버지"라고 불린다. 그는 "신앙 자체가 이성적인 이해를 요구한다"("피데스 쿼렌스 인텔렉툼Fides quaerens intellectum")고 확신한다. 물론 출발점은 언제나 신앙이며 이성을 근거로 신앙 명제의 내용을 뒤집을 수는 없지만,

> 참된 이성은 필연적으로 우리를 신앙의 진리로 이끈다. 그러므로 그리스도교 신자는 자신의 신앙을 지성의 힘으로 이해하도록 힘써야 한다.

안셀무스는 그 어떤 권위(성서, 교부)의 도움 없이 순수하게 이성적인 근거를 통해 그리스도교의 가르침을 이끌어낼 수 있음을 보여주려 한다.

이런 사고를 바탕으로 한 것이 유명한 "신의 존재론적 **증명**"*으로, 자신의 저작 〈프로슬로기온〉(Proslogion)에서 그는 심지어 신을 믿지 않는 사람들에게도 통하도록 신의 존재를 합리적으로도 필연적인 것으로 증명하려 한다. 즉, 신은

> "그보다 더 큰 것(더 완전한 것)을 생각할 수 없는 그 무엇"(알리퀴드 쿠오 마유스 니힐 코기타리 포테스트Aliquid quo maius nihil cogitari potest)으로 규정된다.

이 명제는 비신앙인도 당연히 납득하며, 이 명제를 납득하는 사람은 자기 지성 안에 이 명제를 가지게 된다. 그런데 사고 안에서만 아니라 실제로도 존재하는 것이 더 완전한 것임을 인정한다면,

> "그보다 더 완전한 것을 생각할 수 없는 그 무엇"은 실제로 존재할 수밖에

* 철학사에 등장하는 신의 존재 증명을 요약하면 이렇다.
존재론적 증명(안셀무스)
우주론적 증명(플라톤의 "최초의 운동자"와 아리스토텔레스의 "스스로는 움직이지 않으면서 다른 것을 움직이는 것"이라는 개념을 동원한 토마스 아퀴나스)
목적론적 증명(자연 질서의 합목적성에서 신의 존재를 추정하는 "물리신학적 증명"—칸트)
도덕론적(도덕적 의식의 요청에 의한, 즉 순수이성에 의해서가 아니라 실천 이성에 의해 '요청되는' 신의 존재—칸트)
인간학적 증명(우리가 불완전함을 아는 것은 내면에 있는 본유 개념인 신의 관념에 대비되기 때문이다—데카르트)

없다.

안셀무스는 신의 비존재라는 정의를 결론으로 도출하는 것은 생각할 수 없음을 밝힘으로써 이 증명의 폭을 넓힌다. 그 근거로 내세운 것은 다음과 같다.

"필연적으로 존재할 수밖에 없는 어떤 것이 있다면, 그것은 비존재를 생각할 수 있는 어떤 것보다, 곧 우연적으로 존재하는 어떤 것보다 더 완전하다."

이 논증을 둘러싼 논쟁은 중세를 넘어 뜨겁게 진행되었는데, 훗날 칸트는 〈순수이성비판〉에서 안셀무스의 논증을 반박한다.(287쪽 참조)

신이 세계를 창조하기 전, 세계는 신의 영 안에 있는 이념이었다. 원상原象은 신의 내적 말씀이고, 생성된 것은 그 말씀의 모상이다. 피조물 스스로는 존재를 지속할 수 없고 신을 통해서만 그 유지가 가능하다. 인간의 영혼은 신의 모상이며, 다음 세 가지 능력을 가지고 있다.

> 기억(상기, 메모리아memoria), 인식(인텔리겐티아intelligentia), 사랑(아모르 amor).

인간의 영혼은 신을 최고의 선으로 사랑하도록 창조되었다.

〈진리에 관한 대화〉에서 그는 **진리**의 세 가지 차원을 설명한다. 진리의 세 가지 차원이란 '신 안에 있는 영원한 진리(이념)', '신적 진리와의 일치를 바탕으로 하는 사물의 진리', '사물과 조화를 이루는 사고와 언명의 진리'를 말한다.

> "그러므로 사물의 현존이라는 진리는 최고의 진리로부터 나온 결과이며, 인식에 속하는 진리의 근거, 언명 안에 포함되어 있는 진리의 근거다……."

안셀무스가 말하는 진리의 정의 가운데 가장 짧은 것은 이렇다.

> "진리는 오로지 정신 안에서만 파악할 수 있는 올바름이다."(베리타스 에스트 렉티투도 멘테 솔라 페르켑티빌리스Veritas est rectitudo mente sola perceptibilis.)

인간에게 이 올바름이란 인간 전체, 곧 인간의 사고, 태도, 의지 등이 신 안에 있는 자신의 존재 근거에 합치하는 것, 진리를 알도록 해주는 존재에 자신을 합치시키는 것을 가리킨다.

A 보편적인 것의 실재

```
                    보편적인 것의 실재
                           │
              ┌────────────┴────────────┐
           그 자체로                 사고 안에서만
              │                   ┌──────┴──────┐
      ┌───────┴───────┐           │             │
   물적物的으로    비물적으로    세르모sermo(말)   복스 vox(소리)
      │           │            (의미)         (낱말이나 발음)
      │           │
 지각할 수 있는   지각할 수 있는
 사물에 결부됨    사물에서 분리됨
```

B 기욤 드 샹포
Guilleaume de Champeaux

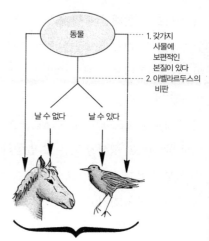

- 1. 갖가지 사물에 보편적인 본질이 있다
- 2. 아벨라르두스의 비판

동물

날 수 없다 / 날 수 있다

3. 새로운 견해: 구분할 수 없는 사물들에 보편성이 있다

C 아벨라르두스P. Abaelardus: 보편적인 것들

신 안의 보편적인 것들

개별 사물 안의 보편적인 것들

인간 안의 보편적인 것들

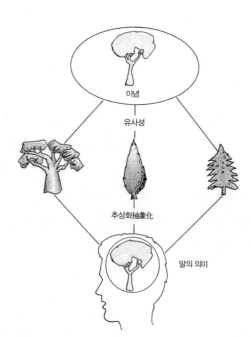

이념

유사성

추상화抽象化

말의 의미

초기 스콜라철학Ⅱ:
보편 논쟁,
아벨라르두스

중세의 중심 문제 가운데 하나는 **보편**(보편자)의 지위에 관한 질문이다.

보편이란 **개별 사물**과는 구별되는 일반 개념, 유類(생물, 인간처럼)를 가리킨다.

주된 질문은 이렇다.

보편에게만 원래의 존재가 속하고 개별 사물은 이 보편에서 파생된 것에 지나지 않는가? 구체적인 개별 사물만이 현실의 존재이고 보편은 오로지 개별 사물을 통칭하는 이름으로 인간이 만들어낸 것에 지나지 않는가?

이 논쟁이 촉발된 외적인 계기는 보에티우스가 포르피리오스Porphyrios의 〈이사고게〉*(Isagoge)에서 인용한 다음과 같은 질문이었다.

> *'입문'을 뜻하는 〈이사고게〉는 아리스토텔레스의 〈범주론〉 해설서로, 그리스철학을 중세에 소개하는 데 큰 역할을 한 저작이다.

종과 유는 그 자체로 실재하는가, 아니면 오로지 사고 안에서 만들어진 개념인가? 종과 유가 정말 실재한다면 그것은 물체인가, 비물체인가? 종과 유는 감관으로 지각하는 사물과는 별개인가, 아니면 그런 사물에 연관되어 있는가?

보편 실재론(보편자가 실재한다는 주장) 쪽에서 보면 실재하는 것은 보편뿐이다. 개별 사물은 자신 안에 공통적으로 있는 본질의 무질서한 형태에 지나지 않는다. 예를 들어 샹포의 기욤Guillaume de Champeau(1070~1121년)의 견해에 의하면 모든 인간에게는 한 가지 공통된 본질이 있는데, 이 본질은 각 인간에게 분할할 수 없는 방식으로 주어져 있으며, "인간"이라는 낱말은 인간의 실재에서 바탕을 이루는 이 공통된 본질과 연관되어 있다.

이에 대해 아벨라르두스는 만일 기욤의 견해대로면 서로 대립하는 것들도 그 본질이 동일하다는 모순에 빠진다고 반박한다.

예를 들어 인간과 동물이 똑같이 "생물"이라는 본질을 공유한다면, 그런 본질은 이성적인 동시에 비이성적이어야 할 것이다.

훗날 기욤은 이런 반론의 영향으로 자신의 견해를 수정하는데, 같은 유에 속하는 사물들의 보편성은 그것들이 서로 구별되지 않는 상태, 곧 서로의 차이가 결여된 상태에 존재한다는 것이다.

유명론唯名論(보편 개념은 실재가 아니라 이름뿐이라는 주장)에서 보면 존재하는 것은 개별 사물뿐이며, 보편은 인간의 정신 안에만 실재한다. 보편은 개별 사물에서 추출된 개념이거나 개별 사물에 붙여진 임의의 이름이라고 이해할 수 있다. 예를 들어 요한네스 로스켈리누스Johannes Roscelinus(1050~1124년 무렵)도 "보편은 말에 지나지 않는다"(우니베르살레 에스트 복스Universale est vox)라는 견해다.

페트루스 아벨라르두스 Petrus Abaelardus(1079~1142년)는 보편 논쟁에서 유명론과 유사한 견해를 주장하는데, 그의 견해는 **개념론**이라고도 불린다.

> 보편은 인간과 사물이 창조되기 전에 신의 정신 안에 있는 이념(사물의 원상)이다.

보편은 여러 사물에 공통성이 있음으로써 존재한다. 하지만 사물 사이의 이런 일치는 그 자체가 '실재하는 어떤 것'(레스res)이 아니라 인간의 정신이 추상화를 통해 파악한 것이다.

> 그러므로 사물의 개념(콘켑투스conceptus)은 임의로 만들어진 것이 아니라 추상화의 결과물이며, 이 추상화의 근거는 사물 안에 있다.

인간의 인식에서 이 보편성은 낱말에만 속하는 것이지만, 그 낱말 자체가 아니라 낱말의 내용인 의미에 속한다.

> 이런 연유로 아벨라르두스는 복스vox(목소리, 또는 사물을 가리키는 낱말의 물리적인 소리)와 세르모sermo(낱말, 문장의 의미)를 구분하고, 보편성은 후자에 있는 것으로 여긴다.

아벨라르두스가 제기한 또 하나의 질문은 보편이 명칭의 바탕이 되는 사물에 연계되어 있는가, 아니면 명칭의 대상인 사물이 사라진 뒤에도 명칭의 의미가 작용하여 보편이 여전히 존재하는가, 하는 것이다.

> 예를 들어 장미라는 이름은 장미가 멸종된 뒤에도 존재하는가?

여기서 아벨라르두스는 말의 기능을 명명命名 기능과 표의表意 기능으로 구분한다. 장미가 더 이상 존재하지 않는다면 장미라는 이름은 아무것도 말해주지 않는다. 하지만 "장미는 더 이상 존재하지 않는다"는 문장은 여전히 의미가 있을 것이다.

저서 〈긍정과 부정〉(시크 에트 논Sic et non, "그렇다와 아니다")에서 아벨라르두스는 성서와 교부의 저작에서 찾아낸 모순되는 여러 명제를 열거한다. 이를 통해서 그가 밝히려는 것은 권위 있는 텍스트라고 하더라도 무조건 받아들일 것이 아니라 반드시 주석이 필요하다는 사실이다. 이런 시도로 그는 스콜라철학의 방법론이 발전하는 데 크게 기여한다. 스콜라철학의 방법론은

> 다양한 견해와 그 견해의 근거를 열거하여 검증하고 가능하면 해답을 이끌어내는 것이다.

아벨라르두스는 저서 〈스키토 테 입숨〉(Scito te ipsum, "너 자신을 인식하라")에서 자신의 **윤리학**을 펼친다. 외적인 행위는 그 자체로는 도덕적으로 선하지도 악하지도 않다. 행위의 도덕성은 오로지 그 의도(인텐티오intentio)나 의향에 달려 있다.

> 의향은 어떤 열망에 대한 내적 동의 행위를 가리킨다.

또한 경향은 그것 자체로는 선하거나 악하지 않으며, 올바르지 않은 것에 동의하는 행위를 할 때 비로소 죄악이 성립한다.

> 선은 신의 의지에 동의하는 데 있고, 악은 그것을 부정하는 데 있다. 외적인 행위는 이런 내적인 행위의 선악에 아무런 영향도 끼치지 않는다.

12세기의 정신사에 영향이 컸던 또 하나는 교육 기관(**학교**)의 발달이다.

> 유명한 학교는 샤르트르Chartres 대성당 학교, 파리 교외의 생빅토르St. Victor 수도원 학교 등이었다. 후자는 성 빅토르의 위고Hugo de St. Victor가 이끌 때 명성을 얻었는데, 그는 학문의 백과사전적 체계를 세우는 데 기여하고 신비주의와 연관이 있는 인물이었다.

A 아비켄나Avicenna: 형이상학과 우주론

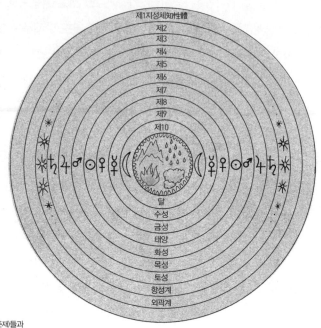

제1지성체知性體
제2
제3
제4
제5
제6
제7
제8
제9
제10
달
수성
금성
태양
화성
목성
토성
항성계
외곽계

지성체(정신적 존재)들과
각 지성체에 상응하는 천체의 계층 구조

B 아비켄나: 각 지성체의 형성

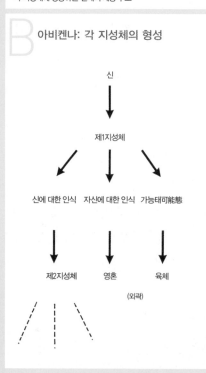

신

제1지성체

신에 대한 인식   자신에 대한 인식   가능태可能態

제2지성체   영혼   육체

(외곽)

C 아베로에스Averroes: 지성과 인식에 관한 이론

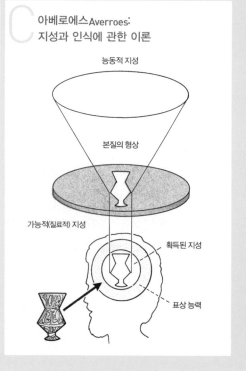

능동적 지성

본질의 형상

가능적(질료적) 지성

획득된 지성

표상 능력

아랍 철학

아랍 세계의 철학

아랍 세계는 그리스도교가 지배하던 중세 서양의 정신사에 큰 영향을 끼쳤다. 아랍의 과학, 특히 의학은 당시 서양의 수준보다 훨씬 앞서 있었다. 그러나 무엇보다 중요했던 것은 800년에서 1200년에 이르는 시기에 아랍 문화가 고대 그리스의 철학과 과학의 전승을 보존하고 있다는 사실이었다.

> 규모가 큰 번역 학교들은 그리스 사상가의 저작을 아랍어로 옮겼고, 그 아랍어 번역본은 스페인을 지배한 무어인을 통해 서양으로 전해졌다.

이렇게 하여 중세 그리스도교 세계는 아리스토텔레스의 전체 저작(보에티우스가 번역한 〈논리학〉에 더하여)을 접했고, 그 결과 서양의 중세는 경험적 학문의 융성을 보게 되었다.

알 파라비Al-Farabi(875년 무렵~950년)는 아리스토텔레스 철학과 신플라톤주의 철학을 융합하기 위해 애쓴 철학자다. 이를 위해 그는 플로티누스의 에마나티오emanatio 사상과 아리스토텔레스의 지성(그리스어: 누스nous, 라틴어: 인텔렉티오intellectio) 이론을 결부시켜 세계를 형이상학적이고도 포괄적으로 묘사한다.

알 파라비의 이 사상을 바탕으로 한 것이 유명한 의사 **아비켄나**Avicenna(980~1037년, 아랍어 이름은 이븐 시나Ibn Sina)의 철학이다. 그의 **형이상학**은 그 자체로 필연적인 존재인 신과 필연적으로 다른 것을 통해야 하는 존재를 구분하는 것에 바탕을 둔다. 아비켄나에 의하면 유일하고 필연적인 실체는 일자一者만을 생성할 수 있으므로(자신 안에 다수성을 가지고 있지 않으므로), 신은 하나의 정신적인 존재(제1지성)를 필연적으로, 그리고 영원한 존재로 창조한다.

> 신은 유일한 존재이며, 이 존재는 본질과 실존을 분리할 수 없으므로 필연적으로 그 자체로서 존재한다.

다른 모든 존재는 제한적으로만 필연적이어서 영원한 것과 변화하는 것으로 나뉜다. 신에 의해 창조된 제1지성의 정신적 활동으로부터 계층 구조로 된 피조물의 세계가 나온다.(도해A, B)

> 가장 아래에서는 활동적 지성이 생기는데, 이것의 임무는 인간의 수용적 지성을 일깨우고 지상의 물질에 형상을 주는 것이다.

대상과 인간의 정신은 그 근원이 같으므로 세계에 대한 충분한 인식이 가능하다. 삶의 목표는 능동적 지성과 하나가 되는 것이다.

이 사고에 대해서는 신학 쪽에서 이의를 제기한다. 세계가 신에 의해 필연적이고 영원한 것이라면 원래의 창조는 없으리라는 것이다. 가장 영향력이 큰 반박은 알 가잘리Al–Ghazali(1058~1111년 무렵)로부터 나온다. 그는 인식비판적인 논증으로 신과 관련된 철학의 한계를 입증하려 한다.

아베로에스Averoes(아랍 이름은 이븐 루시드Ibn Rushd, 1126년 무렵~1198년)는 무엇보다 폭넓은 아리스토텔레스 **주석**으로 서양에 큰 영향을 끼친다. 아리스토텔레스가 위대한 철학자였던 것만큼 아베로에스는 위대한 주석가다. 그의 주석은 다음 세 가지로 구분된다.

> —패러프레이즈paraphrase(바꾸어 말하기)는 소小 주석으로, 아리스토텔레스의 결론을 짧게 되풀이한다.
> —중中 주석은 아리스토텔레스 이론의 내용을 설명하고 자신의 의견을 덧붙인다.
> —대大 주석은 아리스토텔레스 본문에 대해 상세히 설명한다.

아베로에스는 인간의 여러 이해 능력에 상응하도록 코란 이해를 여러 단계로 구분함으로써 철학과 이슬람이라는 종교의 통합을 시도한다.

지성에 관한 이론에서 그는 지성에 지성적 형상을 부여하는 능동적 지성과 그런 형상을 수용하는 가능적 지성을 구별한다. 이 두 종류의 지성은 모두 영원하며 초개인적이다.

구체적인 한 인간에게서 가능적 지성 안에 형상이 현실화됨으로써, 획득된 개별 **지성**이 생긴다.

이 지성은 인간에 결부되어 있어 죽어 없어질 것이므로, 아베로에스의 이론은 개별 영혼이 인격적으로 불멸이라는 사고를 배제한다.

중세의 주요 유대계 철학자로 꼽히는 인물은 **아비케브론**Avicebron(이븐 가비롤Ibn Gabirol, 1025~1058년)과 **모세스 마이모니데스**Moses Maimonides(모세 벤 마이몬 Mose Ben Maimon, 1135~1204년)이다. 이 둘은 스페인에서 태어났고 아랍어로 저술했다.

아비케론은 **신**의 의지에서 생성된 모든 존재가 질료와 형상의 합일을 통해 실존이 된다고 한다.

보편적 질료에서 (신을 제외한) 모든 것이 구성되며, 정신적 존재도 마찬가지다.

여기서 그는 질료가 물질의 성질을 가지고 있다고 생각하지 않는다. 물질의 성질은 질료의 한 형상일 뿐이며, 따라서 질료는 순전히 형상을 받아들일 가능태이므로 형상이 더해져 비로소 실존에 이르게 된다는 것이다.

마이모니데스는 특히 저서 〈망설이는 자를 위한 안내서〉를 통해 크게 영향을 끼친다. 그는 철학 연구 때문에 신앙이 흔들린 사람을 대상으로, 어떻게 하면 그런 사람이 학문을 통해 다시 신앙을 회복할 수 있을지를 제시하려 한다.

성서의 어느 구절이 학문적 인식에 맞지 않는다면, 그런 구절은 비유적인 것이라고 해석할 일이다.

마이모네데스는 부정否定의 신학을 내세운다. 오로지 부정적 언명을 통해서만 신의 실재에 관해 말할 수 있으며, 긍정적 언명이 말할 수 있는 것은 신의 작용일 뿐, 신의 실재는 아니라고 주장한다.

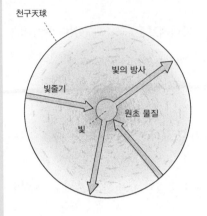

A 그로스테스트R. Grosseteste: 우주생성론

천구天球

빛의 방사

빛줄기

빛

원초 물질

우주는 빛의 확산을 통해 펼쳐졌다

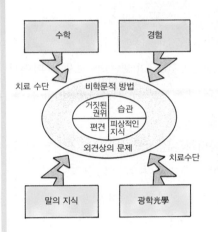

B 베이컨Roger Bacon: 지식의 개혁

수학

경험

치료 수단

비학문적 방법

거짓된 권위 | 습관
편견 | 피상적인 지식

외견상의 문제

치료수단

말의 지식

광학光學

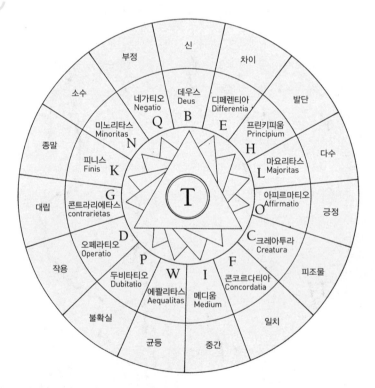

C 룰루스R. Lullus: "대기술大技術(Ars Major)"에 실린 T 도형*

부정 | 신 | 차이

소수

네가티오 Negatio Q | 데우스 Deus B | 디페렌티아 Differentia E | 발단

미노리타스 Minoritas N

프린키피움 Principium H

종말

피니스 Finis K

마요리타스 Majoritas L

다수

콘트라리에타스 contrarietas G

T

아피르마티오 Affirmatio O

긍정

대립

오페라티오 Operatio D

크레아투라 Creatura C

피조물

작용

두비타티오 Dubitatio P

콘코르다티아 Concordatia F

일치

에퀄리타스 Aequalitas W

메디움 Medium I

불확실 | 균등 | 중간

*삼각형의 각 꼭지점이 가리키는 세 항목은 서로 연결되어 있다. 삼각형을 돌려도 마찬가지다.

전성기 스콜라철학 I:
로저 베이컨,
보나벤투라,
라이문두스 룰루스

로저 베이컨 Roger Bacon(1215~1292년 무렵)은 옥스퍼드 대학에서 로버트 그로스테스트Robert Grosseteste(1168년 무렵~1253년)가 기초를 놓은, 수학화를 통한 자연 연구 전통을 계승한다. 이 전통에서는 **빛**의 이론이 기본적인 역할을 한다.

> 빛은 스스로를 만들어내는 실체이며, 자연 안에서 작용하는 여러 힘의 운반자다.

따라서 빛은 기하학적 법칙을 따르고, 그 영향으로 자연의 작용은 기하학적 법칙을 바탕으로 인식할 수 있다.

베이컨은 교회와 사회를 개혁하여 인간의 생활 조건을 개선하고 그리스도교를 견고히 하려 한다. 이를 위해 그에게 필요한 것은 방법론적으로 확실하고도 경험을 바탕으로 하는 지식이다.

그래서 그는 자신의 책 〈오푸스 마유스Opus Maius〉("대저작")에서 먼저 오류의 네 가지 주요 원천을 밝힌다.

> 거짓 권위에 대한 맹목적 믿음, 잘못된 것을 고치지 않는 습관, 경험이 일천한 대중의 편견, 배후에 무지가 숨어 있는 피상적인 지식.

그는 당시 신학과 철학이 비과학적인 방법으로 연구하고 피상적인 문제와 좌충우돌한다고 비판한다.

이런 상태를 고칠 처방으로 그는 **네 가지 지식 영역**을 제안한다.

—성서 주해와 철학 문헌의 해석은 원어에 관한 지식을 바탕으로 하지 않으면 안 된다. 이것은 당시로는 파격적인 요구였다.

—학문의 기초는 수학이다. 수학은 태어날 때부터 인간에게 주어져 있으며, 수학적으로 확실히 증명되지 않으면 확실한 인식이란 불가능하다.

—빛의 역할을 바탕으로 광학(페르스펙티바perspectiva)이 기초 학문의 하나가 되어야 한다. 광학에서는 수학적 방법의 응용과 실험적 방법의 응용이 연계된다.

—지식은 경험을 바탕으로 한다. 자연에 관한 언명은 경험에 의해 확증되거나 반박되어야 한다. 따라서 실험은 커다란 의미가 있다. 이와 함께 베이컨은 정신적인

것과 신적인 것 모두에 해당하는 깨달음이라는 경험을 인정한다.

베이컨에 따르면, 이성을 제대로 사용하면 신학과 다른 학문의 충돌은 일어나지 않는다. 왜냐하면 이성적인 학문의 진리와 종교적 계시의 진리는 모두 신의 절대지絶對知에 근거하고 있기 때문이다.

보나벤투라Bonaventura(조반니 피단차Giovanni Fidanza, 1211~1274년 무렵. 1257년부터 프란치스코 수도회 총장)는 이른바 "구 프란치스코 수도회 학파"에 속한다. 아리스토텔레스주의에 대항하는 흐름 안에서 그는 아우구스티누스와 신플라톤주의를 지향한다. 하지만 동시에 아리스토텔레스의 사상적 유산을 이용하며, "세속적" 학문 영역에서는 아리스토텔레스의 권위를 받아들인다.

> 그러나 형이상학에서 아리스토텔레스는 본질적인 것을 놓치고 있다. 아리스토텔레스는 플라톤의 이데아론을 부정함으로써 모든 존재의 원상이 신의 정신 안에 있다는 사실을 받아들이지 않았기 때문이다.

보나벤투라는 그로스테스트의 영향을 받아 **빛의 형이상학**을 내세운다. 이에 따르면 빛은 모든 물질적인 것에 공통된 형상을 보여준다. 이 형상을 통하여 질료의 보편적인 형태가 생겨나는 반면, 특수한 형상은 기초 형상, 혼합 형상, 영혼의 형상을 통하여 생긴다. 이런 연유로 그는 모든 존재자 안에는 다수의 형상이 있다고 추정한다. 형상은 신에 의해 존재가 시작된 태초부터 질료 안에 심어진 원초적 씨앗*으로부터 생 　*라티오네스 세미날레스, 139쪽 아우구스티누스 I 참조
성된다.

인간이 **인식에 도달하는 길**은 피조물의 세계를 거치게 되고, 그 길에서 인간은 신의 현존을 발견한다. 여기서 보나벤투라는 신적인 것의 그림자, 흔적, 상을 인식의 단계로 제시한다.

> (변하기 쉬운 존재인) 인간은 신적인 빛을 받을 때만 불변의 원칙인 진리를 파악한다(조명론).

〈신에게 가는 영혼의 여정〉(Itinerarium Mentis in Deum)이라는 저작에서 그는 신과의 신비적 합일에 이르는 단계를 묘사한다. 그 가장 높은 단계에 이르면 인간의 지적 활동은 정지하고 마음은 완전히 신 안으로 사라진다.

라이문두스 룰루스 Raymundus Lullus(1232~1316년)는 당대 철학자 가운데 독특한 국외자다. 그럼에도 그의 사상은 쿠사누스Cusanus, 브루노Bruno, 그의 결합 논리학을 부각시킨 라이프니츠 등의 사상에 영향을 준다.

〈아르스 게네랄리스 Ars generalis〉(일반술)에서 그는 모든 학문의 기초를 이룰 개념, 원리, 방법을 제시한다. 그것은 "아르스 인베니엔디 베리타템Ars inveniendi veritatem", 곧

> "진리를 찾아내는 기술"로, 형식상의 관계만이 아니라 그런 관계에 포함된 진리의 원리도 탐구하는 기술이다.

룰루스는 절대적 원리(초월적인 것)와 상대적 원리(객관적 관계)를 출발점으로 하여, 그 둘의 연관관계를 결합 법칙으로 밝힌다. 이를 위해 그는 특정한 상像을 만든다.

> 예를 들어 상 A는 신의 "근본적 존엄"을 나타내는 개념을 포함하고 있고, 이 개념은 동시에 세계의 구조(선善, 크기, 지속 등)를 규정한다.
>
> 상 T는 의미를 구분하는 원칙을 포함한다.

상에 있는 삼각형 또는 사각형 회전판을 사용하면 여러 용어 사이의 관계와 결합 가능성을 확인할 수 있다.

토마스 아퀴나스Thomas Aquinas: 존재론적 차이들

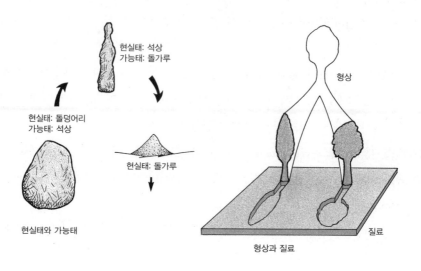

현실태: 석상
가능태: 돌가루

현실태: 돌덩어리
가능태: 석상

현실태: 돌가루

현실태와 가능태

형상

질료

형상과 질료

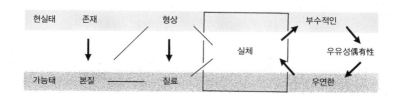

현실태	존재		형상			부수적인
				실체		우유성偶有性
가능태	본질	———	질료			우연한

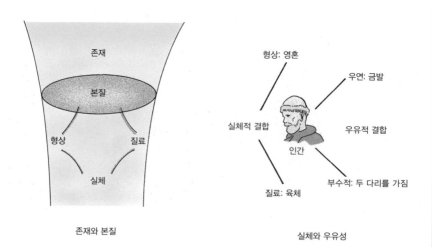

존재

본질

형상   질료

실체

존재와 본질

형상: 영혼

우연: 금발

실체적 결합

우유적 결합

인간

질료: 육체

부수적: 두 다리를 가짐

실체와 우유성

**전성기 스콜라철학Ⅱ:
알베르투스 마그누스,
토마스 아퀴나스Ⅰ**

알베르투스 마그누스 Albertus Magnus(1206~1280년 무렵)는 백과사전과 같이 박식하여 "만물 박사"(doctor universalis)라고도 불린다. 그는 고대 그리스 이래의 철학을 비롯한 여러 학문의 정신적 유산 전체를 살펴보려 노력한다. 그는 아리스토텔레스의 저작을 주해하는데, 이 작업은 그가 그리스와 아랍의 신플라톤주의적인 주해 전통에서 영향을 받았음을 보여준다. 또한 그는 당대 가장 뛰어난 자연 연구가 가운데 한 사람이다.

알베르투스는 이성의 도움으로 답할 수 있는 질문과 계시를 바탕으로 하는 신앙의 질문을 분명히 구분한다.

예를 들어 세계가 영원한지를 묻는 질문에 대해서는 철학이 대답할 수 없지만, 이성이 다룰 수 있는 모든 질문은 합리적인 검증의 대상이 되어야 한다.

모든 것의 존재와 존속을 가능하게 하는 원인은 **신**이다. 신은 최고 진리이며 최고 선이다. 따라서 모든 인식과 행위가 완성되는 데는 신을 향한 노력이 있어야 한다. 아베로에스와는 달리 알베르투스는 개별 영혼의 불멸을 주장한다. 능동적 지성은 **영혼**의 한 부분이며 인간 안에서 형상을 부여하는 원리다. 능동적 지성은 인간마다 다르지만, 그것은 신의 창조가 흘러넘친 것(유출)으로서 모든 사물에 분유分有되어 있으므로 보편적이고 객관적인 인식이 가능해진다.

영혼은 그 자체로 전체를 이루지만, 자기 안에 식물적 능력, 감각적 능력, 합리적 능력 등 다양한 힘을 가지고 있다.

알베르투스의 **우주론**은 창조가 신적 지성으로부터 이루어지고 지성적 존재의 계층 구조를 보인다고 설명한다. 그리고 이 신적 지성이 천체의 모든 부분과 인간의 정신, 마지막으로는 지상의 물질을 샅샅이 비춘다. 신이 창조 초기에 만든 근원적 현실은

제1질료(물체가 생성될 때 이를 수용하는 원리), 시간, 운동, 최상층의 하늘, 천사들이다.

그는 **윤리학**에서 인간의 자유 의지를 강조한다. 도덕적 과제는 충동적인 욕망을

이성으로 다스리는 것이다. 판단의 가장 중요한 심급은 양심으로, 근본적인 태도나 구체적인 사례, 어느 쪽에서도 양심은 작용한다. 인간을 선으로 이끄는 도덕적 성향이 신데레시스synderesis("함께 아는 것"), 곧 양심이며, 이것은 원죄 이전의 선한 삶에 대한 회상이다.

토마스 아퀴나스 Thomas Aquinas(1225~1274년)는 몇 해 동안 알베르투스 마그누스의 제자였다. 그는 중세의 사상 체계를 세운 가장 큰 철학자로 꼽힌다. 그의 업적은 아리스토텔레스 철학과 아우구스티누스를 기점으로 하는 그리스도교 철학을 연결한 것이다.

> 19세기에 가톨릭교회는 그의 저작이 그리스도교 철학의 주춧돌이라고 선언했다.

그의 광범위한 저작 가운데 특히 언급해야 할 것은 〈반이교도 대전〉(숨마 콘트라 젠틸레스Summa contra gentiles)과 〈신학 대전〉(숨마 테올로기에Summa theologiae), 그리고 〈질문〉(퀘스티오네스Quaestiones) 등이다.

〈신학 대전〉에도 나오는 질문 형식은 대학에서 이루어지는 토론의 틀을 따른다.

> 하나의 질문이 있으면 그에 찬성하는(프로pro) 논증과 반대하는(세드 콘트라sed contra) 논증이 제시되고, 찬성과 반대의 각 논증에 대해서는 다시 대답(레스폰시오responsio)이 따른다. 그런 뒤 각 논증을 주어진 여러 대답에 비추어 검증한다.

신앙과 이성은 신으로부터 나온 것이기 때문에 서로 모순될 수 없다.* 따라서 신학과 철학이 각기 다른 진리에 도달할 수는 없다. 다만 그 둘은 방법론에서 서로 다르다.

> 철학은 피조물을 출발점으로 하여 신에 도달하고, 신학은 신에서 비로소 시작한다.

* 스콜라철학은 이성과 신앙의 간격을 해소하기 위해 그리스철학의 "로고스" 개념을 끌어왔다. "이성으로 설명할 수 있는 것은 초월적이지 않고, 초월적인 것은 이성으로 이해할 수 없다"는 막다른 길을 넘어서려는 스콜라철학은 신앙과 이성을 형이상학으로 통합한 토마스 아퀴나스에서 그 정점에 이른다.

계시는 구원을 얻는 데 필요한 진리를 인간에게 전달하므로, 계시로는 설명되지 않는 것은 독립적으로 탐구할 여지가 있다. 신학은 신앙의 근거를 이성적으로 확보하고 방어함으로써 철학에 크게 기여한다. 왜냐하면

> 신앙의 여러 명제는 이성을 넘어서지만 그렇다고 이성에 반하는 것은 아니기 때문이다.

토마스 아퀴나스의 **존재론**은 돌, 동물, 인간처럼 인간의 감관에 지각되는 **존재자**(엔스ens)가 다수라는 사실을 출발점으로 삼는다. 존재자의 근원이 되는 원리를 묻는 질문에서는 기본적으로 **현실태**(악투스actus, 활동)과 **가능태**(포텐티아potentia, 잠재력)에 주목한다. 모든 존재자의 속성은 존재할 수 있기도 하고 존재할 수 없기도 하다는 것, 곧 가변적이라는 사실이다.

> 자연 상태의 돌덩이는 가능태로서는 하나의 석상일 수 있지만 현실태로서는 석상이 아니다.
> 조각가가 그 돌덩이를 쪼아 형상을 부여하면 그것은 현실태로서 석상이지만, 가능태로서는 여전히 먼지가 될 수도 있다.

존재자가 변하는 것이라면, 그럼에도 그 존재자가 바로 그 특정한 존재자, 특정한 실체가 되도록 하는 근거인 일성의 원리가 무엇인지 묻게 된다.

> 이 원리가 바로 **형상**이다.

형상이란 규정하는 원리이고, 따라서 형상에는 규정의 대상이 될 수 있는 것이 있어야 한다. 자신은 규정된 것이 아니지만 규정할 수 있는 것인 형상을 가질 수 있는 것이 **질료**다.

질료는 다수성의 근원이기도 하다. 동일한 형상이 다양한 개별 사물에서 공통적으로 나타날 수 있기 때문이다.

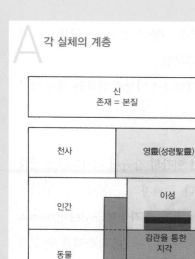

신 존재 = 본질	
천사	영靈(성령聖靈)
인간	이성
동물	감관을 통한 지각
식물	생명
혼합물 구성 물질	물체
질료	형상

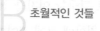
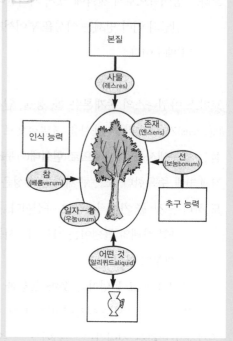

본질

사물 (레스res)

인식 능력

존재 (엔스ens)

참 (베룸verum)

선 (보눔bonum)

추구 능력

일자一者 (우눔unum)

어떤 것 (알리퀴드aliquid)

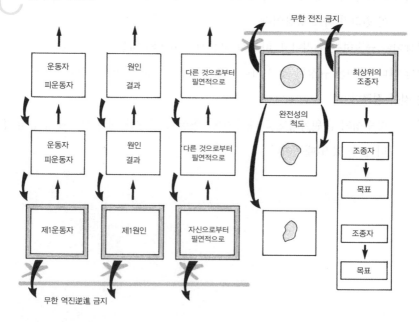

무한 전진 금지

| 운동자 피운동자 | 원인 결과 | 다른 것으로부터 필연적으로 | | 최상위의 조종자 |

완전성의 척도

| 운동자 피운동자 | 원인 결과 | 다른 것으로부터 필연적으로 |

| 조종자 |
| 목표 |

| 제1운동자 | 제1원인 | 자신으로부터 필연적으로 |

| 조종자 |
| 목표 |

무한 역진逆進 금지

형상과 질료는 서로 분리되어 나타날 수 있는 독립적인 존재자가 아니다. 그 둘은 존재자가 무엇을 통하여(쿼 에스트quo est) 무엇인지(쿼드 에스트quod est)를 결정하는 것이다. **실체**는 형상과 질료로 된 전체이다.

이 "무엇임"(퀴디타스quiditas)이 존재자의 **본질**(에센티아essentia)이다. 본질은 각각의 실체 안에 현실로 존재하며, 보편 개념의 형태로 사고의 대상이 된다.

> 본질은 형상과 질료 전체에 관련된 것이지만, 실체가 실체에 속하지 않으면서 우연적인 규정("소크라테스는 대머리다"와 같은 우유성)을 받아들이는 한, 본질은 실체와 다르다.

토마스 아퀴나스가 내세우는 또 하나의 중요한 구분은 **본질과 존재**의 구분이다. 나는 어떤 것이 존재하는지 여부를 모르는 상태에서도 그것의 본질을 알 수 있다.

> 존재는 존재자를 존재자이도록 하는 원리다.

존재 행위(악투스 에센디actus essendi)는 존재자를 존재자가 되도록 한다. 그러므로 존재와 본질의 관계는 행위와 가능성의 관계와 같다.

> 존재는 순수한 현실성이며, 본질 안에 고정됨으로써 한계를 갖게 된다.

모든 개별 존재자에게 술어로 주어지는 개념에 관한 물음을 근거로 토마스 아퀴나스는 **초월적 범주**에 속하는 것들의 목록을 만든다.

> 존재 행위를 고려하면 모든 개별 존재자에게는 존재(엔스ens)가 주어져 있다.
>
> 나아가 물物(레스res, 실재)은 본질의 관점에서 그 사실 내용을 표시한다.
>
> 존재자는 그 내적 비분리성이 있기에 온전한 일자一者(우눔unum)이다.
>
> 존재자는 다른 존재자와는 다른 무엇(알리퀴드aliquid)이다.

초월적 존재인 참(베룸verum)과 선(보눔bonum)은 영혼, 그리고 다른 존재자라는 두 존재자의 합치에 연관되어 있다. 이에 따라 선은 추구 능력과의 합치를 규정하는 것이고 참은 인식능력과의 합치에 대한 규정이다. 따라서 진리에 대한 토마스 아퀴나스의 정의는 이렇다.

> "진리는 물物과 지성의 일치를 가리킨다(베리타스 에스트 아데콰티오 레이

에트 인텔렉투스Veritas est adaequatio rei et intellectus)."

토마스 아퀴나스 존재론의 근본 사상에는 모든 존재가 완전한 질서를 이룬다는 생각도 포함된다. 신은 모든 존재자가 존재의 질서 안에서 각각 어떤 위치와 목적을 가질 것인지를 정해준다.

모든 피조물에는 존재와 본질의 차이가 주어져 있다. 오로지 **신** 안에서만 존재와 본질이 차이 없이 일치되어 있다.

> 신의 존재는 완전성 자체이며, 신의 단일성에 어떤 것도 부가되지 못하고 어떤 것도 그 단일성을 부정하지 못할 만큼 완전하다.

모든 피조물의 존재는 신에 의해 유지된다. 창조된 영들(천사)에서는 본질이 질료 없이(곧 순수 형상으로) 있기는 하지만, 그 존재가 이미 그 본질과는 다른 것이므로 천사들은 신과 다르다. 질료가 더해짐으로써 각기 다른 실체들이 생성되고, 이 실체들 안에는 존재와 본질, 형상과 질료가 서로 구분된다.

> 비물질적이고 불멸하는 인간의 영혼이 각기 고유한 개체성을 유지하는 것은 육체에서 분리된 뒤에도 영혼에는 몸의 형상인 개별화라는 속성이 남아 있기 때문이다.

토마스 아퀴나스는 신이 실재한다는 다섯 가지 **증명**을 제시한다. (육체적 본질인) 인간의 인식은 감각에서 시작되므로 그는 선험적인(아 프리오리a priori, 경험에 앞서는) 신의 실재 증명을 거부한다. 따라서 그의 증명은 모두 경험에서 출발하며, 무한 역진(레그레수스 인 인퍼니툼regressus in infinitum)의 금지라는 원칙이 그 바탕이다.

—모든 운동과 변화에는 움직이게 하는 주체가 있어야 한다. 그러나 이 움직이게 하는 주체가 다른 것에 의해 움직이고, 그 다른 것이 다시 다른 것에 움직인다는 식으로 무한히 거슬러 올라갈 수는 없으므로(그렇게 무한 역진한다면 운동의 시초를 상정할 수 없으므로), 운동의 최초 원인, 곧 그 어떤 것으로부터도 비롯되지 않은 제1운동 원인이 있어야 한다. 그것이 바로 신이다.

—모든 결과에는 원인이 있다. 그러나 스스로가 자신의 원인일 수는 없고(스스로가 자신의 원인이라면 스스로가 자신보다 앞서 있다는 논리적 모순에 빠지므로), 또 원

인의 원인을 거슬러 무한히 올라갈 수는 없으므로, 그 어떤 것으로부터 작용을 받지 않은 제1원인이 있어야 한다. 그것이 바로 신이다.

—우리는 존재할 수도 있고 존재하지 않을 수도 있는 사물들이 있음을 알게 된다. 모든 사물이 그런 것들이라면, 어느 순간엔가 모든 것이 존재하지 않아 실존하는 아무것도 없게 되는 일이 시작될 수 있을 것이다. 따라서 필연적으로 존재하는, 다시 말해서 자신으로부터 또는 다른 것에서 비롯되는 것들이 있다고 할 것이다. 다른 필연적인 것에서 비롯되는 일련의 사물이 다시 또 다른 필연적인 것에서 비롯된다는 식으로 무한히 거슬러 올라갈 수 없으므로, 자신에서 비롯되는 필연적인 제1의 무엇이 있어야 한다. 그것이 바로 신이다.

—모든 것에는 그것보다 많은 것과 그것보다 적은 것이 있다. 이렇게 말할 수 있는 것은 '많다, 적다'라는 규정을 완전히 포함하는 척도가 있기 때문이다. 이 척도의 완전성이 바로 신이다.

—이성이 없는 사물이 목표에 도달하기 위해서는 그 목표를 설정해주는 인식 주체가 있어야 한다(예를 들면 스스로 목표를 판단할 능력이 없는 화살에게는 이성을 가진 사수가 있어야 한다). 그러므로 목적을 위해 만들어진 세계는 그 목적을 설정하는 최고의 조종자, 신이 있어야 한다.

신은 전체 세계를 완전하게 창조했고, 따라서 세계 안에 존재하는 **악**은 신으로부터 나온 것이 아니다. 모든 존재가 신으로부터 나왔으므로, 악은 자신만의 존재를 가질 수 없다. 이런 연유로 토마스 아퀴나스는 악이란 결여(프리바티오privatio)이며, 존재에 있어야 하는 선이 부재不在인 상태라고 규정한다. 그러므로 악은 존재 전체를 잠식할 수 없다. 만일 악이 존재 전체를 잠식한다면 그 속성을 이루고 있는 악 자체도 소멸할 것이기 때문이다.

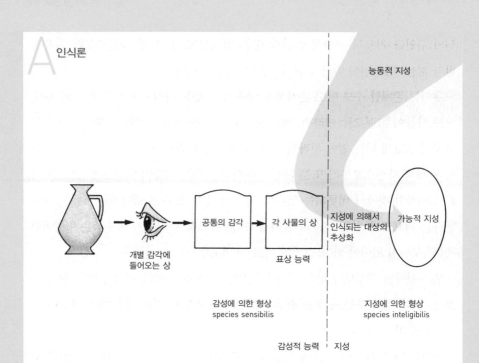

A 인식론

능동적 지성

개별 감각에
들어오는 상

공통의 감각

각 사물의 상

표상 능력

지성에 의해서
인식되는 대상의
추상화

가능적 지성

감성에 의한 형상
species sensibilis

지성에 의한 형상
species inteligibilis

감성적 능력 │ 지성

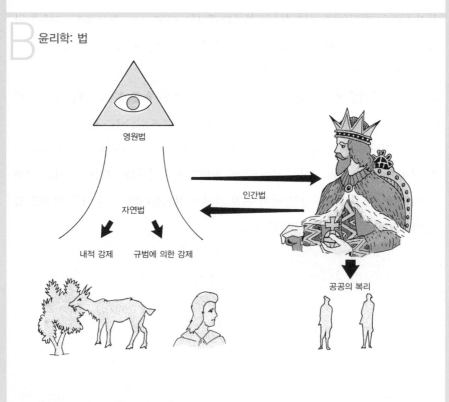

B 윤리학: 법

영원법

자연법

인간법

내적 강제   규범에 의한 강제

공공의 복리

전성기 스콜라철학Ⅳ: 토마스 아퀴나스Ⅲ

인간이란 영혼(형상)과 육체(질료)의 실체가 서로 결합한 것이다. 이 둘은 분리될 수 없이 인간의 실체라는 일성一性을 이루고 있고, 이로써 인간은 언제나 영혼과 육체를 동시에 가진 존재라는 속성을 지닌다. 육체가 죽은 뒤에도 영혼은 "아니마 세파라타anima separata, 분리된 혼"으로 계속 살아 있어 불멸하는 존재이기는 하지만, 인간의 영혼으로 머물기 위해서는 육체가 있어야 한다. 사물의 인식은 감각적인 지각을 통해 이루어지기 때문이다.

그러므로 인간은 그야말로 창조의 핵심이다.

왜냐하면 인간은 이성을 지녔기에 신적인 순수 정신의 세계의 일부가 되고, 그 육체를 통해 물질적 세계의 일부가 되기 때문이다.

인간의 영혼이라는 형상은 무생물, 식물, 동물을 거쳐 인간에서 최상위에 이르는 계층 구조로 되어 있다.

영혼은 여러 능력이 있는데, 식물 능력(생명력), 감각 능력(감각기관을 통한 지각), 욕구 능력(충동의 추구), 운동 능력(이동), 이성 능력(지성) 등이 그것이다.

감각 능력은 다시 개별 감각, 일반 감각(여러 감각기관의 대상을 포괄하는 감각), 표상력(감관이 받아들인 다양한 상을 유지하는 능력), 감각적 판단 능력(구체적인 상황에 관한 단순한 판단 능력), 능동적 기억력 등으로 나뉜다.

지성은 가능적 지성(인텔렉투스 포시빌리스intellectus possibilis)과 능동적 지성(인텔렉투스 아겐스intellectus agens)으로 나뉜다. 이런 구분은 인간의 인식도 인식 능력과 실제로 이루어진 인식으로 나뉨을 뜻한다. 인식 과정은 이렇게 설명된다.

육체는 먼저 개별 감각기관에 상을 만들어낸다. 그 뒤 이 상은 개별적인 상(스페키에스 센시빌리스species sensibilis, 감성적 형상)으로 공통 감각 안에 보관된다. 이 상태에서 우리는 감각적 영역에 머문다. 그러나 가능적 지성은 보편적인 것(스페키에스 인텔리기빌리스species intelligibilis, 지성을 통한 지각 형상)에 연관된 것이므로, 여기서 능동적 지성이 작동한다. 능동적 지성은 감각기관이 받아들인 개별적인 상에서 보편적인 상을 추출해내고, 이로써 가능적 지성 안에서 인식이 이루어지게 된다.

"선"이라는 초월적 규정(166쪽 참조)은 존재론과 **윤리학**의 대상이 된다.

> 선은 그 자체로 하나의 존재자로, 다른 존재자의 완전성을 표시함으로써 그 존재자가 추구할 목표를 보여준다.

따라서 아리스토텔레스와 마찬가지로 토마스 아퀴나스에게도 선은 각 존재자가 자신의 본질로부터 추구하도록 되어 있는 것이다.

> 개별 목표가 지향해야 할 인간의 최고 목표는 행복(베아티투도beatitudo)이다. 인간은 그 형상에 따라 이성혼이라는 속성을 가지므로, 행복에 도달하려면 영혼이 이성에 합치하도록 활동해야 한다.

토마스 아퀴나스는 **덕**을 신학적 덕과 본성적 주덕으로 구분한다. 인간은 오로지 신의 은총으로 신학적 주덕(믿음, 희망, 사랑)에 도달하며, 그 가운데 사랑은 인간의 모든 행위를 신적인 최종 목표로 향하도록 한다. 본성적 주덕은 본성적으로 주어지는 능력이 도달하는 최상의 상태라고 규정된다. 따라서 이성에는 지혜와 영리함이, 의지에는 정의가, 노력에는 용기가, 욕망에는 절제가 포함된다.

덕은 인간의 내면적인 태도를 규정한다. 외적인 질서와 행위는 **법칙**에 의해 인도된다. 신이 세계 전체의 질서를 부여하므로, 최상위의 입법자는 신이다.

> 영원법(렉스 에테르나lex aeterna)은 모든 것을 지배하는 신적인 지혜다. 이 영원법의 일부를 인간의 이성이 나누어 받은 것이 자연법(렉스 나투랄리스lex naturalis)이다.

인간의 자유 의지는 신적인 법의 영향을 받지 않는다. 지성이 부여되지 않은 자연에 대해서만 신적인 법이 내적 필연성으로 작용한다. 이 법은 인간에게는 규범적 규칙이라는 성질을 갖는다. 인간이 신의 섭리에 참여한다는 것은

> 인간이 자신과 타인에 대해 무엇인가를 예견할 수 있다는 사실에서 드러난다.

인간의 행위를 규제하는 최상위의 일반 원칙은 자연법으로부터 나온다. 만물이 추구하는 것이 바로 선이라는 인식에서 다음과 같은 실천 이성의 최상위의 규칙

이 나온다.

> 선은 행하고 악은 피해야 한다.

자연법은 원칙만을 제시하므로 그 원칙이 공동체의 세세한 구조에까지 적용되려면 인간법(렉스 후마나lex humana)이 있어야 한다. 이 인간법은 자연법을 바탕으로, 그리고 공공의 복리를 위해 만들어져야 한다.

토마스 아퀴나스가 아리스토텔레스 철학과 그리스도교 철학의 결합을 완성한 것이 얼마나 의미가 큰 성과인지는 아리스토텔레스 철학과 신학 사이에서 어떤 연관도 없다고 여기던 당시 대학의 정신적 상황을 보면 분명해진다.

13세기에 이루어진 아리스토텔레스 철학의 정밀한 수용은 브라방의 시제Siger de Brabant(1240~1284년)와 다키아의 보에티우스Boethius de Dacia로 대표되는 이른바 "극단적 아리스토텔레스주의"(라틴 아베로에스주의)가 신학과 철학의 혼합을 확고하게 거부하는 원인이 되었다. 이들은 신학과 모순되는 경우에도 철학적 논증은 성립한다고 주장했고, 이런 철학의 자율성 주장, 그리고 아리스토텔레스 이론의 일부와 그리스도교 교리 사이의 불일치로 인해 기존의 철학 문헌이 한때 금서 목록에 오르기도 했다. 1277년에는 파리 대주교가 219개 철학 명제를 교리에 반하는 것으로 단죄하는 사건이 일어나기도 했다.

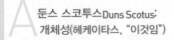

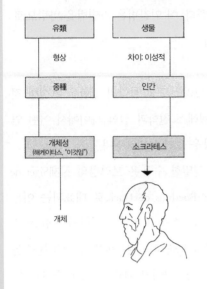

```
유類 ── 형상 ──┐          생물 ── 차이: 이성적 ──┐
              │                                │
종種 ──────────┤          인간 ────────────────┤
              │                                │
개체성        │          소크라테스            │
(헤케이타스, "이것임")
              │
개체
```

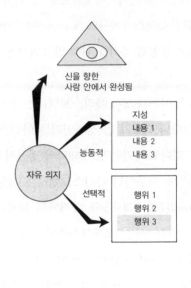

신을 향한
사랑 안에서 완성됨

능동적 — 지성
내용 1
내용 2
내용 3

자유 의지

선택적 — 행위 1
행위 2
행위 3

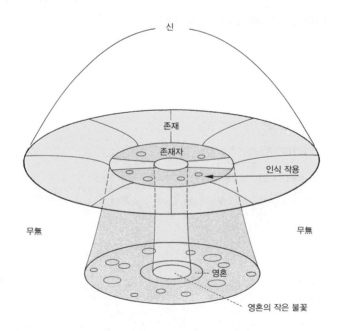

신

존재

존재자

인식 작용

무無   무無

영혼

영혼의 작은 불꽃

요한네스 둔스 스코투스 Johannes Duns Scotus(1265~1308년)는 이른바 "전기前期 프란치스코 수도회 학파"를 대표하는 철학자다. 그는 날카로운 논증과 이전 철학자들의 이론을 비판적으로 검증하여 "독토르 숩틸리스doctor subtilis"(치밀한 박사)라는 별명을 얻었다.

자연에 관한 우리의 지식은 그것이 감성적 직관에 바탕을 둔 것이라면 믿을 만하다. 그러나 초자연적인 것에 관해서라면 그런 식으로는 흐릿하고 간접적인 인식밖에 얻을 수 없다. 그러므로 자연적인 이성이 도달할 수 없는 영역을 알기 위해서는 계시가 있어야 한다. 형이상학의 대상은 신이 아니라 존재다.

> 형이상학은 추상적인 신 개념에 도달하지만, 신학은 구체적인 신 개념에 이른다.

존재는 그 자체로 보편 개념이다. 그것은 모든 존재자에게서 동일한 의미로 일의적으로 표현될 수 있어야 하기 때문이다.

> 그러므로 존재는 신에서든 세계에서든 유비적으로만 아니라 직접적으로 언명된다.

토마스 아퀴나스와는 달리 둔스 스코투스는 질료가 사물을 서로 다른 개체로 만드는 원리라고 생각하지 않는다. 그에게 **사물의 개체성**은 그 자체로 하나의 존재 방식(형상도 질료도 아닌)으로, 바로

> 개체성의 원리, 곧 "헥케이타스haecceitas, 이것임, Diesheit"이다. 이 헥케이타스는 종種, 곧 최종적인 형상을 "존재자의 최종적인 현실성", 곧 개별자로 만듦으로써 개별자를 규정한다.

둔스 스코투스는 초월 범주(모든 존재자에 예외 없이 속하는 술어)를 "파시오네스 콘베르티빌레스passiones convertibiles"(가환 형식)와 "파시오네스 디스융크태passiones disjunctae"(배제 형식)로 구분한다. 전자는 존재만큼이나 포괄적인 것으로,

> 하나다, 참이다, 선하다

등이고, 후자는 조합으로만 존재와 일치하는 것으로,

한계가 있다―한계가 없다, 필연적이다―우연적이다

등이다.

둔스 스코투스는 **자유 의지**가 지성보다 우위에 있다고 주장한다.

물론 의지는 지성이 인식해낸 것만을 추구할 수 있지만, 지성이 얻은 내용
을 어떤 간섭도 받지 않고 취사선택한다.

둔스 스코투스는 의지의 의미를 **신**에게도 적용한다. 창조 전체가 신의 의지에서
비롯된 것이지만, 신은 논리적으로 모순되지 않은 것만을 원한다. 도덕 질서라는
것도 신의 의지에 달려 있다고 여겨진다.

신이 원하는 것이면 그것은 선하다.

의지의 우위는 사랑의 의미와 일치한다. 인간은 신을 향한 최고의 사랑 안에서 완
성되며, 그런 사랑은 모든 도덕성의 바탕이기도 하다.

우리의 행위는 신에 대한 사랑에서 기인한 것이었을 때 선하다.

둔스 스코투스는 계명을 두 가지로 구분한다. 한 가지는 절대적으로 유효한, 그래
서 신이라 할지라도 변경한다면 스스로 모순에 빠지고 마는 계명(십계명에서 신 자
신에 관한 항목들), 다른 한 가지는 인간의 생활 조건이 달라짐에 따라 필요하다면
신이 바꿀 수 있는 계명(예를 들어 일부일처제)이다.

하지만 후자에 속하는 계명도 신이 이를 바꾸지 않는다면 모든 인간이 지
켜야 할 계명으로 남는다.

14세기에 중세 **신비주의** 전통은 최고조에 달한다. 이 신비주의 전통의 핵심은 인
간의 내면에서 이루어지는 신의 체험, 그리고 신적인 존재와 하나가 되는 것이다.
이 시기의 신비주의 전통을 대표하는 사상가는 **마이스터 에크하르트**Meister
Eckhart(1260~1328년 무렵)로, 스콜라 학파의 철학과 신학의 전통도 그에게 영향을
끼쳤다. 그런 연유로 그의 저작에는 신비 체험과 철학적 반성이 동등할 정도로 반

영되어 있다.

> 에크하르트는 라틴어와 독일어로 책을 썼지만, 설교는 청중 계층을 배려하여 강렬하고 절박한 독일어로 했다.

그는 자신의 첫 〈파리 토론〉에서 인식하는 것과 존재하는 것이 신 안에서 어떤 관계인지를 묻는 질문에 대해 그 둘 가운데 인식이 상위에 있다고 답한다.

> 신은 인식하므로 존재한다.

그래서 요한복음도 "태초에 존재가 계셨다"가 아니라

> "태초에 말씀이 계셨다."

라고 시작한다. 여기서 에크하르트는 어떤 것에 의해서도 창조되지 않은 인식이 태초에 모든 것을 창조했음을 강조한다.

물론 신도 존재다. 에크하르트가 명확히 하려는 것은, 신은 창조된 모든 존재자처럼 존재를 가진 것이 아니라 신이 바로 존재이며, 모든 존재자는 신의 존재 안에 있다는 것이다. 신은 존재 안에 모든 것을 포함하고 있으며, 그가 없으면 어떤 사물도 존재하지 않는다.

인간은 자신이 신의 일부를 나누어 받았다는 근거를 자기 영혼의 가장 깊은 내면에서 찾게 된다. 그래서

> 영혼의 작은 불꽃(스킨틸라 아니매scintilla animae)에서 그 근거를 발견한다.

인간이 자신의 가장 깊은 내면으로 들어가 이 영혼의 불꽃으로 살아간다면 영혼의 불꽃을 통해 신과 하나가 될 수 있다. 영혼은 신의 본질을 받아들이는 부분이다. 영혼이야말로 인간 안에서 **신이 태어나는 장소**이기 때문이다. 신이 자신의 말인 아들 안에서 자기 본질을 드러내면 그 아들은 영혼 안에서 이렇게 말하게 된다.

> "아버지는 영원한 인식 안에서 아들을 낳고, 또한 그렇게 함으로써 아버지는 자기의 본성 안에서 아들을 낳듯이 영혼 안에서 자기 아들을 낳는다. 그리고 아들을 영혼에 맡긴다……"

인간이 올바르고 선하다면 신은 아들에게 준 것을 인간에게도 준다. 선한 것 안에 있는 선은 신의 말씀이 되어 새로이 태어난다. 창조하는 선(아버지인 신)과 창조된 선의 차이는 인격에 있는 것이지 그 인격의 본성에 있지 않다.

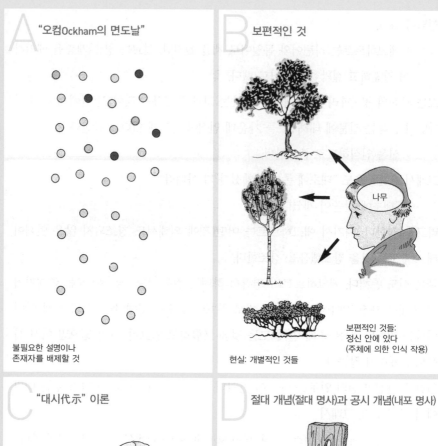

A "오컴Ockham의 면도날"

불필요한 설명이나
존재자를 배제할 것

B 보편적인 것

나무

보편적인 것들:
정신 안에 있다
(주체에 의한 인식 작용)

현실: 개별적인 것들

C "대시代示" 이론

"소크라테스는 인간이다"
– 개별적 인간임을 가리킴

인간
영혼 안에 있는 개념

오류

"인간은 한 종種이다"
– 단순한 지칭

D 절대 개념(절대 명사)과 공시 개념(내포 명사)

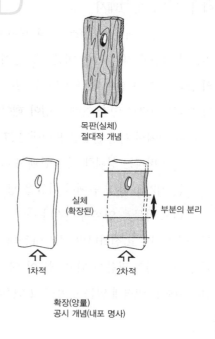

목판(실체)
절대적 개념

실체
(확장된)

부분의 분리

1차적

2차적

확장(양量)
공시 개념(내포 명사)

후기 스콜라철학: 윌리엄 오컴

윌리엄 오컴 William of Ockam(1280년 무렵~1348년 무렵)이 중세가 끝나가는 시기에 창시한 사상운동은 훗날 근대사상을 위한 바탕이 된다. 오컴에서 시작된 사상적 흐름은 "새로운 길"(비아 모데르나via moderna), 이와 대비되는 알베르투스, 토마스 아퀴나스, 둔스 스코투스와 연결된 철학의 흐름은 "옛 길"(비아 안티콰via antiqua)이라고 불렀다.*

오컴의 이론 철학에서 바탕이 된 것은 다음 두 가지 원리다.

전능의 원리: 신은 자신의 전능으로 사물을 지금과는 달리 창조할 수도 있었고, 제2원인(세계 안에 존재하는 자연의 인과관계)을 통해 간접적으로 만들어낼 수 있는 것에 대해서도 직접 개입할 수 있다는 원리다. 이 원리에 의하면 우리는 사물의 실재나 원인과 결과의 상관관계를 필연적인 근거를 통해서는 알 수 없다.

A라는 존재자가 있다고 해서 반드시 B라는 존재자가 있는 것은 아니다. 오로지 주장할 수 있는 것은 "자연에서 B는 A의 뒤를 이어 규칙적으로 나타나는 것뿐이다("불이 나면 연기가 피어 오른다").

따라서 인간에게는 창조된 세계란 우연적인 사실들의 연계라고 할 수 있다. 그러므로 세계에 대한 인식은 그 세계보다 앞서는 원인을 통해서가 아니라 실제적으로 현존하고 발생하는 사실을 경험하고 연구함으로써 가능해진다.

경제성의 원리("오컴의 면도날"): "필연적인 경우가 아니라면 복수複數를 설정해서는 안 된다."(플루랄리타스 논 에스트 포넨다 시네 네케시타테Pluralitas non est ponenda sine necessitate.)**

> *중세철학이 "신학의 시녀"만은 아니었지만, 신학 문제를 설명하는 가장 중요한 도구였던 것은 분명하다. 아우구스티누스에서 둔스 스코투스에 이르는 철학은 중세의 신앙과 신학 명제들을 이성적으로 설명하기 위해 그리스철학 이래의 추상적 이성주의를 동원했다. 오컴은 이런 당연한 전통과 단절하고, 이성을 도구로 삼는 철학의 추상적 개념들로 신앙 명제를 설명하는 것은 실패할 수밖에 없음을 보여주었다. 그가 중세철학의 퇴장을 선언하고 "새로운 길"을 준비한 결정적 인물로 불리는 이유가 바로 그것이다.

> ** 오컴은 "반드시 필요하지 않은데 존재자의 수를 늘리면 안 된다." 또는 "더 적은 논리로 설명할 수 있는데도 많은 논리를 세워서는 안 된다." 등으로도 표현한다.

어떤 것을 설명하는 근거 가운데 필연적이지 않은 것은 불필요하므로 칼로 자르듯 잘라버려야 한다는 것이다.

이 방법론적 원리에는 언어를 바탕으로 형이상학을 비판하는 내용도 포함되어 있다. 언어로 나타나는 모든 표현이 실재성(현실)을 반영한다는 잘못된 믿음에 이의를 제기한 것이다. 그런 믿음은 단순한 언어 표현을 바탕으로 근거 없이 실체만 많아지게 하는 결과를 낳을 것이기 때문이다.

보편에 관한 물음에서 오컴은 유명론唯名論을 지지한다. 실재하는 것은 오로지 개별적인 사물뿐이다. 그래서 오컴에게는 개체화 원리도 필요하지 않다. 왜냐하면 신은 모든 존재자를 하나하나 개별적으로 창조했기 때문이다. "보편적인 것"은 오로지 정신 안에서만(인 멘테in mente) 존재한다.

> "내가 확고히 믿는 것은, 어떤 방식으로든 영혼 바깥에 존재하는 보편적인 것은 없으며, 보편적이어서 복수의 것에 대해 언명할 수 있는 모든 것은 정신 안에 존재한다는 사실이다……."

보편 개념은 인간이 어떤 대상과 자신을 연관시키는 인식능력의 산물이다.

개념이란 다른 무엇인가를 가리키는 기호다.

> 개념은 영혼 안에 등장하여 명제에서 말하려고 하는 다른 무엇인가를 대신 가리키는 것이다(대시代示, 숩포시티오suppositio).

어느 용어가 가리키는 것을 이해하기 위해서는 그 용어가 대신 가리키는 것이 무엇인지 알아야 한다. 여기서 오컴은 대시를 세 가지로 구분한다.

먼저, 인격적 대시는 용어가 자신이 표시하고 있는 것을 가리키는 경우이다.

> 예를 들어 "소크라테스는 인간이다"라는 명제에서 "인간"은 개별 인간을 가리킨다.

다음으로, 단순 대시는 개념이 자기 자신을 가리키는 경우이다.

> 예를 들어 "인간은 한 종種이다"라는 문장은 개별 인간이 하나의 종이라고 주장하는 것이 아니다.

마지막으로 물질적 대시는 용어가 낱말이나 문자를 대신하는 경우이다.

예를 들어 "인간이란 쓰인 낱말이다."

주어와 술어가 동일한 대상을 표시할 때 그 문장은 참이다.

오컴은 절대 개념(절대 명사)과 공시共示 개념(내포 명사)을 구분한다.

절대 개념(절대 명사)은 실재하는 개별 사물을 직접적으로 표시한다.

공시 개념(내포 명사)은 제1 또는 제2의 관점에서 사물을 가리킨다. 이런 개념은 사물을 모아 정리하는 정신의 활동을 전제로 하며, 따라서 독립적인 사물을 직접 가리키는 것이 아니다.

> 이렇게 함으로써 오컴은 아리스토텔레스의 카테고리(91쪽 참조) 가운데 실체와 질이라는 두 카테고리만이 실재하는 것과 연관되어 있음을 확실하게 보여주려 한다. 이 둘과는 달리 다른 카테고리, 예를 들어 양은 일차적으로 실체이며 2차적으로 부피가 있는 것인데, 이 부피가 있는 것도 실체와 다른 것은 결코 아니다.

오컴은 실상을 파악하는 인식을 직관적 인식과 추상적 인식으로 구분한다.

직관적 인식은 대상이 존재한다는 사실을 어떤 의심도 없이 파악한다. 이런 인식은 감각으로 지각할 수 있는 것을 대상으로 하며 내적인 자기 체험을 바탕으로 한다.

추상적 인식은 대상이 앞에 없는 경우에도 개념을 바탕으로 언명을 할 수 있도록 하지만, 그 대신 대상이 실제로 존재하는지 여부는 말해주지 않는다. 그러므로 이 추상적 인식은 언제나 직관적 인식에 의존하게 된다.

> 따라서 예를 들어 영혼의 불멸은 이성에 의해 입증되지 않는다. 이성에 의한 입증은 체험을 근거로 하는 것이 아니기 때문이다.

1328년부터 오컴은 (교회와 관련된) **정치적** 주제를 다루기 시작한다. 무엇보다 그는 프란치스코 수도회의 사유재산 포기를 옹호하고 세속의(황제의) 권력이 교황의 권력으로부터 독립해야 한다는 주장을 편다. 그의 주장은 이렇다.

> 세속적 지배권이 정당하게 되는 근거는 시민의 자유로운 동의다.

A 세계는 신의 구현/전개

무한한 존재
(신)

통일성
(응축: 콤플리카티오complicatio)

세계 -------- ----- 수축
다수성 (콘트락티오contractio)

구현/전개(엑스플리카티오explicatio)

B 수학 도형으로 표현하기

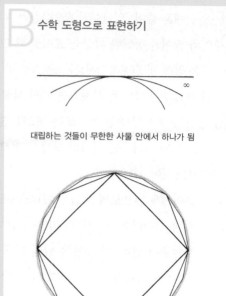

∞

대립하는 것들이 무한한 사물 안에서 하나가 됨

진리에 가까워짐

C "정신(멘스mens)"에 관한 설명

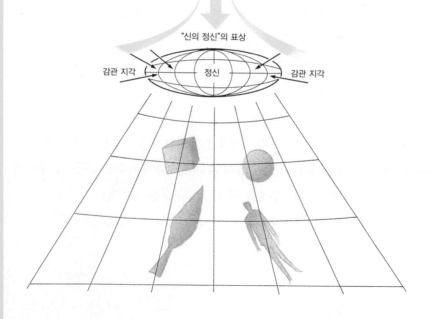

"신의 정신"의 표상

감관 지각 정신 감관 지각

니콜라우스 쿠사누스

니콜라우스 쿠사누스 Nicolaus Cusanus(1401~1464년)는 그 사상으로 보아 중세에서 근대로 넘어가는 과도기에 있다. 그는 신플라톤주의와 신비주의의 영향을 받았으며 동시에 수학적 사고를 많이 응용한다. 그의 철학에는 근대의 세계관과 인간관의 바탕을 이루는 사상이 많이 포함되어 있다.

우리에게 **세계**는 유한하고도 대립하는 것들로 분열된 사물의 집합으로 나타난다. 그런 사물은 서로 다른 속성을 가지도록 정해져 있다. 이로써 세계는 변치 않는 다른 존재(알루이드 에세aliud esse)가 지배한다.

> 이성(라티오ratio, 독일어: Verstand)*은 알고 있는 것을 모르는 것과 비교하여 그 둘 사이의 유사성을 바탕으로 개념을 만들어 사물을 인식한다.

그런데 세계 안에는 유사성이 큰가 작은가 하는 차이가 있을 따름으로, 유사성을 재는 완벽한 척도란 없다. 따라서 모든 사물을 그 정도의 차이보다 더 잘 알 수는 없다.

> 여기서 쿠사누스는 다면체를 예로 든다. 다면체는 모서리 숫자가 많아질수록 원에 가까워지지만, 모서리 숫자를 아무리 늘려도 다면체가 원이 되지는 않는다.

마찬가지로 지식을 얻기 위해 노력하는 가운데 우리도 결국에는 우리의 무지를 인식하게 된다. 인간은 이성(또는 지성)의 도움으로 우리의 무지를 알게 되는데, 이는 무한자 안에서 모든 대립이 소멸하는 것을 이성을 통해 "접하기" 때문이다.

> 그렇게 하여 인간은 자신의 무지를 배운

* 이성과 지성에 해당하는 원어들은 철학사에서 상당히 혼란스럽게 사용되었다. 플라톤의 로고스는 중세철학에서 라틴어 라티오ratio로 번역되고, 이는 독일어 Vernunft, 영어 reason, 프랑스어 raison으로 옮겨졌다. 우리말에서는 일본어 번역을 따라 이성으로 쓰인다. 중세철학의 intellectus는 "이해", "사고"에 가까운 개념으로 쓰이기도 했고—예를 들어 사고와 존재의 합치adaequatio intellectus et rei—, 그런 전통은 영어의 번역어 "understanding"으로 이어졌다. 칸트는 이 번역어를 받아 독일어 Verstand—"이해하다"라는 동사 verstehen의 명사형—로 옮겼고, 우리는 일본어 번역인 오성悟性에 익숙해졌다. 요즘은 intellectus와 Verstand를 지성으로 옮기는 경우가 많아졌다. 이곳 원문에서 ratio와 Verstand를 동의어로 둔 것은 칸트 이후 철학의 용어 사용법에 영향을 받은 까닭일 것이다. 그러니 우리말로는 지성, 이성, 오성이라는 번역어가 모두 가능한 당황스러운 경우다.

상태, 곧 "박식한 무지"(독타 이그노란티아 docta ignorantia)*에 도달한다.

세계가 그 다수성 안에서 이루어내는 일성의 바탕은 **신** 곧 무한자로, 그 안에서 모든 유한자들의 대립은 소멸된다. 쿠사누스는 신 안에서 일어나는 모든 대립의 소멸(코인키덴티아 오포시토룸 coincidentia oppositorum)을 수학을 예로 들어 설명한다.

> 원이 크면 클수록 원주는 직선에 가까워지므로 원이 무한히 커지면 원주는 직선과 같아질 것이고, 따라서 (곡선과 직선이라는) 대립도 사라질 것이다.

쿠사누스는 수학을 이용하여 또 하나의 예를 든다. 신은 가장 큰 것(막시뭄maximum)이며 동시에 가장 작은 것(미니뭄minimum)인데, 이는 신 바깥에는 아무것도 없으므로 그보다 더 크거나 더 작은 것은 있을 수 없기 때문이다. 신은 모든 유한한 것의 척도인 것이다.

모순율이 유효한 지성에게는 신의 본질이 드러나지 않는다. 신의 본질에 닿을 수 있는 것은 일성—性에 가까이 가는 이성뿐이다.

모든 존재는 신 안에 응축(콤플리카티오complicatio)되어 있으며, 세계의 다수성은 이 응축된 존재의 전개(엑스플리카티오explicatio, 펼쳐짐)이다.

> "어떤 방식으로든 있는 모든 것 또는 있을 수 있는 모든 것은 자신의 근원(신) 안에 응축되어 있으며, 이미 창조된 모든 것 또는 앞으로 창조될 모든 것은 응축되어 있는 신으로부터 (바깥으로) 전개될 것이다." 모든 피조물은 "신 안에 응축되어 있는 방식으로 그 자체가 신이며, 세계의 창조로 전개됨으로써 세계이기도 하다."

위의 마지막 명제는 쿠사누스가 범신론汎神論에 동의하지 않음을 분명히 보여준

*소크라테스의 "무지의 지"에 비견할 만한 이 독타 이그노란티아, "박식한 무지"라는 말은 아우구스티누스로 거슬러 올라간다. 우리가 신의 존재를 긍정 표현으로 언명하는 것은 불가능하고, 오로지 신의 은혜로 그 불가능성, 무지를 알게 될 뿐이라는 것이다. 따라서 신의 부재를 긍정하는 것도 당연히 불가능한 것이 된다는 부정否定신학이 타당해진다. 독타 이그노란티아는 쿠사누스의 인식론만이 아니라 그의 철학 전체에서 핵심적인 바탕이다. 저서 〈박식한 무지에 대하여〉(De docta ignorantia)에서 그는 이렇게 배운 무지를 통해 "파악할 수 없는 신을 파악하지 않는 방법으로 이해하게 된다"고 설명하면서, 일반적인 세계 인식에서도 "우리가 이 무지를 깊이 배우게 될수록 진리는 스스로 우리에게 다가온다"고 피력한다.

다. 신 안에 있는 만물과 세계 안에 있는 만물의 존재 방식이 동일하지 않기 때문이다. 무한성은 세계 안에서는 서로 다른 개별 사물로 수축(콘트락티오contractio)되어 있는 것이다.

신은 또한 "포세스트possest"(가능 현존)*로 표현되는데, 이는

> 신은 현존 가능한 모든 것이지만

단순한 가능성으로 존재하는 데 불과하기 때문인데, 다른 한편으로는 세계 안에서는 존재와 가능성이 분리되어 만물이 자신의 가능성 뒤로 물러나 있게 된다.

* 쿠사누스의 저서 〈Trialogus de possest〉(가능 현존에 대한 삼자 대화)에서 신을 Possest, 곧 "현존할 수 있는 모든 것Omne id quod esse potest"으로 일컫는다. 쿠사누스의 의도는 신이란 모든 것이 될 수 있는 존재의 실현, 다시 말해서 가능성과 현실성의 합일이라는 것이었다.

쿠사누스는 인간 인식의 창조적 작용을 강조한다. 인간의 **정신**(멘스mens)은 세계를 파악할 때 그 세계를 새로이 묘사한다. 신이 자신의 인식 안에서 존재자를 창조하듯 인간은 자신이 파악하는 존재를 창조하는 것이다.

> "왜냐하면 신이 현실의 존재자와 자연 형상의 창조자인 것처럼 인간은 사고 안의 존재자와 인위적인 형상을 창조하는 주체이기 때문이다. 피조물이 신의 정신에 유사한 것들인 것처럼, 존재자와 인위적인 형상은 인간 정신과 닮았다."

인간의 정신은 신 정신의 상像이다. 그리고 인간의 정신 안에도 이미 사물의 원상이 들어 있어서 인간이 사물을 인식할 수 있는 것이다. 그러나 인간의 정신은 사물을 신에 의해 창조된 방식 그대로 알 수가 없고, 인간에게 알려지는 방식으로만 사물을 알 수 있다.

> 정신은 세계를 자신에 비교해봄으로써, 그 세계를 인식할 수 있는 세계로 새로이 창조한다.

그래서 쿠사누스는 정신을 뜻하는 라틴어 "멘스mens"를 "멘수라레mensurare"(측정하다)에서 나온 낱말로 사용한다.

여기서 특별한 위치를 차지하는 것은 수학 형식인데, 수학 형식은 스스로 존재하

는 방식으로 인식된다. 수학 형식이란 인간 정신이 스스로 생성해내는 것이기 때문이다.

세계가 신의 자기 계시인 것과 마찬가지로, 인간에게 파악되는 모든 것은 자기 안으로 돌아가는 정신의 자기 계시다.

쿠사누스는 정신을 지리학자에 비교한다. 지리학자는 심부름꾼(감관을 통한 지각)이 가져다주는 자료를 바탕으로 세계 지도를 만들지만, 막상 지도를 그릴 때는 자기가 정한 형식, 척도, 비율을 따른다.

> 지리학자는 자신의 척도에 따라 스스로 그린 지도를 바탕으로 세계를 인식한다.

이런 사고는 근대의 원근법적인 세계 인식을 보여준다.

르네상스 시대 철학: 개관

르네상스(renaissance, "다시 살아남")는 일종의 **과도기**로, 해체의 길을 걷고 있던 중세의 전통과 새로이 형성되기 시작한 근대가 만나는 시기다.* 이때는 중요한 철학 체계가 만들어지지는 않지만 새로운 방향 전환이 시도된 실험의 시대다.**

* '이 책을 읽기 전에'에 나오는 시대 구분 논란을 참조할 것.

** 르네상스의 네 가지 방향 전환: 고대 사상의 재발견, 물질의 원천과 본질을 탐구하는 종래의 자연철학 대신 물질의 수량적 관계를 연구하는 자연과학, 자연법과 계약론을 내세우는 사회사상, 그리스도교 개혁 운동.

이 시기에는 문화사에서 대변혁이라고 할 만한 사건들이 일어나며, 이를 배경으로 다양한 철학 사유가 새로이 등장한다. 이런 변화 덕에 르네상스는 발명과 발견의 시대로 불리기에 모자람이 없다.

나침반을 이용하는 등 항해술이 발달하여 항해를 통한 획기적인 발견이 이루어지고(콜럼버스, 바스코 다 가마), 그 결과 유럽 세력은 더욱 팽창하며, 유럽인의 지식은 유럽 바깥에 있는 민족과 지역에 대한 지식으로 확대된다. 코페르니쿠스는 태양을 우주의 중심에 두는 지동설을 입증한다. 구텐베르크의 활판 인쇄 기술 덕분에 사상은 문자로 기록되어 그때까지는 생각할 수 없던 양과 속도로 퍼져 나간다. 미술 분야에서는 알베르티L. B. Alberti가 원근법을 발견한다.

상업과 화폐 경제의 발달은 사회의 대변화만 아니라 전쟁 기술의 변화도 불러오고, 후자는 기사 계급의 몰락을 초래하기도 한다.

중세 세계는 계급의 질서와 종교 권력의 우위가 바탕이 되는 닫힌 사회였지만, 르네상스에 들어서자 기존의 사회 질서는 역동적으로 변화하기 시작한다. 페트라르카와 보카치오가 주춧돌을 놓은 **인문주의**人文主義(**휴머니즘**humanism)라는 정신 운동은 스콜라철학의 경직된 전통에 대한 혐오에서 탄생한다. 인문주의자들이 보기에 중세 사상은 신학과 논리학의 지엽적인 문제로 인간을 속박하고 있었고, 그래서 고대의 정신을 바탕으로 하는 인간의 부활을 주장하게 된다. 주로 문학이 중심이 된 이 인문주의 운동은 14세기 이탈리아에서 발생하여 유럽 전역으로 번진다. 이 운동에서 철학적으로 중요한 인물은 다음과 같다.

르네상스 사상가들/ 당대 익명의 예술가가 그린 "이상적인 도시의 모습"

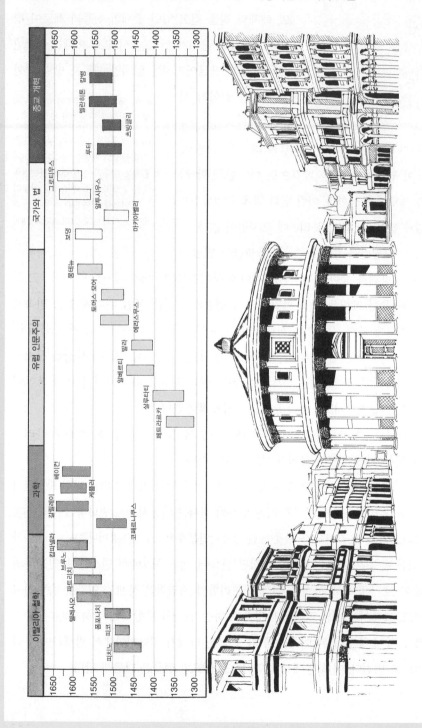

페트라르카F. Petrarca, 살루타티C. Salutati, 알베르티L. B. Alberti, 발라L. Valla(이상 이탈리아), 로테르담의 에라스무스Erasmus(네덜란드), 토머스 모어 Th. More(영국), 미셸 드 몽테뉴Michel de Montaigne(프랑스).

인문주의 사상은 인간을 중심으로 하여 자연, 역사, 언어 등의 문제를 다룬다.

이 정신 운동 전체를 가리키는 인문주의라는 이름은 고대의 인간성(인간다움, 라틴어: 후마니타스humanitas)이라는 개념을 빌린 "인간성을 향한 탐구"(라틴어: 스투디아 후마니타티스studia humanitatis, 인문학)에서 나온다.

이 정신 운동을 선도하는 보편적 인간(이탈리아어: 우오모 우니베르살레uòmo universale)이라는 이상형에서 드러나는 것처럼, "스투디아 후마니타티스"는 사상과 예술에 대한 폭넓은 교양을 가리키는 것이고, 그런 교양의 정도가 곧 보편적 인간의 도덕 수준을 가늠하는 잣대가 된다.

르네상스 시대의 **이탈리아 철학**은 무엇보다 플라톤과 플로티노스 철학의 재발견에 가장 큰 영향을 받는다. 플라톤과 플로티노스 철학에 대한 지식을 이탈리아에 소개한 사람은 그리스 출신 학자 플레톤Plethon이고, 이에 자극을 받은 메디치가家의 코시모Cosimo de Medici는 1459년 피렌체에 플라톤 아카데미를 설립한다. 르네상스의 플라톤주의를 대표하는 인물로는 마르실리오 피치노Marsilio Ficino와 피코 델라 미란돌라Pico della Mirandola를 들 수 있다.

플라톤 사상은 피치노의 번역과 저술을 통해 전 유럽에 전파된다. 피치노의 철학은 주로 신플라톤주의의 유출론流出論(라틴어: 에마나티오emanatio)*과 미학에 영향을 받은 것이다.

이 시기에는 파도바Padova를 중심으로 아리스토텔레스 사상의 재발견도 이루어진다.

아리스토텔레스 사상의 재발견을 대표하는 사람은 피에트로 폼포나치Pietro Pomponazzi와 자코포 자바렐라Jacopo Zabarella 등이다.

* 플로티노스 유출론의 전제는 모든 사물을 초월하는 비물질적, 절대적, 불가분한 단일 실재인 신과 변화무쌍한 세계를 구분하는 이원론이다. 영원히 변치 않고 나눌 수 없는 일자一者인 신은 창조라는 행위의 주체가 될 수 없다. 불변하는 일자의 행위에서 변화무쌍한 세계가 나올 수 없다는 논리였다. 그러나 어쨌든 만물의 원천은 신이고, 이 모순을 해결하기 위한 비유가 바로 '유출emanatio'이다. 샘에서 물이 흘러나오고 태양에서 빛이 방사되듯 사물이 필연에 의해 신에게서 '흘러나왔다'는 것이다.

자연철학도 그 전성기를 맞이한다.

> 당대 자연철학의 주요 인물로는 르네상스를 통틀어 가장 폭넓은 사상가인 조르다노 브루노Giordano Bruno를 비롯해서 텔레시오B. Telesio, 파트리치F. Patrizi, 캄파넬라T. Campanella를 들 수 있다.

이 시기의 가장 큰 업적 가운데 하나는 새로운 과학 개념과 방법론적인 의식을 바탕으로 근대 **자연과학**의 기초가 마련된 것이다.

케플러J. Kepler와 갈릴레이G. Galilei는 사물의 본질을 캐묻던 종래의 탐구를 배제하고 숫자로 규정할 수 있는 양적 관계를 연구의 중심에 둔다.

베이컨F. Bacon은 인간의 편리를 위한 과학과 기술의 발달이야말로 문명의 진보를 가능하게 하는 바탕이라고 생각한다.

보댕J. Bodin, 그로티우스H. Grotius, 알투시우스J. Althusius 등이 주도한 새로운 **국가철학**과 **법철학**에서는 자연법, 통치 계약, 주권 등의 개념이 중심 역할을 한다. 마키아벨리는 도덕과 정치를 현실적으로 분리해야 한다는 독특한 주장을 내세운다.

르네상스의 정신적 변혁은 마르틴 루터에 의해 촉발된 **종교개혁**("그리스도교 개혁 운동")으로 마침내 교회에까지 도달한다. 교황의 세속적인 처신과 권력욕, 하위 성직자들의 신학적 소양 부족, 교회의 폐해, 도덕적 타락의 확산 등이 그리스도교의 개혁을 요구하는 원인이 된다.* 그 결과, 사상과 종교뿐 아니라 유럽의 정치 지도와 경제 사회적인 구조가 큰 변화를 겪는다. 종교개혁 운동은 스위스에서 츠빙글리U. Zwingli와 칼뱅J. Calvin("칼뱅주의")이 주도한 신앙 노선(예정조화론, 엄격한 노동 윤리 등)에도 큰 영향을 끼친다.

*그 원인으로는 교회 안의 문제 못지않게 여러 지적, 종교적, 사회적 흐름이 있었다. 르네상스 정신은 신학에 봉사하는 형이상학을 거부했을 뿐 아니라 사상의 원천을 중시했고("아드 폰테스Ad fontes, 원천을 지향함"), 이는 루터의 "솔라 스크립투라Sola Scriptura, 오직 성서로"라는 구호로 이어졌다.(205쪽 참조) 상업의 발달과 인구 증가, 소부르주아층의 형성, 빈민 증가 등 초기 자본주의 현상과 오스만투르크의 침입으로 신성로마제국 황제의 통제권이 약해진 16세기 상황은 지역 영주들로 하여금 교회에 독자적으로 저항할 수 있도록 했다. 1517년 루터가 비텐베르크 영주 교회에 95개 조항을 내걸면서 개혁 운동을 시작할 수 있었던 것도 영주들의 독립성과 개혁 운동가들의 이해관계가 일치한 덕분이었다. 실제로 루터는 농민전쟁이 일어나자 영주의 편에 서서 농노제 폐지를 비난했다. 1648년 베스트팔렌 조약까지 이어지는 개혁에서 중요한 신앙적 배경이 된 것은 철학적 논리로 신앙을 해석하는 스콜라철학과는 달리 일찍이 주관적이고 신비적인 신앙 체험을 내세운 클레르보Clairvaux, 마이스터 에크하르트의 신비주의 신앙이었다.

자연과학:
프랜시스 베이컨

근대 초기에 이루어진 가장 중요한 성과 가운데 하나는 자연과학의 방법론적 인식을 바탕으로 하는 새로운 **과학 개념**이다. 이 과학 개념에 따르면 '이성'과 '경험'이야말로 사물을 확실하게 인식하는 유일한 근거다.

"그 결론이 참인 동시에 필연적인 자연과학에서는, 천 명의 데모스테네스, 천 명의 아리스토텔레스라 할지라도 거짓인 결론을 참인 것으로 만들 수 없다."(갈릴레이)

전통적인 지식의 권위, 특히 아리스토텔레스 자연철학의 권위라는 속박에서 해방됨으로써, 그리고 양적인 것에 목표를 둔 탐구 방법을 알게 됨으로써 인간이 보는 우주와 자연의 모습은 결정적으로 달라진다.*

* 르네상스 시대의 과학혁명은 같은 원천에서 나온 물질과 정신이 어떤 경로로 서로 다른 양태로 나타나는지 고민하던 고대와 중세의 철학적 과학을 근본적으로 뒤엎었다는 데 의의가 있다. 이제 과학의 관심은 물질이 우리에게 보여주는 변화와 영향에 어떤 인과관계가 있는지, 그 다양한 인과관계를 설명할 수량적인 법칙은 무엇인지를 묻는 질문으로 영원히 옮겨갔다.

니콜라우스 코페르니쿠스 Nicolaus Copernicus (1473~1543년)는 근대를 향한 전환을 상징하는 인물이다. 자신의 저술 〈천구天球의 회전에 관하여〉(De revolutionibus orbium coelestium)에서 그는 우주가 정지 상태인 지구 주위를 돈다는 프톨레마이오스 Ptolemaios(기원후 2세기)의 천동설이 보여주는 세계상 대신 지구가 천구의 중심인 태양 주위를 돈다는 지동설을 주장한다.

지동설은 중세의 폐쇄적인 세계상을 깨뜨리고 개방적이고 역동적인 세계상으로 옮겨가는 중요한 계기가 된다.

요한네스 케플러 Johannes Kepler(1571~1630년)는 자연에 관한 양적인 인식을 탐구한다.

** 케플러는 힘은 거리의 제곱에 반비례하므로 태양계 행성의 공전 궤도는 타원형일 수밖에 없음을 밝혔다. 케플러의 제1법칙.

그는 정밀한 계산을 바탕으로 행성이 움직이는 법칙을 발견하는데**, 그의 발견으로 원의 완전성이라는 고대 이래의 사고에서 비롯된 전제, 곧 행성들이 완벽한 원을 그리며 공전한다는 코페르니쿠스의 이론은 수정이 불가피하게 된다.

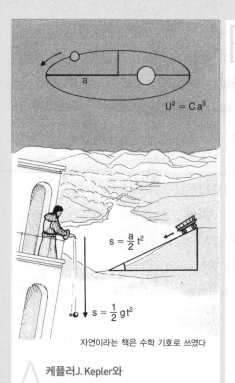

$$U^2 = C a^3$$

$$s = \frac{a}{2} t^2$$

$$s = \frac{1}{2} g t^2$$

자연이라는 책은 수학 기호로 쓰였다

A 케플러J. Kepler와
갈릴레오Galileo Galilei

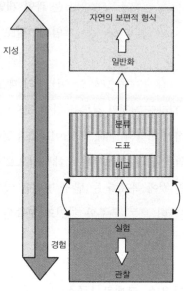

B 프랜시스 베이컨Francis Bacon: 귀납법

자연의 보편적 형식

일반화

분류

도표

비교

실험

관찰

지성

경험

C 프랜시스 베이컨Francis Bacon: 네 가지 우상(이돌라idola)

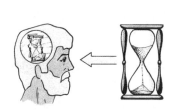

종의 우상: 인류라는 종種의 착각

동굴의 우상: 개인의 선입견

시장의 우상: 언어로 인한 선입견

극장의 우상: 철학자들의 이론에 의한 선입견

그의 이론에서 중요한 것은 수학적인 기술記述과 역학적인(물리학적인) 서술을 천문학 안에서 통합했다는 사실이다.

갈릴레오 갈릴레이 Galileo Galilei(1564~1642년)는 낙하와 운동 법칙을 정립하고 코페르니쿠스의 지동설을 지지한 것으로 유명하다. 그가 보기에 실재하는 사물의 본질을 지배하는 것은 수량적인 관계다. 따라서 수학의 기호와 법칙을 이해할 수 있는 사람만이 사물을 객관적으로 인식할 수 있다고 생각한다.

> "자연이라는 책은 수학의 언어로 쓰여 있으며, 그 언어의 철자는 삼각형이나 원과 같은 기하학적 도형이다."

과학적 인식에는 '이성'과 '관찰'이 동등하게 관여한다. 갈릴레이의 **방법**은 다음과 같은 특징이 있다.

> 서술하려는 대상을 가장 기초적인 조각으로 분해하기(현상의 분석). 가설 세우기. 실험(사고 실험을 포함하여)으로 가설을 검증하기. 도출된 명제에서 연역하여 결론 얻기. 수학으로 표시한 자연법칙 세우기.

근대적인 과학 이해의 근간은 본질 개념을 버리고 그 대신 함수 개념을 도입한 것이다.* 사물의 본질이 무엇인지를 따지는 종래의 태도에서 벗어나 수량적으로 측정할 수 있고 법칙의 관계로 기술할 수 있는 것을 향해 방향을 바꿈으로써 자연과학의 발달이 가능하게 된 것이다.

프랜시스 베이컨 Francis Bacon(1561~1626년)에게 과학의 목적은 사회의 이익을 위해 자연을 지배하는 것이다. 지식이 바로 '권력'이므로, 베이컨은 모든 과학의 체계적인 기초 수립과 기술記述을 연구 과제로 삼는다.

그는 인간의 갖가지 능력에 상응하도록 학문을 분류한다.

*'본질'에서 '함수'로 옮겨갔다는 것이 인식론적으로 무엇을 뜻하는지 살펴볼 필요가 있다. 높은 곳에서 떨어지는 사물이 우리 눈에 보인다고 가정하자. 고대와 중세의 학자라면 그 사물을 이루는 최소 단위, 그것이 있게 된 원인, 즉 사물의 외양을 지배하는 내적 원인 등에 관심을 가진다. 하지만 르네상스 시대의 학자들은 그 대상에서 우리가 경험하는 모양, 운동, 속성, 변화 등을 어떤 관계식으로—즉 어느 상황에서도 통하는 법칙으로—설명할 것인지를 고민한다. 예를 들면, 떨어지는 사물이 각 높이(x)에서 나타내는 속도(y) 사이에는 어떤 관계가 있는지 확인하는 것이다. 이렇게 대상의 변화를 양적 관계로 서술하는 것이 '함수'다. 높이 x를 지정하면 그에 따라 y가 정해지는 관계를 수학에서 $y=f(x)$로 표현하고 "x에서 y로의 함수 f"라고 읽는다.

—기억력(memoria메모리아): 역사학

—상상력(phantasia판타시아): 시학

—지성(ratio라티오): 철학

최상위의 학문은 제1철학(prima philosophia프리마 필로소피아)으로, 이는 모든 학문에 공통적으로 포함되어 있는 바탕을 대상으로 하는 학문이다.

사물의 본성에 대해 참된 통찰을 얻으려는 사람은 먼저 객관적인 인식을 방해하는 모든 편견으로부터 벗어나야 한다.

인식이란 대상을 왜곡하는 표상 없이, 즉 편견 없이 자연을 있는 그대로 받아들이는 것이다. 베이컨은 왜곡을 일으키는 편견을 **이돌라**idola(우상들)라고 부르면서, 저서 〈신기관新機關〉(Novum Organum노붐 오르가눔)에서 네 가지 우상을 제시한다.*

—**종의 우상****, 이돌라 트리부스Idola tribus: 인간이라는 종의 특성에서 생기는 우상으로, 인간의 지성과 감각이 오로지 인간적인 기준에 따라 현실을 파악하기 때문에 생긴다. 지성은 표면이 고르지 않은 거울 같아서, 자신의 본성과 사물의 본성을 혼합하여 사물의 본성을 왜곡하는 경향이 있다.

—**동굴의 우상*****, 이돌라 스페쿠스Idola specus: 각 개인 안에 있는 우상으로, 개인의 성격, 교육, 습관, 경향 등에서 만들어진다.

—**시장의 우상******, 이돌라 포리Idola fori: 언어는 그 자체에 잘못된 의미가 덧붙어 인간

* 베이컨은 이 네 가지 우상을 통틀어 이돌라 멘티스idola mentis, 마음의 우상들이라고 불렀다.

** 흔히 '종족의 우상'으로 직역하는데, 오해를 일으키는 역어다. 인간 전체의 특성으로 인한 편견을 가리키므로 '종의 우상'이 적절하다. 원문을 보면 베이컨의 논지를 확인할 수 있다. "반대로, 감관이나 마음에 의한 모든 지각은 개인의 기준에 따른 것일 뿐, 우주의 기준에 의한 것이 아니다. 인간의 지성은 잘못 만든 거울 같아서, 빛을 불규칙하게 받아들여서 자신의 성질을 사물의 성질과 혼합함으로써 사물의 성질을 왜곡하고 변색시킨다." Novum Organum, 잠언 16

*** "동굴의 우상은 각 개인이 가지고 있는 우상이다. 모든 인간의 보편적인 본성에 공통된 오류 말고도 모든 사람은 자기만의 동굴이 있고, 그 동굴이 자연의 빛을 굴절시키고 변색시키는 것은 각 인간의 독특하고 고유한 성질 때문이고, …… 또는 그의 교육과 다른 사람과의 대화 때문이며, …… 독서, 그리고 그가 존경하고 감탄하는 사람의 권위 때문이며, …… 무엇에 몰두하거나 특정한 성향이 있는 마음, 무심하고 차분한 마음 안에 생기는 서로 다른 인상 때문이다." 잠언 15

**** 광장/ 토론장의 우상이라고도 한다. "하지만 시장의 우상은 넷 가운데 가장 골치 아픈 우상이다. 이는 말과 이름이 연합하여 인간의 지성 안으로 잠입한 우상이다. 사람들은 이성이 말을 통제한다고 믿는다. 하지만 말이 이해에 반응한다는 것도 사실이다. 그리고 이것이 철학으로 하여금 궤변과 무력함에 빠지도록 한 것이다……." 잠언 59

을 오류에 빠뜨린다. 말은 사물 앞에 놓여 사물을 가리고, 그로 인해 말과 이름에 지나지 않는 것들이 논란을 불러일으킨다.

—**극장의 우상*******, 이돌라 테아트리Idola theatri: 여러 철학 학파가 앞뒤가 바뀐 논증과 허구에 불과한 이론을 주장하면서 전승되는 오류를 가리킨다. 이 네 가지 우상과는 반대로 우상을 부수고 우리를 참된 인식으로 이끄는 방법은 바로 **귀납법**이다.

방법론과 실험을 근거로 하는 이 귀납법의 실행 과정은 관찰 결과를 수집하여 비교하는 것으로 시작된다. 그런 다음 순차적인 일반화를 통해 자연의 보편적인 형식을 파악하는 것이다.

이때 귀납법은 우연한 경험을 출발점으로 삼지 않고, 질서 정연한 인지적 경험(지각의 목록)과 목표에 맞춘 실험을 통하여 계획에 따라 작업한다.

*****'체계의 우상'이라고도 한다. 사람들은 연극을 하듯 비현실적이고 가상적인 분위기로 독단론과 잘못된 증명 방법을 주장하는 '철학의 극장'에 갇혀 논리적 오류를 깨닫지 못하게 된다. 베이컨은 네 가지 우상 가운데 극장의 우상만이 선천적이지도, 사람들의 마음속으로 잠입하지도 않는 것이며 따라서 제거할 수 있다고 말한다.

르네상스 시대 철학자들이 활동한 장소

△ 마르실리오 피치노
▲ 피코 델라 미란돌라
△ 로테르담의 에라스무스
▲ 니콜로 마키아벨리
▲ 미셸 드 몽테뉴
▲ 조르다노 브루노
▲ 프랜시스 베이컨
▲ 갈릴레오 갈릴레이

B 몽테뉴 M. de. Montaigne

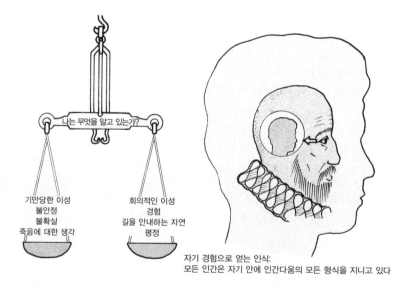

나는 무엇을 알고 있는가?

기만당한 이성
불안정
불확실
죽음에 대한 생각

회의적인 이성
경험
길을 안내하는 자연
평정

자기 경험으로 얻는 인식:
모든 인간은 자기 안에 인간다움의 모든 형식을 지니고 있다

인문주의
(휴머니즘)

인문주의(185쪽 참조)의 창시자는 **프란체스코 페트라르카**Francesco Petrarca(1304~1374년)라고 일컬어진다. 중세의 경직된 대학 교육에 대해 거부감을 품고 있었던 그는 고대의 철학과 문학을 재발견하게 된다. 그는 고대 고전이 그 내용과 형식에서 모범적이라고 생각한다.

인문주의는 압도적으로 문예적인 성격의 사조이며, 이를 잘 보여주는 것은 무엇보다 고대의 달변에 대한 찬사다. 그런 까닭에 언어의 각 분야(문법 이론, 수사학, 변론술)는 인문주의 사상의 핵심적인 대상이 되는데, 이는 고대 문서를 재출판하기 위한 문헌학 연구에서도 자극을 받았기 때문일 것이다.

로렌초 발라 Lorenzo Valla(1407~1457년)의 저서 〈변증법적 논쟁〉(Dialecticae disputationes)은 개념, 명제, 논리적 추론에 대한 연구로, 논리학이 어떻게 언어를 바탕으로 만들어지고 다루어지는지를 명확히 보여준다. 이와 연관된 것은 스콜라철학에 대한 비판이다. 즉, 스콜라철학은 현실적으로 존재하는 그 어떤 것에도 대응되지 않는 터무니없는 말을 만들어냄으로써 사람들을 속이고 있다는 것이다. 따라서 중요한 것은

사실 자체로 돌아가서 낱말과 사실의 상호작용을 파악하는 것이다.

그리고 철학의 주된 대상은 인간이어야 하며, 인간을 둘러싼 역사적, 정치적 삶의 조건, 인간이 가진 창의적 능력의 자유로운 구현이어야 한다.

그래서 그 명칭 또한 "인간성을 향한 탐구"(스투디아 후마니타티스studia humanitatis)를 뜻하는 인문주의라고 한 것이다.

인문주의가 지향하는 최고의 이상은 "우오모 우니베르살레(보편적 인간)"이다.

보편적 인간은 신분에 얽매이지 않으며 여러 분야를 두루 섭렵하여 지식을 넓힘으로써 학습 능력이라는 자신의 본성을 구현하는 인간을 가리킨다.

고대의 인간성을 이상으로 하는 이 보편적 인간이라는 정의는 절제, 정의正義, 미적 감수성, 자연과의 조화 등의 덕목으로 나타나는 도덕적 태도와 결부되어 있으며, 시민사회의 사회적인 덕목들이 중요한 역할을 한다.

북유럽의 인문주의 사조를 대표하는 인물은 **로테르담의 에라스무스**Erasmus Rotterdamus(1469~1536년)다. 그는 그리스도교 철학과 고대의 인간성을 연결하기 위해 노력한다.

> 삶은 다양성과 대립하는 것들만으로 가득하므로, 대립하는 것들을 연결함으로써 아무것도 빠뜨리지 않도록 하는 지혜가 필요하다.

이런 열린 태도에서 그는 종교 분야를 향해서도 관용을 요구하는데, 관용은 인문주의의 교양을 가진 세계 시민으로 구성된 그리스도교라는 사고방식 안에서 가능한 것이다.

풍자적인 저작 〈우신 예찬〉(Encomium moriae, 1509년 또는 1510년)에서 그는 유유한 자세로 인간과 자기 시대가 보여주는 근본적인 약점을 비판한다.

이성은 어떤 권위에도 구속되지 않는다는 그의 의식은 비판적인 인식과 문헌학에 대한 이해를 통해 형성된 것이다.

> 그러므로 신앙의 문제에서도 인간은 오로지 각자의 양심에 대해서만 책임을 진다.

자기 사상의 많은 부분이 종교개혁에 영향을 끼쳤지만, 훗날 에라스무스는 종교개혁 운동과는 거리를 두게 된다. 이런 그의 태도는 무엇보다 자유 의지를 둘러싸고 루터와 벌인 논쟁 때문인데, 루터와는 달리 그는 자유 의지를 강조하는 입장이다.

에라스무스와 친밀했던 **토머스 모어**Thomas More(1478~1535년)는 무엇보다도 저서 〈유토피아〉(Utopia)로 유명한데, 이 책에서 그는 종교적 관용, 행복(eudaimonia), 사유재산제 철폐 등을 바탕으로 하는 이상 국가를 구상한다.

이탈리아의 르네상스와는 다른 출발점을 선보인 사람은 프랑스 인문주의를 대표하는 **미셸 드 몽테뉴**Michel de Montaigne(1533~1592년)다. 그는 저서 〈수상록〉(Essais)으로 수필이라는 자유분방하고 주관적인 문학 장르를 창시한다.

몽테뉴의 모토는 **"내가 아는 것은 무엇인가Que sais-je?"**인데, 이는 그의 회의론적인 출발점을 잘 보여준다.* 세계는 끊임없는 생성과 다양성으로 인해 우리 앞에 조각조각 나뉜 모습으로 나타나므로, 무언가 변하지 않는 것, 영원한 것을 파악할 수 있다고 믿는 순간 우리 이성은 조롱당하고 만다.

"결국 변하지 않는 존재란 없으니, 인간의 본질이 그렇고 사물의 본질도 마찬가지다. 우리 자신, 우리가 내리는 판단, 그리고 죽어 없어질 모든 것들은 변해가고 파도에 떠밀리듯 사라진다."

그러므로 그에게 자연과학이란 궤변적인 문예에 지나지 않으며, 철학의 역사를 지배하는 것은 무질서다.

인간의 삶도 죽음으로 인한 불확실성과 의혹, 끊임없는 위협으로 가득하다.(이는 훗날 등장하는 실존주의 철학의 근본 사상이다.)

하지만 이런 회의적인 태도는 체념으로 이어지지 않는다. 그것은 우리를 허위로부터 풀려나게 하고 우리에게 독자적인 판단과 내적인 확신을 제공한다. 그렇게 되면 스스로의 **경험**은 사물을 인식하는 최고의 원천이며 자아는 가장 적합한 대상이라는 사실이 밝혀진다. 인간은 자기 내면을 관찰함으로써 자신의 고유한 본성을 발견함과 동시에 인간다움을 이루는 모든 형식을 만나게 된다.

"모든 인간은 자기 안에 인간다움의 모든 형식을 지니고 있다."

스토아철학으로 이해한 질서를 부여하는 본성은 주어진 상황에 맞는 삶을 위한 잣대와 인도자가 된다.

* 인간이 경험하지 못하는 '영원한 것'을 의심하는 몽테뉴의 회의론적 사고와 르네상스 이탈리아 철학 시대의 우주론은 훗날 16~17세기의 과학혁명을 촉발한 경험주의의 예고편이었다. 몽테뉴, 브루노 등 르네상스 철학자, 과학자들은 세계의 존재와 속성들을 그리스도교 교리를 인용하여 설명하지 않고 "유한한 인간은 경험할 수 없는 무한한 어떤 것"이라고 건너뜀으로써 자연 세계의 '의미'와 '목적' 문제를 우회한다.

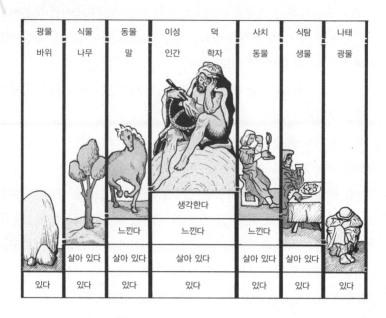

A 피코 델라 미란돌라Pico della Mirandola: 인간의 지위(샤를 부이에 그림, 1509년)

광물	식물	동물	이성	덕	사치	식탐	나태
바위	나무	말	인간	학자	동물	생물	광물
			생각한다				
	느낀다	느낀다	느낀다				
	살아 있다	살아 있다	살아 있다		살아 있다	살아 있다	
있다	있다	있다	있다		있다	있다	있다

B 우주

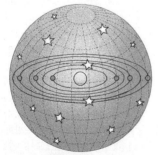

코페르니쿠스와 케플러:
우주는 항성계만으로 구성되어 유한하다

브루노: 우주는 무한하다

C 조르다노 브루노Giordano Bruno

형상과 질료

전일성全一性

세계 영혼

전일성의 구현

이탈리아 철학

마르실리오 피치노Marsilio Ficino(1433~1499년)가 중심인물인 르네상스 **플라톤주의**는 인간을 정신적 존재로 규정한다.

인간의 불멸하는 영혼은 세계의 핵심인 동시에 세계가 분리되지 않도록 묶고 있는 끈이다. 영혼은 온전히 물질로 이루어진 영역과 순수하게 신적인 정신 영역을 이어주는 중간자이기 때문이다. 영혼이 이성의 힘으로 물질적인 것에서 풀려나면 자신의 신적인 근원으로 돌아갈 수 있게 된다.

피치노의 제자 **조반니 피코 델라 미란돌라**Giovanni Pico della Mirandola(1463~1494년)는 〈인간의 존엄성에 관한 연설〉*(Oratio de hominis dignitate)에서 자유가 정신에 의한 지배에서 나오는 것임을 논증한다. 즉, 신은 창조의 마지막 날까지 모든 속성을 피조물에 부여했고, 때문에 신에게는 인간에게 부여할 고유한 속성이 남아 있지 않았다. 그래서 신은 인간에게 이렇게 말했다.

> "네 앞에는 넘어서지 못할 장애물을 놓지 않을 것이니, 너는 오로지 너의 자유 의지에 따라 …… 미리 스스로에게 속성을 부여해야 할 것이다. 나는 너를 세상의 중심이 되도록 하였으므로 너는 그 자리에서 너를 둘러싼 세상의 모든 것을 볼 것이다. …… 짐승의 저급한 세계로 떨어지는 것도 너의 자유이며, 네 정신의 결단으로 신적인 고등 세계로 올라가는 것도 너의 자유다."**

* 원래 〈명제집〉으로 저술된 것으로 피코 사후에 "인간의 존엄성에 관한 연설"이라는 부제가 붙었다. 〈명제집〉은 그리스철학, 히브리 사상, 동방의 신비주의 등 인간과 신에 관한 다양한 사조를 집대성하여 신학과 철학의 조화를 옹호하는 900개의 명제로 되어 있다. 피코는 근대 정신을 미리 실현한 혁명적인 인물이었다. 그는 세상의 온갖 사상에서 인간 지성의 위대함을 발견하고 감탄했다. 인간의 지성이 통일성을 지향하고 있고, 그 과정을 이끄는 것은 인간과 학문과 예술의 자유임을 간파했다.

** 피코 델라 미란돌라, 〈인간의 존엄에 관하여〉(De hominis dignitate)

정신이 지배하는 인간은 신이 창조한 모든 형상을 관찰할 수 있을 뿐 아니라 스스로 자기의 본질을 만들 수도 있다. 인간이 세상의 중심에 있기 때문이다. 이런 착상은 자유로운 **주관성**을 강조한다는 점에서 의미가 있기는 하지만, 플라톤주의는 인간의 육체성과 사회적 연관성을 경시하고 삶을 관조하려는 경향이 있다.

피에트로 폼포나치 Pietro Pomponazzi(1462~1525년)는 **아리스토텔레스주의**를 대표하는 인물로, 영혼과 육체가 둘이 아니라 하나임을 강조한다. 인간 영혼의 인식 작용에는 감각적 인상의 협력이 필요하므로, 물질적인 것이 없는 영혼은 생각할 수 없다. 모든 지식의 바탕은 경험이므로, 자연에서 경험할 수 있는 연관 관계들을 경유해야만 무언가를 알 수 있을 뿐, 그 경험 가능한 연관 관계 뒤에 숨어 있는 존재의 근거를 경유해서는 아무것도 알 수 없다. 영혼의 불멸은 이성적인 근거로 증명할 수 없다. 영혼의 불멸은 도덕을 위해서도 쓸모가 없다. 저세상에서 받을 보상은 도덕적 행위의 동기가 되지 못하기 때문이다.

베르나르디노 텔레시오 Bernardino Telesio(1509~1588년)의 **자연철학**은 온기와 열기를 자연의 능동적 원리로, 물질을 자연의 수동적 원리로 상정하고, 양자의 협동으로 만물이 생성되는 것이라고 생각한다. 인간은 자기 안에 있는 물질적 영혼의 힘으로 자연 사물을 인식한다. 논리학과 수학에서 다루는 것들을 포함해서 모든 지식, 개념, 판단은 결국 감관의 지각 작용을 바탕으로 이루어진다. 그리고 인간이 신적인 것을 인식하는 것은 신이 부여한 정신적 영혼의 도움으로 가능하다고 한다.

조르다노 브루노 Giordano Bruno(1548~1600년)는 포괄적인 형이상학을 구상한다. 그는 신플라톤주의, 니콜라우스 쿠사누스, 코페르니쿠스 등에게서 영향을 받는다. 그는 자신의 세계관으로 인해 종교재판에서 유죄 판결을 받고 처형당한다.

브루노는 태양을 중심으로 하는 코페르니쿠스의 세계관을 받아들이지만, 항성이 천구에 고정되어 있다는 코페르니쿠스의 유한 우주론을 부정하고 우주가 무한하다고 생각한다. 그의 무한 우주는 지구처럼 생물이 살 수 있는 무한히 많은 세계로 구성된다. 그 세계 하나하나는 변화를 겪다가 사라질 것이지만 우주 전체는 영원하며 움직일 수 없다. 우주의 바깥에는 아무것도 없고 오로지 우주 자체가 존재 전체이기 때문이다.

이런 판단의 근거는 신은 무한하므로 무한한 것만을 창조할 수 있기 때문이라는 것이다.

> "우리는 이 공간이 무한한 근원과 무한한 원리의 작용과 결과로 생겼으며 따라서 무한한 방식으로 무한할 수밖에 없다는 것을 안다."

모든 존재는 신적인 원근거(독일어: 우어그룬트Urgrund)의 전일성全一性(독일어: 알아인하이트All-Einheit) 안에 응축(라틴어: 콤플리카티오complicatio)되어 있으며, 그 원근거 안에서 모든 대립이 무너진다. 세상의 각 사물은 모두 그런 응축이 전개된 것, 곧 펼쳐진 것(엑스플리카티오explicatio)이다.* 그러므로 자연의 모든 형상에는 신적인 것이 현존現存한다. 신은 세계 바깥이 아니라 세계 안에 있다.

그런데 이렇게 '펼쳐진' 각 사물 안에는 '대립의 합일'이 사라지고 없다. 대립의 합일이 사라지면서 개별 사물에서는 가능성과 현실성이 서로 분리되므로, 그런 사물은 결코 자신이 될 수 있는(가능한) 상태에 이르지 못하고, 따라서 불완전하고 변하기 쉽고 유한하다.

자연 안에서 작용하는 원인은 세계혼(세계령. 독일어: 벨트젤레Weltseele)이다. 세계혼에서 생겨나는 정신은 "내면의 예술가"로, 질료의 내면에 작용하여 자연의 다양한 모습을 만들어낸다.

> 그러나 외부로부터 질료에 각인되어 형상이 만들어지는 것이 아니라 질료가 자기 안에 있는 형상을 밖으로 밀어내는 것이다.

질료와 세계를 구성하는 모든 부분은 그 안에 정신이 침투되어 있으므로 영혼이 있다.

후기 저작에서 브루노는 모나드monad(단자單子) 이론을 펼친다.

> 가장 작고 가장 단순한 단위인 모나드는 사물의 본질을 포함하고 있으며 자연을 이루는 기본 요소다.

인간의 정신은 우주의 본질에 상응하여 무한한 것을 인식하기 위해 노력한다. 정신은 무한성을 중심으로 맴돌지만 결코 그 중심에 다다르지 못한다. 따라서 정신의 운동을 유지하는 것은 "영웅적인 열정"이며, 이 열정 덕에 인간의 의식은 상승하여 단계적으로 신적인 것을 닮아가게 된다.

A 그로티우스H. Grotius: 자연법

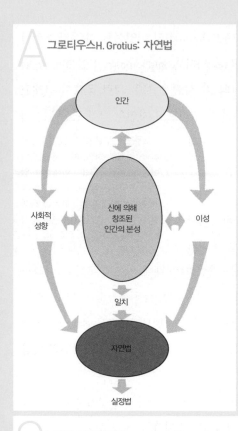

인간

사회적 성향 ↔ 신에 의해 창조된 인간의 본성 ↔ 이성

일치

자연법

실정법

B 알투시우스J. Althusius: 국민 주권

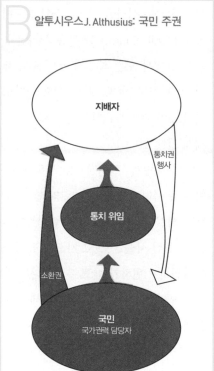

지배자

통치권 행사

통치 위임

소환권

국민!
국가권력 담당자

C 니콜로 마키아벨리Niccolò Machiavelli

목표: 이탈리아 중부에 군주국을 건설하는 것

운명

1501년 우르비노 공작

1503년 아버지 사망

1500년 로마냐 공작

1503/04년 억류

1498년 발렌티노 공작公爵

정복지 반환

행동력

1493년 추기경

1506년 전투에서 사망

체사레 보르자Cesare Borgia: 행동력과 운명

국가론과 법 이론, 종교개혁

국가론의 근본 문제 가운데 하나는 **국가 권력**에 관한 질문이다. **장 보댕**Jean Bodin(1530~1596년)은 국가를 특징짓는 주권 개념을 규정한다. 주권은 절대적, 지속적, 최상위의 (명령)권력이다. 주권적 권리(입법권, 전쟁 지휘권, 사법권, 재정권)의 소유자는

절대적 지배자로, 신의 명령과 자연법 외에는 어떤 것에 대해서도 책임을 지지 않는다. 그에게 위임된 권력은 무효화될 수 없다. 하지만 그는 시민의 자유와 소유권을 존중해야 한다.

요한네스 알투시우스 Johannes Althusius(1557~1638년)의 견해는 보댕과 다르다. 그에 따르면 주권은 오로지 인민에게 있으며, 인민은 지배자에게 국가의 통치를 위임할 따름이므로 그 위임을 취소할 수 있다.

따라서 인민은 지배자를 퇴진시킬 권리가 있다.

후고 그로티우스 Hugo Grotius(1583~1645년)는 〈전쟁과 평화의 법〉에서 **자연법** 개념에 대한 보편적인 고찰을 시도한다. 그는 법률로 정해져 당대에 통용되는 실정법과 규범적이고 영구불변하는 자연법을 구분한다. 실정법은 자연법에 합치할 때만 유효한 법이라는 자격이 있다.

"자연법은 이성의 명령이며, 이 이성의 명령은 자연법에 대한 합치 또는 불합치를 기준으로 어떤 행위가 도덕적으로 필연성이 있는지 추악한지 분별해준다."

자연법의 바탕은 인간으로 하여금 질서 정연한 공동체를 지향하도록 하는 사회적 성향, 그리고 신이 부여한 인간 본성에 합치하는 것이 무엇인지 알도록 하는 이성이다. 자연법의 구체적인 내용은 한편으로는 인간 본성에서 유래하는 명백한 원리에서, 그리고 다른 한편으로는 문화를 가진 여러 나라 인민들의 공통된 견해에 대한 고찰에서 확인된다.

니콜로 마키아벨리 Nicolò Machiavelli(1469~1527년)는 저서 〈군주론〉(Il Principe)에서 고대부터 이어져온 정치와 윤리의 연계를 끊음으로써 정치철학의 새로운 방향

을 보여준다. 그에게 중요한 것은 윤리적 이상을 바탕으로 구축된 국가가 아니라 현실의 분석이다.

> "……왜냐하면 '현재 어떻게 살고 있는가'와 '어떻게 사는 것이 옳은가' 사이에는 너무나 큰 간극이 있어서, 현실에서 어떤 일이 벌어지고 있는지가 아니라 어떻게 되는 것이 옳은지만 중요하게 여기는 사람은 자신의 생존을 지키지 못하고 파멸하는 경우가 훨씬 많기 때문이다. 언제나 선善만을 원하는 사람은 선하지 않은 수많은 사람들에 치여 결국 파멸할 수밖에 없다."

마키아벨리의 눈앞에는 정치적 위기로 흔들리고 국가의 내부가 무너져내릴 위험에 부딪힌 시대가 펼쳐져 있으므로, 그는 지속적으로 질서가 유지되는 국가, 그리고 시민의 윤리 의식을 확립해주는 국가 조직을 구현할 방법을 제시하려 한다. 그런 국가의 바탕이 되는 것은 지배자의 유능함과 권력을 향한 의지이므로, 그는 군주가 국가의 질서와 자신의 권력을 유지하기 위해서 갖추어야 할 속성을 제시한다. 이에 크게 영향을 끼친 것은 정치와 도덕을 분리한 마키아벨리의 사고다.

> 위급한 상황이라면 군주는 악한 행동이라도 할 준비가 되어 있어야 한다. 권력을 유지하는 데는 선한 행동이 아니라 선을 가장하여 인민의 존경을 얻는 것이 더 유익하다.

그가 모범으로 삼은 군주는 체사레 보르자Cesare Borgia다. 인간의 행, 불행을 좌우하는 것은 행동력(비르투virtù, 능력)과 우연한 외적 상황(포르투나fortuna, 운명)이다. 그러므로 지배자는 외적인 조건에 적응하는 능력이 있어야 할 뿐 아니라 변화무쌍한 운명을 극복할 행동력을 가져야 한다.

당대의 역사적 배경에 따른 사고방식의 격변은 마침내 **종교개혁**이라는 모습으로 그리스도교로 번졌고, 이는 교회의 분열이라는 결과를 낳았다. 교회의 폐해로 인해 급박해진 쇄신은 **마르틴 루터**Martin Luther(1483~1546년)의 개인적인 신앙 체험에서 그 돌파구를 찾았다.

루터의 출발점은 인간이 죄에 떨어져 타락할 수밖에 없는 본성을 지니고 있다는 것이다. 그래서 자기 의지에 의한 노력이나 선행을 통해서가 아니라 신의 은총만으로(라틴어: 솔라 그라티아sola gratia), 믿음만으로(솔라 피데이sola fidei) 신 앞에 떳떳한 상태가 될 수 있다. 그리하여 가톨릭교회가 주장해온 구원의 '중재자 역할'을 거부한다. 왜냐하면

> 신앙 행위 안에서 각 인간은 신과 직접적이고 인격적으로 책임을 지는 관계에 있기 때문이다.

그는 기록된 신의 말씀만(솔라 스크립투라sola scriptura)을 구원으로 인도하는 유일한 권위로 인정한다. 가톨릭교회의 위계적 구조를 부정하고 대신 신자 공동체로서의 교회와 만인제사장*이라는 사고를 내세운다. 이렇게 신앙의 출발점을 오로지 개인의 내면에 두는 사고방식에 의해, 인간은 내적이고 정신적인 연계로 이루어지는 공동체와 외적이고 국가적인 공동체라는 서로 다른 두 세계에 동시에 살아가는 존재가 되었다.

장 칼뱅 Jean Calvin(1509~1564년)은 프로테스탄티즘에 윤리적인 엄격함을 강조하는 내용을 더한다. 그는 각자가 일과 사업에서 이루는 사회적인 성공을 신으로부터 선택되었다는 증거로 여겼고, 그로부터 근대 자본주의 사회의 전형적인 노동 윤리가 만들어졌다.

* 루터는 "신자들이 바로 왕의 사제들"이라는 베드로 서간 등을 바탕으로 신자 각자가 직접 신과 마주하고 관계한다고 주장한다. 이는 "믿음에 의한 구원", "말씀에만 의존함"과 함께 루터가 종교개혁의 근간으로 여긴 이론이다. 따라서 개신교는 유대교와 가톨릭교회가 위계 제도 안에서 성직자를 신과 인간의 중재자로 세우는 것을 "비성서적"이라고 거부하고, 예수 이외에는 어떤 중재자도 부정한다. 목사의 위치도 "직분"으로 이해한다. 그러나 만인제사장주의는 개신교 내의 교파에 따라 다양한 내용으로 실천된다. 세례와 "성례전"의 집전을 목사가 독점하는 교파도 있고 예배의 모든 형식을 신자들이 담당하는 교파도 있다.

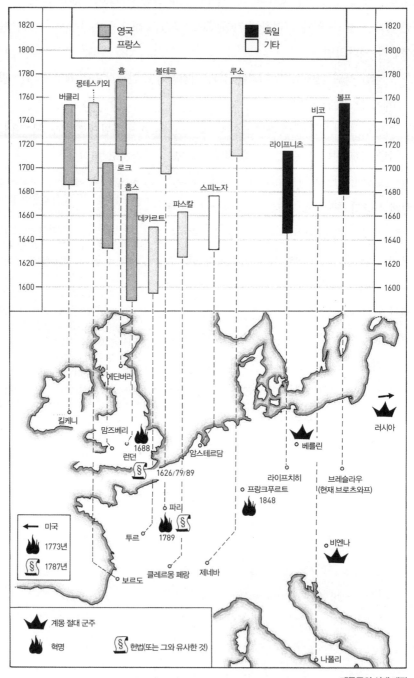

계몽주의 시대 개관

계몽주의 철학: 개관

정신사의 시대 구분에서 17세기와 18세기의 사상과 역사는 **계몽주의**라고 일컬어진다. 계몽이라는 낱말에 대한 고전적인 정의로 통하는 것은 임마누엘 칸트 Immanuel Kant의 정의(1783년)다.

"계몽이란 인간이 자기 탓으로 빠져들었던 미성숙 상태에서 벗어남을 뜻한다. 미성숙이란 다른 이의 인도 없이는 자신의 지성을 사용할 수 없는 상태를 말한다."

그러므로 계몽 여부를 결정하는 것은 이성의 사용과 생각하는 개인의 자립적인 행위다. 따라서 계몽의 또 다른 특징은 전통이나 권위와 거리 두기, 자유의 존중, 어떤 문제든 이성적으로 해결할 수 있는 능력에 대한 적극적인 평가 등이 된다.

이 새로운 사고는 두 가지 방향으로 전개된다.

1) **합리주의**(특히 프랑스와 독일의 합리주의): 합리주의를 대표하는 인물들은 사고의 순수한 원리를 통해 현실 세계의 구조를 인식할 수 있다고 주장한다. 세계의 논리적인 질서는 인간으로 하여금 세계를 연역적으로 파악할 수 있도록 해준다. 그런 논리적 질서의 모범 사례는 몇 안 되는 확실한 공리에서 결론을 도출하는 수학의 방법론이다.

현실 세계는 두 실체(데카르트), 하나의 실체(스피노자) 또는 다수의 실체(라이프니츠)로 구성되며, 신에 의해 완벽하게 만들어져 있다.

2) **경험주의**(특히 영국 그리고 나중에는 부분적으로 유물론으로 나타난 프랑스 경험주의): 프랜시스 베이컨(191쪽 참조)에서 홉스, 로크, 버클리를 거쳐 흄에 이르는 경험주의자들은 인식의 바탕이 (감관의) 경험에 있다고 본다. 현실에 존재하는 것은 오로지 개별적인 대상과 현상뿐이다. 이성을 제대로 사용하면 이 대상과 현상에서 질서를 발견하고 그로부터 귀납적인 결론을 이끌어낼 수 있다.

이러한 사고는 무엇보다 자연과학의 탄생에 영향을 끼쳤으며, 법철학과 국가철학에서 개인을 강조하게 되는 데도 일조했다.

많은 계몽주의 철학자는 수학, 물리학, 정치, 외교 등 여러 분야에서 중요한 업적을 남기기도 한다.

이처럼 전통과 권위를 불신하는 계몽주의의 사고방식은 **종교**에 대한 비판적인 태도로 이어진다.

　이성을 통해 따져보는 가운데 우리는 종래의 "미신"에서 벗어나 좀 더 합리적인 경건함을 지향하게 된다.

계몽주의자들은 특별히 여러 종교 집단 사이의 관용에 관심을 둔다. 그래서 등장한 전형적인 사상이 바로 이신론理神論*(데이즘deism)이다.

　신은 세계를 완벽하게 창조했다. 하지만 그런 다음에는 세계에 개입하지 않는다.

이렇게 수학을 동원하고 관찰이라는 방법에 집중하는 사조의 영향으로 자연과학은 새로운 돌파구를 맞는데, 가장 중요한 사례는 뉴턴이다.

　1687년에 발표된 뉴턴의 역학**은 자연 현상에 대한 포괄적이고 양적인 설명으로, 불필요한 가정 없이 철저히 인과적으로 구성되어 있다.

* 이신론은 계시를 바탕으로 하는 계시 종교에 맞서 신과 우주와 인간에 대한 종교적 이해의 근거를 지성의 활동에서 찾는 종교적 성향으로, 17세기 영국에서 만들어진 개념이다. 신의 존재와 창조를 인정하지만, 세계의 인과관계 안에 언제든 개입하는 인격신의 속성과 계시를 인정하는 인격신론과 달리 세계사에 대한 신의 개입과 계시를 부정한다.

** 1687년에 출간된 〈자연철학의 수학적 원리Philosophiae Naturalis Principia Mathematica〉, 줄여서 "프린키피아"라고 부르는 책에서 뉴턴은 운동의 기본 법칙과 만유인력 법칙을 기술해서 자연과학의 역사에서 혁명적인 획을 그었다.

계몽주의 시대는 다수의 과학적 발견이 이루어진 시기다. 이로써 자연을 정복하는 데 큰 진전이 이루어지고, 이는 계몽주의로 하여금 부분적으로 진보에 대한 신앙을 갖도록 한다.

사회적으로 보아 이 시대의 특징은 경제 발달로 인한 시민사회의 성장이라고 여겨진다. 그리고 그 성장 과정의 배경에는 자유주의(리버럴리즘liberalism)가 있다. 자유주의라는 경제 이론은 기업 활동과 상행위의 자유를 주장하는 것이고, 그 표어는 다음과 같다.

"뭐든 하도록 둬라, 지나가도록 둬라."(프랑스어: 레세 페르, 레세 파세Laissez faire, laissez passer."*

또한 국가와 그 구성원 집단을 넘어서는 개인의 권리가 철학적으로 확립된 것도 이런 흐름에 일조한다.

영국에서는 그런 자유권을 보장하는 법적 문헌이 등장하는데, 인신보호법(Habeas Corpus Act, 1679), 권리 선언(Declaration of Rights, 1689) 등이 그것이다.

법철학에서 이루어진 중요한 성과로는 자연법과 인권의 새로운 정립을 들 수 있다. 1776년 미국의 버지니아 권리 장전(Virginia Bill of Rights)이 그 예가 될 것이다.

"모든 인간은 본디 자유로우며 …… 천부의 권리를 지니고 있으니 …… 삶과 자유를 향유할 권리, 재산을 획득하여 소유할 권리, 행복과 안전을 추구하여 확보할 권리 등이 그것이다."**

계몽주의 사상은 **국가** 조직에 깊은 영향을 끼친다. 계몽주의를 통해 정식화된 국가철학의 주요 원리는 다음과 같다.

— 계약론: 통치는 인민과 정부 사이에 맺어지는 계약으로 보아야 한다.

— 인민 주권론: 국가 권력은 인민에게 있다.

— 권력 분립론: 권력의 오용을 막기 위해 국

* "레세 페르laissez faire"는 "내버려두라"는 뜻이다. 등장하자 곧 경제적, 특히 상업적 자유주의를 상징하는 구호가 된 이 말은 사실 영국의 산업 자본가들이 아니라 프랑스 중농주의자들이 만든 말이다. 그 가운데 프랑수아 케네François Quesnay는 이를 중국 노자의 "무위無爲", 즉 아무것도 하지 않음으로 영향을 미치는 것이라는 표현의 번역으로 지칭하여 강한 인상을 남겼다. 중농주의자들은 중상주의자들이 무역 관세나 규제를 통해 보호받으려고 하는 경향에 반대했다. 시장에서 이루어지는 "완전한 자유 교환"이 생산과 분배를 가장 합리적으로 조정하게 되리라는 믿음에서 "행정과 권력이 간섭하지 않고 내버려두는 것이 상업에 가장 유리하다"는 주장을 펼치게 되었고, 이들이 생각한 눈에 보이지 않는 "균형자"라는 개념은 애덤 스미스의 "보이지 않는 손" 이론으로 한층 정교하게 다듬어졌다. 그 뒤로는 완전한 자유방임을 주장하는 경제적 자유주의가 보통 "레세 페르 자유주의"라고 불리기도 했다. 산업 자본주의의 폐해에 주목하게 된 19세기에는 레세 페르가 결국 "야경 국가"를 불러올 것이라고 경고한 페르디난트 라살을 비롯해서 여러 경제학자, 사회 사상가의 비판이 이어졌다.

** 권력과 제도가 경제 행위에 개입하지 말 것을 주장하는 이 리버럴리즘, 곧 자유주의는 경제 이론에 머물지 않고 무정부주의처럼 개인의 삶에 대한 국가와 권력의 통제를 거부하는 사상에도 영향을 끼친다. 하지만 이 경제적 자유주의의 주된 관심사는 언제나 경제활동의 자유다. 오늘날 "자유주의"라는 용어는 세계 곳곳에서 취약한 민주주의 체제나 경제 권력의 전횡을 호도하는

가 권력은 서로 통제하는 위치에 있는 다양한 기관에게 나누어져야 한다. 권력 분립에 관한 고전적인 이론은 로크와 몽테뉴의 저술에 등장한다.

—권력에 대한 모든 인민의 민주적 참여

이런 사상은 여러 경로로 실현된다. 영국에서는 입헌 군주제(헌법 등 문서에 의해 민주적 권리가 보장되는 군주국)가 성립된다. 유럽 대륙에서는 다음과 같은 원리를 바탕으로 이른바 "계몽적 절대 왕조"*가 등장한다.

> "인민을 위해서 모든 것을 하되, 인민은 아무것도 결정하지 않는다."**

프랑스에서는 1789년에 일어난 혁명의 영향으로 국가와 그 구성원인 시민의 권리에 대한 새로운 이념이 실현된다.

도구로 쓰인다. 그런 곳에서 자유주의는 인신, 사상, 정치에 대한 시민의 권리 보호를 뜻하는 정치적 "자유주의"와 동의어인 것처럼 선전된다. 우리나라에서도 헌법에 명기된 "자유민주적 기본질서"라는 사상에서 "자유"를 경제적 자유주의의 "자유"를 뜻하는 것으로 왜곡하고, 헌법의 정신에 따라 자유시장경제를 모토로 하여 사회적 복지 확대를 제한해야 한다는 선전을 흔히 경험한다. 이 자유민주적 기본질서라는 표현은 우리 헌법의 모범이 된 독일 기본법 각 조항에 등장하는 "자유민주적 기본질서"(freiheitlich-demokratische Grundordnung)를 그 뜻과 함께 그대로 옮겨온 것으로, 여기서 "자유"는 인격과 인신의 절대적 보호와 정치적, 사회적 기본권의 실현에 연관된 자유를 뜻한다.

* 계몽적 절대 왕조는 볼테르, 몽테스키외 등 계몽 사상가의 영향을 받은 대륙의 절대 군주 체제를 가리킨다. 합리성, 종교적 관용, 기본권, 재산권 등을 수용하면서 정치적으로는 군주의 절대적 권력을 요구하는 이율배반적인 흐름이었다. 프로이센의 프레데릭 대제, 오스트리아의 요제프 2세 등이 대표적이며, 합리주의자의 독재, 반교황권 경향, 관료제 정비, 예술과 학문의 장려 등의 결과를 낳기도 했다.

** 이것은 요제프주의, 즉 오스트리아의 요제프 2세의 정치철학을 요약한 원칙이다. 괴테가 "축복받은 정부"로, 레싱이 "고결한 시대"로 칭송한 계몽 군주로서 그는 인민에게 최선인 체제를 만들어야 한다고 믿었지만, 인민이 결정권을 가지는 것은 받아들이지 않았다.

합리주의 I: 데카르트 I

르네 데카르트 René Descartes(1596~1650년)는 전통에 대한 회의를 이성(ratio라티오)의 존중과 연결하여 계몽적 결과를 이끌어낸다. 수학자인 데카르트는 정밀한 자연과학의 성과와 수학의 방법론을 받아들인다. 이 밖에 그의 철학에서 계몽주의적 내용을 구성한 것은 주체(자아)의 강조, 최대한의 확실성을 얻으려는 의지 등이다. 데카르트는 회의를 통해 인식하는 주체로 돌아간다는 방법론으로 근대 철학의 주된 방향을 제시한다.

데카르트는 1637년 저작 〈방법 논설〉*(Discours de la méthode pour bien conduire sa raison et chercher la vérité dans les sciences)에서 다음과 같이 네 단계로 이루어진 철학적 **방법론****의 근간을 설명한다.

>　—모든 선입견을 배제한 채 오로지 "명료하고 확실하게 인식"(클라레 에트 디스팅크테 페르키페레clare et distincte percipere)할 수 있는 것만을 참인 것으로 받아들이기.
>　—복잡한 문제를 가능한 한 작은 부분들로 나누기.
>　—가장 단순한 객체에서 "마치 계단을 오르듯" 복잡한 객체로 나아가기.
>　—결과를 열거하여 체계가 완전한지 점검하기.

그는 대상이 무엇이든 수학에서 통용되는 이 방법으로 연구해야 한다고 생각한다. 이런 방법의 목표는 "단순한 자연 상태"를 찾아내는 것이다(분석적 방법론).

>　단순한 자연 상태는 아무런 매개 없이 명증적으로 통찰할 수 있는 것이어야 한다(직관).

* 한국어 번역본들은 〈이성을 올바로 사용하고 학문들에서 진리를 탐구하는 방법에 관한 논설〉이라는 긴 제목을 줄여 〈방법서설〉로 번역하는데, 일본어 제목을 답습한 것으로 보이는 것으로 원문의 성격과는 거리가 있다. 일본어 역자들은 라틴어 대신 프랑스어로 쓴 평이한 문체와 'discours'가 본격적인 논문을 뜻하지 않는다는 생각을 근거로 '서설'로 옮겼으나, 이 저서는 '학문론 개관—방법의 주요 규칙—도덕적 규칙—형이상학의 토대—자연철학의 질문들—저술 동기'로 구성된 데카르트 철학의 핵심 기획을 본격적으로 다루고 있고, 다만 일반 지식인들도 읽을 수 있도록 그 용어와 문제를 쉽게 했을 따름이다.

** 요약하면 의심—분석—구성—검토 등 네 단계로 이루어진 철학 방법론.

A 데카르트R. Descartes 철학의 전환점인 "자의식"

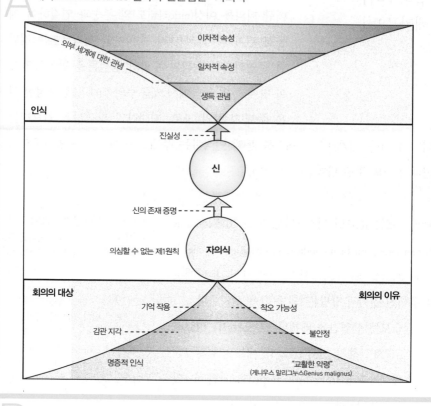

인식

이차적 속성

일차적 속성

생득 관념

외부 세계에 대한 관념

진실성

신

신의 존재 증명

의심할 수 없는 제1원칙   자의식

회의의 대상   회의의 이유

기억 작용 ---- ---- 착오 가능성

감관 지각 ---- ---- 불안정

명증적 인식   "교활한 악령"
(게니우스 말리그누스Genius malignus)

B 데카르트: 신의 존재 증명

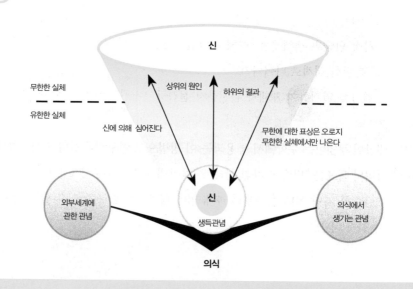

신

무한한 실체

유한한 실체

상위의 원인   하위의 결과

신에 의해 심어진다

무한에 대한 표상은 오로지
무한한 실체에서만 나온다

외부세계에
관한 관념

신
생득관념

의식에서
생기는 관념

의식

그런 인식, 즉 "확실하고 명증적인 인식"(케르테 에트 에비덴테 코그노스케레certe et evidenter cognoscere)에서 추론 가능한 명제를 연역(도출)해내야 한다.

데카르트 철학의 근본적인 **출발점은 회의**다.

　　자신의 방법론에 따라 데카르트는 더 이상 의심할 수 없는 시작점을 찾으려 했다.

그는 이 시작점에서 출발하여 필연적으로 이어지는 추론을 통해 더 복잡하면서 더 이상 논란의 여지가 없는 진실에 도달하려 한다.

저서 〈제1철학에 관한 성찰〉(Meditationes de prima philosophia)의 제1성찰에서 데카르트는 먼저 "자신이 가진 모든 견해의 전복"을 시도한다.

이를 위해 그는 자기 사고의 모든 바탕을 포기한 뒤, 감관으로 지각하는 모든 것뿐만 아니라 기억하는 것과 가장 명증적인 것들까지 의심의 대상으로 삼는다.

　　"심지어 우리는 2와 3을 더할 때마다 계산을 잘못하는 것일 수도 있지 않을까?"*

왜냐하면 신이나 교활한 악령("게니우스 말리그누스genius malignus")이 모든 일에서 우리 인간을 속이는 것일 수도 있기 때문이다.

이런 의심을 통해 데카르트는 마침내 더할 수 없이 명증적이고 더 이상 의심할 수 없는 것을 만나게 되는데, 그것은 바로 **자의식**이다. 의심하려면 의심하는 자기 자신이 있어야 하기 때문이다.

　　"나는 의도적으로 모든 것이 거짓이라고 생각하려 했는데, 그때 나는 그렇게 생각하는 나 자신은 필연적으로 그 무엇이어야 함을 알게 되었다. '나는 생각한다. 따라서 나는 존재한다'는 진리는 …… 회의론자도 흔들 수 없다는 것을 알게 되었으므로, 나는 이 진리를 내가 찾고 있는 철학의 제1원리로 받아들일 수 있었다."**

* 2 더하기 3은 4인데도 우리는 매번 5라고 잘못 계산하는 것은 아닐까, 하고 의심한다는 것.

** '생각한다'는 인간의 '활동'에서 '존재한다'는 결론을 이끌어냈다고 해서, 데카르트가 인간의 다른 활동에서도 '존재한다'는 결론을 이끌어낼 수 있다고 여긴 것은 아니다. 그에게 존재의 근거가 되는 것은 오로지 '생각', 즉 인간의 정신이었다. 데카르트의 이런 존재론적 방법론의 선구는 물론 "나는 의심한다. 그러므로 나는 존재한다"고 한 아우구스티누스일 것이다.

결국 내가 나 자신에 대해 가지는 주체의 자의식이 데카르트가 자신의 철학을 일관되게 구축하는 바탕이 된다.

하지만 이 자아가 회의로 인해 무너진 외부 세계와의 관계를 다시 확보하지 않는다면 자의식의 확실성에 사로잡혀 있게 된다. 데카르트가 외부 세계와의 관계를 다시 확보하게 된 것은 **신의 존재 증명**이라는 논란의 여지가 없는 판단을 통해서다. 신의 존재를 증명하기 위해 그는 자의식이라는 관념(이데아idea)에서 출발하여 간접적으로나마 캔터베리의 안셀무스가 내세운 존재론적 증명에 합류한다(146쪽 참조). 관념은 의식 자체에서 나온 것일 수도 있고, 아니면 외부 세계에서 오거나 더 높은 차원에서 의식 안에 이식된 것일 수도 있다.

> 신이라는 관념에서는 외부 세계가 있을 수 없다. 왜냐하면 외부 세계는 확실한 표상을 제공하지 않기 때문이다.

의식도 그 자체로부터 신이라는 표상을 얻을 수 없다.

> "나 스스로가 실체이기 때문에 나는 실체에 대한 표상을 가지고 있기는 하다. 하지만 나 자신이 유한하기 때문에 나라는 실체는 무한한 실체에 대한 표상일 수 없다. 무한한 실체에 대한 표상은 참으로 무한한 실체로부터만 나올 수 있다."

이를 뒷받침하는 것은 "원인은 결과보다 존재의 내용을 더 많이 갖고 있다"는 주장이다.

> 그러므로 관념, 곧 존재론적으로 더 작은 것이 그보다 상위인 신적 실체의 원인일 수는 없다.

신이라는 관념은 "이데아 인나타idea innata", 즉 생득관념이다. 생득관념인 신의 관념을 파악한다는 것은 한편으로는 그 표상이 신에 의해 인간의 의식 안에 이식되었다는 사실, 즉 심인적인, 곧 심리의 움직임에 의한 것이라는 사실이다. 하지만 다른 한편으로 그런 생득관념은 신 관념이야말로 무엇보다 확실한 표상임을 입증한다. 이런 통일적인 관념들은 외부 세계와는 상관없이 인간의 의식 안에서 발견된다. 그러므로 그런 관념들은 가장 명확하고 데카르트의 표현대로 최고로 확실한 사실이다.

나아가 신 관념에는 절대적인 실체성과 실제적인 무한성이라는 속성이 포함되어 있다. 그리고 **진실성** 또한 이 "엔스 페르펙티시뭄ens perfectissimum"(최고로 완전한 존재)의 속성이다.

> 허위와 기만은 불완전성에서 나온다.

그러므로 교활한 악령이라는 가상의 존재는 설 자리를 잃는다. 즉,

> 세계의 올바름, 세계에 대한 인식의 올바름을 보장하는 것은 신의 진실성이다.

무엇보다 직접적인 명증성, 즉 '자연의 빛'이 신의 진실성으로부터 자신의 궁극적인 근거를 얻는다.

A 데카르트의 이원론

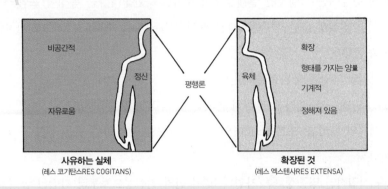

비공간적

자유로움

정신

평행론

육체

확장

형태를 가지는 양量

기계적

정해져 있음

사유하는 실체
(레스 코기탄스RES COGITANS)

확장된 것
(레스 엑스텐사RES EXTENSA)

B 의지, 판단, 오류

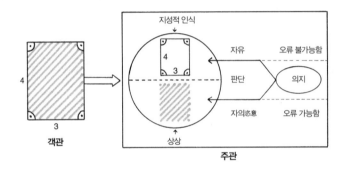

지성적 인식

4

3

자유

판단

오류 불가능함

의지

자의恣意

오류 가능함

상상

4

3

객관

주관

C 기회 원인론

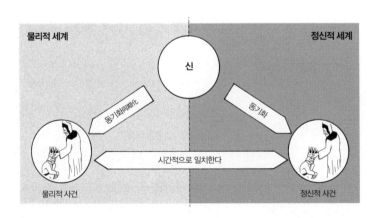

물리적 세계

정신적 세계

신

동기화同期化

동기화

시간적으로 일치한다

물리적 사건

정신적 사건

합리주의 II: 데카르트 II

데카르트는 회의를 계속한 뒤에도 더 이상 의심할 수 없는 것으로 남은 나를 탐구하고, 그런 나를 **레스 코기탄스**res cogitans, 사유하는 실체라고 명명한다. 레스 코기탄스 안에는 "정신, 영혼, 지성, 이성"이 하나가 되어 있다. 그러므로 레스 코기탄스는

> "의심하고 통찰하고 긍정하고 부정하고 원하고 원하지 않는 존재, 비유적으로 상상하고 느끼는 존재다."

레스 코기탄스의 반대편에는 **레스 엑스텐사**res extensa*, 즉 외적 사물의 세계가 있다. 외적인 사물은 '확장'(외연. extensa '확장된')과 '운동'을 통해, 그리고 형태, 크기, 수량, 장소, 시간 등에 의해 규정된다. 이 요소들이 사물의 일차적 속성이다. 외적인 사물은 양적, 수학적으로 파악할 수 있으므로 합리적**이라고 할 수 있다. 이런 속성은 데모크리토스

(61쪽 참조)에 의한 일차적 속성과 이차적 속성의 구분과도 일치한다. 따라서 이차적 속성은 색, 냄새, 맛처럼 질적인 속성, 즉 상상할 수 있는 속성이다. 질적인 속성을 감각기관으로 파악하는 것(지각)은 상상(이마기나티오imaginatio)에 머무는 반면, 수학적이며 양적인 파악은 진정한 (지성의) 인식(인텔렉티오intellectio)이다.

감관에 의한 지각은 우리에게 외부 세계에 관한 주관적이고 불분명한 인상만을 전달한다. 따라서 지각은 자연을 실제적으로 모사模寫하여 전하지 않는다. 지성은 사물의 일차적 속성에 대해서만 물리학적으로 확실한 언명을 할 수 있다. 색깔처럼 주관적일 따름인 지각에 대해서라면 지성은

> "······ 대상 안에 있는, 무엇인지 모르지만 우리 안에 색에 대한 감각이라고 불리는 특정한 감각 작용을 일으키는 무언가를 지각할 따름이다."

데카르트는 이성理性(라티오ratio)에게 결정적인 역할을 기대하고, 그로 인해 그와 그의 후계자들이 전개한 철학은 **합리주의**合理主義(Rationalismus)라고 불리게 된다. 오로지 '명석 판명한 것'***만이 참일 수 있다는 데카르트의 요청에서는 다음과 같

은 명제가 도출된다.

*** '명석 판명clara et distincta', '명석 판명한 인식perceptio clara et distincta'은 데카르트가 제시한 확실한 인식의 기준, 보편타당한 참의 기준이다. 어떤 개념이 우리 정신 안에 명백하게 파악되면 그것은 '명석'하며, 그 개념이 명석한 것 말고는 아무것도 포함하지 않아 다른 것과 확실하게 구별되면 그것은 '판명'하다. 명석 판명이라는 확실한 인식의 기준에 대해서는 현대에 들어 다양한 반론이 있다.

> 오로지 논리적으로, 그리고 합리적으로 파악할 수 있는 것만이 참이다.

그러므로 지성의 활동만이 어떤 것이 참임을 보증한다.

존재하는 모든 것들을 레스 코기탄스와 레스 엑스텐사라는 두 가지 실체로 나누는 데카르트의 사고에는 극단적인 **이원론**이 자리잡고 있다.

> 다른 원인에 의해 생기지 않은 완전한 존재인 신을 제외하면 이 세계 안에는 외연을 가진 실체와 순수한 사유라는 서로 완전히 분리된 두 영역만이 존재한다.

세계를 정신 세계와 물질 세계로 나누는 이원론은 자연과학의 발달로 벌어진 물리적 세계의 탈정신화 경향과 일치하는 것이다:

> 물체는 압력과 충돌의 역학 법칙 같은 자연법칙의 작용에 지배된다.

그에 비해 정신은 자유롭다. 그런 **자유**의 가장 저급한 형태는 무관심에 의한 자의적인 판단이다.

> 아무런 제약이 없으면 의지는 이성의 표상을 무시한 채 판단을 내리게 된다.

이성이 미처 파악하지 못한 대상에 대해 의지가 그런 식으로 판단을 내리면, 그로부터 오류가 생긴다. 그런 오류를 피하기 위해서는 충분히 알지 못하는 대상에 대해서는 판단을 포기하는 방법밖에 없다.

데카르트는 명증적인 판단에 동의함으로써 얻는 자유를 더 높이 평가한다.

> "참되고 선한 것이 무엇인지를 언제나 확실하게 판단할 수 있다면 내가 어떻게 판단하고 무엇을 선택할지를 두고 흔들리는 일은 결코 없을 것이다. 그렇게 되면 나는 완전히 자유로워지고 무관심으로부터 완전히 벗어날 것이다."

물질과 정신을 구분하는 이원론은 데카르트의 **인간학**에도 영향을 끼친다.

인간은 두 세계 모두에 관여하고 있다.

데카르트는 정기精氣 이론으로 인간 안에 있는 두 세계의 조화를 옹호하려 한다. 정기가 물질에서 정신으로, 또 정신에서 물질로 넘어가도록 해준다는 것이다.

정기는 뇌의 송과선 안에서 신경 통로의 물리적 자극을 정신에 전달한다. 여기서 데카르트는 인간 안에서 통합되어 있는 두 실체의 엄밀한 평행론을 주장한다. 즉, 특정한 신체적 상태에는 분명 하나의 정신적 상태가 대응한다. 정신에서 일어나는 반응은 신체에게 가장 유용한 것이 무엇인지 보여주는 것일 가능성이 크다.

갈증을 느낀다면 그것은 음료를 마실 때임을 알려주는 것일 가능성이 크다. 이런 체계의 유용성을 보증하는 것은 이 체계가 선한 신에 의해 만들어졌다는 사실이다.

기회 원인론*을 주장하는 철학자들은 데카르트의 이 심신론心身論을 출발점으로 삼는다. 기회 원인론의 대표적인 사상가인 아르놀트 휠링크스 Arnold Geulincx(1624~1669년), 니콜라 드 말브랑슈 Nicolas de Malebranche(1638~1715년) 등은 정신과 물체로 분리된 두 실체의 결합은 신의 직접적인 개입으로만 가능하다고 주장한다.

> * 기회 원인론/우인론: 인간은 신과의 관계를 통해서만 내적 세계와 외적 세계를 파악할 수 있다. 사물의 위치나 인간의 생각이 변하는 직접 원인은 사물이나 인간 자체가 아니라 신이다. 그런 변화의 원인causa은 신이 의도하는 것을 향해 움직이는 기회occasio일 뿐이다.

신은 적절한 기회(오카시오occasio)에 물체의 과정과 정신의 과정이 나란히 진행되도록 만든다. 예를 들면 정신으로 하여금 몸에서 어떤 일이 벌어지는지 실시간으로 전달 받도록 한다는 것이다.

쥘리앵 오프루아 드 라메트리Julien Offroy de Lamettrie(1709~1751년)의 사상적인 기원도 데카르트 철학이다.

데카르트는 동물을 복잡한 기계로 보고, 인간이 그런 동물과 구별되는 것은 오직 정신 덕분이라고 생각한다. 라메트리는 인간과 동물에 대한 그런 구별을 버리고, 인간도 동물과 마찬가지로 기계에 지나지 않는다고 주장한다.

A 기하학적 방법 (예: 〈에티카Ethica〉 I. 19)

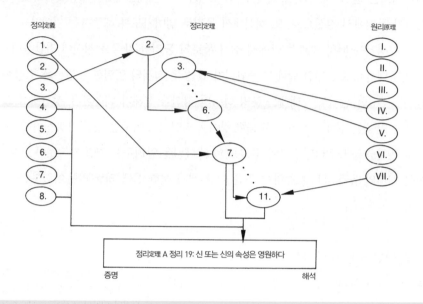

정의定義

원리原理

정리定理

정리定理 A 정리 19: 신 또는 신의 속성은 영원하다

증명

해석

B 실체, 속성, 양상

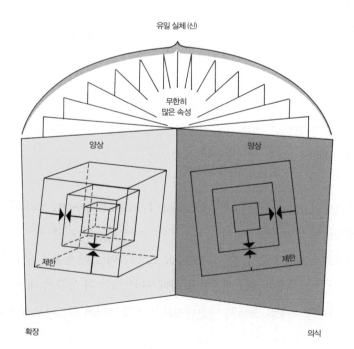

유일 실체 (신)

무한히
많은 속성

양상

양상

제한

제한

확장

의식

합리주의Ⅲ: 스피노자Ⅰ

바루흐 (베네딕투스) 데 스피노자Baruch de Spinoza (1632~1677년)는 어떤 이들에게는 신에 깊이 빠진 순수하고 심오한 철학자로, 또 어떤 이들에게는 신을 잃어버린 음울한 범신론자로 통한다.

스피노자의 저작은 교의教義라는 표현이 어울린다. 그의 저작은 순수히 정제되어 고상한 평온함을 내뿜고 있다.

〈지성개선론〉(Tractatus de intellectus emendatione)은 일종의 윤리학 입문서로, 자기 철학의 방법을 준비하는 저서이다. 1677년에 나온 〈윤리학〉(**Ethica**, ordine geometrico demonstrate)은 **"기하학의 순서에 따라"**(ordine geometrico) 기술되었고, 1663년의 〈기하학적 방법으로 논증한 데카르트 철학의 여러 원리〉(Renati Descartes principiorum philosophiae mori geometrico demonstrate)에서도 같은 방법이 사용된다.

〈윤리학〉의 각 장은 정의, 공리, 정리와 증명, 결과 명제와 보조 명제, 주석과 전제로 구성되어 있다.(도해A)

스피노자가 내세운 "수학적 순서"는 (중세의 "숨마 Summa" 즉 "대전大全"이라는 제목의 저작들이나 비트겐슈타인의 〈논리 철학 논고〉에서처럼) 단순히 서술의 형식만을 가리키는 것이 아니다. 그것이 표현하려는 것은 수학처럼 철학에서도 최고의 원리들로부터 모든 명제가 연역되어 나올 수 있다는 것이다.

스피노자는 이런 서술 방식이 일상적으로 사용되는 방식보다 더 높은 진리의 기준을 요구한다는 것을 보여주려 한다.

그의 서술 방식은 목적을 묻는 인간적 질문을 배제한다. 왜냐하면 목적에 집착하는 사고방식만큼 인간의 망상을 부추기는 것은 없기 때문이다.

목적에 집착하는 사고는 자연 안에 존재하는 모든 것이 인간에게 유익한 것을 이루어내는 수단으로 여긴다.

그래서 **〈윤리학〉**은 각각 "신", "정신의 본성과 기원", "정동情動", "인간의 부자유",

"지성의 힘 또는 인간의 자유"를 다루는 다섯 장으로 나뉜다.

인간이 아니라 **신**으로 시작되는 구성은

> 신이라는 표상이 거짓이라면 인간상도 거짓임을 뜻한다.

"신"은 여러 정의에서 '실체'로 상정된다. 그리고 실체의 규정이 이렇다.

> 실체란 "그 개념을 형성하기 위해 다른 개념을 동원할 필요가 없는 것"이다.

실체는 지성이 본질적이라고 판단하는 특성들, 즉 여러 속성으로 구성된다. 스피 노자는 실체의 여러 상태를 "양상"(모디modi)*라 | * "모두스 modus"의 복수형.
고 부른다.

그는 동일한 본성을 지닌 타자에 의해 제한되는 것을 '유한하다'고 정의한다.

> "예를 들어 우리가 어느 물체보다 더 큰 무엇인가를 생각할 수 있다면 그
> 물체는 '유한하다'고 일컬어진다. …… 그런데 어떤 물체도 사고에 의해 제한
> 되지 않는다(왜냐하면 물체와 사고는 그 본성이 서로 다르기 때문이다)."

이와는 달리 신은 절대적으로 무한한 존재다. 이는 그 안에 어떤 종류든 자신에 대한 (자신을 제한하는) 부정否定을 포함하고 있지 않음으로써 무한히 많은 속성으로 이루어져 있기 때문이다. 스피노자는 이런 논리에서 신은 필연적으로 존재할 수밖에 없는 유일한 실체이며 나눌 수 없는 존재라고 유추한다.

> 따라서 외연을 가졌으며 의식의 대상이 되는 사물들은 신의 속성이거나
> 신의 속성이 어떤 상태로 드러난 것이다.

스피노자는 먼저 무엇이 무한한 실체인지를 규정하고 그런 다음 무엇이 유한한 양상, 즉 모디(세계와 인간)인지 규정한 셈이다. 이 차이는 실체와 우유성이 아닌 다른 개념으로도 표현할 수 있다. 예를 들면

> 나투라 나투란스natura naturans(생성해내는 자연)와 나투라 나투라타natura
> naturata(생성된 자연)의 차이가 그것이다.

창조하는 **자연**은 창조된 자연과 같지 않다. 그러나

> "존재하는 모든 것은 신 안에 있으며, 신 없이 존재하거나 파악될 수 있는

것은 아무것도 없다."

그의 이 이론이 범신론이 아니냐는 질문에 스피노자는 이렇게 대답하기도 한다.

> "신과 자연(보통 어떤 물질이나 물적 소재로 여겨지는)이 하나이며 동일한 것
> 이라고 생각하는 사람들이 있다면, 그들은 완전히 오류에 빠진 것이다."

"신 또는 자연"(데우스 시베 나투라Deus sive natura)이라는 등식의 뜻은 이렇다.

> 신은 창조하는 자연(나투란스naturans)이고, 존재하는 모든 것은 그를 통해
> 서 생겼으며(나투라타naturata) 그를 통해 계속 존재할 수 있다.

따라서 어떤 인식이라도 신의 속성이나 모디를 알아볼 수밖에 없고, "인식 이외의
것은 모른다."

현실의 궁극적인 제1근거에 대한 서술 다음에는 **인간의 형이상학**이 이어진다. 인
간에 관한 형이상학에서 바탕이 되는 스피노자의 명제는, '외연'과 '의식'이 우리
가 어느 한 실체에서 파악할 수 있는 두 속성이라는 것이다. 그로부터 다음과 같
은 유추가 가능하다.

> "관념의 질서와 연결은 사물의 질서와 연결과 동일하다."

스피노자에 따르면, 사물과 관념은 신의 속성에 포함되어 있을 때만 현실로서 지
속될 수 있다. 모든 물체는 외연이라는 속성을 가진 신의 모디이며, 관념은 의식이
라는 속성을 가진 신의 모디다.

따라서 인간에게 몸과 정신은 서로 병행하는 관계에 있다고 이해된다. 그 둘은 하
나의 개체가 가진 두 가지 "측면"인 것이다.

스피노자B. d. Spinoza의 인식론

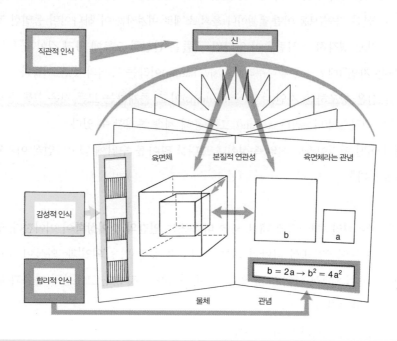

직관적 인식

신

감성적 인식

합리적 인식

육면체   본질적 연관성   육면체라는 관념

b   a

$$b = 2a \rightarrow b^2 = 4a^2$$

물체   관념

정동론

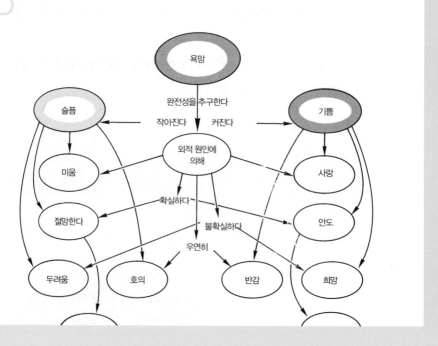

욕망

완전성을 추구한다

슬픔   작아진다   커진다   기쁨

미움   외적 원인에 의해   사랑

확실하다

절망한다   안도

불확실하다

우연히

두려움   호의   반감   희망

합리주의Ⅳ: 스피노자Ⅱ

스피노자의 **인식론**에 따르면 인간 정신 안에 있는 관념들은 신과 연관되어 있을 때만 적합하고 진리다. 그런 관념은 신의 생각하는 속성이 드러난 모디이므로 언제나 신 안에 있다. 진실된 관념은 명석 판명하다. 그런 관념은 진리의 확실성을 포함하고 있다. "진리는 자기 자신이 스스로를 가늠하는 척도이며 자기 자신 이외에는 아무런 기준도 가지지 않기 때문에"*("베리타스 노르마 수이 에트 팔시 에스트Veritas norma sui et falsi est." 진실은 진실 자신과 거짓의 기준이다.), 진실된 관념은 자기 자신이 진실하다는 확실성을 포함하고 있다.

> "관념의 적합성에는 …… 신 안에 있는 관념을 통해 가능해진, 현실에 실재하는 사물과의 연관성이 포함되어 있다. …… 우리의 사고가 근본적으로 신의 사고가 될 때에만, 우리의 관념은 적합해진다."(뢰트W. Röd)

스피노자는 인식을 세 가지 양식으로 나눈다.

- 감성적 인식: 감정으로 인해 생긴 것으로, 혼란스럽고 무질서한 유類개념**을 만들어 낼 수 있는 인식이다.
- 합리적 인식: 이런 인식 양식에서는 추론 안에서 공통 개념이 다루어진다.
- 직관적 인식: "숩 스페키에 에테르니타티스 sub specie aeternitatis"("영원의 상 아래에서"),*** 즉 절대자와의 관계 안에서 이루어지는 인식이다.

이 가운데 오직 첫 번째 인식만이 오류의 근원이 될 수 있다.

〈윤리학〉 제3장은 **정동**情動의 윤리학을 논한다. 스

* 많이 인용되는 이 유명한 구절의 원문은 이렇다. "Sicut lux se ipsam et tenebras manifestat, sic veritas norma sui et falsi est. 빛이 자신과 어둠을 드러내는 것처럼, 진리도 진리 자신과 거짓의 기준이 된다."

** 개념 A의 외연이 개념 B의 외연보다 커서 B를 포괄하는 경우 A는 B의 유개념, B는 A의 종種개념이라고 한다. 동물은 개, 고양이의 유개념이고 개, 고양이는 동물의 종개념이다.

*** "sub specie aeternitatis영원의 상 아래에서"는 풀어 말하면 "영원이라는 관점에서"라는 표현인데, 여기서는 "specie"가 "모습, 상"을 뜻하기도 하므로 "영원의 상 아래에서"라고 옮기는 경우가 많다. 인간을 미혹하는 현상이 아니라 "신 또는 자연"이라는 유일하고 영원한 본질, 가치를 지향하는 철학의 올바른 관점을 표현한 것이다.

피노자는 이 정동을 일종의 '격정의 역학'인 것처럼, 즉

　"마치 선, 면, 입체를 이야기하듯" 기술한다.

"기하학의 순서에 따른 논증"(ordine geometrico demonstrate)이 여기서 뜻하는 것은

　인간의 행위가 보편적인 법칙에 따라 서로 연결되어 있다는 것이다.

이를 위한 제1의 최고 원리는 다음과 같다.

　"모든 것은 자신이 할 수 있는 한 자기 존재가 지속되도록 애쓴다."("코나투
　스 세세 콘세르반디conatus sese conservandi", 자기를 보존하려는 욕구)

스피노자는 근본적인 정동을 다음 세 가지로 상정한다.

　첫째 정동은 욕망인데, 이는 자의식이 동반되는 자기 보존 욕구다. 그리고
　둘째는 기쁨, 셋째는 슬픔이다.

이 근본적인 정동에서 다른 정동들이 나온다. 예를 들어 사랑은 다음과 같이 정
의된다.

　"사랑은 외적 원인의 관념이 동반되는 기쁨이다."

정동의 진정한 본성에 대한 인식은 안정적이고 완벽한 삶을 유지할 가능성을 **윤
리학적으로** 알아내려 한다.

권력에 대해서 스피노자는 인간의 현실을 돕는 권력은 선한 것으로, 인간의 현실
을 방해하는 권력은 악한 것으로 본다.

참된 자유는 필연적이며 불변하는 것에 대한 통찰로서 존속한다. 이성은 충분히
인식하는 정도만큼 자신을 불완전한 상태에 붙잡아두는 정동에서 자유로워진다.

　인간은 모든 것의 원인이 필연적으로 신 안에 있음을 인식하며, 신이 규정
　한 세계의 흐름에 자신을 위탁함으로써 자유로워진다.

그러므로 가장 위대한 행위는 올바른 인식이며, 그런 올바른 인식 가운데 최고의
형식은 신에 대한 인식이다.

　참된 종교성의 본질은 신을 향한 사랑이다("아모르 데이 인텔렉투알리스
　amor Dei intellectualis" 신에 대한 지적인 사랑).

〈신학 정치론〉(Tractatus theologico-politicus, 1670)은 스피노자의 시사적인 저술에 속한다. 여기에는 무신론자라는 비난을 반박하기 위해 쓴 초기의 글이 수록되어 있다.

〈신학 정치론〉의 주된 목적은 철학을 신학에서 분리해내는 것이다. 스피노자는 일련의 기본 명제을 성서 해석에 적용하여 방법론적으로 철학과 신학을 분리하는 작업을 진행하는데, 이 과정에서 그는 근대의 사적, 문헌학적 성서 해석 방법의 초석을 놓게 된다.

그러나 스피노자의 의도는 성서를 신학적으로 주해하려는 것이 아니라 세계사에서 중요한 위치를 차지하는 성서라는 구체적인 자료를 철학적으로 비판하려는 것이다.

서문에서는 국가를 자연법적으로 서술한다. 여기서 스피노자가 옹호하려 한 것은 "철학적으로 사색할 자유, 생각하는 것을 말할 자유"다.

이를 위해 그는 한편으로는 철학과 신학의 경계를 확실하게 긋고, 다른 한편으로는 국가 권력에 대해 사상의 자유를 완전히 보장하여 사회의 평화를 지키라고 요구한다.

"인간은 보통 자기가 옳다고 여기는 견해가 범죄 행위로 여겨질 때, 그리고 신과 인간에 대해 경건한 자세를 갖도록 인도하는 것이 악행 취급을 받을 때 가장 참을 수 없게 되어 있다. 그런 경우 인간은 법을 경멸하고 관청에 대항하여 어떤 일이라도 감행한다. 그러면서 그런 행동을 부끄러워하지 않고 오히려 명예롭게 여겨 사람들에게 분노를 부추기고 가능한 모든 불법 행위를 시도하게 된다."

스피노자의 철학이 뛰어난 점은 그의 삶과 학문이 놀랍도록 일치한다는 사실이다.

그의 삶이 보여준 철저한 진실성은 그의 학문에 담긴 사유의 순수성과 일치한다.

A 모나드Monad의 성질

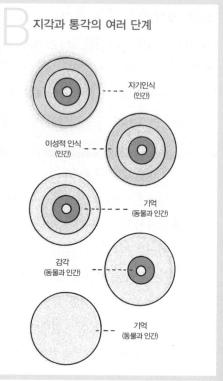

확장 없음

모나드 2

개체적

모나드 1

창문이 없음

분해할 수 없고
영원함

작용하지 않음

모나드 3

B 지각과 통각의 여러 단계

자기인식
(인간)

이성적 인식
(인간)

기억
(동물과 인간)

감각
(동물과 인간)

기억
(동물과 인간)

C 예정조화론

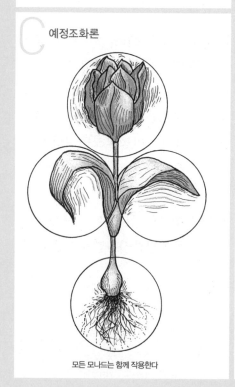

모든 모나드는 함께 작용한다

D 시계의 비유

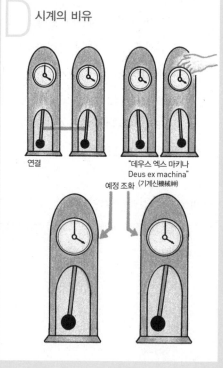

연결

"데우스 엑스 마키나
Deus ex machina"
(기계신機械神)

예정 조화

합리주의 V: 라이프니츠 I

고트프리트 빌헬름 라이프니츠 Gottfried Wilhelm Leibniz(1646~1716년)는 박학다식한 사람으로, 외교관, 법률가, 역사가, 수학자, 물리학자이자 철학자이기도 했다. 프로이센 왕 프리드리히 2세(일명 프리드리히 대왕)은 그를 두고 "그 자체로 학술원인 사람"이라고 말했다.

그는 **논리학**에 체계적인 연산법을 도입함으로써 현대 기호 논리학의 선구자가 된다.

> 최대한 단순하고 일반적인 관념은 보편적인 기호로 표현될 수 있고, 그 기호는 다시 이성의 언어와 결합될 수 있어야 한다.

수학의 계산 규칙을 모범으로 하는 새로운 규칙으로 논리학의 표현을 결합할 수 있다는 것이다.

> 새로운 논리학의 목표는 장래에는 오류를 "계산상의 착오"로 취급하여 해결하고 논란이 되는 문제를 계산으로 해결하는 것이다.

라이프니츠 철학의 핵심은 형이상학 문제를 **모나드***monad(단자單子)라는 개념으로 해결하는 것이다. 데카르트의 레스 엑스텐사res extensa 개념과는 반대로 실체는 외연을 가질 수 없다. 만일 실체가 외연을 가진 것이라면 그것은 더 작은 것으로 쪼개질 수 있기 때문이다. 그러므로 실체의 기준은 그것의 작용과 힘이다. 그런 "힘점"을 라이프니츠는 모나드라고 부른다.**

> "말하자면 모나드는 자연의 진정한 원자

* 그리스어에서 '하나'를 뜻하는 '모나스'에서 나온 낱말.

** 단자론의 자연과학사, 철학사적 의미를 개관할 필요가 있다. 라이프니츠의 모나드와 고대 철학의 원자는 더 이상 나눌 수 없는 것이라는 점에서는 같지만 물질적인 원자와 달리 모나드는 비물질적 본질을 가진 것이어서 나눌 수 없을 뿐 아니라 공간을 차지할 수도 없다. 그럼에도 모나드는 현실에서는 공간을 차지하는 물리적 대상으로 나타난다. 이를 라이프니츠는 무지개로 설명한다. 물방울이 보이지는 않지만 빛이라는 물리적 현상이 나타난다. 그의 모나드는 나뉘어지지 않고 '자기충족적'이다. 이 개념은 그의 논리학과 통한다. 그의 '술어 포함 개념' 원리는 "모든 참인 명제에는 명시적이든 암묵적이든 모든 술어가 포함되어 있다." 즉 어떤 실체에는 그 실체를 설명하는 모든 술어가 포함되어 있다는 것이다. 즉 자기충족적이다. 라이프니츠는 당대 철학자, 과학자들과 마찬가지로 전통적인 스콜라 철학을 완전히 배제하지 않으면서 새로운 인식론과 방법론을 들고 나온 17세기 자연과학의 세계상을 설명하려 했다. 그 결과물이 논리학을 바탕으로 하는, '신이 설계한 예정조화에 따라 작동하고 유지되는 세계'였다.

("더 이상 분할되지 않는 것")이며, 한 마디로 사물을 구성하는 기본 요소다."

사물의 기본 요소인 이 실체들의 특징은 다음과 같다.

　—모나드는 형태가 없다. 형태가 있다면 쪼개질 수 있는 존재임을 뜻하기 때문이다.

　—모나드는 실체이며, 만들어질 수도, 파괴될 수도 없다.

　—모든 모나드는 개체적, 즉 각기 독립되어 있다. 다른 모나드와 동일한 모나드는 없기 때문이다.

　—모나드는 자기 불변적* 존재이므로 그 안팎으로 들고 나는 "창문이 없다". 다시 말해서 어떤 실체나 규정도 자기를 벗어나 영향을 작용하거나 상대방에 들어가 작용할 수 없다.

> * 원문은 "스스로selbst"와 "고정된, 불변적인ständig"이라는 두 낱말을 "-"으로 연결한 조어임을 밝힌다. 그래서 둘이 합쳐져 한 낱말로 쓰이는 경우의 뜻인 "자립적"보다는 각각의 뜻을 강조하는 "자기-불변적"으로 새기는 것이 "창문이 없다"는 서술에 더 적합할 것이다.

그럼에도 단자는 그 내면에서 끊임없이 변화한다. 완전해지려는 내적인 경향, 즉 욕구(프랑스어: 아페티시옹appétitions)이 끊임없이 어느 상태에서 다른 상태로 옮겨가게 만들기 때문이다. 이 상태를 라이프니츠는 **표상**表象이라고 부른다.

이런 "정보"나 정보를 위한 "프로그램"은 개별 모나드가 세계의 다른 모든 모나드들과 맺는 관계를 알려주는데, 그것은 무한히 많은 각이 하나의 점에서 서로 만나는 것과 마찬가지다.

각 모나드는 이른바 창문이 없으면서도 다른 모든 모나드와 연관되어 있으므로, 우리는 다음 사실을 인정해야 한다.

> "개별 모나드는 내적 활동 능력을 가지고 살아온 거울이며, 이 거울은 자기 관점에서 우주를 보여준다."

이 사실로부터 유추할 수 있는 것은 각 모나드가 다른 모든 모나드의 상태를 안다는 것이다. 하지만 모나드는 다른 모나드의 상태를 의식하고 있지는 않다. 라이프니츠는 표상에 여러 단계가 있다고 생각하기 때문이다(도해B).

　—단순한 모나드, 이른바 "벌거벗은 모나드"는 다른 모든 모나드의 상태에 관한 모든 정보를 가지고 있지만, 그 상태를 의식하고 있지는 않다.

—단순한 모나드와 다른 것은 통각統覺이다. 통각에는 표상이 그 상태에 관한 의식을 동반하기 때문이다.

이런 단계에 상응하는 것이 물질에서 동물의 영혼을 거쳐 인간의 성찰하는 정신에 이르는 연속성이다. 그래서 라이프니츠는 동물은 경험에 의존하므로 그 능력이 제한적이라고 생각한다. 마찬가지로 그는 인간에게도 무의식, 즉 "미미한 표상"이 있다고 여긴다.

많은 모나드가 상호작용을 하는 것을 두고 라이프니츠는 "예정 조화"로 설명한다. 다수의 모나드가 결합하여 '집단'을 이룬다. 이 집단 형성의 전형적 사례는 유기체다.

> 하나의 "중심 모나드"는 자기 주위에 수없이 많은 모나드를 모아 그것들의 엔텔레케이아*가 된다.

* 엔텔레케이아entelecheia는 "유기체로 완성하는 작용" 또는 "완전 현실태"를 뜻한다. 96쪽 아리스토텔레스 II 참조

나아가 모든 모나드는 서로 연관되어 있다. 모나드에는 '창문'이 없지만 어떤 모나드도 서로 협동하는 것을 보면, 신은 모든 모나드의 원근법적 상태가 서로 맞아들어가도록 세계를 만든 것이 틀림없다.

라이프니츠의 비유 가운데 가장 유명한 것은 시계의 비유로, 그는 시계를 예로 들어 영혼과 신체의 관계를 예정 조화로 설명한다(도해D).

> 시계 두 개가 서로 똑같은 시각을 가리키게 하는 방법은 세 가지다. 첫째, 그 둘이 연동되어 있어서 한 쪽이 가리키는 시각이 다른 쪽에 영향을 주도록 되어 있는 경우다. 둘째, 서로 다른 시각을 가리킬 때마다 시계공이 뒤에서 조정한다. 셋째, 처음부터 두 시계가 같은 시각을 가리키도록 완벽하게 동조시키는 자체적인 법칙에 맡겨져 있다. 라이프니츠는 마지막 방법만이 해답이라고 생각한다.**

예정 조화는 데카르트 이후 논란이 된 신체-영혼 문제를 해결하는 것에 그치지 않고 궁극적으로 라이프니츠가 세운 체계의 핵심이 된다. 애초부터 신은 모나드들이 서로 동조되도록 만들었다는 것이다.

** 이 비유는 각 단자가 세계 전체를 반영하면서도 '창문이 없어' 다른 단자와 연계되어 있지 않다는 것, 즉 서로 조화를 이루고 협동하지만 인과관계에 매여 있지 않다는 것을 설명하기 위한 비유였다.

> "신은 이미 영원한 옛날에 각 모나드 안에 있는 표상의 순서뿐 아니라 그 계획까지 모두 정해놓았다. 오늘날의 표현으로 말하면, 모든 모나드가 신에 의해 프로그램되어 있다고 할 것이다."(슈페히트R. Specht)

인식 문제에서 라이프니츠 체계는 순수한 경험을 인식의 원천에서 배제한다. "이미 감각 안에 있던 것이 아니면 지성 안에도 절대로 있지 않다"는 경험론적 공식에 라이프니츠가 덧붙인 것은 "지성 자신, 즉 생득관념과 인식 구조를 제외하면"이라는 말이다.

경험을 시간적 순서대로 배열하면 개연적인 결과만을 얻을 수 있는 반면, 이성에 의한 인식에 바탕을 두면 명백하고 올바른 결과를 얻을 수 있다. 라이프니츠는 이성적 진실과 사실적 진실을 구분한다. 전자는 필연적인 것, 그 반대의 것이 있을 수 없는 것이며, 후자는 우연한 것, 그 반대가 있을 수 있는 것이다.

합리주의 Ⅵ: 라이프니츠 Ⅱ, 볼프

라이프니츠는 이성적 진리와 사실적 진리의 구분에 상응하는 두 가지 영역을 제시한다. 하나는 목적인目的因(독일어: Zweckursache)의 영역, 즉 영혼의 영역이며, 다른 하나는 작용인作用因(독일어: Wirkursache)의 영역, 즉 신체의 영역인데*, 이 둘은 서로 조화롭게 연결되어 있다.

마찬가지로 서로 조화롭게 연결되어 있는 것은 '자연'의 영역과 '은총'의 영역으로, 은총의 영역은 **신**이 인도하는 정신적, 도덕적 존재들의 공동체다.

> *96쪽 아리스토텔레스Ⅱ의 네 가지 원인인 형상인―질료인―목적인―작용인 참조.

신은 예정 조화의 창시자로서 모든 일에 영향을 끼치며, 정신은 신의 위대함과 선함에 의식적으로 참여함으로써 신과 특별히 더 가깝게 연결된다.

> 정신은 우주의 체계를 인식할 수 있으며 부분적으로나마 그 체계를 흉내 낼 수도 있다.

그리하여 라이프니츠는 신을

> "우주라는 기계의 제작자로, 그리고 …… 여러 정신이 사는 신국의 군주" 로 인식한다.

나아가 신의 실재는 충분 이유율에 의해 입증되는데, 라이프니츠는 모순 배제율과 함께 이 충분 이유율을 모든 이성적 인식의 바탕으로 여긴다. 충분 이유율이 말하는 바는 이렇다.

> "어떤 사실이 왜 다른 모습이 아니라 바로 이 모습인지를 설명하는 충분한 근거가 없다면, 그것은 참도 아니고 실재하지도 않으며 그 사실에 대한 어떤 언명도 참일 수 없다. 그런 근거는 대부분 우리에게 알려지지 않기는 하지만."

궁극적으로 충분한 근거는 신일 수밖에 없으므로, 라이프니츠는 이런 결론을 내린다.

> 신의 실체는 오직 하나이며 또한 완전하다.

세계는 무한히 많이 있을 수 있으며, 그런 세계는 그 완전성의 정도에 따라 실재하

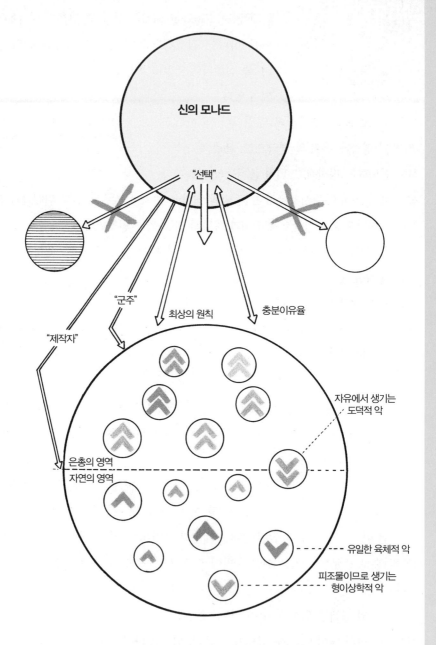

라이프니츠Leibniz의 신과 세계

신의 모나드

"선택"

"군주"

"제작자"

최상의 원칙

충분이유율

자유에서 생기는
도덕적 악

은총의 영역

자연의 영역

유일한 육체적 악

피조물이므로 생기는
형이상학적 악

모든 종류의 세계에서 가장 좋은 세계 : 최대한 다양하면서 최고로 질서정연한 세계게 될 가능성이 달라진다. 하지만 신은 최상의 원칙에 따라 가능한 모든 것 가운데 유일하게 존재하는 최상의 세계만을 창조했다. 그렇게 창조된 세계는 다른 모든 세계보다 내적으로 가장 적합하다.

> "이로써 인간은 가능한 최상의 다양성을 갖추게 되었고, 그 다양성에는 동시에 가능한 최상의 질서가 동반된다. 다시 말해서 인간은 가능한 최대의 완전성을 부여받은 것이다."

가능한 최상의 세계임에도 불구하고 어떻게 악이 존재할 수 있는지는 〈변신론辨神論〉(Essais de Théodicée, 1710년)의 핵심 질문이다. 이 저서에서 라이프니츠는 악의 존재에도 불구하고 신의 존재를 **옹호**한다. 라이프니츠는 악을 세 가지로 구분한다.

> —형이상학적 악: 피조물이라는 본성에서 생기는 악이다. 신에 의해 창조된 모든 것은 불완전하다. 그렇지 않다면 그 피조물은 자신의 조물주처럼 신일 것이다.
> —육체적 악(고통, 고뇌 등): 이 악은 그 기능 면에서는 정당화될 수 있다. (개체의 보존 등을 위해) 유익할 수도 있고, 개선을 위한 징벌로 작용할 수 있기 때문이다.
> —도덕적 악, 즉 죄악: 인간의 자유에서 생겼으며 그리스도교의 구원의 이유가 되는 악이다.
> 신은 이런 악을 의도하지 않고 허용하였을 뿐이며, 선이 악보다 압도적 우세한 것으로 여겨진다.

크리스티안 볼프 Christian Wolff(1679~1754년)는 〈……에 관한 이성적 사고〉라고 제목을 단 일련의 저술을 통해 독일어를 철학 언어로 사용하게 되는 데 크게 기여한다. 그의 체계는 라이프니츠 사상을 변환하거나 더욱 발전시킨 것이다. 그리하여 "라이프니츠·볼프 철학"이라는 용어가 생긴다. 라이프니츠·볼프 철학은 그의 제자들을 통해 독일 계몽주의 철학에서 가장 영향력이 큰 이론이다.
볼프는 철학을 이렇게 정의한다.

▌"철학은 있을 수 있는 모든 사물이 어떻게, 그리고 왜 있을 수 있게 되었는
지 탐구하는 학문이다."

그런 철학은 하나의 **체계**로 나타나며, 체계의 바탕은 존재론이다. 볼프 철학의 법
칙은 라이프니츠처럼 충분 이유율과 모순 배제율인데, 볼프는 충분 이유율의 근
거가 모순 배제율에 있다고 여긴다. 이성적 학문의 제1이론인 존재론의 과제는
▌대상이 존재할 가능성과 대상의 질서를 모순 없이 밝히는 것이다.

특별한 종류의 형이상학은 "신, 영혼, 세계"를 신학, 심리학, 우주론으로 탐구한다.
윤리학에서 볼프는 자연의 완전성으로부터 다음과 같은 법칙을 정식화한다.

▌"너와 너의 상태를 더 완전하게 만드는 것을 행하라. 그리고 너와 너의 상
태를 불완전하게 만드는 것은 피하라."

볼프는 정치의 최고 목표를 보편적인 복리라고 본다.

그 밖에 **독일 계몽주의**의 주요 인물은 다음과 같다.

─자무엘 라이마루스Samuel Reimarus(1694~1768년)는 이신론理神論에 기울
어 계시 종교가 절대적인 것은 아니라는 입장을 펼친다.

신이 행한 유일한 기적은 의미심장한 창조다. 성서의 기적은 예수의 제자들
이 지어낸 것들이다. 자연 종교야말로 천상의 행복을 보장한다.

─고트홀트 에프라임 레싱Gotthold Ephraim Lessing(1729~1781년)은 역사철
학을 논하면서 계시를 교육에 비유한다.

"개인에게 교육에 해당하는 것이 인류에게는 신의 계시다."

계시는 신이 인간을 위해 쓴 '입문서'이며, 이제는 인간의 이성이 그 책을 해
설한다는 것이다.

그가 종교의 교조주의를 비판한 것은 자연 종교와 종교적 관용을 주장하는
자신의 사상과 같은 맥락이다.

▌모제스 멘델스존Moses Mendelssohn(1729~1786년)은 유대 민족의 권리 회
복을 실현하기 위해 노력한다. 저서 〈예루살렘〉에서 그는 유대교를 동등한
종교로 인정하는 관용을 요구한다.

경험주의 I: 홉스

토머스 홉스 Thomas Hobbes(1588~1679년)의 관심사는 형이상학적인 가정에서 풀려나 당시의 자연과학과 수학에 기초를 둔 철학 체계를 세우는 것이다. 그의 주저는 〈철학의 기초〉*와 〈리바이어던〉이며, 그 가운데 후자는 영향력이 막대한 사회계약론으로 국가 철학의 고전이 된다.

> *〈철학의 기초〉는 〈Elementa Philosophiae〉라는 제목의 3부작으로, 〈De Cive〉(시민론1642), 〈De Corpore〉(물체론, 1655), 〈De Homine〉(인간론, 1658)로 나뉘어 출판되었다.

홉스에게 철학은 인과관계에 대한 합리적 인식이며, 이때 결과는 언제나 물체가 성취하는 것이다. 따라서 철학은 원인을 탐구하는 학문이다. 철학의 대상은 그 발생과 속성을 개념으로 파악할 수 있는 물체다. 물체에는 자연적인 것과 인위적인 것이 있는데, 자연적인 것들 가운데는 인간이 있고, 인위적인 것은 국가다.

철학의 과제는 복잡한 현상을 그 요소를 기초로 분석하고 보편적인 원리로 설명하는 것이다. 자연 안에 존재하는 연관성을 설명하는 제1원리는 운동이다. 운동의 모든 과정은 기계론적으로 설명될 수 있다. 홉스의 인식론은 인간의 사고와는 상관없는 사물들이 어떤 표상 내용에 상응한다는 것에서 시작한다. 즉, 외적 객체(외부의 대상)는 감각기관에 기계적인 자극을 주고, 그 자극은 내면의 "생명력"이 일으키는 반응을 통해 뇌 안에 그 자극에 상응하는 표상을 발생시킨다는 것이다.

경험의 직접적인 대상은 사물 자체가 아니라 표상이다. 표상에는 기호(이름)가 주어지는데, 이 이름은 개인에게는 식별 기호의 기능을, 의사소통에서는 전달 기호의 기능을 한다.

그러므로 철학적 논리학에서 다루는 것은 명제에서 파악되는 표상 내용이다.

진리는 사물이 아니라 오로지 언명과 연관되어 있다.

어떤 명제가 참인지 아닌지는 그 개념을 확정된 정의와 개념들 간의 연결을 바탕으로 분석함으로써 규명된다.

정동과 가치에 관한 이론에서도 홉스는 대상에서 나오는 자극에 의해 감정과 의지 행위가 이루어지고 기계적으로 결정된다고 상정한다.

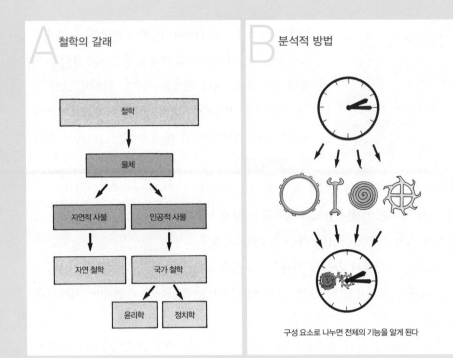

A 철학의 갈래

```
철학
  ↓
물체
 ↙  ↘
자연적 사물    인공적 사물
  ↓            ↓
자연 철학     국가 철학
            ↙      ↘
          윤리학    정치학
```

B 분석적 방법

구성 요소로 나누면 전체의 기능을 알게 된다

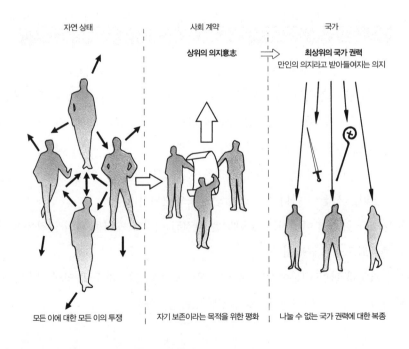

C 국가의 성립: 사회 계약

자연 상태　　　　　사회 계약　　　　　국가

상위의 의지意志 ⇒ 최상위의 국가 권력
　　　　　　　　　만인의 의지라고 받아들여지는 의지

모든 이에 대한 모든 이의 투쟁　　　자기 보존이라는 목적을 위한 평화　　　나눌 수 있는 국가 권력에 대한 복종

쾌감은 생명력의 활발한 운동이 강해지면서 생기고, 쾌감을 일으키는 대상은 선으로 받아들여진다.

이로부터 가장 기본적인 가치인 자기 보존이 나온다.

모든 유기체는 자신의 활발한 운동을 지속하기 위해, 다시 말해서 죽음을 피하기 위해 노력한다.

자기 보존은 최고의 가치이므로 모든 개인은 이기적으로 행동한다. 그보다 더 상위에 있는 기준이란 없다.

각자는 무엇이 자신에게 선인지 스스로 결정한다.

이런 사상은 곧바로 **국가철학**에 적용된다. 홉스는 국가 철학에서도 국가를 이루는 요소, 즉 개인과 개인의 본성을 그 출발점으로 삼는다. 홉스는 국가를 만드는 것이 인간의 본성이라는 전통적인 생각을 거부한다. 법도 국가도 없는 자연 상태(state of nature)에서

인간이 집단을 만드는 유일한 이유는 그렇게 하는 것이 자신에게 이익이 되기 때문이며, 그런 이유야말로 인간의 본성에 적합한 것이다.

자연 상태에서는 모든 인간이 평등하며, 따라서 누구나 모든 것에 대한 권리, 즉 자신이 원하는 모든 것을 할 권리를 가지고 있다. 모든 인간은 타고난 능력을 사용하고 모든 수단을 동원하여 자신을 보존할 자유가 있다. 그런데 모든 사람이 다른 사람에게 손해를 끼쳐가며 자신의 이익을 추구하기 때문에, 그리고 그렇게 하는 사람이 점점 더 많아지기 때문에, 다음과 같은 사실이 분명해진다.

"국가를 형성하기 전 인간의 자연 상태는 전쟁, 즉 …… 모든 이에 대한 모든 이의 전쟁이었다(벨룸 옴니움 콘트라 옴네스Bellum omnium contra omnes.)"*

그리고 그 전쟁은 영원히 계속될 수도 있다. 그 상

* 홉스가 인간의 자연 상태를 "벨룸 옴니움 콘트라 옴네스"라고 정의하는 데 배경이 된 것은 그의 정치적 신념일 것이다. 그는 일관되고 철저하게 절대 군주제를 옹호했다. 혁명에 의한 찰스 1세의 처형 이후 그는 망명지 프랑스에서 〈리바이어던〉을 발표했는데, 이 저작은 부르주아혁명과 자연 상태의 인간들이 벌이는 "모든 이에 대한 모든 이의 전쟁", 그리고 그런 상태를 해결할 절대 군주와 괴수 리바이어던을 결부시키는 은유로 가득하다. 절대적 지배력을 가진 군주가 없는 사회에서 인간은 그가 〈시민론〉에서 플라우투스의 표현을 빌려 말한 대로 "호모 호미니 루푸스Homo homini lupus", 즉 "인간은 인간들에 대해 늑대"일 것이기 때문이다.

태에서는 누구도 자신을 오래 보존할 수 있으리라고 기대할 수 없으므로, 인간의 삶은 외롭고 비참하며 짧다. 하지만 자기 보존은 근본적인 욕망이므로 평화가 보장되기를 바라는 마음이 생긴다. 그러므로 첫 번째 자연법은 다음과 같다.

"인간은 가능하다면 평화를 얻고자 애쓴다."

이 첫 번째 원칙에서 다른 원칙이 나온다.

모든 사람이 모든 것을 가질 권리가 있다는 주장을 고집하지 않고, 모든 사람에게 구속력이 있는 계약을 통해 각자의 권리를 위임하거나 포기할 때, 비로소 안전한 상태가 이루어진다.

그러나 각자가 자신의 의지를 단 하나의 의지보다 하위에 둘 때에만 자연법의 준수가 보장된다. 그럴 때 인간은 다음과 같은 내용으로 사회계약을 맺는다.

모든 개인은 자신들이 복종하기로 한 단 하나의 의지에 절대로 저항하지 않을 의무를 진다.

이것이 바로 국가의 탄생이며, 이 국가는 하나의 제도로 정의된다. 그리고 그 제도의 의지는 모든 사람이 맺은 계약에 의해 모든 사람의 의지로 받아들여진다. 최고의 국가 권력을 가진 자는 한 사람 또는 한 집단일 수 있다. 그 권력은 한계도 없고 양도하거나 나눌 수도 없다.

홉스는 이런 국가를 성서에 등장하는 괴수 리바이어던Leviathan에 비교하는데, 리바이어던이 상징하는 것은 그 거대하고 넘어설 수 없는 힘 또는

"불멸하는 신의 지배를 받는 우리에게 평화와 보호를 제공하는 불멸하지 못하는 신"이다.

국가 권력의 소유자에게 주어진 최상위의 의무는 인민의 복리다. 국가 전체의 통합을 위해 교회도 국가에 종속되어야 한다.

경험주의Ⅱ:
로크Ⅰ

존 로크 John Locke(1632~1704년)는 영국의 대표적인 경험주의 사상가에 속한다. 경험주의는 경험을 철학의 바탕으로 삼는다.

▎모든 지식은 경험에 의존하며 경험에 의해 통제된다.

국가, 종교적 관용, 교육 등에 관한 그의 사상은 계몽주의 사조와 정치적 자유주의(리버럴리즘liberalism)에 큰 영향을 끼친다.

로크 철학의 중심은 **인식론**으로, 저서 〈인간 지성론〉(An Essay Concerning Human Understanding, 1690년)에서 다룬다. 인식론의 과제는 인식의 근원과 바탕을 설명하고 인간 지성의 인식 한계를 밝히는 것이다.

인간은 누구나 자신의 의식 안에서 특정한 표상을 만나는데, 로크는 그런 표상을 **관념**(idea)이라고 부른다.

▎"정신이 자기 안에서 지각하는 모든 것, 또는 지각, 사고, 지성의 직접적인 객체가 되는 모든 것을 나는 관념이라고 일컫는다."

그런데 이 관념은 어디서 오는 것일까? 로크는 그런 관념이 모두 경험에서 온다고 주장하면서, 인간이 생득관념, 즉 경험하지 않은 것들에 관한 관념을 타고난다는 이론(예를 들어 데카르트의 본유 관념론*)을 부정한다.

* '본유本有'는 '태어나면서 본디 가지고 있음'을 뜻한다. 앞 214쪽 데카르트의 생득관념, 이데아 인나타idea innata 참조.

▎태어나는 순간 인간의 지성은 아무것도 쓰인 것이 없는 종이와 같다(백지 또는 라틴어로 타불라 라사tabula rasa, 즉 빈 칠판).

특정한 표상(관념)은 어느 것이나 시간의 흐름과 함께 경험으로부터 만들어진다. 물론 표상을 얻는 능력 자체는 이미 인간에게 주어져 있다.

경험에는 두 가지 원천이 있다.

▎첫째 원천은 감각기관이 외부로부터 받는 감관 지각(센세이션sensation, 감각), 둘째 원천은 내면에서 이루어지는 자기 지각(리플렉션reflection, 성찰)으로, 이 자기 지각은 사고, 의욕, 신앙 등의 행위와 연관되어 있다.

이 두 원천에서 나오는 표상은 단순한 것이거나 복잡한 것 둘 가운데 하나다.

관념의 발생과 종류

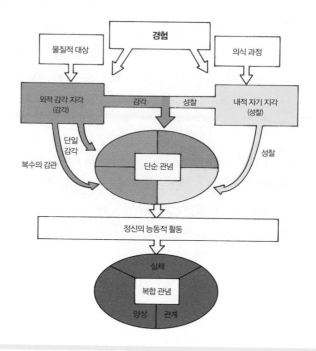

지식의 범위와 등급

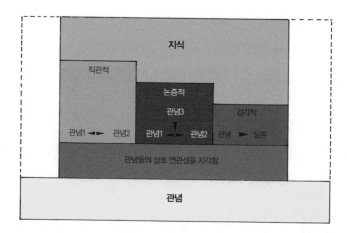

단순한 관념은 다시 다음과 같이 나뉜다.

　　—한 가지 감관만으로 지각되는 관념(색깔, 음향 등)

　　—두 가지 이상의 감관으로 파악되는 관념(공간, 운동 등)

　　—성찰(자기 지각)에서 나오는 관념(내면의 의식 과정)

　　—성찰과 지각이 모두 관여된 관념(시간, 욕망)

이 단순한 관념에 대해 정신은 수동적으로 움직인다.

　　이 관념은 직접 대상으로부터 오는 자극에 의해 만들어진다.

로크는 감관 지각을 두 가지로 구분한다.

　　제1성질, 즉 외부의 사물 자체에 속한 성질(부피, 모양, 밀도, 수량 등), 그리고 색깔, 맛, 냄새처럼 주체의 감정을 나타내는 제2성질 또는 주관적 성질이 그것이다.

하지만 정신은 능동적인 능력이 있어서 비교, 분리, 결합, 추상화 등을 통해 복합 관념을 만들어내는데, 이 복합 관념을 구성하는 것은 결국 단순한 관념이다.

단순 관념에서 만들어지는 복합 관념은 실체, 양상, 관계 등 세 가지다.

　　실체는 그 자체로 존속하는 개체 또는 종種(예를 들어 사람, 식물이라는)이다.

　　양상은 그 자체로 존립하지는 않지만 실체에서 드러나는 복합 관념이다(예를 들어 낮은 시간에서 드러나는 단순한 양상이다). 그리고 혼합된 양상도 있는데, 도덕 개념도 이에 속한다(정의 등).

　　관계는 원인과 결과처럼 서로 연관되어 있는 관념이다.

〈인간 지성론〉 제4권은 **지식**의 관한 규정을 다룬다.

　　"정신은 사고하고 추론하는 과정에서 정신 자신의 고유 관념 말고는 다른 직접적인 객체를 가지고 있지 않다. …… 그러므로 분명한 것은 우리 인식은 우리가 가지고 있는 관념에만 연관되어 있다는 사실이다. 우리에게 인식이란 우리가 가진 어떤 관념들 사이의 연관, 일치, 불일치, 충돌 등을 지각하는 것에 지나지 않는다."

따라서 우리가 가진 지식의 범위는 제한적이다. 지식의 범위가 우리 관념의 폭, 그리고 그 관념들 사이의 일치와 불일치를 지각하는 정도를 넘어서지 못한다는 뜻에서 그렇다. 그 때문에 우리의 지식은 사물의 실재를 제한적으로만, 그리고 우리의 지각이 허용하는 범위 안에서만 파악할 수 있다.

로크는 명백함의 정도에 따라 지식의 등급을 정한다.

　—최상급 지식은 직관적 인식에 의한 지식이다. 직관적 인식에서 정신은 자기 스스로 관념들 사이의 일치나 불일치를 지각한다("원은 삼각형이 아니다").

　—논증적 지식에서 정신은 관념들 사이의 일치와 불일치를 인식하지만, 그 인식은 직접적인 것이 아니라 다른 관념의 중재를 통한 인식이다. 논거를 바탕으로 추론하는 방식이 이에 속한다.

　—마지막으로 감각적 지식은 우리 외부의 유한한 개별 존재자의 실재에 대해 아는 것이다.

로크의 관점에서 진리는 오직 명제에만 연관되어 있다. 왜냐하면 지시된 사물과의 일치를 생각하면 기호들의 올바른 연결이나 분리 안에서만 진리가 있을 수 있기 때문이다.

우리의 지식은 제한적이고 대부분의 영역에서는 신뢰하기에 충분한 상태에 도달할 수 없으므로, 실제 생활에서는 부족한 지식을 보충해주는 개연성*이 중요한 역할을 한다. 개연성이 개입할 수 있는 것은 우리 자신의 경험이나 다른 사람의 증언을 통해 참이라고 믿을 근거가 있는 명제들이다.

> 우리는 그런 명제에 대한 정신의 태도를 신념, 동의 또 | * 즉 확률.
는 견해라고 일컫는다.

로크의 **실천철학**이 다루는 내용은

> "이성과 지식에 따라 행동하는 존재로서 인간 자신이 어떤 목적을 달성하기 위해, 특히 행복을 얻기 위해 해야 하는 모든 것"이다.

선과 악을 규정하는 것은 기쁨과 고통의 발생이라는 관점이다. 인간의 노력은 기쁨(행복)을 얻고 고통을 피하기를 지향하므로 기쁨과 고통은 행위의 기준이 된다. 따라서 규범을 제시하는 원리, 즉 도덕 법칙들은 보상과 처벌을 포함하고 있어야 한다.

> "따라서 도덕적 선 또는 악은 오로지 우리 의지에 의한 행위가 법칙에 합치하는가, 불합치하는가에 따라 정해지며, 이로써 우리의 행위는 법칙을 만든 자의 의지와 권력에 따라 선 또는 악이 된다."

도덕 법칙에는 다음 세 가지가 있다.

—신의 법칙: 신이 직접 인간에게 부과한 죄와 의무의 판단 기준으로, 사후의 징벌이나 보상과 연계되어 있다.

—시민의 법칙: 국가가 시민에게 부과한 규칙으로, 어떤 행위가 처벌을 받을 가능성이 있는지 결정한다.

—여론 또는 평판의 법칙: 주로 철학이 다루게 되는 법칙인 까닭에 로크는 이를 철학적 법칙이라고도 부른다. 존중과 경멸을 불러오는 덕과 패륜을 판단하는 기준이 된다.

A 도덕 법칙

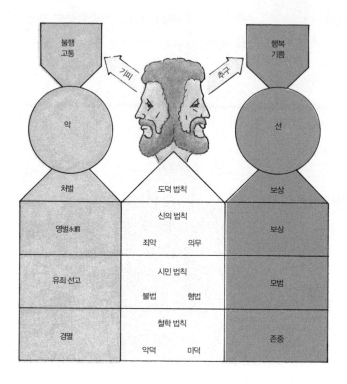

처벌	도덕 법칙	보상
영벌永罰	신의 법칙 죄악 / 의무	보상
유죄 선고	시민 법칙 불법 / 형법	모범
경멸	철학 법칙 악덕 / 미덕	존중

B 사유재산의 발생

원시적   노동을 통한 획득   화폐 도입으로 인한
공유사회   − 제한적 재산   재산 축적

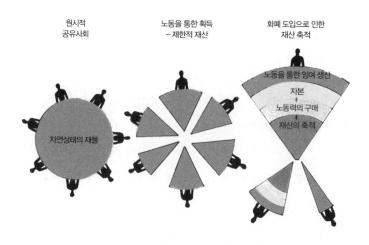

저서 〈통치론〉(Two Treatises of Government, 1689년)은 로크의 **국가철학**을 담고 있다. 국가 형성의 기원이 무엇인지 설명하기 위해 그는 홉스와 마찬가지로 자연 상태와 사회계약론을 이야기한다.

> 사람들이 국가를 구성하기 전 자연 상태를 지배하는 것은 모든 사람의 완전한 자유와 평등이다.

개인은 자신과 자기 재산에 대해 무제한의 재량권이 있다.

하지만 각자는 자연법에 복속되며, 이 자연법의 최고 규칙에는 신이 창조한 자연을 보존해야 한다는 것도 포함되어 있다.

> 이에 따라 자연법은 타인의 생명, 건강, 자유, 소유물을 손상하거나 파괴하는 것을 금한다.

따라서 각자가 자연법을 준수하기만 한다면 자연 상태는 홉스의 설명과는 반대로 평화로울 수 있다. 평등은 모든 사람에게 해당되므로 누구나 재판관이 될 권리가 있으며, 평화 상태를 깨뜨리는 사람은 자기 자신을 판결하고 처벌할 권리가 있다.

> 하지만 각자가 자신의 일에 대한 재판관이 되면 이는 실제로 지속적인 전쟁 상태를 초래할 것이므로, 반드시 개인의 판결보다 상위인 심급이 있어서 모든 이에게 구속력이 있는 판결과 집행을 담당해야 한다.

그래서 사람들은 평화와 자기 보존을 확보하기 위해 입법권, 사법권, 행정권을 개인보다 상위인 제도에 위임하는 사회계약을 바탕으로 공동체를 구성하게 된다.

> 그러나 국가 권력은 자연법에 종속되므로 무엇보다 개인의 자기 보존 욕구, 자유, 재산이 존중되어야 하며, 공동체 전체의 복리 확보는 반드시 지킬 규범이 된다.

독재가 등장할 위험을 피하는 데는 권력 분립이 중요하다.

> 인민은 법을 위반하는 지배자를 혁명을 통해 끌어내릴 권리가 있다.

로크는 국가가 종교 생활에 대해 관용적인 태도를 가질 것을 요구했다.

> 누구나 자유로이 종교를 선택할 수 있어야 하며, 국가는 종교의 내용에 간섭하지 말아야 한다.

특기할 것은 로크가 **사유재산**을 정당한 것으로 옹호한다는 사실이다. 자연 상태에서는 재산은 공유물이다. 하지만 자연에 존재하는 자산이 인간의 자기 보존을 위해 유용하게 쓰이려면 그것은 개인의 소유물이 되어야 한다. 공유물을 사유재산으로 바꾸는 것은 노동이다.

> 사람은 누구나 자신에게만 속하는 재산이 있으며, 자신의 노동을 통해 자연으로부터 얻어낸 것에 자기만의 고유한 무엇인가를 더하면 그것도 자기의 소유물이 된다.

하지만 각자는 자신이 쓸 수 있는 만큼의 재산만 쌓아두는 것이 옳다고 여겨지므로, 초기에는 큰 재산을 가진 사람이 생기지는 않는다.

이런 상태는 구성원 모두가 동의하는 가운데 화폐가 도입되면서 달라진다.

> 화폐의 도입으로 개인이 쓸 수 있는 것보다 더 많은 재산을 벌어들일 수 있게 되어 재산의 축적, 특히 토지의 축적이 일어난다.

화폐는 모든 사람이 동의하는 가운데 도입되므로, 그로부터 생기는 재산의 불평등한 분배도 이미 자연 상태에서 암묵적으로 정당한 것으로 여겨진다.

경험주의Ⅳ: 버클리

아일랜드의 철학자이자 신학자 **조지 버클리**George Berkeley(1685~1753년)는 데카르트, 말브랑슈, 로크의 이론을 비판하는 과정에서 유심론唯心論*을 전개했다.

버클리는 오직 관념(표상)만이 의식의 직접적 객체가 될 수 있다는 로크의 전제에서 출발한다. 그는 **관념**을 두 종류로 나눈다.

—자의적으로 바꿀 수 있는, 따라서 주체의 상상력에서 나오는 관념.

—주체가 마음대로 만들어낼 수 없고 외부로부터 받아들인 감관 지각인 관념.

> *유심론은 모든 실재의 근거는 영혼, 이성, 정신 등에서만 찾을 수 있다는 존재론적 입장을 말한다. 유심론에서 물질적인 것은 오로지 비물질적인 것이 만드는 가상으로 설명된다.

두 번째 관념이 생기는 원천은 보통 외부 세계에 존재하는 물질적 사물이라고 여겨진다. 버클리는 이런 물질주의에 반대하여 관념 뒤에 물질적 사물이 있다고 추정할 필요가 없다고 주장하면서, 객체의 존재는 다름 아닌 '감관에 의한 지각'임을 입증하려 한다.

> "내가 앉아서 글을 쓰는 책상이 실재한다고 말한다면 이 말의 의미는 내가 그 책상을 보고 만질 수 있다는 것이다. 만일 내가 서재 바깥에 있어서 그 책상을 보지 못하면 그 책상의 실재에 대한 나의 언명은 "내가 만일 서재에 있다면 그 책상을 지각할 수 있을 것이다"라거나 "다른 어떤 정신이 그 자리에 있는 책상을 지각할 것이다"라는 의미일 것이다. …… 그런 사물의 존재는 '지각되는 것' 자체와 같다. 사물은 그것을 지각하는 정신이나 사유하는 실체 바깥에서는 존재할 수 없다."

따라서 버클리의 기본 테제는 다음과 같다.

> "Esse est percipi aut percipere.존재는 지각되는 것이거나 지각하는 것이다**(즉, 객체의 존재는 지각되는 것이며 주체의 존재는 지각하는 것이다).

관념과 **정신**만이 실재하며 물질은 실재하지 않는

> **풀어 말하면, 주체 바깥에 있는 대상의 '존재'는 주체에 의해 '지각되는 것'과 동일하며, 주체의 존재는 '지각하는 것'과 동일하다는 뜻. 존재와 지각이 동일하므로 지각되지 않는 것은 존재하지 않는 것과 같다는 극단적인 비물질론이다. 이 책 '옮긴이의 말' 참조.

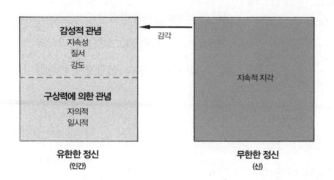

A 관념과 정신

감성적 관념	← 감각 ←	
지속성		지속적 지각
질서		
강도		
구상력에 의한 관념		
자의적		
일시적		

유한한 정신
(인간)

무한한 정신
(신)

B 신은 지각 활동을 조정한다

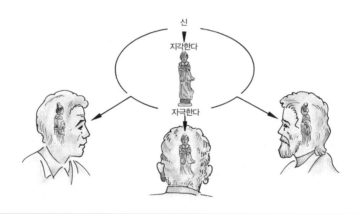

신

지각한다

자극한다

C 추상적 관념론에 대한 비판

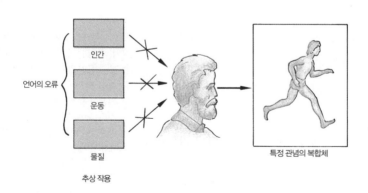

인간

운동

물질

언어의 오류

추상 작용

특정 관념의 복합체

다. 정신은 지각의 주체, 즉 그 안에 관념이 실재하는 것이므로 관념과 구별된다. 정신 활동의 내용은 의도하고 상상하고 기억하고 관념과의 관계를 파악하는 것이다.

버클리에 의하면, 물질이 실재한다는 주장은 추상적 관념이 실재한다는 잘못된 전제에서 나온 것이다. 버클리는 그런 전제에 반대하여, 구체적인 규정이 없는 관념을 표상하는 것은 불가능하다고 주장한다.

> 느리게 움직이는 사물과 빠르게 움직이는 사물을 동시에 생각하지 않으면 속도라는 관념은 없다. 그리고 색깔이나 크기처럼 감각적인 성질을 생각하지 않으면 (물체를 이루는) 외연이라는 관념은 없다.

추상적 관념이 실재한다고 전제할 수 있게 되는 유일한 이유는 언어에는 보편적으로 적용할 수 있는 표현들이 있기 때문이다. 그래서 우리는 낱말을 이름이라고 파악하여, 뭔가 보편적인 것을 가리키는 이름에는 보편적인 것의 실재가 대응된다고 생각하게 되는 것이다.

> 따라서 물질이 있다는 전제는 "규정이 없는 사물"이라는 추상적 관념과 다르지 않으며, 버클리는 그런 추상적인 관념이란 생각할 수도 없는 것으로 여긴다.

버클리는 주체에서 독립되고 감관으로 지각되는 외적인 것이 실재한다고 확신한다. 그러나 그런 현실은 물질로 이루어진 것이 아니고 또 모든 관념이 정신 안에만 있으므로, 감각적 관념의 "대상"은 그 대상을 지각하는 다른 정신 안에 존재할 수밖에 없다.

> "…… 신의 무한한 정신은 나의 정신과는 상관없이 실재하는 현실의 나무를 진정으로 인식하고 파악한다. …… 자연의 창조자가 감관에 각인한 관념이 바로 실재하는 사물이다. …… 이런 연유로 현실의 사물은 아무렇게나 나타나는 것이 아니라 일정한 지속성, 질서, 연관 관계를 갖는다."

그러므로 버클리가 생각하는 "사물"은 **신**을 통해 지각되고 우리 정신의 감수感受(affection)에 의해 우리 안으로 불러들여진 관념의 복합체일 뿐이다. 이 과정에서 신이 적용하는 질서와 연결이 자연법칙이다.

결국 버클리는 우리가 감각기관으로 경험하는 외부 세계의 현실성을 부인하는 것이 아니라, 그렇게 실재하는 외부 세계에 물질적인 속성이 있음을 부인한 것이다.

> "나는 내 눈으로 보고 내 손으로 만지는 사물이 실재한다는 사실, 그런 것들이 정말로 실재한다는 사실을 조금도 의심하지 않는다. 내가 그 실재를 부정하는 유일한 것은 철학자들이 물질 또는 물체적 실체라고 일컫는 것이다."

관념은 다른 관념에 작용하지 않으므로(즉, 영향을 끼치지 않으므로), 버클리는 주체가 달라져도 관념은 비슷한 방식으로 발생한다는 사실, 즉 동일한 대상을 관찰하는 여러 주체가 서로 소통할 수 있고 또 심지어 대상에게나 다른 주체에게 영향을 끼칠 수 있다는 사실을

> 신의 개입으로 설명할 수밖에 없다. 즉, 신이 서로 다른 지각과 행위를 적절히 조정하고 있음이 틀림없다는 것이다.

버클리의 이런 접근 방식에서 나온 결론은, 자연과학이란 물질적 사물들이 서로에게 끼치는 작용을 다루는 학문이 아니라, 신이 다양한 관념을 만들어내고 그것을 서로 연결할 때 도구가 되는 영원한 질서인 법칙성을 관찰하고 기술하는 학문이라는 것이다.

버클리는 물질주의가 무신론의 씨앗을 내포하고 있음을 알아차렸고, 그래서 도덕과 신앙의 확립을 자기 이론의 목표로 삼았다.

경험주의 V: 흄 I

데이비드 흄 David Hume(1711~1776년)의 기본적인 관심사는 "인간에 관한 학문에 경험적인 탐구 방법을 도입하는 것", 즉 경험과 관찰을 탐구의 바탕으로 삼는 것이다. 이를 위해 그는 인간의 인식능력을 비판적으로 제한하는 정도의 온건한 회의론을 주장한다. 주저로는 〈인간 본성론〉(A Treatise of Human Nature, 1739~1740년)라는 방대한 저술이 있고, 그 뒤를 이어 인식, 도덕, 정치, 종교 등에 관한 짧은 저술들을 발표한다.

칸트는 자신이 흄을 통해 처음으로 "독단에 취한 상태"에서 깨어났다고 한 적이 있다.

우리 경험의 직접적인 대상은 오직 우리의 지각(영어: perceptions, 의식 내용)밖에 없다. 의식 내용은 인상과 관념, 두 종류로 나뉜다.

> **인상**(impressions)과 **관념**(ideas)은 모두 감관 지각과 내적인 자기 지각(정동, 감정, 의지)이며, 이것들은 모두 우리 마음 안에서 모습을 드러낸다. 관념은 우리가 사유, 기억, 상상이라는 형식으로 처리하는 인상이 모사된 것이다.

이 둘을 구분하는 것은 그 강도의 차이다. 몸을 다쳤을 때 느끼는 아픔과 그것을 기억할 때의 아픔 사이에 있는 강도의 차이가 그 예가 될 것이다.

인상으로부터는 단순한 관념이 생긴다. 그래서

> 직접 우리에게 지각된 적이 없는 어떤 것을 표상하거나 생각한다는 것은 불가능하다.

하지만 인간은 자신의 구상력(상상)을 바탕으로 이 단순한 표상에서 직접적인 인상에서 생긴 것이 아닌 복합 관념을 만들어낼 수 있다.

관념들이 서로 결합될 때는 **연상**(association, 연합) 법칙이 적용되는데, 이는 어느 관념에서 다른 관념으로 옮겨가는 경향성을 나타낸다. 이렇게 어느 관념에서 다른 관념으로 옮겨가는 데는 다음과 같은 원리가 있다.

> 유사성의 원리, 시간적 또는 공간적인 접근의 원리, 원인과 결과의 원리.

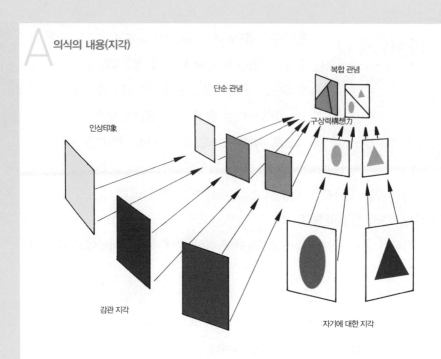

A 의식의 내용(지각)

복합 관념

단순 관념

구상력構想力

인상印象

인상

자기에 대한 지각

감관 지각

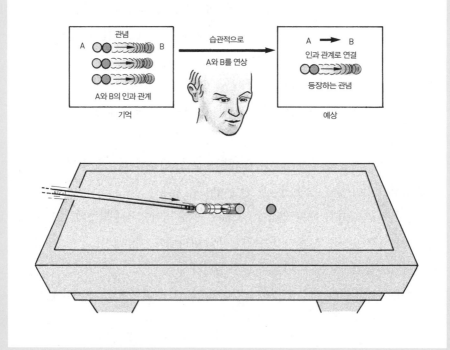

B 인과성因果性

관념

A   B

습관적으로

A와 B를 연상

A ➔ B

인과 관계로 연결

등장하는 관념

A와 B의 인과 관계

기억

예상

어떤 개념이 의미가 있으려면 그 개념에 상응하는 표상의 구성 요소가 인상에서 나온 것이어야 한다. 그런데 이는 형이상학적 개념에는 해당되지 않으므로, 형이상학적 개념은 철학에서 배제해야 할 것이다.

> "그래서 흔히 그러하듯 어떤 철학적 표현이 의미나 상응하는 관념도 없이 사용된다는 의심이 들 때는 이렇게 따져볼 필요가 있다. '그 관념은 도대체 어떤 인상에서 나온 것이란 말인가?'"

여기서 질문해야 하는 것은 우리가 어떻게 우리의 직접적인 지각이나 기억과는 상관없는 판단을 내리게 되는 것일까, 하는 점이다. 이에 대해 흄은 먼저 개념 관계에 대한 판단(이성적 진실)과 사실에 대한 판단(사실적 진실)을 구분한다.

> 전자는 수학과 논리학의 영역에 속한다. 개념적인 진실에 반대되는 것이란 논리적으로 있을 수 없으므로 이 영역에서는 절대적 확실성도 가능하다. 절대적 확실성을 얻기 위해 이 개념 관계에 대한 판단은 그 대상의 실제가 어떤지에 대해 언명할 필요가 없다. 사실에 대한 언명에서는 그 반대의 것이 당연히 거짓이지만, 논리적으로는 언제든 그럴 수 있다.

사실에 대한 언명은 **원인**과 **결과** 사이의 관계에 도움을 받아 관념의 연상 법칙을 따르는 경험을 바탕으로 한다.

> "사실에 관한 모든 사유 행위는 인과관계를 바탕으로 이루어지는 듯이 보인다."

예를 들어 당구공 하나가 다른 당구공 쪽으로 굴러가는 것을 본다면, 우리는 지금까지의 경험을 바탕으로 곧 일어날 결과를 추측할 것이다.

하지만 흄에 따르면 원인과 결과 사이의 관계는 대상에 내재하는 본질적으로 필연적인 연결은 아니며, 따라서 그런 관계는 순수하게 합리적으로, 즉 경험과는 상관없이 인식할 수 없다.

> "간단히 말하면, 모든 결과는 그것의 원인과는 다른 사건이다. …… 필연성은 대상 안이 아니라 정신 안에 있는 어떤 것이다."

A와 B라는 사건이 차례로 일어나는 것이 여러 번 관찰되면, 습관을 바탕으로 A에 대한 관념에서 B에 대한 관념이 연상되고, 그러면 우리는 그 A와 B가 인과관계에

있다고 말한다. 하지만 이는 사물의 본질에 대한 언명이 아니라 습관에서 얻은 관념의 순서에 관한 언명일 뿐이다.

▎모든 일의 진정한 기원과 원인에 대한 통찰은 인간에게는 완전히 막혀 있다.

흄은 **도덕철학**의 과제가 사변적 전제를 배제하고 경험적 방법을 바탕으로 실제적인 도덕적 가치를 해명하는 것이라고 생각한다. 도덕에서는 이성과 감수성이 중요하지만, 더 근본적인 것은 **도덕 감정**(moral sentiment)이다.

▎"덕은 최종적인 목표이며 그 자체로 …… 덕을 통한 직접적인 만족을 얻기
▎위해 노력하므로, 덕과 접촉하는 어떤 감각이 필연적으로 존재해야 한다. 말
▎하자면 도덕적인 선과 악을 구별하는 내면적인 경향, 즉 내적 감정이 필연적
▎으로 있어야 한다는 것이다."

행위는 그 당사자나 사회 전체에 유익하거나 편안한 것일 때 긍정적으로 평가된다. 이때 주관적인 감정이 생기는 바탕은 자기애自己愛와 공감이라는 두 원리다.*

＊흄은 우리 눈에 보이는 자연계의 인과관계란 습관에 의한 연상으로 생기는 관념의 순서일 뿐, 원인과 결과 사이에는 그 어떤 필연성도 없으므로 당연한 것으로 여겨온 자연법칙까지도 우리 경험 안에서 의심해야 하는 대상이라고 주장한다.

경험주의 VI: 흄 II, 애덤 스미스

개인은 자신의 이익만을 추구할 뿐 아니라 사회에 속한 존재로서 다른 사람의 감정과 이해관계에도 관심을 보인다. 이는 그 개인이 공동체 안에 뿌리 내리고 있기 때문이다. 그러므로 도덕의 기초에 속하는 것으로는 공감이 있는데, 이 공감을 통해 다양한 감정이 한 사람에서 다른 사람으로 전달되는 것이다.

이로써 반드시 있어야 할 도덕적 가치의 상호주관성(inter-subjectivity)이 가능해지고 그 근거가 마련된다.

도덕적 판단이 생기는 것은 어떤 행동에 대한 개인적인 인정 또는 부정이 보편타당성을 요구할 수 있을 때이다. 이는 특별한 사정을 추상화하고 순전히 개인적인 이해관계에서 생기는 편향된 태도를 수정할 때 가능해진다. 이로써 어느 사회 안에서 보편적, 포괄적인 평가 기준이 만들어진다.

흄은 **국가론**에서 합리주의적인 자연법 이론과 계약론을 부정한다. 법적 질서가 탄생하는 것은 자연 상태에서는 인간에게 필요한 재화가 부족해지기 때문이며,

> 또한 인간은 자신이 얻은 것을 보존하려는 욕망이 있기 때문이다.

그러므로 평화와 안전을 지켜줄 질서가 있어야 한다. 개인이 그 질서에 복종하는 이유는

> 부분적으로 손해를 감수하더라도 그렇게 하는 것이 전체적으로는 더 큰 이익을 얻게 되기 때문이다.

국가 질서가 유지되는 조건은 정의와 (계약에 대한) 신의라는 덕목이다.

> 여기서도 다시 한 번 공감이 중요한 역할을 한다. 개인은 공감을 바탕으로 국가 전체의 복리를 지향하게 되기 때문이다.

흄은 자신의 비판적인 **종교철학**에서 역사 안에 등장한 다양한 신 관념을 들춰내어 그 진정성을 탐구한다. 그에게 종교는 초월적인 근원에서 생기는 현상이 아니라 인간 정신의 산물이다.

> 종교의 근원은 무엇보다 공포와 희망 같은 심리적인 사실로, 그런 것은 현존재가 나약하고 불안정하다는 의식에서 생긴다.

A 데이비드 흄David Hume : 종교의 자연사

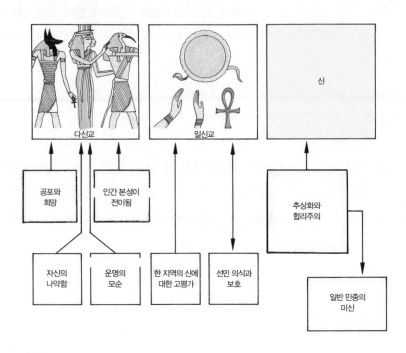

다신교

일신교

신

공포와
희망

인간 본성이
전이됨

추상화와
합리주의

자신의
나약함

운명의
모순

한 지역의 신에
대한 고평가

선민 의식과
보호

일반 민중의
미신

B 애덤 스미스Adam Smith : "국부론"

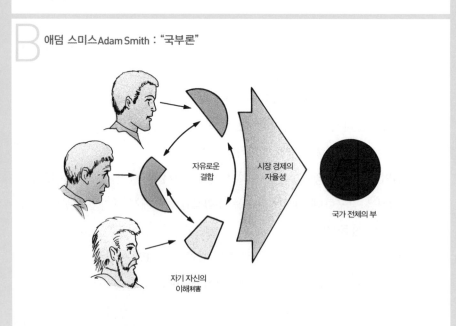

자유로운
결합

시장 경제의
자율성

국가 전체의 부

자기 자신의
이해利害

모든 종교는 원래 다신론이었다. 인간은 자신에게 익숙한 속성을 사물과 여타 생물에게 부여하려는 경향이 있다. 그래서

> 인간은 자신의 힘과 비슷해 보이지만 본질적으로 자기보다 훨씬 강한 힘이 자연 안에서 작용하는 것을 알게 되어 그 힘을 신격화한다.

다신론에서 일신교—神教로 옮겨가는 것은 처음에는 합리적인 이유 때문이 아니라, 자신이 신봉하는 어느 지역의 신을 다른 신에 견주어 더 높은 신으로 여기고 그런 신 안에서 보호를 받으려는 욕구가 생기기 때문이다.

> 일신교로 바뀌면 언제나 불관용이 강해진다.

시간이 흐르면 신 개념은 더욱 추상적, 합리적으로 변하고, 그와 함께 신의 개념은 대중의 이해력을 넘어서게 되어 결국 미신이 창궐하는 상태로 바뀐다.

저서 〈자연 종교에 관한 대화〉(Dialogues Concerning Natural Religion, 1779년)에서 흄은 합리적인 "신의 존재 증명"에 대해 근본적인 비판을 가하는데, 그의 비판은 동시에 세계관에 대한 근본적인 분석이기도 하다.

애덤 스미스 Adam Smith(1723~1790년)는 흄과 마찬가지로 도덕적 가치 평가가 **감정**에 좌우된다고 강조한다. 이때 중요한 역할을 하는 것은 공감으로, 이를 통해서 우리는 다른 사람이 느끼는 것을 (약하게나마) 따라 느끼고 다른 사람의 입장에서 생각하게 된다.

> 우리가 행위자의 감정에 공감할 수 있을 때 그의 행위와 태도는 도덕적으로 용인된다.

다시 말해서 자신이 그렇게 느낄 것이라고 추측함으로써 그 행동과 태도가 대상에 상응하는 것이라고 느낄 때, 그 행동의 결과에 영향을 받은 사람의 감정(예를 들어 감사하는 마음)에 공감할 수 있을 때 그 행동과 태도가 도덕적으로 용납된다는 것이다.

> 어느 편에 속하지 않은 "구경꾼"의 관점에서 자신의 행동을 평가할 때 우리는 자기 행동의 동기를 다른 이들이 공감할 수 있는지 스스로에게 묻는다.

추상화와 일반화를 통해 우리는 개인적인 인정과 불인정에서 벗어나 보편적으로

타당한 도덕적 판단을 위한 포괄적인 기준에 도달하게 된다.

스미스는 무엇보다 **국민 경제학**의 고전이 된 저서 〈국부론〉(An Inquiry into the Nature and Causes of the Wealth of Nations*)으로 널리 알려졌다. 그가 상정하는 것은, 개인으로 하여금 자신의 상황을 개선하려는 관심에 따라 마음대로 활동하도록 내버려두면 자연 안에 있는 목적론적인 질서 원리가 작동하여 전체의 부가 최대화된다는 것이다. 따라서 그는 경제를 통제하는 조치에 반대한다.

* 흔히 줄여서 〈The Wealth of Nations〉라고 부른다.

> "개인은 오로지 자기 이익만을 추구할 뿐이라고 믿지만, 실제로 그런 이익 추구는 국민 경제 전체의 복리를 위해서는 최상의 진흥책으로 작용한다. 이 때 개인은 보이지 않는 손에 의해 인도되어 결코 자신이 의도하지 않던 목표를 추구하게 되는 것이다."

번영의 기초는 노동이며 상품의 가치도 노동에서 나온다. 생산성의 기초는 인간의 교환 욕구와 분업이다.

영국 계몽주의 도덕철학의 발달에는 샤프츠버리Anthony Ashley-Cooper, 3rd Earl of Shaftesbury(1671~1713년)와 허치슨 Francis Hutcheson(1694~1746년)도 큰 영향을 끼친다. 이들은 선 또는 악을 직접 인정하거나 불인정하는 감정인 "도덕 감각"(moral sense)이라는 개념을 정립한다.

프랑스 계몽주의 I: 파스칼, 볼테르

블레즈 파스칼 Blaise Pascal(1623~1662년)는 천재적인 수학자이자 물리학자로, 데카르트의 합리주의에서 큰 영향을 받는다. 그러나 저서 〈회고록〉(Mémorial)에 기록한 대로 파스칼은 1654년 종교적 회개를 경험하고 남은 인생을 신앙을 위해 바치기로 결심한다.

"아브라함의 하느님, 이삭의 하느님, 야곱의 하느님. 철학자와 식자의 하느님이 아니다."*

파스칼은 종교적인 개별 실재에 기초한 데카르트의 추상을 버린다. 파스칼의 관심을 끈 것은 얀센주의**인데, 얀센주의는 가톨릭의 한 신앙 사조다.

* 회개의 밤을 서술한 파스칼의 글로, 자신이 느낀 신의 현존은 성서 인물들이 믿었던 인격신이지 형이상학적이고 추상적인 신이 아니었다는 말이다.

** 17세기 초 벨기에 루뱅 대학의 신학자 코르넬리스 얀선Cornelis Jansen이 주도한 엄격한 원리주의 가톨릭 신학 사조. 아우구스티누스의 원죄론에 칼뱅의 예정론을 더하여, 선택된 소수만이 은총에 의해 구원되며 엄격한 신심 생활이 요구된다고 주장했다.

그가 교회를 옹호하기 위해 계획한 저작은 단편적인 유고인 〈명상록〉(Pensées)으로 전해진다. 이 단편들에서 파스칼은 두 가지 무한한 것들 사이, 즉 무한히 큰 것과 무한히 작은 것 사이에 있는 인간의 모습을 묘사한다. 그런데 이성의 영역은 오직 유한한 것만을 포괄하므로, 심정(cœur, "심장")만이 인식을 가름하는 본래의 장소가 된다.

"우리는 이성만이 아니라 심정을 통해서도 진리를 인식한다. 심정을 통해서 우리는 제1원리를 알게 된다."

그렇게 알게 된 제1원리(외부 세계의 확실성, 공간, 시간 등)를 이성은 오로지 사후적으로만 확인할 수 있다.

심정을 지향하는 정신은 **섬세纖細의 정신**(에스프리 드 피네스esprit de finesse)이며, 이성에 연결된 정신은 기하학의 정신이다.

심정과 이성은 상호작용을 해야 한다. 수학자는 정의와 원리에, 섬세의 정신은 합리적인 논증에 의존하기 때문이다. 따라서 이성의 훌륭한 행위는 자기를 억제하는 것이다.

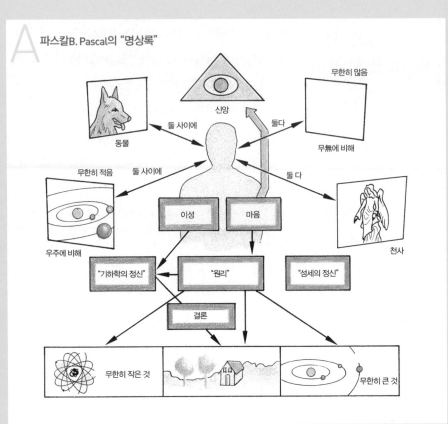

A 파스칼B. Pascal의 "명상록"

- 신앙
- 동물
- 무한히 많음
- 둘 사이에
- 둘 다
- 무無에 비해
- 무한히 적음
- 둘 사이에
- 둘 다
- 우주에 비해
- 천사
- 이성
- 마음
- "기하학의 정신"
- "원리"
- "섬세의 정신"
- 결론
- 무한히 작은 것
- 무한히 큰 것

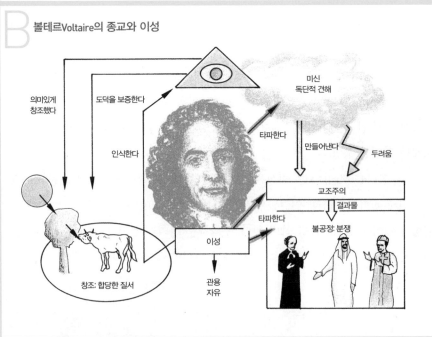

B 볼테르Voltaire의 종교와 이성

- 미신 독단적 견해
- 의미있게 창조했다
- 도덕을 보증한다
- 타파한다
- 만들어낸다
- 두려움
- 인식한다
- 교조주의
- 결과물
- 이성
- 불공정: 분쟁
- 타파한다
- 창조: 합당한 질서
- 관용 자유

심정은 **신앙**을 찬성하거나 반대하는 가장 중요한 결정도 내려야 한다. 파스칼은 이를 도박으로 표현한다.

> 신이 존재하는지 존재하지 않는지를 두고 내기를 할 때, 신이 존재한다는 쪽에 거는 사람은 유한한 것(자신의 공허한 존재)을 걸어 무한한 것(영원한 행복)을 얻게 된다.

이렇게 결정적인 선택이 내려지면 인간은 자신의 생명이 신에게서 온 것임을 겸허하게 받아들인다. 이것이 현존재가 직면한 비참함에서 빠져나오는 파스칼의 방법이다. 인간은 불행한 **중간 존재**다. 정신이 있어 천사에 가깝지만, 동시에 비천함으로 인해 짐승에 가까운 존재인 것이다.

> "인간은 갈대일 뿐이다. 그러나 생각하는 갈대다."

볼테르Voltaire(1694~1778년)은 프랑수아 마리 아루에François Marie Arouet의 필명으로, 프랑스 계몽주의 사상가 가운데 가장 영향력이 큰 저술가다. 그는 풍자시, 소설, 희곡, 역사서, 그리고 무엇보다 다수의 편지를 남겼다. 저술과 정치 영역에서 활동함으로써 (프리드리히 대왕 곁에 머물기도 했다) 그는 계몽주의 사조가 큰 영향력을 발휘하는 데 기여했다.

철학 분야에서 볼테르는 당대 많은 사상가들이 그랬듯이 영국의 정신 사조를 계승한다.

> 〈영국 편지〉(Lettres anglaises)에서 볼테르는 영국의 선진적인 정치와 철학을 찬양한다.

볼테르 사상의 강력한 지향점은 무엇보다 존 로크(241쪽 이하 참조)와 뉴턴이다. 볼테르는 그들과 함께 **독단론**에 맞서 인간의 자유를 위해 싸운다.

경험주의를 지향하는 영국의 선구자들처럼 볼테르도 선입견, 특히 합리주의 철학이 가진 선입견을 공격한다.

볼테르는 이렇게 모든 형이상학에 반대하는 자신의 비판적인 주장을 다음과 같이 요약한다.

> "우리는 형이상학을 다루는 모든 글의 끝에 철자 두 개를 덧붙여야 할 것

이다. 그것은 N. L. 즉 'non liquet*'(라틴어: 논
리퀘트. '확실하지 않음', '진위 불명')라는 철자
다."

볼테르가 특히 격렬하게 공격한 것은 여러 **종교**의 독단적인 주장이다. 그는 부자
유, 박해, 불의를 낳는 불관용이 바로 그런 독단에 뿌리를 두고 있다고 생각하며,
그래서 그의 투쟁 모토는 다음과 같은 것이다.

> "에크라제 랭파므Écrasez l'infâme!"(파렴치한 것을 때려 부숴라!— 여기서 파렴
> 치한 것이란 교회를 가리킨다.)

볼테르가 보기에 역사에 등장한 여러 종교 대다수는 미신이라고 본다. 그런 종교
는 도덕을 장려하는 이성적인 종교로 변해야 하는 것이다.

> 신이 있다는 것은 창조를 보아도 알 수 있다. 하지만 신의 속성(바로 교리의
> 내용)은 여전히 알 수 없는 상태에 머물러 있다.

볼테르의 종교관은 이신론理神論에 가깝다. 이 전형적인 계몽주의 신관에 따르면,
신은 자연의 질서를 창조했지만 그 질서에 개입하지는 않는다.

> "만일 신이 존재하지 않는다면 우리는 신을 만들어내야 할 것이다. 그러나
> 자연 전체는 우리에게 외친다. 신은 존재한다고."

> "볼테르라는 인물은 〈백과전서〉(Encyclopédie)라는 저작을 통해 실현되었
> 다."(부테노우R. R. Wuthenow)

〈백과전서〉의 모범이 된 것은 형이상학과 종교를 비판한 베일P. Bayle(1647~1706년)
의 사전이었는데, 베일의 사전과 함께 〈백과전서〉는 계몽주의를 전파하는 가장 강
력한 무기 가운데 하나였다. 1751년부터 1780년까지 28권으로 출간된 이 대작업에
는 당대의 많은 석학들이 동참했다.

> —드니 디드로Denis Diderot(1713~1784년)는 여러 분야를 연구한 철학자로,
> 유신론자唯神論者에서 범신론자가 된 사람이다. 그는 발행인과 저자로서 〈백
> 과전서〉 사업을 이끄는 원동력이었다.

—장 르 롱 달랑베르Jean Le Rond d'Alembert(1717~1783년)는 〈백과전서〉의 서문을 썼는데, 그의 서문으로 〈백과전서〉 기획은 금세 유명해졌다. 철학자로서 달랑베르는 '실증주의'의 초기 주창자로 통한다.

—폴 앙리 디트리히 돌바크Paul Henri Dietrich d'Holbach(1723~1789년)는 무신론자였으며 결정론적 감각주의를 대표하는 사상가였다.

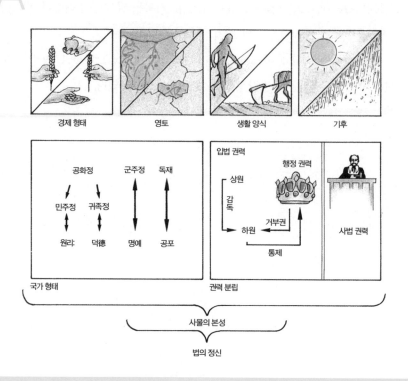

경제 형태   영토   생활 양식   기후

공화정   군주정   독재

민주정   귀족정

원리: 덕德   명예   공포

국가 형태

입법 권력

상원

감독

하원   거부권

통제

행정 권력

사법 권력

권력 분립

사물의 본성

법의 정신

하강	상승	시대	언어	전승
		인간	산문적散文的	역사
		영웅	시적詩的	전설
		신	직관적	신화

**프랑스 계몽주의 II:
몽테스키외, 비코**

샤를 드 몽테스키외Charles de Montesquieu(1689~1755년)가 영향력을 발휘할 수 있었던 까닭은 계몽주의 사상의 내용을 사회 질서와 그 바탕이 되는 **법**에 적용했기 때문이다.

몽테스키외의 〈페르시아인의 편지〉(Lettres persanes, 1721년)는 조국 프랑스의 상황을 간접적으로 비판하는 저술이다. 볼테르와 마찬가지로 그도 영국 사회를 추종할 가치가 있는 모범으로 여긴다.

주저 〈법의 정신〉(De l'esprit des lois, 1748년)에서 그는 특히 영국의 선구자들, 그 가운데서도 존 로크를 지향한다.

그의 출발점은 어느 사회에 주어진 조건과 그 사회가 갖추고 있는 법을 비교하는 것이다. 그의 법사상은 자연법사상에 바탕을 두고 있다. 자연 상태에서 벌어지는 분쟁을 막는다는 명분으로 실정법을 자의적으로 동원해서는 안 된다는 생각(홉스와는 다르다. 237쪽 참조)도 그로부터 나온 것이다. 몽테스키외는 법의 근거로 자연 상태를 대신할 다른 것이 있다고 생각하고, 이를 **사물의 본성**이라고 일컫는다. 이 사물의 본성에서 **법의 정신**이 생긴다는 것이다.

"인간을 규정하는 것은 다양한 요소이고, …… 그 요소에서 보편적인 정신이 형성된다."

이 **요소**는 다음과 같은 자연적인 사실이다.

—영토는 통치 체제에 영향을 준다. 지리적으로 넓은 지역은 군주제로 기우는 경향이 있고, 좁은 지역은 공화제가 득세하기 쉽다.

—기후는 온대 지역에서 기존 사회 질서가 어느 정도 유지되도록 하는 요소가 되기도 한다.

—종교, 관습, 역사, 경제 형태, 그리고 특히 통치의 근본 원칙 등 사회적, 역사적 요소에 의해서도 보편적 정신이 만들어진다.

나아가 각 요소는 그때그때 법적인 상태에 따라 그 중요성이 달리 결정된다.

몽테스키외는 세 가지 통치 원칙을 바탕으로 각기 그에 상응하는 통치 형태를 구분한다.

　　─공포를 통치 원칙으로 하는 독재정

　　─명예를 바탕으로 하는 군주정

　　─민주정 또는 귀족정의 형태를 띠는 공화정. 공화정은 덕을 바탕으로 한다.

어떤 통치 형태든 온건하다면 그것은 좋다. 온건한 통치 형태만이 자유를 보장할 수 있기 때문이다. 자유를 보장하기 위해 있어야 할 것은 한 권력으로 다른 권력을 제한하는 **권력 분립**이다.

　　─입법권: 행정권을 통제하는 입법권은 통제를 담당하는 상원(프랑스어: Corps de nobles귀족원)과 입법을 담당하는 하원으로 구성된다.

　　─행정권: 입법권에 대해 거부권을 행사한다.

　　─사법권: 행정권으로부터 철저히 독립되어 있어야 한다.

잠바티스타 비코 Gaimbattista Vico(1668~1744년)는 이탈리아에서 **역사**를 인간 인식의 원천적인 분야로 만들기 위해 광범위하게 노력했다.

그의 주저 〈새로운 학문의 원리〉(Principi di scienza nuova, 1725년)에서는 "진실된 것과 만들어진 것은 서로 통한다Verum et factum reciprocantur seu convertuntur."*라는 명제에서 출발한다.

> 인식이란 어떤 것이 생기는 방식을 아는 것을 뜻한다. 그래서 우리는 무엇보다 우리 스스로가 만들어낸 것을 인식한다("행위의 결과"는 진리다).

이로부터 비코는 인간 정신이 활동하는 영역은 문화라는 결론을 이끌어낸다.

> 인식은 수학에서 가능한데, 수학의 개념은 인간에 의존하기 때문이다. 그에 비해 물리학에서 나오는 결과는 개연성만을 말해준다.

그래서 비코는 역사 안에서 보편 법칙을 발견하려 한다.

* 흔히 "베룸-팍툼 원칙"이라고 부른다. "Verum est ipsum factum." 즉, "만들어진 것은 그 자체로 진실이다." 인식은 관찰에서 생긴다는 데카르트와는 달리 창조되고 만들어진 것, 즉 행위의 결과물만이 우리 인식의 대상이라는 주장이다. 신의 창조가 진리인 것처럼 인간의 창조물이며 인간의 인식 범위 안에 있는 수학은 진실이다.

목표는 **"영원하고 이념적인 역사"**(스토리아 이데알 에테르나storia ideal' eterna)를 찾아내는 것이다.

그 과정에서 그는 "센소 코무네senso comune"(**공통 감각**)라는 개념에 도달한다.

모든 민족은 서로 영향을 끼치지 않는 상태이면서도 본질적인 관념에 대해서 의견이 일치한다.

이는 보편적인 인간 정신 안에 어떤 성향이 있음을 보여주며, 그 성향은 신의 섭리에 뿌리를 두고 있다. 결국 역사의 구조는 인간 본성의 구조를 설명하는 것이기도 하다. 비코의 연구 도구는 언어 그리고 언어의 전승이다. 어원학과 엄청난 규모로 축적된 신화와 문예는 역사의 전개를 목격한 증인이다. 이 역사의 전개는 미리 정해진 **발전 단계**에 따라 이루어진다.

"어느 민족이나 그 민족성은 처음에는 거칠고 그 다음에는 엄격하며 나중에는 부드러우며 그 뒤에는 세련되고 마지막에는 부도덕해진다."

여러 민족의 **상승 과정**(이탈리아어: corso)은 세 단계를 따른다.

1) 신들의 시대: 모든 권력은 신과 종교의 손아귀에 있다. 인간은 거칠고 인간의 언어는 시각적이다(상형문자 등).

2) 영웅의 시대: '신의 아들들'의 엄격한 관습이 인간을 지배하며, 인간의 언어는 시로 발전한다.

3) 인간의 시대: 인간은 완전한 자의식을 얻게 되어 신과 영웅에 대한 숭배에서 벗어난다. 인간은 자신의 능력에 의존하고, 그 능력은 산문적인 언어에 의해 지켜진다.

마지막에 이르면 사회는 사치에 빠지고, 사회의 **하강 과정**(이탈리아어: ricorso)은 몰락으로 이어진다. 그렇게 되면 다시 상승 과정이 시작된다.

그래서 로마제국이 멸망한 뒤 야만 민족의 상승이 이어지고, 그 상승 과정은 신권 정치를 거쳐 중세 봉건제의 영웅시대로, 그리고 뒤이어 르네상스 문화에 이르렀다는 것이다.

루소 J. J Rousseau : 문화의 타락과 대응 수단

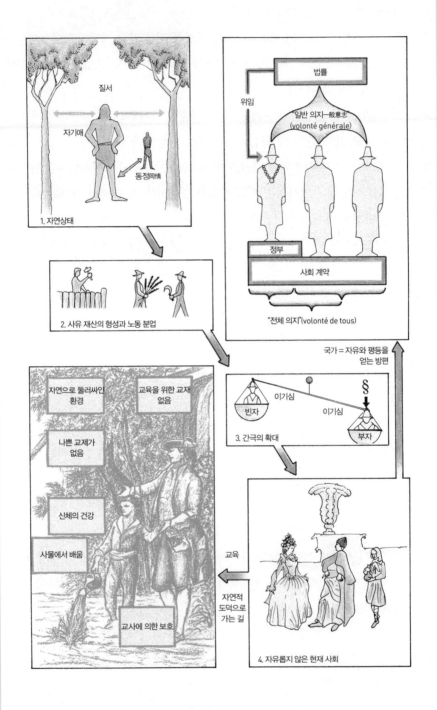

법률

위임

"일반 의지一般意志
(volonté générale)

정부

사회 계약

"전체 의지"(volonté de tous)

질서

자기애

동정同情

1. 자연상태

2. 사유 재산의 형성과 노동 분업

국가 = 자유와 평등을
얻는 방편

이기심

빈자

이기심

§

부자

3. 간극의 확대

자연으로 둘러싸인
환경

교육을 위한 교재
없음

나쁜 교제가
없음

신체의 건강

사물에서 배움

교사에 의한 보호

교육

자연적
도덕으로
가는 길

4. 자유롭지 않은 현재 사회

프랑스 계몽주의Ⅲ: 루소

장 자크 루소 Jean Jacque Rousseau(1712~1778년)의 사상은 계몽주의 사조에서 과도기적 성격을 지닌다.

한편으로 그는 자유를 향한 계몽주의의 호소를 더욱 첨예하게 내세웠고, 다른 한편으로는 훗날 계몽주의에 저항하게 될 낭만주의의 주춧돌을 놓기도 했다.

루소는 인간의 **자유로운 자연 상태**를 전제한다. 자연 상태에서 인간은 온전히 자연의 **질서**에 따라 혼자 살아가는 강한 존재다. 그런 인간은 완전히 감정에 의존한다. 그와 반대로 성찰은 모든 사회악의 원천이며 인간이 자기 자신에서 분리되는 원인이다. 여기서는 다음과 같은 사실이 드러난다.

> "성찰하는 상태는 자연을 거스르는 것이고, 골똘히 생각하는 인간은 퇴화한 짐승일 뿐이다."

루소는 자기애自己愛(프랑스어: 아무르 드 수아amour de soi)를 근본적인 것으로 보며, 그로부터 모든 감정, 특히 동정심이 나온다고 생각한다.

여러 자연적 조건에서 원시적인 사회 질서가 만들어지는데, 이 질서는 아직 기존의 평등과 자유를 해치지 않는다.

그러다가 **문화**(언어, 학문, 예술)와 여러 사회 형태가 발달하면서 자연 상태의 평등은 없어지고 만다.

> 이제 원래의 선한 자기애는 이기심(프랑스어: 아무르 프로프르amour propre)으로 바뀐다.

이때 중요한 사건은 분업과 사유재산 제도의 도입이다. 새로운 소유 관계가 인간을 경쟁으로 몰아넣기 때문이다.

문화는 인간에게 족쇄를 채우고, 그 족쇄를 지탱하는 것은 사법 제도다.

> "법은 약자에게는 속박을, 강자에게는 새로운 권력을 주었다."

이성과 학문은 인간의 자연적 도덕 감정을 약화시킨다. 인간은 사치로 인해 나약해지고 예법으로 인해 무성의해진다.

이런 상태에 대항하여 루소는 자신의 고유한 자유의 이상을 설정한다. 그리고 그것에 이르는 한 가지 길이 **교육의 이상**이라고 생각한다.

저서 〈에밀〉(Emile, 1762년)에서 그는 실례를 들어가며 자신의 교육 이념을 설명한다.

> 교육은 무엇보다 학생이 사회로부터 악영향을 받지 않도록 해야 한다.

루소의 목표는 사회의 악영향을 막기 위한 심성의 도야이며, 그 목표를 위해서는 폭넓은 "소극적 교육"이 이루어져야 한다. 소극적인 교육이란 교육자가 자신의 주장을 학생에게 일방적으로 주입하지 않는 교육으로, 루소는 당대의 교육이 일방적인 생각을 주입한다고 비판한다.

> 아이는 경험으로부터 스스로 배워야 한다. 그런 과정에서 교육은 아이의 발전에 상응하도록 이루어져야 한다.

그러므로 아이는 첫 단계에서 독립성을 얻고 사물에서 직접 배워야 한다. 청년기에 들어선 학생은 예술, 문학, 종교를 공부하고 사회생활을 위해 학생이 원하는 것을 배우도록 해야 한다. 교사는 아이에게 육체적으로도 강하게 자랄 수 있는 환경을 마련해주어야 한다.

> 대니얼 디포가 소설 〈로빈슨 크루소〉에서 묘사하는 첫 독서처럼, 한 가지 기능을 배우는 것도 단순하고 행복한 인생을 시작하는 데 필요하다.

원래의 자유를 회복하기 위한 루소의 두 번째 길은 그의 **사회, 국가 철학**이며, 그 바탕은 공동체 구성원이 스스로 공동체의 지배를 받겠다고 체결하는 **사회계약**(1762년 저작 〈사회계약론〉에서) 사상이다.*

> "우리 모두는 일반 의지가 이끄는 대로 우리의 인격, 그리고 인격을 구성하는 모든 것을 공동체에 위임한다."

모든 구성원은 자신을 **일반 의지**, 즉 볼롱테 제네

* 17세기 홉스, 로크의 사회계약은 지배자와 피지배자가 맺는 합리적 지배를 위한 복종 계약이었던 반면, 루소의 사회계약은 동등한 지위의 인민 자신들이 자유 의지에 따라 일방적으로 맺는 평등 계약이며, 이런 사회사상은 칸트의 실천철학에 폭넓게 반영되었다. 따라서 인민의 고유권력인 주권과 고유 의지인 일반 의지가 유지되므로 주권의 양도나 분할이 불가능하며, 이는 프랑스혁명의 지도자들에게 큰 영향을 주었다. 그의 다른 저서 〈인간 불평등 기원론〉에서 말하는 평등이야말로 루소의 전제이자 회귀점이었다. 다른 계몽주의 사상가들의 평등은 당위성일 뿐, 구체적이지 않지만, 루소는 경제적 불평등이 모든 사회적 문제의 근본 원인이라고 볼 정도로 철저히 평등이라는 명제를 근간에 두었다. 이 평등에 기초를 둔 것이 공동체의 일반 의지다. 이는 모든 사람의 의지의 기계적 총합이 아니라 사회적 선과 정의가 전제된 평등 구현을 위한 의지다. 그래서 프랑스혁명의 공화주의자들에게 목표를 제시하게 된다. 일반 의지는 법률을 통해 구현된다. 루소는 인민의 주권이 입법권을 통해 보장되기만 한다면 인구, 영토, 토지 상태 등에 따라 여러 정부 형태가 가능하다고 생각했다.

랄volonté générale에 복속시킴으로써 자유와 평등을 보장 받는다. 일반 의지에는 구성원 자신의 의지도 포함되어 있기 때문이다. 따라서 각 구성원이 일반 의지에 복속된다는 것은 자기 자신의 법에 복속됨을 뜻한다.

　　본성적인 자유를 위임하면 법적 자유가 가능해진다.

소유권의 위임도 마찬가지다. 개인이 자기 소유를 가상적으로 공동체 전체에 내놓아야 비로소 법적 소유가 보장된다. 이를 통해서 소유자는 "재산의 관리인"이 된다. 사회계약에서 **인민 주권**이 나온다.

　　법률은 일반 의지에 합치하도록 만들어졌을 때만 유효하다. 그렇지 않은
　　법률은 개인적인 지시일 뿐이다.

또한 특수 의지가 실현된 사례는 배제해야 한다. 그리고 전체 의지(볼롱테 드 투 volonté de tout), 즉 개별 의지의 총합도 일반 의지가 최고의 규범이라는 사실에 영향을 주지 못한다.

인민의 의지는 법률로 나타나고, 이 법률은 행정 권력에 의해 집행된다.

　　"우리가 쉽게 알 수 있는 것은 다음과 같은 사실들이다. 즉, 입법권이 누구
　　에게 속하는지를 두고 왈가왈부할 필요도 없고―입법은 일반 의지의 행위이
　　므로―,
　　행정부 수반이 법 위에 있는 것은 아닌지 더 이상 물을 필요도 없으며―행
　　정부 수반은 국가 조직의 일부일 뿐이므로―,
　　불공정한 법이 있을 수 있는지 물을 필요도 없으며―자기 자신에 대해 불공
　　정할 사람은 없을 것이므로―,
　　사람이 자유로우면서 동시에 법률에 구속될 수 있는지 물을 필요도 없다―
　　법률은 다만 우리 의지가 내리는 결정의 목록에 지나지 않으므로―."

루소는 전체 인민이 쉽게 모일 수 있을 정도로 작은 민주제를 이상적인 국가라고 생각한다. 시민들은 관습에서는 통일을 이루고 권한과 재산에서는 되도록 평등해야 한다.

그리고 국교國教가 있어야 한다. 이 국교가 제시하는 소수의 구속력 있는 교리는 사회계약과 법률의 신성함이다.

독일 관념론 개관

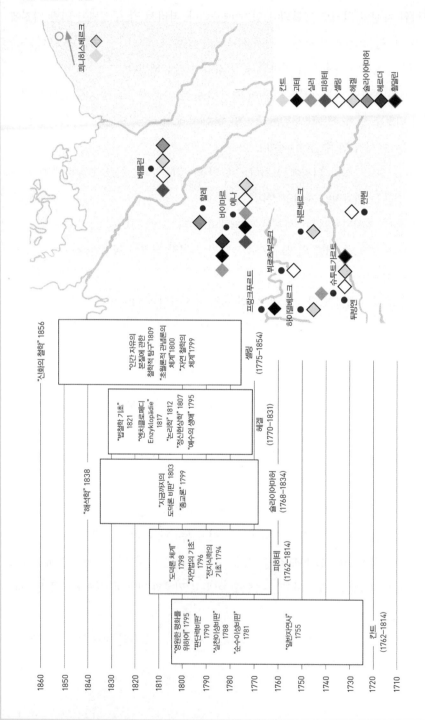

독일 관념론: 개관

독일 관념론의 역사적 배경은 넓게 보면 프랑스혁명의 단초가 된 상황과 혁명의 진행 과정 및 결과였다고 할 수 있다. 구체적으로는 프랑스혁명과 나폴레옹 시대의 대불 대동맹 전쟁*, 프랑스의 점령과 그에 따른 해방 전쟁, 빈Wien 회의와 그 결과 등이었다.

이성과 자유라는 계몽주의의 이상은 프랑스혁명에서 구현되는 듯 보였다. 혁명 초기의 그런 모습에 독일 지식인 대다수는 갈채를 보냈다. 하지만 혁명이 테러로 변질되면서 분위기는 완전히 바뀌었다.

이런 상황에 힘입어 독일인들의 국민적 자의식은 결정적으로 강해졌다(예를 들어 피히테J. G. Fichte의 1806년 저서 〈독일국민에 고함〉). 이런 국민 감성은 독일 문화에 큰 영향을 끼쳤다.

바이마르 시대의 고전주의와 낭만주의의 흐름 안에서 독일의 문학은 그 전성기를 맞았다.

훔볼트Wilhelm von Humboldt의 교육 개혁과 베를린 대학 설립, 슈타인Stein과 하르덴부르크Hardenburg가 베를린에서 이루어낸 정치 개혁(예를 들어 1807년의 농노해방) 등으로 프로이센은 근대국가로 변신했다.

빈 회의의 중요한 결과는 왕정복고, 즉 1792년 상황으로 돌아가는 것이었다. 자유주의 이념에는 제약이 가해졌다. 또한 카를스바트Karlsbad 결의는 정치적 자유주의에 대한 박해가 그 목적이었다.**

임마누엘 칸트Immanuel Kant(1724~1804년)는 독일 관념론의 기초를 마련한다. 그의 핵심 저서는 세 가지 **비판서**이며, 그 밖에도 수많은 주제의 저서를 남겼다.

* 대불 대동맹 전쟁은 프랑스혁명 정부와 이후 나폴레옹에 저항하기 위해 유럽 국가들이 동맹을 맺고 벌인 총 7차에 걸친 전쟁이다. 1814년 ~1815년의 빈 회의는 나폴레옹 몰락 이후 유럽 질서의 재편을 위해 열린 영국, 러시아, 프로이센, 오스트리아 4개국의 회의였다. 나폴레옹의 점령지 반환 등을 정함과 동시에 프랑스혁명으로 대변되는 혁명과 자유주의의 대두를 억제하는 시대착오적인 결과를 낳았다.

** 1819년 8월 메테르니히의 주도로 카를스바트에서 열린 독일연방 장관회의에서는 독일 대학과 개별 학생회의 자율권을 제한하고 스포츠 클럽들을 폐쇄하기로 결의했다. 결의에는 언론 통제, 반연방주의자와 자유주의자로 분류된 사람에 대한 취업 금지 등도 포함되었다.

여기에는 계몽주의 사조에 관한 책, 교육학 관련 책, 그리고 〈영원한 평화를 위하여〉라는 짧은 저술 등이 포함된다.

비판서 이전의 저술은 라이프니츠와 볼프 등을 다루던 당대 "강단 철학"의 영향에서 벗어나지 못한다. 저서 〈자연사 개론과 천체론〉(1755년)에서 칸트는 뉴턴 역학에 바탕을 둔 우주론을 정립하려 한다.

칸트 자신의 말대로 흄은 "독단론이라는 미궁"에서 그를 빼냈고, 루소는 그에게 이성을 의심하도록 가르쳤다.

칸트는 "이성 능력 전반"에 대해 비판하며, "이와 함께 형이상학의 가능성과 불가능성 자체, 그리고 형이상학의 원천뿐 아니라 범위와 한계에 관한 규정에도 비판을 가한다."

이런 비판은 저서 〈순수이성비판〉에서 이루어진다. 그리고 〈실천이성비판〉과 〈판단력비판〉이 그 뒤를 잇는다.

요한 고틀리프 피히테Johann Gottlieb Fichte(1762~1814년)는 칸트의 "물物 자체Ding an sich"라는 명제에 뭔가 어긋나는 점이 있다고 생각하고 이를 극복하려 한다. 그래서 피히테는 인식의 대상으로 이성에 맞서 있는 "비아非我Nicht-Ich"를 절대적 자아에 의한 지정으로, 즉 자아의 자유로운 행위에서 나오는 것으로 파악한다.

프리드리히 빌헬름 요제프 셸링Friedrich Wilhelm Joseph Schelling(1775~1854년)은 처음에는 피히테 철학을 따르다가 점점 자연철학을 완성하는 쪽으로 힘을 기울인다. 셸링은 대립하는 것들의 통합을 둘러싼 질문에서 동일 철학(Identitätsphilosophie)의 구상을 이끌어낸다. 그의 동일 철학에서는 절대자das Absolute가 대립의 해소점으로 작용한다. 셸링의 이 논지에 대해 헤겔은 다음과 같은 유명한 비판을 내놓는다.

"절대자 안에서는 모든 것이 같음을 아는 단 하나의 지식은 …… 또는 절대자를 흔히 말하듯 모든 소가 검은 소로 보이는 밤이라고 하는 것은 유치해 보일 만큼 공허한 인식이다."

후기에 들어 셸링의 철학은 개념보다는 감각적 직관을 지향하는 비교秘教를 지향하게 된다. 게오르크 빌헬름 프리드리히 헤겔Georg Wilhelm Friedrich

Hegel(1770~1831년)은 셸링, 횔덜린과 함께 독일 튀빙엔 대학에서 개신교 신학을 공부했다.

헤겔의 "절대적 관념론"은 관념론 운동의 정점이자 종결점이었다.

자기 자신에 대한 정신의 지식은 거대하고도 사변적인 헤겔 체계의 바탕을 이루는 것이다. 헤겔은 예술, 종교, 법, 역사 등 모든 학문 영역에 얻은 방대한 소재를 그 체계 안에 정리해 넣는다.

관념론은 이성에 대한 극단적인 강조 때문에 여러 사상가로부터 비판을 받는다. 요한 게오르크 하만Johann Georg Hamann(1730~1788년)은 이성이 언어에 구속된다는 점을 비판적으로 지적함으로써 이성의 역사성을 언급한다. 그는 감성적 감각의 의미를 더 강조한다. 그가 보기에 확실성의 궁극적 원천은 신앙이다.

프리드리히 하인리히 야코비Friedrich Heinrich Jacobi(1743~1819년)는 신앙이야말로 실재를 파악하는 직접적인 통로라고 주장한다. 우리를 인식으로 이끄는 것은 지성의 활동이 아니라 감정 그리고 야코비 자신이 전체성을 이해하는 초감성적 능력이라고 생각한 이성이라는 것이다.

요한 고트프리트 헤르더Johann Gottfried Herder(1744~1803년)는 인간을 "피조물 가운데 처음으로 자유로워진 존재"로 본다. 인간은 자유와 세계를 향해 열린 마음으로 자신의 본성을 스스로 만들어낼 수 있지만, 동시에 인간은 교육을 통해 인간성Humanität을 획득해야 한다는 한계를 지닌다.

인간은 무엇보다 자의식을 형성하는 매개체인 언어를 통해서 자신의 특별한 지위를 얻는다.

저서 〈인류 역사의 철학에 관한 이념〉(Ideen zur Philosophie der Geschichte der Menschheit, 1784~1791년)에서 헤르더는 인류의 발전을 인간성을 향한 유기적인 성장으로 보며, 그 과정에서 각 민족은 각각의 고유한 문화를 중심으로 파악되어야 한다고 생각한다.

A "순수이성비판"의 구조

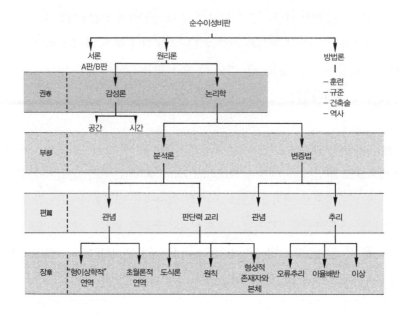

B 초월론적 감성론

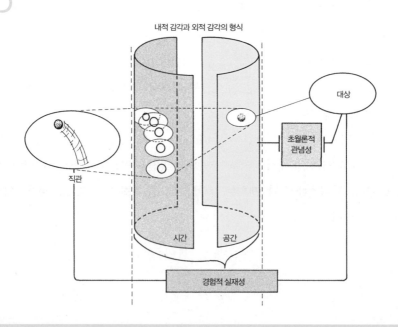

칸트 I:
순수이성비판 I

임마누엘 칸트Immanuel Kant(1724~1804년)는 쾨니히스베르크Königsberg에서 태어나고 죽었다. 그의 〈순수이성비판〉(Kritik der reinen Vernunft)은 근대사의 한 획을 긋는 저서로 통한다. 이 책은 1781년과 1787년, 두 번에 걸쳐 서로 다른 판으로 출판되었다(여기서는 각각 A판, B판으로 인용). 칸트는 1783년의 저서 〈미래의 모든 형이상학을 위한 서론〉(Prolegomena zu einer jeden künftigen Metaphysik)에서 자신의 이론을 요약해서 서술한다. 그 내용은 인간의 **인식능력**을 비판적으로 간파하는 것으로, 이를 위한 주된 질문은 다음과 같다.

> "선험적인(아 프리오리a priori) 종합 판단은 어떻게 가능한가?"*

이런 질문을 던짐으로써 칸트는 경험에 의존(아 포스테리오리a posteriori, "경험 뒤에 오는")하지 않는 판단을 입증하려 한다. 이렇게 경험에 근거하지 않는 판단은 분석적인 판단도 아니다. 분석 판단은 주어를 확장하는 것이 아니라 주어를 펼쳐 보이는(entfalten) 것이다.

* 라틴어 아 프리오리a priori는 "처음부터, 최초의 것으로부터"를 뜻하는데, 인식론에서는 "우리가 경험하기 전에 이미 주어진"이란 뜻으로 "선험적인"이라고 옮긴다. 이에 반대되는 개념인 아 포스테리오리a posteriori는 "무엇의 뒤로부터, 무엇보다 나중에 오는", 곧 "경험한 것으로부터 얻는" 인식을 일컫는 말로 쓰인다.

> 따라서 "원은 둥글다"라는 언명은 분석 판단이다. "둥글다는 사실"에는 이미 "원"이라는 개념이 포함되어 있기 때문이다. 이와는 달리 "7+5=12"라는 것은 선험적 종합 판단이다. "12"는 "7"에도, 그리고 "5"에도 들어 있지 않은 개념이기 때문이다.

선험적 종합 판단은 모든 이론적인 학문 안에 원리로서 포함되어 있다.

> 형이상학에서 종합 판단이 가능한지를 묻는 질문에 대한 답은 형이상학이 학문이 될 수 있는지 여부를 결정한다.

칸트는 감성의 일방적인 수용성(감성은 오직 받아들이기만 하므로)과 지성(독일어: Verstand)의 자발성을 조화시키고자 한다.

> 합리주의의 입장에서는 개념을 확장시키는 감성적 경험은 부정확한 사고

일 뿐이다. 그에 반해 경험주의는 모든 것을 경험에서 도출함으로써 지성의 자발적 능력을 보지 못한다.

칸트는 감성과 지성의 이런 약점에 대한 해결책이 형이상학의 **코페르니쿠스적 전환**에 있다고 생각한다.*

> 인식이 대상을 향하는 것이 아니라 대상이 인식을 향한다.

이 **초월론적 관념론**에서 칸트는 합리주의와 경험주의를 극복한다.

칸트는 인식이 거쳐가는 지점들을 다음과 같이 언급한다.

* 대상이 먼저 있고 인식의 주체인 우리가 그 대상을 향함으로써 대상을 인식하게 된다는 전통적인 형이상학으로는 인식의 객관성이 얻어지지 않았다는 것이 칸트의 생각이다. 이에 그는 인식의 방향을 완전히 바꾸어 대상이 인식의 주체 쪽으로 향한다고 생각하고, 감각을 통해 대상에 대해 알게 된 것을 초월론적 자아가 조직하여 인식이 완성된다고 주장한다. 이런 방향 전환을 흔히 형이상학의 코페르니쿠스적 전환이라고 한다.

> "그리하여 인간의 모든 인식은 직관(Anschauungen)으로 시작하고, 그로부터 개념(Begriffe)으로 옮겨간 뒤 마침내 관념(Ideen)으로 마무리된다."

이 인식 단계에 따라 비판의 구조가 만들어진다.

〈순수이성비판〉의 1부 **초월론적 감성론****은 직관의 선험성을 검토한다. 여기서 칸트는 공간과 시간이 직관의 성격이 있음을, 즉 그 둘은 지성에 의한 인식 "계통"에 속할 수 없음을 증명한다.

** "초월론적 원리론"의 제1부

공간: 공간은 이미 모든 직관에서 그 바탕이 되어 있어야 한다.

> 나는 공간적 연장(외연) 없이는 어떤 것도 상상할 수 없을 뿐 아니라 그 공간 자체가 나누어져 있거나 실재하지 않는다고 표상할 수도 없다.

따라서 공간은 선험적으로 우리의 감성적 지각의 바탕을 이룬다. 그런 까닭에 순수(곧 선험적)기하학이 가능한 것이다.

시간: 시간도 감성에서 뺄 수 없다. 시간 없이는 어떤 것의 지속, 귀결 등은 생각할 수 없다.

시간은 내적 감각의 형식이다. 다시 말해서 우리의 표상은 시간 안에 순서대로 정렬된다.

공간과 시간 모두에 통용되는 성질은 다음과 같다.

　　—공간과 시간에는 모두 경험적 실재성(empirische Realität)이 있다. 경험적 실재성이란 "언젠가 우리 감각에 주어질 모든 대상과 연관된 객관적인 타당성"을 뜻한다.

　　—공간과 시간에는 모두 초월론적 관념성 (transzendentale Idealität)*이 있다. 공간과 시간은 물 자체의 규정으로서가 아니라 우리 직관의 조건으로서 실재한다. 그래서 초월론적 관념론이라는 명제도 성립한다. 즉, "공간과 시간 속에서 직관되는 모든 것은 …… 현상 이외의 것이 아니다. 즉 단순한 표상인 것이다."

> * "초월"(트란스첸덴츠Transzendenz, "무엇을 넘어섬")이라는 용어는 그리스 철학 이래로 "실체가 어떤 양태에 속하는지를 기술하는 카테고리에 넣을 수 없는 어떤 것"이 있는 경우 그것을 "초월적"이라고 부른 것에서 유래한다. 칸트는 "우리의 경험을 넘어서는" 실체에 관해서는 "초월적인transzendent", "우리로 하여금 경험을 가능하게 해주는 조건에 연관된" 것은 "초월론적인transzendental"이라고 구분하여 말한다.

개념 분석론("초월론적 논리학"의 제 1부)에서 칸트는 지성의 선험적 요소를 검토한다. 그는 이 요소를 **카테고리**(Kategorie, 범주)라고 부른다. 카테고리의 연역에는 두 가지 방식이 있다.

첫 번째 추론 방식은 전통 논리학의 판단 형식에서 나온다. 지성의 활동은 언제나 판단이기 때문이다(284쪽 도해A 참조).

두 번째 추론 방식은 **초월론적 연역**이라고도 불리는데, 이는 "다양한 양상을 통각 안에서 종합적으로 통합"하는 것을 바탕으로 한다. 모든 경험은 단 하나의 질서 안에서 정렬된다. 이 질서의 조건이 카테고리로, 카테고리는 주어진 여러 표상을 통각으로 이끈다.

　　이렇게 하나로 통합하는 작용의 바탕은 언제나 "나는 생각한다"는 것이다. 이 "나는 생각한다"는 선험적이며 결합 작용을 하는 개념의 근원이기도 하다. 하지만 직관이 그 바탕을 마련해주지 않으면 그런 개념은 "공허하다". 이렇게 보면 인식이란 경험에 개념을 적용하는 것이라고 할 수 있다.

　　따라서 카테고리는 여러 경험을 주관의 통일 안에 정렬하기 위해 반드시 필요하다.

이 질서 안에 정렬된 것만이 경험의 객관*일 수 있 ┃ *객관은 "객체", "대상"을 가리킨다.
다. 그런 객관의 총합을 칸트는 "자연"이라고 부르
는데, 그 자연에 법칙성을 부여하는 것은 카테고리를 가진 지성이다.

원칙 분석론(Analytik der Grundsätze, 판단력 이론)에서 칸트는 개념을 직관에 결합
시키는 요소가 무엇인지 탐구한다. 다양한 직관은 보편적인 개념에 포섭되어야 한
다. 그렇게 할 수 있는 능력을 칸트는 판단력(Urteilskraft)이라고 부른다.
직관이 보편적 개념에 포섭되려면** 먼저 **도식화** ┃ **즉 경험이 가능해지려면
(Schematismus)가 이루어져야 한다. 칸트는 (원래는
텅 비어 있는) 모든 카테고리 하나하나에 도식을 부여하는데, 이 도식이 카테고리
를 직관에 연결한다.

┃ 카테고리와 직관을 잇는 연결 고리는 시간이다.

시간은 외적인 동시에 내적인 감각이며, 따라서 모든 경험의 바탕이 된다.

각 카테고리의 **도식**은 다음과 같다.

—양量의 기초는 수數를 세는 것, 즉 시간적인 순서다.

—질質을 구성하는 것은 시간의 충족 정도, 즉 '현실
적'에서 비현실적에 이르는 시간의 충족 정도다.

—관계의 객관적인 연관성은 시간적 질서(지속, 시간적
순서, 동시성)를 통해 이루어진다.

—양상은 시간의 총합에서 나온다.

어떤 것이 언젠가 있다면 그것은 있을 수 있고(가능적), 어떤 것이 특정한 때에 있
다면 그것은 실제로 있으며(현실적), 어떤 것이 언제나 있다면 그것은 반드시 있다(
필연적).

다음으로는 **원칙의 체계**를 다룬다. 원칙은 어떤 조건에서 경험이 가능한지 알려
주며, 따라서 그것은 "자연"의 최상위 법칙이다. 원칙은 그 자체 안에 다른 모든
판단의 근거를 가지고 있으며, 따라서 원칙은 학문적 경험을 가능하게 하는 선험
적 전제다.

이런 원칙으로는 다음과 같은 것들이 있다.

—첫째, 직관의 공리公理(Axiome der Anschauung): 이것의 원리는 외연적인 크
기다. 우리가 경험하는 모든 대상은 공간과 시간 안에서 일정한 양이 있기
마련이다. 대상은 언제나 집합체, 즉 여러 부분으로 이루어진 전체다.

—둘째, 지각의 선취先取(Antizipationen der Wahrnehmung): 경험할 수 있는 모
든 대상은 내포적인 크기(intensive Gröβe), 즉 "감각에 미치는 일정한 영향
(ein Grad des Einflusses auf den Sinn)"이 있다.

—셋째, 경험의 유비類比(Analogien der Erfahrung): 경험의 유비는 경험 안에
서 여러 현상이 필연적으로 연관되는 근거가 된다. 여기에 속하는 것은 다음
세 가지 원칙이다.

1) 실체의 불변성(Beharrlichkeit der Sub-
stanz): 불변하는 것은 기체基體(Substrat)*

* 칸트의 용어로 기체는 "객관을 인
식하는 우리의 의식"을 가리킨다.

A 순수지성 개념을 발견하는 과정

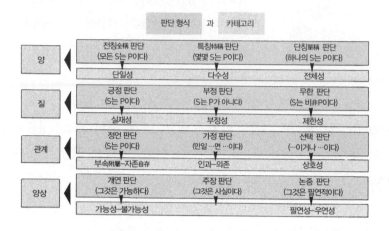

판단 형식		과	카테고리

양	전칭全稱 판단 (모든 S는 P이다)	특칭特稱 판단 (몇몇 S는 P이다)	단칭單稱 판단 (하나의 S는 P이다)
	단일성	다수성	전체성
질	긍정 판단 (S는 P이다)	부정 판단 (S는 P가 아니다)	무한 판단 (S는 비非P이다)
	실재성	부정성	제한성
관계	정언 판단 (S는 P이다)	가정 판단 (만일 …면 …이다)	선택 판단 (…이거나 …이다)
	부속附屬–자존自存	인과–의존	상호성
양상	개연 판단 (그것은 가능하다)	주장 판단 (그것은 사실이다)	논증 판단 (그것은 필연적이다)
	가능성–불가능성		필연성–우연성

B 초월론적 분석론

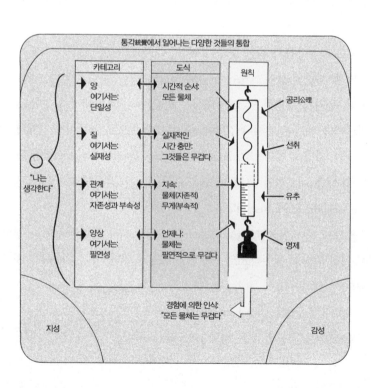

로서 필연적이며, 이 기체에서 시간이 드러나고 그에 따라 귀결(Folge)이나 동시성(Gleichzeitigkeit)이 가능해진다. 2)시간 안에서 일어나는 변동(Wechsel in der Zeit)은 실체를 통해 일어날 수는 있지만, 그것만으로는 충분히 해명되지 않는다. 그런 변동이 필연적이라는 사실은 오직 인과법칙에 의해서만 경험할 수 있다. 3)동시에 존재하는 사물들에는 상호작용의 원칙이 통용되어야 한다.

—넷째, 경험적 사고 명제(Postulat des empirischen Denkens) 일반으로, 다음과 같다.

1) "어떤 것이 경험의 형식적 조건 …… 에 일치한다면, 그것은 가능하다 (möglich)". 2) "어떤 것이 경험(감각)의 물질적 조건과 연관되었다면, 그것은 현실적이다 (wirklich)." 3) "어떤 것과 현실적인 것의 연관성이 경험의 보편적 조건에 따라 정해졌다면, 그것은 …… 필연적이다(notwendig)."

이 원칙들과 함께 객관적 경험이 가능하게 되는 영역이 서술된다.

"객관"으로, 또는 일반적으로 "자연"으로 우리 앞에 나타날 수 있는 것은 오직 감성과 순수 지성의 원리에 따라 선험적으로 형성된 것뿐이다.

왜냐하면 이 원리를 적용해야만 어떤 것이 다양한 양상의 종합적 통합으로 우리에게 주어지기 때문이다. 그러므로 우리가 경험할 수 있는 세계는 "가상假象"*(Schein)이 아니라 필연적인 현상으로 이루어진 세계다.

왜냐하면 세계는 법칙, 즉 우리 인식능력의 법칙을 따르기 때문이다.

*칸트가 말하는 가상, 거짓 모습은 시각적인 것에 한정되지 않고 여러 가지 인식능력이 주관적인 것과 객관적인 것을 혼동함으로써 생기는 착각을 가리킨다.

초월론적 분석론은 논리적인 귀결에 따라 **페노메논**(Phenomenon, 현상)과 **누메논**(Noumenon, 본체)을 철저하게 대조하는 것으로 마무리된다.

칸트는 (올바른) 지성 활동의 영역을 현상(Phenomenon)의 세계, 즉 우리와 결부된 사물로 한정한다.

그 자체로서의 물(die Dinge für sich, Noumena)은 인식되지 않는다. 물 자체의 세계는 "문제를 제기하는(problematisch)" 것, 즉 가능한 것이다. 그런 세계는 감정과 인간에게 제약을 가하는데, 인간은 카테고리를 통해서는 그 본체(Noumena)를 인식할 수 없기 때문이다.

초월론적 논리학 제2부 **초월론적 변증론**에서 칸트는 좁은 의미의 이성과 연관된 형이상학 문제를 다룬다.

칸트에 의하면 이성은 가상假象의 근거지(Sitz des Scheins)다.

> 이성은 인식의 한계를 보여주는 카테고리의 경험적 사용으로부터 계속 변증법적으로 벗어나려는 경향이 있다.

이런 자연스럽고도 피할 수 없는 착각은 보통 이성의 활동에서 생긴다. 다시 말해서, 이성은 피제약자(ein Bedingtes)의 제약 조건을 탐색하는 중에 무제약자(ein Unbedingtes)에게서 그 제약 조건을 찾아낸다. 그렇게 되는 경로는 추론이다. 마지막 단계에서 이성은 모든 현상과 개념이 포섭되어 있는 이념을 조작한다.

초월론적 변증론에서 가장 중요한 내용은 "이성이 행하는 추론"의 "변증법적 가상假象(dialektischer Schein)"을 밝혀내는 것이다.

칸트가 초월론적 관념에 속한다고 보는 것은—당시의 강단 철학에 따라—영혼, 세계, 신이다.

> "따라서 모든 초월론적 이념은 세 종류로 나뉜다. 첫째는 사고하는 주관의 절대적 …… 통일, 둘째는 현상의 조건 계통의 절대적 통일, 셋째는 모든 대상의 조건의 절대적 통일이다."

칸트는 이러한 이념을 객관으로 간주하면 모순에 빠지게 됨을 논증하는 데 힘을 쏟는다. 그는 그 논증을 다음과 같이 순수이성의 주요 부분으로 나누어 구성한다.

> -오류 추론(Paralogismen) (영혼)
> -이율배반(Antinomie) (세계)
> -순수이성의 이상(Ideal) (신)

칸트 III:
순수이성비판 III

합리적 심리학의 **오류 추론**(Paralogismus)은 주관 (Subjekt)과 실체(Substanz)를 불완전하게 연결하는 데 서 발생한다. 즉, 자아(das Ich)는 주관이며, 따라서 전 통적인 심리학에 따르면 실체다. 이와는 달리 칸트는 통각(Apperzeption)이라는 자아(주관)와 실체라고 불 리는 영혼(객관)을 구분한다.

"주관의 통일은 …… 사고 안에서 일어나는 통일일 뿐이다. 그런 통일에서 는 객관은 드러나지 않는다. 따라서 직관을 전제로 하는 …… 실체의 카테고 리를 그런 통일에 적용하기란 불가능하며, 그러므로 이 [실체로서의] 주관은 전혀 인식되지 않는다."

그러므로 영혼을 단순하게 불멸이며 비물질인 실체로 인식할 수는 없다.

이율배반은 모순을 말한다. 이율배반은 이성이 세계에 관해 서로 모순되는 두 테 제를 동시에 지지하는 허위 증명(가상적 논증)으로부터 생긴다. 칸트는 네 가지 테 제와 그 논증을 네 가지 반명제와 그 논증에 대조한다.

1. 세계는 공간과 시간 안에 그 시작점이 있다. 동시에 세계는 그런 시작점 이 없다.

2. 세계 안에 있는 모든 사물은 단순한 부분들로 되어 있다. 동시에 세계 안 의 모든 사물은 단순한 것들로 되어 있지 않다.

3. 인과율 말고도 자유가 있다. 동시에 모든 것은 자연법칙에 따라 움직인다.

4. 세계를 구성하는 부분 또는 원인으로서 필연적인 존재자가 있다. 동시에 그런 것은 실재하지 않는다.

칸트는 이런 모순을 **해결하는 열쇠**를 이율배반적인 테제와 경험 인식을 비교하는 가운데 찾았다. 예를 들어 위 이율배반 1에 대해서는 이렇게 설명한다.

"세계가 그 어떤 시작점도 없다고 한다면, 그런 세계는 당신들의 개념으로 파악하기에는 너무 거대하다. 왜냐하면 …… 당신들의 개념은 이미 지나간 영 원 전체에 결코 도달할 수 없기 때문이다. …… 만일 세계가 시작점이 있다고

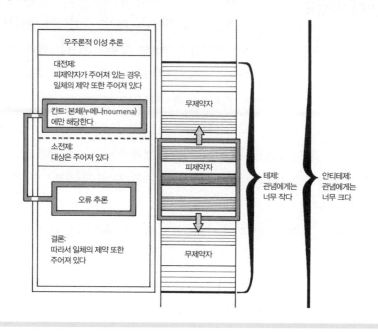

A "변증론"에 나오는 이율 배반

우주론적 이성 추론

대전제:
피제약자가 주어져 있는 경우,
일체의 제약 또한 주어져 있다

칸트: 본체(누메나noumena)
에만 해당한다

소전제:
대상은 주어져 있다

오류 추론

결론:
따라서 일체의 제약 또한
주어져 있다

무제약자

피제약자

무제약자

테제:
관념에게는
너무 작다

안티테제:
관념에게는
너무 크다

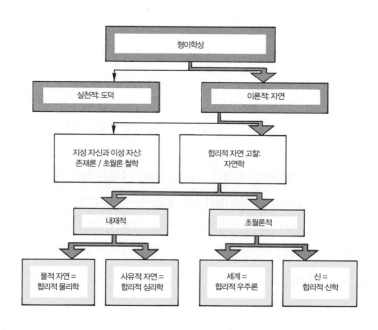

B 순수이성의 건축

형이상상

실천적: 도덕

이론적: 자연

지성 자신과 이성 자산:
존재론 / 초월론 철학

합리적 자연 고찰:
자연학

내재적

초월론적

물적 자연 =
합리적 물리학

사유적 자연 =
합리적 심리학

세계 =
합리적 우주론

신 =
합리적 신학

가정하면, 그런 세계는 당신들의 개념으로 파악하기에는 …… 너무나 작다."

초월론적 관념론에 따르면 우리에게는 지각 그리고 지각의 발달만이 주어져 있을 따름이다.

하지만 모든 이성 추론의 논거는 이와 같은 사실을 배제한다.

> "피제약자(das Bedingte)가 주어져 있다면 제약(의 계통) 전체도 주어져 있다. 그런데 감각의 대상은 우리에게 피제약적인 것으로 주어져 있으므로 제약(의 계통) 전체도 주어져 있는 것이다."

대전제(Obersatz)는 물 자체와 연관되어 있으며, 소전제(Untersatz)는 경험적 사물에 연관되어 있다.

> 따라서 이렇게 맞서는 양자는 이 양자를 혼동하는 동일한 허위 추론에 지배된다.

우주론적 이념은 **구성적**이 아니라 **통제적**으로 사용해야 한다. 그런 이념은 객관에 대해 새로운 개념을 만들어내지 않고 개념을 통일로 이끈다. 보편적인 것(das Allgemeine)을 가정적으로(hypothetisch) 받아들이는 이 이성의 사용은

> "결국 지성 인식의 체계적 통일을 목표로 하며, 이 체계적 통일은 진리를 확인하는 시금석이다. …… [이 통일은] 단지 이념으로서 의도된 통일일 뿐이다."

변증론의 마지막 부분에서 칸트는 순수이성의 **이상**, 즉 신을 다룬다. 이 부분의 핵심은 신의 존재 증명 세 가지다.

—신에 대한 사고에서 나오는 존재론적 증명

—어떤 존재자를 설명하려면 최고의 존재자가 있어야 한다는 필연성에서 나오는 우주론적 증명

—세계가 가진 합목적성의 근거를 그 세계의 창조자에서 찾는 물리학적, 신학적 증명

이런 증명에 대해 칸트가 내놓는 반증의 근거는, 이 증명이 모두 본체적(noumenal) 객관과 현상적(phenomenal) 객관을 혼동하는 동시에 어느 것도 경험을 바탕으로 하

지 않는다는 것이다. 최고의 존재자는 그 존재를 증명할 수도, 부정할 수도 없는데,

▎"어쨌든 그것은 오류 없는 이상이며 인간의 인식 전체를 종결짓고 완성하는 개념이다."

〈순수이성비판〉의 짧은 2부는 **초월론적 방법론**을 다룬다. 초월론적 방법론은

▎"순수이성의 완전한 체계를 위한 형식적 조건을 규정하는 것이다."

이성의 **훈련**(Disziplin)은 "주의를 일깨우는 소극적 이론(warnende Negativlehre)"으로, 이성의 부적절한 사용 가능성을 지적한다. 칸트는 다음과 같은 것들을 비판한다.

—수학적 방법론: 수학적 방법론은 가상假象의 허위 증명으로 철학을 독단론에 빠뜨린다.

—이성의 논쟁적 사용: 이는 독단적 테제에 독단적 테제로 대응하는 것이다. 그보다 이성은 독단적 테제를 아무런 선입견 없이 비판적으로 고찰해야 한다.

—회의懷疑: 회의는 철학의 보편적 방법으로는 부적합하다.

—마지막으로 철학에 등장하는 가설과 증명: 가설은 싸움을 위한 "무기"로서만 허용된다. 증명은 직접적으로, 그리고 가능한 경험을 소환하여 비추어 보아 타당해야 한다.

이성의 **규준**規準(Kanon)은 순수이성이 해야 할 일을 적극적으로 제시한다. 이성은 사변적으로는 어떤 확실한 근거도 마련해주지 않으므로, 이성의 가치는 실천적인 사용에 있다. 이성을 실천적으로 사용할 수 있게 되는 데 필요한 것은 다음의 세 가지 요청이다.

—의지의 자유

—영혼의 불멸

—신의 현존

결국 이성의 의도는 사변적 인식이 아니다. 이성의 의미는 도덕적 신앙의 근거를 마련하는 것이다.

▎"그래서 나는 신앙이 들어올 자리를 얻기 위해 지식을 포기해야 했다."

이성의 **건축술**은 철학의 **체계**를 구상한다(도해B).

"순수이성의 **역사**"는 역사적 전망을 서술하는 부분으로, 방법론을 마무리하면서 전체 저작을 끝맺는다.

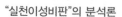

A "실천이성비판"의 분석론

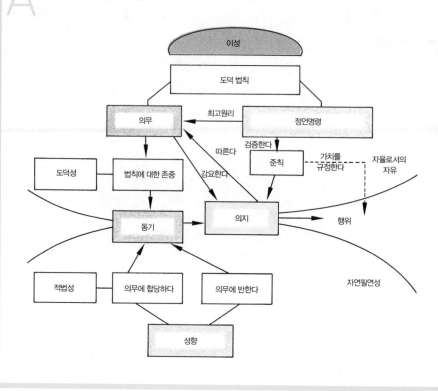

이성

도덕 법칙

의무 ← 최고원리 — 정언명령

도덕성 — 법칙에 대한 존중

적법성 — 의무에 합당하다 — 의무에 반한다

따른다 검증한다

준칙 — 가치를 규정한다 ┄ 자율로서의 자유

동기 → 의지 → 행위

강요한다

성향

자연필연성

B "실천이성비판"의 변증법

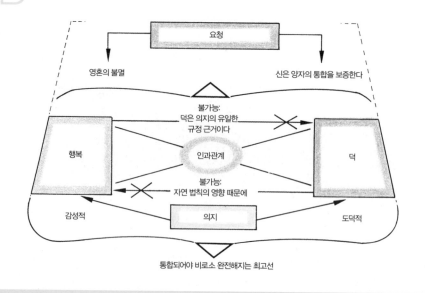

요청

영혼의 불멸   신은 양자의 통합을 보증한다

불가능:
덕은 의지의 유일한
규정 근거이다

행복   인과관계   덕

불가능:
자연 법칙의 영향 때문에

감성적   의지   도덕적

통합되어야 비로소 완전해지는 최고선

칸트 Ⅳ: 실천이성비판

칸트 실천 철학의 근간은 주로 〈윤리형이상학의 정초〉(Grundlegung der Metaphysik der Sitten)(1785년)와 〈실천이성비판〉(Kritik der praktisihen Vernunft)(1788년) 두 저서에 등장한다.

〈실천이성비판〉의 "분석론"은 행위를 평가하는 기준으로서 뛰어난 역할을 하는 **의지**의 성질을 다룬다. 그에 따르면 선한 의지 말고는 그 어떤 것도 아무런 조건 없이 선하다고 부를 수 없다.

어느 행위의 가치는 그 행위가 추구하는 목적에 따라 정해지지 않는다. 행위의 목적은 자연의 필연성 안에 있다. 행위는 경험적 우연성에 따라 좌우되며 , 칸트에 의하면 그것들은 자유롭다고 볼 수 있는 것도 아니다. 이런 까닭에 의지의 성질 가운데 이성에 적합한 것만이 행위의 도덕적 질을 결정할 수 있다.

우연적이고 경험적인 제약에 의한 규정으로부터 인간을 해방하는 것은 **의무**다. 의무가 자연의 필연성을 대체하는 것은

> "[도덕] 법칙을 존중함으로써 생기는 행위의 필연성을 통해서"이다.

의무야말로 인간으로 하여금 이성에서 나오는 도덕 법칙을 존중하는 가운데 원하고 행동하도록 한다. 이때 인간의 경향에 따라 하게 되는 행위가 우연히 의무의 지시 사항에 합치할 수도 있다.

> 이 "의무에 합치하는" 행위를 칸트는 의무에 "따른" 행위의 전제인 도덕성(Moralität)에 대립시켜 적법성(Legalität)이라고 불렀다.*

당위當爲(das Sollen, 의무)는 명령**의 형식으로 제시된다. 칸트는 가언假言 명령과 정언定言 명령을 구분한다. 전자는 추구하는 목적이 있을 때만 유효하며, 따라서 제한적인 의무만을 언명한다. 이와는 달리 **정언명령**은 법칙을 형식상으로, 그리고 절대적으로 따르도록 명령한다.

* 칸트가 "적법성"이라는 말을 일상 언어보다 추상적으로 사용한다는 점에 유의해야 한다. 이 부분을 풀어 말하면 이렇다. "우리가 의무에 따라 행동하도록 하는 동기는 우리의 도덕성이다. 그러나 우리가 의무를 의식하지 않고 어떤 행동을 해도 그 행동이 의무의 지시를 따르고 있도록 만드는 것은 적법성이다."

** 명령은 유독 철학에서만 '명법'이라고 부른다. 단언 명법이라고도 하는 정언명령은 '~을 해야 한다'는 '절대적 명령', 가언명령은 '~이라면 ~하면 된다'는 '조건적인 명령'을 가리킨다.

정언명령의 가장 보편적인 형태는 다음과 같다.

　"네 의지를 움직이는 규칙이 언제나 보편
　적 입법 원리로서도 유효할 수 있도록 행동
　하라."*

이 규칙**은 주관적인 원칙이다. 그것은 의지를 규
정하는 근거로서 의지의 가치, 나아가 행위의 가
치까지 결정한다. 어느 행위가 도덕적으로 선하려
면 그 행위가 정언명령의 형식적 기준을 충족해야
한다. 그런 규칙은 모든 이성적 존재에게 유효할 수 있는 성질을 갖추지 않으면 안
된다.

* 우리말 번역이 어려워서 쉽게 옮
겼지만 여전히 모호하다. 그래서
"당신이 정한 규칙대로 행동하되,
그 규칙은 모든 사람들을 위한 법칙
을 만드는 원리로 쓰이기에도 합당
해야 한다"라고 새기기를 권한다.

** 원문의 '막시메Maxime'는 명제
나 공리와는 달리 증명이 요구되지
않는 규칙이란 뜻으로 쓰였다. 흔히
'격률'이라고 옮기는데, '격언'을 원
용한 일본식 조어로 보인다.

　예를 들어 "우리는 거짓말을 해도 좋다"는 규칙은 앞의 기준을 충족하지
　못한다. 그런 규칙을 따르면 우리가 모든 사람이 거짓말하기를 원하는 셈이
　될 것이기 때문이다.

따라서 정언명령의 종합적이고도 선험적인 명제야말로 실천적 관점에서 인간의
의지를 "강요"하는 이성을 정식화하는 최상위의 형식 원리다.

　"욕구의 대상에 의존하지 않는 것에, …… 그리고 동시에 규칙에서 가능하
　게 될 보편적 입법이라는 단순한 형식으로 의사를 규정하는 것에, 도덕성의
　유일한 원리가 있다."

행위의 형식적이며 보편적인 이성 원칙을 제시하는 것이 칸트의 자유론에서 핵심
이다. 〈순수이성비판〉의 견해에서 보면 **자유**는 오로지 사고 안에서만 가능하다.
이성 원리인 정언명령의 영향으로 당위(의무)는 실질적인 규정 근거(교육, 도덕 감정,
신의 의지, 행복의 추구 등) 없이도 가능하게 된다.

　이성은 의무 안에서 자신을 자신에 의한 입법에 내맡긴다. 이성은 자율적,
　즉 자기-입법적이다.

물론 감성적 존재로서 인간은 자연법칙이라는 타율에 지배되기는 하지만, 인간
의 의지는 이성의 규정을 통해 자유로워지며, 그 이성은 인간으로 하여금 "지적知
的"(inteligibel지성적, 예지적) 세계에 참여토록 한다. 따라서 의지는 적극적으로도

자유로운 것으로 확인된다. 순수이성(경험과 타율의 지배에서 자유로운 이성)이 실천적으로 증명되는 것은

> "이성이 의지로 하여금 행동하도록 규정할 때 도덕성의 원칙에 드러나는 자율"에 의해서다.

선한 의지는 감각에 구속되지 않는다는 점에서 "감수적 의지"와 구분된다. 선한 의지의 원동력은 감각이 아니라 도덕법칙을 존중하는 데 있다. 이 존중은 자기애自己愛가 행위의 동기가 되지 않도록 제한하는 것으로, 그것이 바로 원래의 도덕 감정이다.

다른 인격의 선한 의지도 자율적인 것으로 존중되어야 하므로, 달리 정식화된 정언명령이 나온다.

> "너 자신의 인간성뿐 아니라 다른 모든 사람의 인간성도 결코 수단으로 대하지 말고 언제나 목적으로 대하도록 행동하라."

〈실천이성비판〉의 "변증론"에서는 실천 이성의 대상을 **최고선**이라고 일컫는다.

> 행복의 추구가 아니라 도덕법칙의 준수가 의지를 규정하는 유일한 근거다.

하지만 인간은 감성적 존재이므로, 완전한 선에는 행복도 덧붙여져야 한다. 칸트는 실천 이성의 이런 이율배반을 다음과 같이 해소한다.

> 결합이란 덕德이 원인으로 설정된 인과관계에 의해서만, 그리고 종합적으로만 이루어질 수 있다. 행복(Eudaemonie)이 덧붙여지는 것은 가능하다.

둘이 결합하여 최상의 완전한 선이 이루어지는 것은 분명 행복과 도덕이 정확히 일치하도록 보장하는 **신의 현존**이라는 요청에 의해서 비로소 가능하다.

감성적 세계 안에 사는 존재자는 결코 "신성한 상태"에 도달하지 못하므로, 완전성을 향한 영원한 진보는 **영혼의 불멸**도 요구하게 된다.

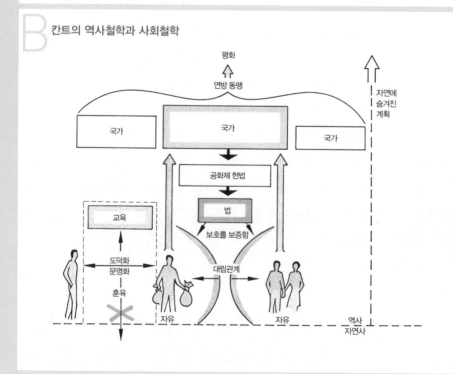

A "판단력 비판"

고상함

표상

이성

조화

대상

취향 판단

합목적성

판단력

합목적성

미적 ┊ 목적론적

조화

지성

인과성

미

표상

B 칸트의 역사철학과 사회철학

평화

연방 동맹

자연에
숨겨진
계획

국가

국가

국가

공화제 헌법

법

보호를 보증함

교육

도덕화
문명화

대립관계

훈육

자유

자유

역사
자연사

칸트 V:
판단력 비판

칸트의 "비판 작업"은 저서 〈판단력비판〉(1790년)으로 마감되었다. **판단력** 탐구의 과제는 자연(279쪽 순수이성비판 참조)과 자유(293쪽 실천이성비판 참조) 사이를 연결하는 것이었다. 판단력은 지성(Verstand)와 이성(Vernunft) 사이에 있는 능력으로, 판단력에 상응하는 쾌(Lust), 불쾌(Unlust)라는 감정은 인식능력과 욕구능력 사이에 있는 것으로 제시된다.

일반적으로 판단력은 특수한 것을 보편적인 것에 포섭시키는 능력이다. 여기서 탐구의 대상이 되는 "성찰하는 판단력"(반성적 판단력)은 먼저 보편적인 것을 찾아내야 한다. 이때 필요한 판단력의 원리는 **합목적성의 원리**다.

합목적성이 주관적일 때 그 능력은 "감성적"(ästhetisch) 판단력이며, 합목적성이 객관적일 때 그 능력은 "목적론적"(teleologisch) 판단력이라고 칸트는 말한다.

칸트는 **미학**Ästhetik(감성론)을 비판적으로 다루면서 아름다운 것(das Schöne)과 고상한 것(das Erhabene)을 탐구한다. 아름다운 것과 달리 고상한 것은 한계가 없는 것(das Unbegrenzte)과 연관되어 있는데, 이 한계가 없는 것의 표상에는 총체성이라는 이념이 따라온다. 아름다운 것에 대한 분석론이 보여주는 것은 카테고리에 따른 감성적 판단이 보편적으로 타당하고(그런 판단은 다른 이에게도 그 판단을 따르도록 요구하므로) 필연적이라는(그런 판단은 모든 인간의 공통된 감각을 요구하므로) 사실이다. 또한 이 판단에는 "관심이 결여된" 만족이 표현되며, 그런 만족은 관계라는 면에서는 합목적성의 형식과 연관된다.

"미美가 목적에 대한 어떤 표상도 없이 어느 대상에서 지각된다면, 그 미는 대상의 합목적성이 가진 형식이다."

따라서 비개념적인 표상이면서도 합목적성을 보여줌으로써 쾌감을 일깨우는 것이 있다면 그것은 아름답다. 그래서 꽃은 그것을 관찰하는 것이 목적에 전혀 구속되지 않으면서도 꽃 한 송이 한 송이가 조화를 이루며 자연의 자유로운 아름다움이 된다.

취향 판단은 그 자체에 이율배반이 포함되어 있다. 즉, 그런 판단은 증명할 수 없음에도 불구하고 구속력이 있다고 주장한다. 그런 판단을 할 때는 주관적인 감각을 끌어들이지만, 동시에 개인을 넘어서는 공통 감각에 기댄다.

마지막으로 칸트는 감성적인 것과 도덕적인 것(das Sittliche)을 연결한다. 아름다운 것이라는 카테고리 규정은 도덕적 선의 유비類比라는 역할을 한다. 고상한 것(das Erhabene)은 인간이 자신을 비추어보는 위대한 자연 전체의 존재를 인간에게 일깨워준다.

목적론적 사고의 비판에서는 자연(에 관한 연구) 안에 있는 합목적적인 것(das Zweckmääßige)의 한계를 검토한다.

여기서 합목적적인 것은 생명체에게는 발견의 원리가 된다. 생명체에서 결과는 유기체적 구조 때문에 다시 원인이 된다.

> 나무는 자기 자신과 다음 세대를 생산하는데, 이때 나무는 개체로서도 또 種으로서도 그런 과정의 원인이자 동시에 결과가 된다.

모든 인식에 요구되는 인과성은 생물 안에서는 합목적성을 통해 보완된다.

칸트의 **인간학**은 인간이 동물과는 달리 본능이 아니라 이성에 의해 규정된다고 본다. 따라서 각 인간에게 일어날 수 있는 야만으로의 퇴행은 교육을 통해 방지되어야 한다. 교육은 아이들을 길들이는 데 그치지 않고 사고할 수 있도록 계몽해야한다. 교육은

> "난폭함의 억제"(훈육), 기능의 습득, 교양 교육

등으로 이루어진다.

중요한 것은 권선징악이라는 올바른 신념을 심어주는 도덕화다.

인간을 동물과 구별하는 또 한 가지는 인간의 **역사**다. 역사는 인간이 달성한 것이 세대를 거쳐 전달됨으로써 완성된다. 이를 통해 자연은 자신 안에 숨어 있던 계획, 즉 인류의 모든 소질을 계발한다는 계획을 실현한다. 여기서 원동력이 되는 것은 인간성에 포함되어 있는 대립적인 성질, 즉 인간의 "사교적이지 못한 사교성"이다.

> 인간은 사회를 열망하면서도 동시에 사회에 반항한다.

완벽하게 공정한 시민사회를 만드는 것은

> "인류로서 그 본성에 따른 최고 과제다. [그래야만] 자연이 인류와 더불어 자연의 다른 의도를 실현할 수 있게 되기 때문이다."

칸트의 **법철학**에 따르면, 그 자체로는 아무런 권리도 없던 자연 상태에서 "원천적 계약"이 나온다. 그렇게 만들어진 국가만이 시민 개개인의 자유와 평등이라는 불가침의 권리를 보장할 수 있다. 법의 정언명령은 이렇다.

> "외적으로는 네 자의恣意의 자유로운 사용이 보편적 법칙에 따라 모든 이의 자유와 공존할 수 있도록 행동하라."

계약의 자유, 결혼, 사유재산 등 자연적인 제도는 사법私法에 의해 보호된다. 모든 시민은 공법公法을 통해 공통의 입법에 복속된다. 나아가 칸트는 이전 계몽주의 사상가들로부터 권력 분립, 인민 주권, 인권 등 공화제 헌법 사상을 받아들였다.

그리고 마지막으로 국제법은 자유와 국가 간의 평화를 보장한다.

저서 〈영원한 평화를 위하여〉(Zum ewigen Frieden, 1795년)에서 칸트는 이를 위한 조건을 제시한다.

　　—모든 국가의 공화제 수립

　　—연방 성격의 국제 평화 연맹 창설

　　—(제한적인) 세계 시민권 제도 도입

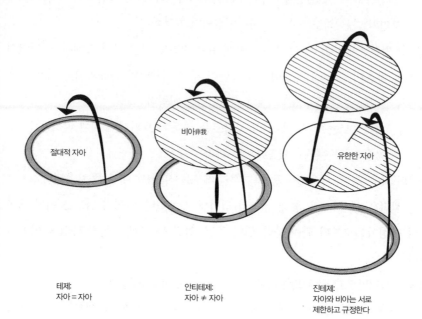

A "전지식학의 기초"(1794)

테제:
자아 = 자아

안티테제:
자아 ≠ 자아

진테제:
자아와 비아는 서로
제한하고 규정한다

절대적 자아

비아非我

유한한 자아

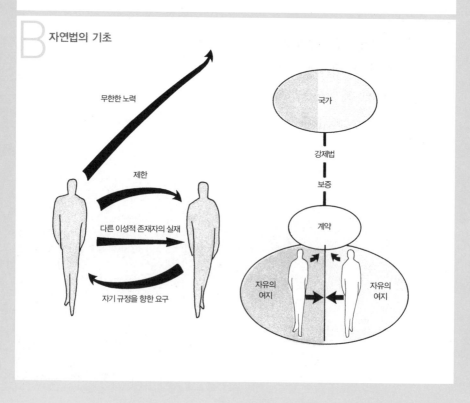

B 자연법의 기초

무한한 노력

제한

다른 이성적 존재자의 실재

자기 규정을 향한 요구

국가

강제법

보증

계약

자유의
여지

자유의
여지

피히테 I

요한 고틀리프 피히테Johann Gottlieb Fichte(1762~1814년)에게 철학은 **지식학**이다. 다시 말해서 그는 철학이란 다른 학문처럼 어떤 대상을 다루는 것이 아니라 지식 자체를 다루는 학문이라고 생각한다.

그러므로 철학의 과제는 모든 지식의 근거가 되면서도 자신은 새로운 근거가 필요없는 원칙을 확립하는 것이다.

저서 〈전全지식학의 기초〉(Grundlage der gesamten Wissenschaftslehre, 1794~1795년)에서 피히테는 테제, 안티테제, 진테제(These-Antithese-Synthese, 정—반—합)라는 도식에 상응하는 세 가지 원칙을 제시한다.

제1원칙은 이렇다.

"자아(das Ich)는 자신의 존재를 근원적으로, 그리고 절대적으로 정립한다(세운다)."

"이 원칙이 표현하는 것은 "사행事行"(Tathandlung)으로*, 사행은 우리 의식의 경험적 규정에 등장하지 않고 등장할 수도 없지만 모든 의식의 기초가 되고 유일하게 의식을 가능하게 한다."

무엇인가에 관한 지식은 어느 경우에나 지식의 주체인 자아가 정립되어 있음을 전제로 한다. 첫 번째 원칙이 말하는 자아는 경험적이 아니라 초월론적으로 이해되어야 한다. 다시 말해서 자아는 모든 지식 획득의 조건을 제시한다는 것이다. 이 절대적 자아는 무한한 능동성이다.

제2원칙은 모순율을 따른다.

자아는 비아非我(das Nicht-Ich)가 아니다. 달리 말하면 "자아에 완전히 대

* 피히테 철학의 출발점이자 그의 철학을 이해하는 중심 개념은 바로 "자아"다. 그의 자아는 단순한 인격체인 "나"를 가리키는 것이 아니라 그의 행위와 행위의 결과가 곧 세계의 전개인 순수 자아를 말한다. 그 "행위"와 "행위의 결과"를 피히테는 "Tat"(행위, 결과에 초점을 둔, 사事), "Handlung"(행동, 움직임 자체를 가리키는, 행行)이라는 두 낱말을 합친 "Tathandlung, 사행事行"이라는 표현을 특별하게 사용한다. 우리가 세계를 만나 얻는 모든 표상은 자아의 이런 활동과 활동의 결과가 전개된 것이다. 이것이 칸트가 남긴 객관의 "불가지론"을 극복하는 피히테의 주관적 관념론이다.

립되는 것이 비아다."

자아와 비아는 자아 안에 정립되는 것으로서 서로를 폐기하려 하므로, 양쪽의 원칙을 연결하는 진테제는 현실에서는 서로를 부분적으로만 부정하는, 즉 서로 상대에게 한계를 부여하는 가운데서만 존속할 수 있다.

따라서 제3원칙은 이렇게 된다.

▌ "자아는 자아 안에서 분리 가능한 자아에 분리 불가능한 비아를 맞세운다."

따라서 지금은 유한한 자아와 비아가 서로를 제한하고 규정한다. 이 원칙에는 다시 다음 두 가지 명제가 포함되어 있다.

▌ 첫째, "자아는 비아를 통하여 규정되는 것으로 자신을 정립한다." 이 명제는 이론적 지식학의 기초를 이룬다.

▌ 둘째, "자아는 비아를 규정하는 것으로 자신을 정립한다." 이 명제는 실천적 지식학의 기초가 된다.

이론적인 부분에서 밝혀야 할 것은 자아는 어떻게 여러 표상을 갖게 되는가, 하는 점이다.

▌ 우리가 자아를 비아에 의해 규정되는 것으로 볼 때는 자아는 수동적으로 받아들이는 것, 그리고 비아는 능동적인 것이라고 사고된다.

이것이 이른바 실재론(Realismus)의 입장이다. 이와는 달리 비판적 관념론이 타당하다고 주장하는 것은 이렇다.

▌ 자아는 비아에 의해 제한되는 것으로 자신을 정립하며, 따라서 자아야말로 자기 제한 가운데의 능동적인 부분이다.

자아가 비아를 통해 자기를 제한함으로써 자아에 갖가지 표상이 만들어질 때의 능동성을 피히테는 **구상력**이라고 일컫는다.

실천적인 부분에서는 절대적 자아의 무한한 능동성과 비아에 의해 제한되는 유한한 자아 사이에 있는 모순이 출발점이 된다.

▌ 왜 자아는 스스로를 제한하는 것일까?

해답은 무한한 **노력**이라는 절대적 자아의 규정에 있다. 절대적 자아에는 모든 실재가 자아에 의해 온전히 정립되어야 한다는 요구가 포함되어 있다. 그런데 객관이 없으면 노력도 있을 수 없으므로, 실천적으로 비아를 극복할 수 있기 위해 자아는 비아의 저항이 필요하다.

동시에 유한한 자아는 자기 안에서 모든 실재를 파악할 수 있는지 성찰해 보아야한다. 객관으로부터 오는 자극은 노력을 성찰하고 자아 자신을 알게 되어 자신을규정할 수 있기 위한 조건이다.

비아의 저항은 감각 안에서 자아를 향하는데, 이 감각은

> "자아의 활동이며, 이 활동에 의해 자아는 자신 안에서 발견되는 이질적인 것을 자기와 연관시킨다……."

지식학은 유한한 자아의 의식과는 무관한 힘(비아)이 현존한다는 사실을 확정한다. 하지만 이 힘은 단지 감각될 뿐, 인식되지 않는다. 이 비아가 할 수 있는 규정은모두 자아의 규정 능력에서 도출된 것이다.

> 그래서 피히테는 지식학을 '실재-관념론Real-Idealismus'이라고 일컫는다.

〈지식학의 원리에 따른 **도덕론** 체계〉(Das System der Sittenlehre nach den Prinzipien der Wissenschaftslehre, 1798년)는 제목이 말해주듯 지식학의 성과를 바탕으로 구성되어 있다. 어떤 행위가 자아의 절대적 자립성에 따라 자연에 대한 자아의 종속을극복하는 데서 나왔다면, 그런 행위는 도덕적이다.

> 그러므로 도덕의 원리는 자아가 "자립성이라는 개념에 따라 어떤 예외도없이 자신의 자유를 규정해야 한다"는 사고 안에 있다.

도덕적 충동은 행위의 기초가 된다. 도덕적 충동은 자연 충동과 순수 충동이 혼합된 것이다. 즉, 도덕적 충동은 자신이 지향하는 질료를 자연 충동에서 얻어내고,도덕적 충동의 형식을 규정하는 순수 충동으로부터는 자아의 자립성만을 목표로설정한다.

행위는 **의무**(Pflicht)개념에 따라 규정되고, 그에 따라 다음과 같은 정언명령이 등장한다.

> "언제나 네 의무로부터 얻는 최선의 확신에 따라 행동하라."

피히테는 별도의 의무론에서 이 의무의 내용 규정을 구상한다.

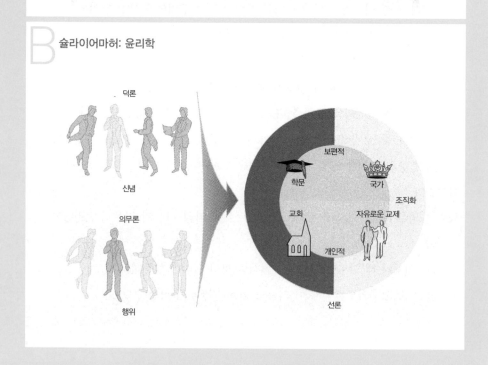

A 슐라이어마허F. Schleiermacher: 해석학적 방법

언어의 문맥

객관적

문예적 문맥

비교적

역사적 문맥

이해

표현

역사적 문맥

저자의 개성

의도

주관적

예감성의

직관적
의미부여

B 슐라이어마허: 윤리학

덕론

신념

의무론

행위

보편적

학문

국가

조직화

교회

자유로운 교제

개인적

선론

피히테Ⅱ, 슐라이어마허

피히테의 〈**자연법**의 기초〉(Grundlage des Naturrechts, 1796년)도 지식학의 원리를 따른다.

이성적 존재자는 자신에게 자유로운 활동성이 있다고 생각하지 않고는 자신을 정립할 수는 없다.

자의식이 가능하려면 자아는 자기 활동의 한계, 즉 자기 바깥에 세계가 있음을 인정해야 한다. 하지만 스스로를 규정하게 되는 동기로 이해할 수 있는 것은 자아를 향한 다른 이성적 존재자의 요구뿐이다. 그러므로 자아가 자신을 오로지 자립적으로 행동하는 존재로 파악할 수 있는 것은

자아는 자기 바깥에 다른 자유로운 이성적 존재자가 있음을 받아들이고, 이 이성적 존재자들이 자아의 행동 가능성을 위해 자신들이 행동할 수 있는 공간을 제한하면서 자아를 이성적 존재로 인정할 때만이다.

이렇게 자아는 다른 이성적 존재자와 연관되지 않고는 자신을 정립할 수 없는데, 이 관계는 다름 아닌 권리 관계다.

그러므로 보편적 **권리 명제**는 다음과 같다.

"나는 나의 바깥에 내가 아닌 자유로운 존재자가 어느 경우에나 그 자체로 있음을 인정해야 한다. 다시 말해서 나는 나의 자유를 그의 자유라는 개념을 통해 제한해야 한다는 것이다."

감각 세계에서 행위의 가능성에 주어지는 조건은 신체다. 그러므로 인격의 근원적 권리라고 여겨지는 것은

신체의 자유와 신체의 불가침성이라는 권리,

그리고 이 세계 안에서 자유로운 활동을 지속할 권리다. 공동체 안에서 이 자유는 다른 사람의 자유와 연관되어 제한되어야 한다.

권리 관계를 구현하기 위한 것이 강제법이다. 강제법은 자유 의지로 체결하는 계약을 바탕으로 하며, 그 법적 권력을 관철하기 위해서는 공동체적인 국가 기구가 있어야 한다.

피히테의 **후기 철학**(1800년 무렵부터)은 여러 분야에서 사고의 변화를 보인다. 종교에 관한 이전의 철학적 견해((신의 세계 지배에 관한 우리 신앙의 근거), 1798년)에서 그는 신을 도덕적인 세계 질서와 동일시하고, 그 때문에 그를 반대하는 사람들로부터 무신론자라는 비난을 듣는다. 후기에 그는 신을 지식을 얻기 위한 인간의 활동과 노력의 근거가 되는 유일한 절대자로 파악한다.

후기의 지식학에서 그는 (신적이고) 불변하는 절대자 안에서 통일의 원리를 얻으려 노력한다. 근거가 확실하고 의심할 여지가 없는 지식은 인간의 지식 안에 필연적인 존재가 등장할 때 비로소 가능하다. 철학에서 얻은 가장 심오한 지식 안에서 절대자의 내적 존재가 스스로를 드러낸다.

프리드리히 슐라이어마허 Friedrich D. E. Schleiermacher(1768~1834년)는 무엇보다 **해석학**(Hermeneutik)에 관한 저작으로 현대에 들어 새로이 관심을 끌고 있다. 딜타이Wilhelm Dilthey를 비롯하여 여러 철학자가 그의 해석학을 재발견한 것이다.*

> 슐라이어마허에게 해석학은 삶의 표현을 이해하게 되는 조건을 성찰하는 예술론 또는 이해의 기술론이다.

텍스트는 어느 것이나 저자의 개인적인 성과물인 동시에 보편적인 언어 체계에 속하는 것이므로, 그것을 해석하는 방법은 우선 두 가지가 있다.

> 객관적(문법적) 방법은 언어 전체로부터 텍스트를 이해하며, 주관적 방법은 저자가 그 저술 단계에서 집어넣은 개성으로부터 텍스트를 이해하는 것이다.

* 슐라이어마허 해석학의 단초는 역설적이게도 이성의 이해 능력에 대한 칸트의 의구심에 있었다. 칸트에게 이성의 이해 능력이란 제한적이고 가설에 기대는 불안정한 것이었다. 기본적으로 신학자인 슐라이어마허는 칸트를 비판하면서 이성의 이해 능력에 대한 신뢰를 바탕으로 부분을 전체적이고도 현실적인 맥락 안에서 이해할 수 있다고 생각했다. 그의 해석학적 방법론은 언어적 문맥을 해독하는 문법적 해석과 텍스트 저자의 동기를 파악하는 심리적 해석을 근간으로 한다.

해석 방법에 관한 또 한 가지 구별은 언명의 언어적, 역사적 맥락에서 언명을 비교하여 그 의미를 파악하는 비교 방법과, 언명의 의미를 직관적으로 또는 통찰을 통해 이해하는 통찰 방법이 그것이다.

▌ 이러한 이해 형태들은 서로 협동하고 이해 과정에서 전향적으로 서로를 보완해야 한다.

슐라이어마허는 보편적 원리와 구체적인 삶의 다양성을 조화시키고 개별적인 요구와 전체의 요구를 조화시키는 것이 자기 **윤리학**의 과제라고 생각한다.

그는 **윤리학**을 다음과 같이 세 분야로 나눈다.

—덕론은 개별 인간 안에서 품성으로서 인간의 행위를 좌우하는 힘인 도덕을 다룬다.

—의무론의 대상은 행위 자체다. 의무론의 보편적 원칙은 각자가 공동체 안에서 도덕적 과제 전체를 해결하기 위해 최대한 기여해야 한다는 것이다.

—선론은 여러 종류의 선을 설명한다. 선에는 먼저 개인적인 목적과 보편적인 목적을 잇는다는 과제에서 유래하는 선, 그리고 자연에 관한 이성의 행동 양식에서 유래하는 선이 있다.

즉, 이성은 자연을 형성하고(기관화하고), 그렇게 형성된 자연을 이성의 기호가 되도록 하며(심볼로 만들며), 그 기호 안에서 자연이 인식 가능해진다.

최고의 선은 자연이 온전히 이성의 기관과 상징이 되고 개인적 선과 보편적 선이 일치할 때 이루어진다.

이런 행위 영역들을 조합하면 다음과 같은 네 가지 도덕적 조직이 나온다.

▌ 국가, 자유로운 모임, 학문, 교회.

슐라이어마허에 따르면 **종교**는 합리성이나 도덕을 바탕으로 세워지는 것이 아니라 오로지 완전한 종속이라는 감정에 그 바탕을 둔다.

A 자연철학

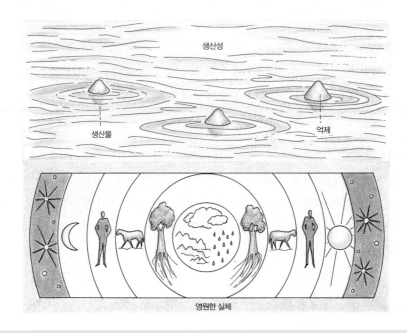

생산성

생산물   억제

영원한 실체

B "인간 자유의 본질에 관한 철학적 탐구"

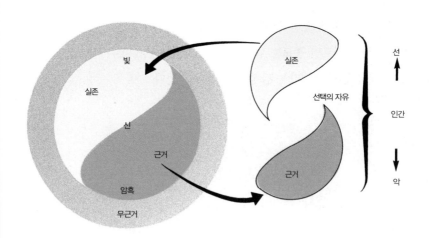

빛

실존   실존

신   선택의 자유

근거

암흑   근거

무근거

선

인간

악

셸링

프리드리히 빌헬름 요제프 셸링Friedrich Wilhelm Joseph Schelling(1775~1854년)의 사상은 시기에 따라 큰 변화를 겪었다. 초기에는 피히테를 추종하면서 그의 자연철학에 거리를 두는 정도였지만, 후기에는 야콥 뵈메Jakob Böhme(1575~1624년)의 신비주의와 신지학神智學* 사상의 영향을 드러냈다.

셸링이 제기한 기본 문제는 주관과 객관, 정신과 자연, 관념적인 것과 실재적인 것 등 대립하는 것의 통일이다.

> "자연은 눈에 보이는 정신이고 정신은 눈에 보이지 않는 자연이 틀림없다. 어떻게 우리 바깥에 자연이 있을 수 있는가, 하는 문

제의 해답은 우리 안에 있는 정신과 우리 밖에 있는 자연의 이 절대적 동일성 안에서 얻어져야 한다."

저서 〈초월론적 관념론의 체계〉(System des transzendentalen Idealismus, 1800년)에서는 **자의식**이 지식의 최고 원리로 여겨진다. 자의식은 자기 자신뿐 아니라 무의식적인 생산을 통해서도 객관의 세계를 만들어낸다. 주관인 자아는 자기를 사고하여 객관으로 만듦으로써 객관인 자아와 동일해진다.

셸링의 **자연철학**에서 주관으로서의 자연은 절대적 생산성이며 객관으로서의 자연은 단순한 생산물이다. 순수한 생산성만 있다면 규정된 것은 아무것도 생기지 않을 것이다. 그러므로 억제하는 반작용이 있어야 하며, 이 반작용에서 형태를 얻은 것이 자연 안에 나타나는 것이다.

> 억제의 근거는 자기 자신의 객관이 되는 것에 의해 자연 안에 존재한다.

이렇게 대립하는 힘이 있기 때문에 자연은 언제나 생성 과정에 놓이게 된다. 생산물은 겉으로는 존속하는 듯 보이지만, 현실에서 그 존속은 지속적인 재생산, 파괴와 새로운 창조의 연속이다.

> 셸링은 이를 다른 물체의 저항 때문에 자기 안에 소용돌이를 만드는 강물

* 신에 대한 직접적 체험이 가능하다고 생각하는 신비주의적 사유의 한 갈래다. 멀리는 인도의 베다 사상에서 현대의 신지학협회에 이르는 신지학적 사조는 보통 신적, 영적인 것의 실재를 전제로 하고, 직관, 명상 등을 통해 그것을 확인할 수 있다고 믿는다.

의 모습으로 그려낸다. 그런데 강물의 흐름을 거스르는 소용돌이는 바로 강물의 힘에서 만들어진다. 강물의 흐름이나 소용돌이 모두 반대로 작용하는 힘의 끊임없는 재생산에 의해 유지된다.

전체 자연은 생산력 있는 생명으로부터 생기를 얻는다. 심지어 무기물도 아직 깨어나지 않은 생명, 잠자고 있는 생명이다.

> "이른바 무생물도 잠자고 있는 생명으로, 유한성에 취해 잠든 동식물의 세계와 같다……"

자연에서는 저급한 형태가 그보다 급이 높은 형태로 옮겨가는 진화가 일어나지만, 한편으로는 모든 것이 영원한 실체(또는 절대자) 안에 잠들어 있기도 하다. 대립하는 것들의 통일이라는 셸링의 문제는 그 통일의 바탕이 되는 원리가 무엇인지를 묻는 질문으로 이어진다. 그래서 1801년부터 그는 **동일 철학**Identitätsphilosophie을 구상하기 시작한다. 동일 철학의 기초는 이렇게 요약된다.

> "존재하는 모든 것은 즉자적으로 일자一者다."(Alles, was ist, ist an sich Eines.)

절대적 동일성은 대립하는 모든 것들이 서로에게 전혀 상관하지 않는 무차별로도 파악된다.

그에 따라 본질적으로는 모든 것이 일자이므로, 우주가 전개되는 과정에서 나타나는 역동성은 대립하는 것들 가운데 절대적 일자로부터 갈라진 어느 한 쪽이 양적으로 우세하기 때문에 발생하는 것으로 설명된다.

저서 〈인간 자유의 본질에 관한 철학적 탐구〉(Philosophische Untersuchungen über das Wesen der menschlichen Freiheit, 1809년)는 그가 동일 철학 체계에서 종교와 신지학의 경향이 짙은 시기로 넘어가고 있음을 보여준다.

인간의 **자유**란 선과 악에 대한 능력이다. 악이 어떻게 가능한지를 묻는 질문에 대해 셸링은 **신** 자체 안에 근거(Grund)와 실존(Existenz)의 분열이 있어서 그렇다고 대답할 수밖에 없다.

> "신 이전 또는 신 바깥에는 아무것도 없으므로, 신은 자기 실존의 근거를 자신 안에 가지고 있을 수밖에 없다. …… 신이 자기 안에 가지고 있는 이 실

존의 근거는 절대적이라고 관찰되는 신, 즉 실존하는 신이 아니다. 왜냐하면 그것은 신의 실존의 근거일 따름이기 때문이다. 근거는 자연 즉 신 안에 있는 자연이다. 그것은 신으로부터 분리될 수 없기는 하지만 구별되기는 하는 존재자인 것이다."

모든 피조물은 신으로부터 나온 것이면서 동시에 신과는 다르기 때문에, 피조물의 근원은 신 안에서 신 자체가 아닌 것, 즉 신의 근거 안에 있지 않으면 안 된다.

이 근거는 어둡고 의식되지 않는 근거(암흑), 무질서한 것, 자의적恣意的인 것으로 파악되며, 그것은 실존의 빛(질서 정연한 것, 지성, 보편 의지)으로 바뀌어야 한다.

이 두 본질은 신 안에서는 분리될 수 없지만 인간에게서는 따로따로 나타나 선과 악의 가능성이 된다.

> 인간은 그 근거에서 생겨남으로써 신으로부터 비교적 독립된 원리를 자기 안에 가지고 있고, 그래서 선과 악을 선택할 자유가 있다.

악은 그 근저 자체에서 생기지 않고 인간의 의지가 실존의 빛에 결별을 선언하여 생기는 것이다.

그러나 근거와 실존이라는 이원론에 머물지 않기 위해서는 그 둘에 앞서는 무엇인가가 있어야 하는데, 셸링은 이를 "무근거無根據"(Ungrund)라고 일컫는다. 무근거는 모든 대립하는 것들 사이의 차이를 의식하지 않는 상태이며, 따라서 무근거 안에는 대립하는 것들의 출현을 방해하는 것은 아무것도 없다.

후기 철학에서 셸링은 그리스도교와 철저하게 부딪혔다. 신을 단순히 사고의 대상인 절대자로서가 아니라 실재하는 절대자로 파악하려고 노력하는 가운데, 셸링은 "계시의 철학"이라는 강좌에서 소극적인 철학과 자신의 적극적인 철학을 구분한다. 소극적인 (특히 헤겔 철학을 가리키는) 철학은 오직 사고 안에 주어지는 것만을 다루는 데 반해, 적극적인 철학은 현실에 관한 철학이다. 그렇게 함으로써 이성은 자기 자신을 제한하는데, 이는 이성이 경험 안에 주어진 현실을 전제해야 하기 때문이다.

A 마그리트R. Magritte의 "변증법 예찬"

B 헤겔의 변증법

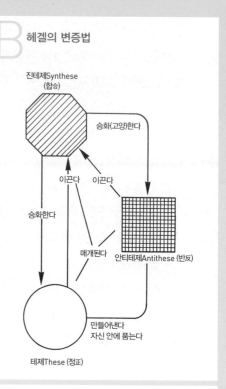

진테제Synthese
(합승)

승화(고양)한다

이끈다   이끈다

승화한다

매개된다

안티테제Antithese (반反)

만들어낸다
자신 안에 품는다

테제These (정正)

C 참된 것으로서의 전체

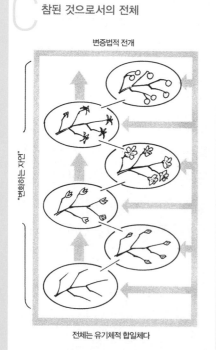

변증법적 전개

"변화하는 자연"

전체는 유기체적 합일체다

D 소외 – 화해

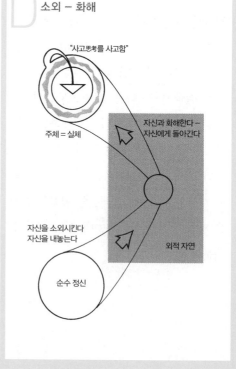

"사고思考를 사고함"

자신과 화해한다 –
자신에게 돌아간다

주체 = 실체

자신을 소외시킨다
자신을 내놓는다

외적 자연

순수 정신

헤겔 I

게오르크 빌헬름 프리드리히 헤겔Georg Wilhelm Friedrich Hegel(1770~1831년)의 지적 원천 가운데 하나는 그의 고향인 독일 남서부 슈바벤 지방의 경건주의로, 이는 개신교 안에서 그노시스주의(Gnosticism, 영지주의靈知主義)*의 성격이 강한 사조였다.

"사변적 관념론", 역사 해석, "변증법적 방법"의 3중 구조, "전체로서의 진리"** 등이 그노시스주의에 영향을 받은 용어라고 할 수 있다.

그밖에 그는 루소의 영향을 받았는데, 헤겔이 자신의 후기 철학 체계에서 실천적인 문제에 대해 관심을 보인 것은 그 때문이었다.

헤겔은 아리스토텔레스, 토마스 아퀴나스와 함께 위대한 체계의 사상가라고 불린다. 아리스토텔레스는 형이상학을 신학으로, 즉 신적인 제1원인의 이론으로 정초하며, 토마스 아퀴나스는 신학자이

| *중세 개관 역주(129쪽) 참조
| ** 헤겔의 원문은 Das Wahre is das Ganze. "진실된 것은 전체다."
| *** 헤겔의 초기 신학 저작은 1907년 딜타이의 제자 헤르만 놀Herman Nohl에 의해 정리되어 〈청년 헤겔의 신학 논문들Hegel's theologische Jugendschriften〉이라는 제목으로 출간되었다.

면서 철학자다. 헤겔은 일찍이 신학 논문***을 썼을 뿐 아니라 그의 체계적 철학은 근본적으로는 일종의 신학으로, 더 정확하게는 **역사신학**으로 해석할 수 있다.

역사신학의 단초는 피오레의 조아키노Gioacchino da Fiore(1135년경~1202년, 피오레의 요아킴이라고도 한다)에서 찾을 수 있다. 조아키노는 역사를 그리스도교의 삼위일체에 상응하는 세 시대의 연속으로 해석한다. 구약성서의 율법에 의한 성부의 왕국, 그리스도 교회를 통해 이어지는 성자의 왕국, 아직 도래하지 않은 성령의 왕국이 그것이다.

헤겔은 **변증법**을 사고 속의 본성과 현실 자체의 본성에서 바탕이 되는 법칙성으로 이해한다.

모든 테제는 이미 그 안에 안티테제를 내포하고 있으며, 이 둘은 진테제 안에서 승화(아우프헤벤aufheben, 지양)된다.

헤겔의 용어 "아우프헤벤aufheben"은 "보존한다bewahren"와 "종결한다, 폐지한다 ein Ende machen"(예를 들어 법을 폐지한다 ein Gesetz aufheben)라는 두 가지 뜻이 있다. 그렇게 승화되어 생기는 것은 매개된 것(das Vermitteltes)으로, 이것은 자기 근원의 규정을 자신 안에 가지고 있다. 변증법은 서로 모순되는 것(예를 들어 유한한 것—무한한 것)이 하나의 전체 안에서 이행 또는 생성하는 계기가 됨을 보여준다. 이때 이행, 생성의 마지막 단계는 그 전 두 단계의 계기가 가진 의미를 폐기하지 않고 그 두 단계를 넘어서면서 진행된다.

> "우리가 변증법이라고 부르는 것은 고차원의 이성적 운동이며, 변증법에서는 완전히 별개의 것으로 나타난 것들이 자기 자신에 의해, 즉 자기의 본질에 의해 이 이성적 운동을 향해 서로 이행한다."

> "왜냐하면 매개란 자기 운동을 하는 자신과의 동등성이며 자기 자신에 대한 성찰이기 때문이다……."

역사에 나타나는 여러 상황이나 현상도 헤겔에게는 우연히 일어난 것이 아니라 더욱 풍부한 유기체적인 것이 펼쳐지는 데 필요한 단계들이다. 개념적으로 파악된 역사, 즉 올바르게 해석된 역사는 정신의 내화內化(die Er-innerung des Geistes)*과정을 이룬다.

정신 자신은 자기를 소외시키거나 외화外化하고**, 그런 다음 자신과 다시 화해한다(자신에게 돌아간다). 헤겔의 사고가 기술하는 것은, 정신이 자연이라는, 자신에게는 낯선 형식 안에 자기를 외화한 뒤 역사를 통해 인간 안에서 자기에게 돌아가는 과정이다.

> 이 "자기에게 가는 것"의 마지막에 있는 것은 자기 자신을 아는 정신, "동일성과 비동일성의 동일성"인 절대자다.

철학 안에서 정신은 자기 자신을 주체로, 그리고 실체로 인식한다.

> 자기와 세계를 사고하는 주체는 세계의 실체와 하나가 된다.

헤겔은 여기서 존재와 사고의 동일성을 찾아낸다. 왜냐하면 실체란 자기 자신을

* '내면화'로도 옮길 수 있는 'Er-innerung'은 상기想起, 즉 마음 안에 떠올림을 뜻하는 Erinnerung을 의도적으로 접두사와 어간으로 분리한 헤겔의 용어다. 'er'는 동작을 강조하는 접두사, 'innerung'은 '내면으로 보냄'이라는 어감의 조어다.

** '외화한다entäußern'는 말은 일반적으로는 '포기한다, 양도한다'는 뜻으로 쓰이는데, 낱말의 요소를 직역하면 '바깥으로 내보낸다'가 된다.

펼쳐내는(전개하는) 정신, 자기를 의식하는 전체이기 때문이다.

> "정신은 그 자체로 인식이라는 운동이며, 즉자적인 것을 대자적인 것으로
> …… 의식의 대상을 자의식의 대상, …… 즉 개념으로 전환하는 것이다."

체계란 외부에서 주어지는 형식이라기보다는 전체를 향한 내적 지향이라고 할 것이다. 헤겔은 체계야말로 학문에서 진실된 것을 기술할 수 있는 유일한 형식이라고 본다.

> "진실된 것은 체계로서만 …… 현실이 될 수 있다는 사실이 절대자를 정신
> 으로 언명하는 사고방식 안에서 표현된다. …… 정신적인 것만이 현실적인
> 것이며, …… 그것은 즉자적이며 동시에 대자적인 것이다."

헤겔은 전체를 유기체적으로 기술함으로써 칸트의 이원론(예를 들어 "물 자체"와 "현상", "신앙"과 "지식"의 이원론)도 극복하려 한다.

정신의 운동에는 전개 단계와 대립하는 것들이 출현하는 단계가 빠져서는 안 된다. 왜냐하면 그것들은 결국 전체 안에서 승화되어 하나가 되어야만 진리를 표현할 수 있기 때문이다.

> "진실된 것은 전체다. 하지만 전체는 전개됨으로써 자신을 완성하는 실체
> 일 따름이다."

헤겔은 "학문의 체계"를 위한 입문으로 1807년에 〈정신현상학〉(Phänomenologie des Geistes)을 발표했다. 〈정신현상학〉은 체계의 제1부로 구상되었지만, 그것만으로도 이미 체계의 정점에 이르렀다.

〈정신현상학〉은 "의식의 경험에 관한 학문"을 보여준다. 나중에 헤겔은 이렇게 쓴다.

> "(정신현상학에서) 나는 의식과 대상의 첫 번째 직접적 대립에서 시작하여
> 절대지絶對知에 이르는 전진 안에서 의식을 보여주었다."

"엔치클로페디"에 나타나는 헤겔 철학 체계

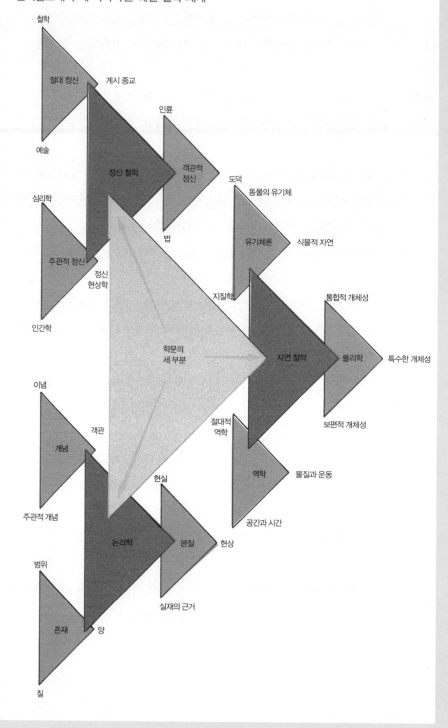

헤겔 II

〈정신현상학〉은 출현하는 일련의 지식 형태를 의식이 이미 의식 자신을 벗어날 수 없는 지점까지 탐구한다. 이는 "개념은 대상에, 대상은 개념에 대응"하기 때문이다. 따라서 이 탐구를 위해 자기만의 척도를 따를 수 있는 의식의 자기 시험은 즉자적 대상과 이 즉자적 대상이 의식에 대하여 존재하는 방식 사이의 대응에 관한 질문에 바탕을 두고 있다.*

의식으로부터 학문의 개념까지 이르는 길은 자의식, 이성, 정신, 종교 등을 거친다(320쪽 도해). 그 원동력은 변증법이며, 변증법의 핵심은 각 대상과 각 의식 상태의 한정적 부정否定이다.

> "이런 방식으로 구축되는 체계가 완성되는 것은 자연적인 의식의 …… 특징이 되는 주관과 객관의 대립이 극복되어 주관과 객관 양자가 분리되지 않는 하나로 의식되고 의식의 내용이 의식의 진리 기준에 상응하는 단계에 이르렀을 때이다."

자의식에서 절대지로 바뀌는 형식의 변화를 기술하는 〈정신현상학〉은 이 마지막 단계에서 절대자가 자기 자신을 인식하는 형식을 공개한다.

이 인식을 헤겔은 **"논리학"**이라고 부른다(1812~1816년에 걸쳐 〈대논리학Wissenschaft der Logik〉이라는 제목으로 출간). 여기서 논리학은 개념, 판단, 추론을 위한 사고의 법칙에 관한 형식적 이론이 아니라,

> "(논리학은) 순수한 이념의 학문, 즉 사고의 추상적 요소 안에 있는 이념의 학문이다."

> "이념은 절대적으로(an und für sich) 진실된 것이며, 개념과 객관성의 절대적 통일이다."

"논리학"은 순수이성의 체계이며 진리인 순수 사고의 영역이라는 사실임을 요구한

* 헤겔의 즉자적 존재An-sich-Sein와 대자적 존재Für-sich-sein: 실체가 자기 속에 머물러 있어 자기가 무엇인지 모르는 처음 상태가 즉자적 존재. 즉자적 존재가 자기로부터 떨어져나와 자기를 타자화한 상태가 대자적 존재. 이것은 20세기에 사르트르가 존재의 본질을 실존에서 발견하는 데 중요한 개념으로 쓰인 즉자적 존재l'être en-soi, 대자적 존재l'être pour-soi, 대자적 객체l'être pour autrui의 원형이다.

다. 이것의 의미는 다음과 같다.

> "논리학의 내용은 신에 대한 기술이며, 그런 기술에서는 자연과 유한한 정신을 창조하기 전 신의 영원한 본질이 드러난다."

〈대논리학〉의 첫 두 권은 객관적 논리학(존재와 본질), 그리고 세 번째 권은 주관적 논리학(개념론)을 다룬다. 존재론은 순수 존재와 순수 무無가 둘 다 어떤 것에 의해서도 규정되지 않는다는 점에서 동일하다는 테제로 시작한다. 이 둘의 진리는 존재가 무로 넘어가고 무가 존재로 넘어가는 과정에 있다는 것이다.

> "결국 이것들의 진리는 한 쪽이 다른 쪽 안에서 직접 사라지는 운동, 즉 생성(das Werden)이라는 것이다."

1817년 헤겔은 〈철학 강요〉(Enzyklopädie der philosophischen Wissenschaften, "철학적 학문들의 백과전서")를 출간하는데, 이 저서는 전체 철학 **체계의 요약**이다. 이 책은 다음과 같이 3부로 구성되어 있다.(도해 참조)

—절대적인 이념의 학문인 논리학

—이념이 다른 존재 가운데 있을 때를 다루는 학문인 자연철학

—다른 존재로부터 자신으로 돌아온 이념의 학문인 정신철학

마지막 정신철학은 정신과 정신 자신 사이에서 세 단계로 이루어지는 관계를 다룬다.

첫째 단계인 주관적 정신은 다시 다음 세 가지 모습으로 나뉜다.

—자연에서 발생하여 직접 규정되는 모습(인간학)

—우리 앞에 있는 자연에 대립하는 의식이라는 모습(현상학)

—자기 자신의 규정에 맞는 태도를 취하는 모습(심리학)

둘째 단계인 객관적 정신은 자신의 주관적 영역에서 벗어나 외부 세계를 자신의 의지대로 형성하고 그 세계 안에서 자기의 내용물을 만들어낸다. 정신이 법, 도덕, 윤리 등에서 자신을 드러내는 것이다.

셋째 단계인 절대적 정신은 종교, 예술, 철학에 나타나는 자기 자신의 지식이라는 동일성 안에서 자신을 구성하며, 그런 가운데 동시에 자신의 유한한 출현 양식에서 벗어난다.

베를린에서 활동하는 시기에 헤겔은 정치적 영향력을 폭넓게 펼칠 가능성이 있었다. 이는 1821년의 〈**법철학**〉에서도 드러난다. 이 저서가 다루는 내용은 책의 제목이 주는 한계를 넘어

❚ "실천 이성이라는 특정 요소 안의 전체 체계"에 이른다.

이 저서는 다음과 같은 서문으로 유명해졌고, 그 반향은 가볍지 않았다.

❚ "이성적인 것은 현실적이다. 그리고 현실적인 것은 이성적이다."

이것은 왕정복고와 정치적 보수주의를 위한 구호, 신의 은총과 현상 유지의 옹호를 정당화하는 말이 되었다. 이로써 헤겔은 "프로이센의 공식 국가 철학자"로 승격한 것이다.

훗날 헤겔은 이 서문의 내용에 어느 정도 제한을 두려 한다. 즉, 현실에서 자신이 이해하는 것은 우연한 혼란을 동반하는 경험적인 것이 아니라 이성의 개념과 동일한 실재라는 것이다. 자신은 프로이센 국가도, 그리고 그 어떤 역사적 현상도 이성적이라고 표현하지 않았으며, 오히려 언제나 존재하는 동시에 모든 과거를 자신 안에서 승화하여 포함하고 있는 영원한 현재만이 이성적이라고 했다는 것이다.

A "정신현상학"

절대 지식

종교

정신

이성

자의식

의식

B 절대 정신의 현현顯現

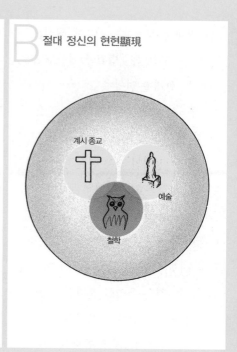

계시 종교

예술

철학

C 헤겔의 역사 철학

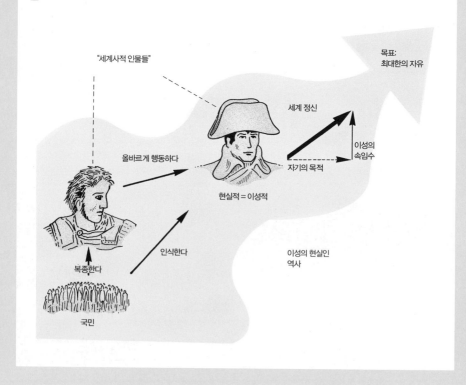

"세계사적 인물들"

목표:
최대한의 자유

세계 정신

올바르게 행동하다

이성의
속임수

자기의 목적

현실적 = 이성적

인식한다

이성의 현실인
역사

복종한다

국민

헤겔 III

헤겔의 법철학은 객관적 정신의 영역에 속한다. 법철학은 다음 세 부분으로 나뉜다.

—추상법: 외형적이고 객관적인 법으로, 자유 의지가 자신에게 제시하는 법

—도덕성: 주관적이며 내면적인 신념

—윤리: 객관적 영역과 주관적 영역의 통일이며, 이는 가족, 시민사회, 국가 등 세 가지 형태의 제도로 나타난다.

헤겔에게 국가는 "구체적 자유의 현실태"다. 국가는 개별적인 것과 전체적인 것의 통일을 보장하는 것이다.

> "근대국가의 원리는 이렇게 엄청나게 강하고 심오한 면이 있으니, 곧 주관성의 원리를 인격적 특수성이라는 자립의 극단까지 완성시키는 동시에 이 원리를 실천적 통일까지 되돌아가도록 함으로써 실체적 통일까지 소유하도록 하는 것이다."

헤겔이 철학의 과제로 보는 것은 "사상에서 시대를 파악하는 것", 즉 현재라는 것을 표현할 수 있도록 하는 것이다. 〈법철학〉 서문은 다음과 같이 유명한 문장으로 끝난다.

> "철학이 자신의 회색을 회색으로 칠하면 삶의 양상은 늙어버리고 회색에 회색을 더한다고 해도 삶의 양상은 젊어질 수 없고 오로지 인식이 가능해질 뿐이다. 미네르바의 부엉이는 어둠이 내려야 비로소 그 날개를 편다."*

* 미네르바는 고대 로마의 지혜의 여신으로, 부엉이와 함께 등장한다. 헤겔은 역사에 대한 제대로 된 철학적 인식과 이해란 사후에나 가능하다는 것을 지혜를 상징하는 부엉이가 해가 진 뒤에야 활동하는 것에 비유한다.

철학은 이미 지나간 역사적 사건에 대한 지적 "해석자"로, 그 역사적 사건을 해석하는 카테고리를 제공하는 것이다.

인생의 마지막 십 년 동안 헤겔은 철학과 역사와 종교 그리고 자신의 체계를 완성

하는 미학에 관한 방대한 강의를 계속했다.

그의 **역사철학**의 바탕은 다음과 같은 원리다.

> "이성이 세계를 지배하며, 그로써 세계의 역사도 이성적으로 진행되어 왔
> 다.""그러므로 세계사의 목표는 정신이 참으로 자신이 무엇인지 알게 되어
> 그런 깨달음을 대상화하는 것, 그리고 그런 자신을 현존하는 세계 안에서
> 실현하는 것, 자신을 객관적으로 표출해내는 것이다."

세계정신(벨트가이스트Weltgeist)이 자신의 목표를 구현하기 위해서는 개별 인간의
행위, 즉 "세계사적 인물"의 행위를 이용해야 한다.

> 그런 인물은 "세계에서 대단히 인상적인 인물이며 무엇이 중요한 일인지
> 가장 잘 알고 또 그들이 하는 행위는 옳다. 다른 이들은 그런 사실을 느끼므
> 로 이들에게 복종할 수밖에 없다. 그런 인물의 언사는 말하고 행할 수 있는
> 것 가운데 최고의 것이다."

그러나 그들이 자신의 목적을 추구한다는 것은 그들의 추측일 뿐, 사실은 이성의
교활한 지혜가 보편적인 목표를 달성하기 위해 그들을 이용하는 것일 뿐이다. 그
들은 세계정신의 일을 집행하는 실무자일 뿐이다. 개인의 행복은 세계정신의 중요
한 관심사가 아니다. 역사의 진행에서 때때로 세계정신은 죄 없는 꽃송이들을 짓
밟기도 한다.

> "세계사는 행복의 땅이 아니다. 행복한 시대는 세계사 안에서 텅 빈 종이
> 에 불과하다."

헤겔의 **미학**은 예술에서 직관 형태로 나타나는 절대자의 현현을 본다. 예술의 아
름다움은 "감성적인 것 자체와 순수한 사상의 중간에" 있다.
자신을 객관적 존재로 옮기는 것은 예술의 본성이다. 종교의 내적 본질은 의식과
교의에 의해 숨겨질 수 있는 반면, 예술의 본질은 객관성 안에서만 자신을 더욱
순수하고 완전하게 드러낼 수 있다.

헤겔의 **종교철학**은 다음 문장으로 요약된다.

> "종교로서는 최고의 발달 단계에 도달한 그리스도교의 내용은 진정한 철학과 완전히 일치한다."

신이야말로 사랑, 정신, 실체이며 영원히 자기 자신으로 돌아가는 과정이라는 진리를 증명하는 것이 철학이다.

> 인간이 신에 관해 아는 것은 신이 인간 안에서 자신에 대해 알고 있는 그만큼에 지나지 않는다.

이것이 지知에 대한 지, 즉 무한한 의식 안에 있는 신의 자의식이다. 헤겔의 영지주의적 신지학은 인간의 지와 신적 실재의 완성을 동일시한다. 이는 그 어떤 철학이 제기한 것보다 높은 요구였다.

헤겔의 저작은 무엇보다 19세기에 커다란 **영향력**을 발휘했다. 다양성을 지닌 그의 사상은 유신론唯神論과 관념론, 무신론과 유물론에 이르도록 폭넓은 해석의 여지를 주었다. 그에 따라 헤겔 좌파와 헤겔 우파 집단이 생겨났다. 헤겔의 변증법은 마르크스주의가 사회적, 경제적, 역사적 과정을 설명하는 데 가장 중요한 방법론이 되었다. 헤겔 이후 키르케고르를 비롯한 많은 철학자들은 헤겔의 체계를 비판하면서도 그 안에서 자신들의 독특한 사고를 전개하는 계기를 발견하기도 했다.

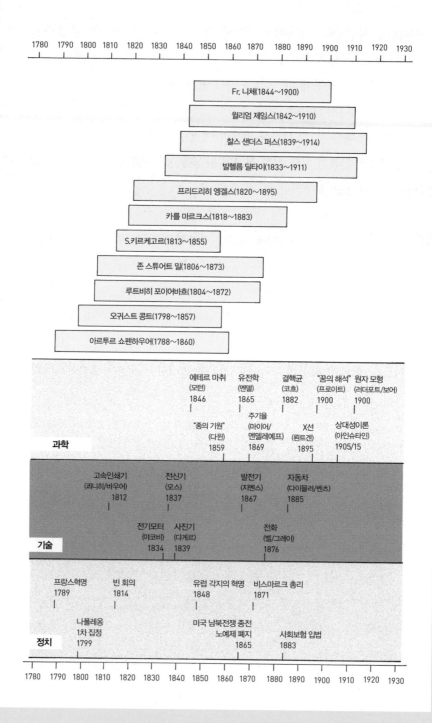

19세기 철학: 개관

19세기는 흔히 근대 세계에서 현대 세계로 넘어가는 과도기로 여겨진다. 철학에서도 19세기에 다루어진 다양한 주제가 직접 현대 철학으로 이어졌다.

이 시기의 **정치적** 환경은 프랑스혁명의 결과에서 영향을 받았다. 그 가운데 특히 영향력이 컸던 것은 민족자결권이라는 이념을 바탕으로 주권적 국민국가를 지향하는 노력이었다.

자유주의(liberalism)는 이성의 지배, 개인의 자유(인권)와 자유 시장 경제의 구현 등을 목표로 했다.

사회주의는 자본주의적 사회 질서에 저항하기 시작했다. 사회주의는 사회적 약자 층에게도 복지를 보장하는 사회 제도와 소유 제도를 구현하려 했다.

이 시기의 정신적 흐름을 좌우한 것은 **자연과학**과 **기술**의 폭발적인 발전이었다. 인간이 세계를 만들어가는 데 아무런 제한이 없다는 낙관적 믿음도 그런 발전에 바탕을 둔 것이었다.

이 시기에 인간상의 모범으로 여겨진 것은 이론적인 지식을 실천적으로 응용하는 기술자라는 직업이었다.

기술의 발달이 유발한 새로운 가능성은 가장 먼저 영국에서 이른바 산업혁명으로 현실이 되었다.

산업혁명과 함께 기업가 계급과 프롤레타리아(무산자無産者) 계급이 탄생했다.

국민의 평균적인 생활수준은 향상되었지만 산업 노동자들은 지나치게 긴 노동 시간과 열악한 임금으로 빈곤에 시달리게 되면서 사회적 긴장은 더욱 팽팽해졌다.

인간관에 커다란 변화를 불러온 인물은 모든 생물이 진화한다는 사실을 보여준 찰스 다윈Charles Darwin의 저작들(《종의 기원》, 1859년), 그리고 정신 활동이 무의식적 충동에 좌우됨을 밝힌 지그문트 프로이트Sigmund Freud(《꿈의 해석》, 1900년)

였다.

철학 분야에서 독일 관념론이라는 방대한 사상 체계는 헤겔의 사망(1831년) 이후 반대 운동에 부딪혔는데, 이는 **관념론 비판**에서 시작하여 새로운 길을 열어가려는 노력의 결과였다.

헤겔 좌파(특히 포이어바흐Feuerbach)는 헤겔의 종교철학, 국가철학과 거리를 두면서 유물론으로 기운 가운데 종교를 비판하고 정치적인 자유주의를 주장한다. 카를 마르크스Karl Marx는 종래 철학에 대한 자신의 비판을 유명한 말로 요약한다.

> "철학자들은 세계를 서로 달리 해석했을 뿐이다. 중요한 것은 세계를 바꾸는 것이다."

덴마크에서는 쇠렌 키르케고르Søren Kierkegaard가 (관념론의) 추상적 사고에는 실존이 빠져 있다고 공격했는데, 그의 비판은 무엇보다 헤겔 철학을 염두에 둔 것이다.

> "추상적 사고란 무엇인가? 그것은 사고의 주체가 존재하지 않는 사고다. …… 구체적 사고란 무엇인가? 그것은 사고의 주체가 존재하는 사고다. …… 즉, 실존이 실존하는 사고 주체에게 이념과 시간과 공간을 부여하는 사고인 것이다."

아르투르 쇼펜하우어Arthur Schopenhauer는 세계를 움직이는 바탕이 이성적인 원리가 아니라 이성과는 상관없는 맹목적 충동인 '의지'이며, 이 의지의 지속적인 노력이 객체화를 가능하게 하여 현상을 불러온다고 본다.

19세기에 급성장을 이룬 **자연과학**에 주목하며 많은 철학자는 철학의 새로운 정초를 자연과학의 방법론에 비견되는 방법에서 찾게 되었다.

프란츠 브렌타노Franz Brentano가 선언한 방법론은 다음과 같다.

> "철학을 하는 참된 방법은 자연과학의 방법일 수 밖에 없다."

콩트A. Comte로 대표되는 실증주의(positivism)가 사고를 실증적으로 이해하는 것, 즉 과학적 단계에 적용하여 이해하는 것에서 인류의 진보를 확인하는 것도 같은 맥락이다.

이와는 달리 딜타이W. Dilthey 등의 역사주의(Historismus)는 **정신과학**의 고유한
특징을 강조한다.
딜타이는 정신과학적 방법론을 개발하고, 이를 자연과학에 대비되는 정신과학 특
유의 바탕으로 확보하려 한다. 그런 노력에서 특히 중요한 역할을 한 것은 자연과
구별되는, 인간의 모든 창조적 활동에 개입되어 있는 역사성에 대한 강조다.

과학적 사회주의의 이론적 기초는 카를 마르크스와 프리드리히 엥겔스Friedrich
Engels의 저작에 들어 있다. 마르크스는 헤겔 철학, 고전 경제학, 초기 사회주의를
비판하는 가운데 경제적 조건을 바탕으로 변증법과 유물론을 통해 역사 과정과
사회 전반을 고찰한다.

프리드리히 니체Friedrich Nietzsche는 종래의 도덕 가치에 숨은 동기를 폭로함으로
써 그 가치를 신랄하게 비판한다. 후기 저작에서 그는 모든 가치를 포기함으로써
가능해지는 새로운 시대의 도래, 그리고 "초인超人"(Übermensch)의 도래에 대한 전
망을 제시한다.

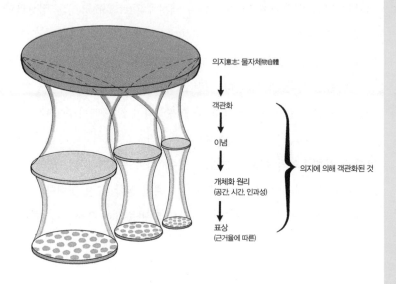

A "의지와 표상으로서의 세계"

의지|意志: 물자체|物自體

↓

객관화

↓

이념

↓

개체화 원리
(공간, 시간, 인과성)

↓

표상
(근거율에 따른)

} 의지에 의해 객관화된 것

B 윤리학의 바탕인 동정同情

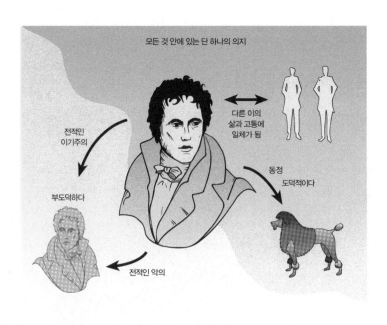

모든 것 안에 있는 단 하나의 의지

전적인
이기주의

다른 이의
삶과 고통에
일체가 됨

부도덕하다

동정
도덕적이다

전적인 악의

쇼펜하우어	**아르투르 쇼펜하우어**Arthur Schopenhauer(1788~1860년)는 주저 〈의지와 표상으로서의 세계〉(Die Welt als Wille und Vorstellung, 1819년)에서 의지에 관한 포괄적인 형이상학을 구상한다. 그의 사고를 자극한 것은 플라톤과 칸트의 철학 그리고 인도 철학서 〈우파니샤드〉였다.

칸트를 출발점으로 삼은 쇼펜하우어의 사고는 인식하는 인간이 그렇듯이 그를 둘러싼 세계가 오직 **표상**으로서만 주어져 있다는, 즉 세계는 오로지 표상하는 것과의 연관성 안에서만 주어져 있다는 선험율을 바탕으로 한다.

　"세계는 나의 표상이다."

주관과 객관의 분열은 모든 인식이 따르는 형식이다.

　객관은 주관에 의해 제한되는 방법으로만 주어질 따름이다.

표상은 공간과 시간 안에서 나타나며 **"근거율"**(Satz vom Grunde)을 따르는데, 이 근거율은 우리의 모든 표상이 합법칙적이며 형식적으로는 선험적으로 규정될 수 있도록 서로 연결되어 있음을 말해주는 명제다. 경험과 과학은 이런 방식으로 가능해진다.

하지만 동시에 표상은 말하자면 세계의 외면만을 구성할 따름이고, 그 내적 본질은 주관의 자기 경험 안에서만 드러난다. 우리는 다음 두 가지 방법으로 우리 자신의 신체를 경험한다.

　객관(표상, Vorstellung)으로서, 그리고 **의지**(Wille)로서.

신체적 외형은 의지 작용이 객관화한 것에 지나지 않는다. 그러므로 이제 우리는 이런 근본적인 관계가 다른 모든 표상에서도 동일할 것이고, 따라서 표상의 내적 본질은 바로 의지임을 상정할 수 있다.

모든 현상은 어떤 의지가 **객관화한 것**일 따름으로, 이 의지는 인식할 수 없는 "물자체"로서 세계의 바탕이 된다.

　이 의지는 이성이 배제된 맹목적인 충동이다.

이 의지는 잠잠해지는 일 없이 끊임없이 형성(Gestaltung)을 지향하여 노력한다.

하지만 그렇게 노력하는 도중에 의지가 직면하는 모든 것은 의지 자신이기 때문에 의지는 결국 자기 자신과 싸우는 셈이고, 이 싸움에서 의지의 객관화 단계에 순위가 매겨진다.

의지는 자연의 최저 단계에서는 물리적, 화학적인 여러 힘으로 나타나고, 유기체적 단계에서는 활력, 자기 보존욕, 생식욕 등으로 나타난다. 그리고 마지막으로 인간에게서는 이성이 등장하고, 이 이성은 그 자체로는 공허한 의지에 의해 일종의 도구로 생성된다.

공간과 시간 안에서 나타나 근거율에 종속되는 표상은 의지가 간접적으로 객관화한 것일 뿐이다.

> 의지는 이념(Idee)에서 자신을 직접 객관화하며, 이념이 모범으로서 개별 사물의 바탕을 이룬다.

이념은 주관에게는 객관적 존재(Objektsein)라는 형식을 취하지만 근거율에는 종속되지 않는다. 이념은 모든 현상이 갖는 영원불변한 형식이며, 현상은 모두 이 형식을 바탕으로 공간과 시간의 객체화 원리를 통해 갖가지 형태로 생성된다.

이념을 직관할 수 있는 것은 순수하게 탈관심의 상태에서 몰두함으로써만 가능하고, 그런 몰두에서 주관은 자신의 개체성에서 풀려나 객관에 몰입한다. 인식의 이런 형식이 **예술**의 기원이다.

천재는 이념에 헌신함으로써 자신의 업적을 창조할 수 있다. 이때 특별한 위치를 차지하는 것은 음악이다. 음악은 이념의 모상이 아니라 의지 자체의 모상이다.

쇼펜하우어 **윤리학**의 바탕은 경험적(empirisch) 성격과 지성적(intelligibel) 성격의 구분이다. 인간의 지성적 성격은 단 하나의 의지에 의해 자유로이 객관화된 것이며, 개인의 불변하는 본질 양식을 규정한다. 이 주어진 성격을 바탕으로 여러 외적 영향에 의해 변동하는 동기가 나와 필연적인 행위의 근원이 된다. 행위에서 드러나는 것이 경험적 성격인데, 이것은 그 기초가 되는 의지 자신이 자연법칙에 따라 모습을 보인 것에 지나지 않으므로 자유롭지 않다.

> 인간은 인식한 다음 원하게 되어 행동하는 것이 아니라, 자신이 원하는 것

을 인식하여 행동한다.

인간의 행위는 자신의 성격에서 필연적으로 나오는 것이므로, 윤리 법칙을 설정한다는 것은 쇼펜하우어에게 의미 없는 일이다. 그런 이유로 쇼펜하우어는 도덕적으로 보이는 것들을 기술할 따름이다.

▌도덕의 바탕은 **동정**이다.

이 주장의 바탕은 존재하는 모든 것은 오직 하나의 의지에서 생기고 따라서 그 모든 것은 내적으로 동일한 것이라는 통찰이다.

▌나는 다른 사람들 안에서 나 자신을 보며 그들의 고통에서 나 자신의 고통을 발견한다.

이런 동일시의 영향으로 다른 사람의 행복은 본질적으로 나의 행복이 된다.

▌이 동일시는 인간에 대해서만 아니라 모든 생명체로 확대된다.

인간은 삶의 의식을 넓히면 넓힐수록 이 삶이 온통 고통으로 가득하다는 사실을 깨닫는다. 의지는 만족과 완성을 원한다. 하지만 그 두 가지는 이 세상에서 얻어지지 않는다.

▌어떤 만족도 지속되지 않으며, 아무리 애를 써도 목표는 달성되지 않는다.

고통은 그 크기가 끝이 없고 의식과 함께 점점 더 커진다.

▌(오로지) 예술을 경험하면서 얻는 이념의 직관에서만 의지는 잠시나마 평안을 얻는다.

이런 인식을 바탕으로 삶에 관한 두 가지 관점이 생긴다.

▌의지를 긍정하면 인간은 삶을 있는 그대로 확실하게 알게 되고 받아들여, 자기 삶에서 일어난, 그리고 앞으로 일어날 것을 긍정한다. 의지를 부정하면 삶을 향한 욕구를 제거함으로써 고통을 벗어나려 한다. 쇼펜하우어는 인도와 그리스도교의 금욕주의자들이 후자의 방법을 택했다고 본다.

A 자기自己

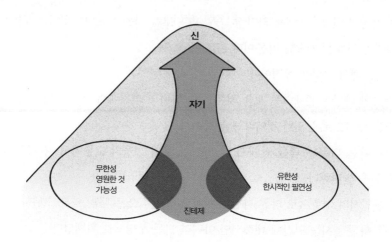

신

자기

무한성 영원한 것 가능성	유한성 한시적인 필연성

진테제

B 실존의 여러 단계

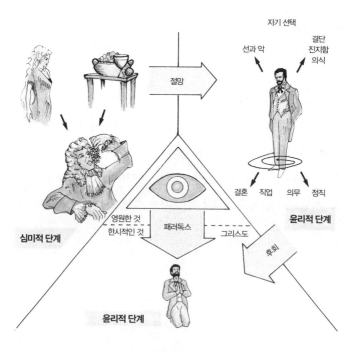

자기 선택

선과 악

결단
진지함
의식

절망

결혼　직업　의무　정직

윤리적 단계

영원한 것

한시적인 것　　패러독스　　그리스도

심미적 단계

후회

윤리적 단계

키르케고르

쇠렌 키르케고르Søren Aabye Kierkegaard(1813~1855년) 는 19세기가 낳은 사상가 가운데 가장 독특한 인물에 속한다. 그의 저작(일부는 가명으로 발표)은 대단히 독특한 방법으로 문학을 논하고 철학과 심리학 문제를 명료하게 분석하고 신학 논쟁을 다룬다. 그의 저작에서 언제나 결정적인 요소가 된 것은 그리스도교 신앙의 관점이며, 이 관점은 그의 인생 전체가 신앙을 둘러싼 투쟁이었음을 알아야 이해할 수 있다. 인간의 실존 양식에 대한 그의 분석은 20세기 실존철학에 결정적인 동기를 부여했다.

키르케고르가 출발점으로 삼았던 질문은 다음과 같다.

> 나는 실존하는 주체로서 어떤 방식으로 신과 관계를 맺게 되는가?

이 질문에 답하려면 먼저 개인의 실존을 위한 구체적인 조건을 파악해야 한다. 다시 말해서 "나 자신을 **실존** 안에서 이해하는 것"이 필요하다. 키르케고르는 독일 관념론(특히 헤겔)은 바로 이 점을 사고에서 배제함으로써 "추상적인 사상가들"이라는 유형을 만들어냈다고 강하게 비판한다.

> "추상적 사고란 바로 영원의 상 아래에서* 이루어지는 것이므로, 그것은 구체적인 것, 시간적으로 유한한 것, 실존의 생성 과정, 실존하는 것들의 곤경을 보지 않는다."

> * "영원의 상 아래에서, sub specie aeternitatis"에 관해서는 225쪽 스피노자II의 역주 참조

하지만 추상적 사상가 자신도 구체적으로 실존한다는 사실에서 벗어날 수 없으므로, 그런 그가 자기 현존과 사고의 바탕을 인정하지 않으려 한다면 그는 "우스꽝스러운 꼴"이 될 수밖에 없다.

> 그와 그의 사고는 유령이 되고 만다. 이와는 달리 중요한 것은 주체적이 되는 것이며, 그것이 뜻하는 바는 이렇다.

"…… 인식하는 행위는 언제나 본질적으로 실존하는 인간인 인식자와 연관된다". 이는 "실존하는 자가 대상을 단순히 아는 것에서 멈추지 않는 유일한 현실은 자기가 '지금 있다'라는 자신의 현실이며, 그 현실이야말로 자신에게

는 절대적인 관심사이기 때문이다."

이렇게 하여 인간의 실존이 철학적으로 확인해야 할 것의 중심이 되면, "인간이란 무엇인가?" 하는 질문이 등장한다.

> "인간은 무한성과 유한성의 종합(진테제Synthese)이며, 한시성과 영원, 자유와 필연 같은 것의 종합이다. 종합은 서로 다른 둘 사이에 존재하는 관계를 가리킨다."

하지만 이것으로는 인간은 아직 **자기**가 되지 못한다.

> 왜냐하면 "자기(das Selbst)란 자기 자신에 대한 인간의 관계, 또는 그 관계가 자기 자신에 대해 갖는 관계"이기 때문이다.

자기 존재의 종합에 대해 의식적으로 관계할 때 비로소 인간은 자기를 얻는다.

> 결국 자기 존재는 인간에게 저절로 주어지지 않으며, 자기 존재에 도달하는 것은 자신의 자유에 부과된 과제다.

그 안에는 인간이 자신의 종합과 잘못된 관계를 가짐으로써 의식적으로든 무의식적으로든 자기 자신을 놓칠 가능성도 내포되어 있다. 키르케고르는 그런 상황을 절망이라고 명명하고, 자기 자신이 되기를 원하지 않는 절망의 여러 형태를 〈죽음에 이르는 병〉(1849년)에서 서술한다.

그러나 인간은 스스로의 종합으로 자신을 창조한 것이 아니라 **신**에 의한 종합으로 창조되었으므로, 신 앞에서 인간은 잘못된 관계에 놓여 있다. 그리고 그것이 바로 죄의 정의다.

> (죄란) 신 앞에서 자기 자신이고자 하지 않는 것이다.

신앙 안에서 인간은 "의심의 여지 없이 자신을 세운 힘에 자신의 바탕이 있음을 알게 되는데", 키르케고르는 이렇게 신앙에 이르는 각자의 길을 **실존의 여러 단계**를 들어 서술한다(저서 〈이것이냐, 저것이냐〉, 1843년).

심미적 단계에서 인간은 아무것도 중간에 두지 않은 채, 즉 아직 스스로를 자기로 선택하지 않은 채 산다. 그런 인간은 외적이고 감각적인 것 안에서, 그리고 그런 것들에 의해서 살아가면서, "인생을 즐겨라!"는 구호를 따른다.

돈 후안Don Juan이 바로 그런 경우다.*

* 스페인 민담에 등장하는 인물로 자유분방한 인생의 대명사

하지만 심미적 현존이 이런 삶의 방식을 실현할 때는 외적인 것, 즉 자신의 힘(권력)이 미치지 못하는 것에 의존할 수밖에 없으므로, 밖으로 드러나지 않는 근본적 분위기는 그런 조건이 사라질 가능성 때문에 생기는 절망이라는 사실이 드러난다.

윤리적 단계를 향한 도약은 개인이 절망 안에서 스스로 자기를 선택할 때 이루어진다.

> "…… 왜냐하면 나는 나 자신만을 절대적으로 선택할 수 있으며 나 자신에 대한 이 절대적인 선택은 나의 자유에 속하기 때문이다. 그리고 나 자신을 절대적으로 선택함으로써만 나는 절대적 차이, 즉 선과 악 사이의 차이를 지정한 것이 되기 때문이다."

윤리적 실존은 스스로를 자기 존재로 선택함으로써 외적인 것으로부터 독립을 쟁취한 존재다. 그런 실존은 모든 결정의 주체이며, 그 삶은 진지함과 연속성을 갖게 된다.

그러나 이 단계 역시 삶의 완성이 되지 못한다.

> 왜냐하면 윤리적 인간은 자신의 바탕이 죄악인 까닭에 윤리적으로 완벽하게 살아나갈 수 있는 조건을 갖추지 못했음을 인식하고 있기 때문이다.

이 인식은 인간을 **종교적 단계**로 이끈다. 자신이 죄인임을 깨달은 인간은 오직 신만이 진리의 조건을 부여한다는 그리스도교 신앙의 가르침을 통해 스스로는 그 죄악에서 빠져나올 수 없음을 알게 된다.

> 신앙의 내용은 영원한 것이 시간 안으로 들어왔다는 역설, 즉 신이 인간이 되었다는 역설이다.

하지만 신은 인간에게 진리의 조건을 부여하기 위해 인간이 되어야만 했으므로, 인간은 스스로 진리에 도달할 수 없고 오로지 신으로부터 그 조건을 부여받아야 한다. 그러므로 신앙 안에서는 인간은 자기의 기초를 온전히 신에게 두어야 한다.

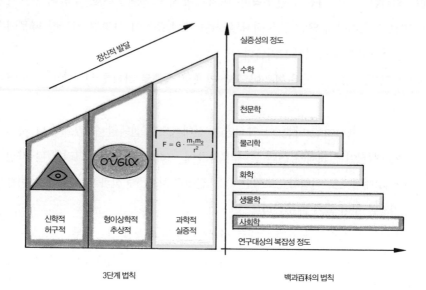

A 콩트 A. Comte

정신적 발달

$$F = G \cdot \frac{m_1 m_2}{r^2}$$

신학적
허구적

형이상학적
추상적

과학적
실증적

3단계 법칙

실증성의 정도

수학

천문학

물리학

화학

생물학

사회학

연구대상의 복잡성 정도

백과百科의 법칙

B 밀 J. S. Mill: 공리주의

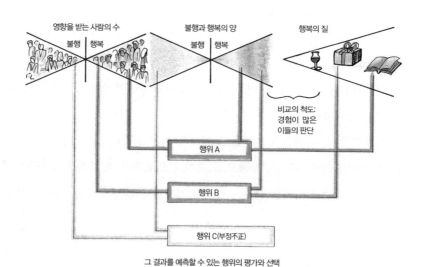

영향을 받는 사람의 수

불행 행복

불행과 행복의 양

불행 행복

행복의 질

비교의 척도:
경험이 많은
이들의 판단

행위 A

행위 B

행위 C(부정不正)

그 결과를 예측할 수 있는 행위의 평가와 선택

실증주의

오귀스트 콩트 Auguste Comte(1798~1857년)는 주저 〈실증철학강의〉(Cours de Philosophie Positive, 1830~1842년)를 통해 **실증주의** 체계의 기초를 마련했다.* 콩트가 내세운 실증주의라는 학문론 연구의 목표는 지식이 사회에서 어떻게 생기고 구성되고 작용하는가를 묻는 것이었다.

> * 콩트는 근대 사회학의 창시자로, '사회학'이라는 용어를 처음 사용했다.

그의 이론적 바탕은 이른바 **3단계 법칙**으로, 그는 이 법칙이 인류의 정신적 발달뿐 아니라 모든 개별 학문과 개인의 정신적 발달에도 통용된다고 생각한다.

—신학적 또는 허구적 상태에 있는 인간은 세계에서 나타나는 현상을 초자연적 존재의 작용으로 설명한다.

—형이상학적 또는 추상적 단계는 근본적으로 위장된 신학에 지나지 않아서 초자연적 존재 대신 추상적인(공허한) 존재를 내세울 따름이다. 이 단계는 생산적이지 못하지만 스스로 해체되는 성질이 있어서 다음 단계로 넘어가게 된다.

—과학적 또는 실증적 단계에서는 궁극적 원인에 대한 추구를 포기함으로써 인식의 관심은 현실의 사실을 향하게 된다. 이때 인식의 바탕은 관찰이며, 이 관찰을 출발점으로 하여 보편적인 법칙성을 인식한다.

마지막 단계에서 인간의 정신은 가장 높은 상태에 도달하지만, 다른 여러 분야에서는 여전히 그 이전 단계에 머물러 있을 수도 있다.

실증적(positive)이라는 말의 뜻은 다음과 같다.

사실적인 것, 유익한 것으로, 이론과 그 실천적 응용 사이의 간극을 극복함을 표현하는 것.

형이상학적 질문처럼 판명할 수 없는 것과는 다른 확실한 것.

정확한 것.

정밀한 것, 무엇인가를 형성하는 것.

절대성을 주장하지 않는 상대적인 것.

각 단계에는 그에 대응되는 사회 형태가 있다.

▎신학적 단계에는 교회와 봉건 체제가 중심인 사회가, 형이상학적 단계에는 혁명적 사회가, 실증적 단계에서는 과학과 산업이 중심인 사회가 대응된다.

과학에서는 수학을 선두로 천체학, 물리학, 화학, 생물학을 거쳐 사회학에 이르는 서열이 있다. 이 위계질서에는 각 분야가 도달한 실증성의 정도, 그리고 각 분야가 형성되어 나가는 순서가 반영되어 있다.

▎이 위계질서의 위에서 아래로 갈수록 과학을 구성하는 내용은 한층 복잡해진다.

사회학은 인간 사이의 모든 관계를 다루는 학문으로서 가장 큰 의미가 있는 영역이지만, 아직 실증적 과학으로 여겨질 단계에 이르지는 못했다. 그러므로 사회학은

▎사회 발전을 확실하게 예측함으로써 사회의 생활 조건을 개선할 수 있도록 구축되어야 한다.

후일 콩트가 내세운 실증적 종교는 최상위 존재인 인간을 향한 사랑을 바탕으로 하며, 그런 종교를 그는 이타주의라고 표현했다.

존 스튜어트 밀 John Stuart Mill(1806~1873년)은 콩트와 자신의 아버지 제임스 밀뿐 아니라 공리주의자 **제러미 벤담**Jeremy Bentham(1748~1832년)의 윤리학에도 영향을 받았으며, 나중에는 그들의 사상을 비판적으로 발전시켰다.

저서 〈연역적 및 귀납적 논리학 체계〉(A System of Logik, 1843)에서 밀은 모든 과학에 적용될 보편적이고도 단일한 방법론을 확립하고자 한다. 이 저서에서 그가 제시한 **귀납적 논리학**은 경험에서 규칙적으로 되풀이되는 일련의 현상에서 보편적인 법칙성을 추론해내는 것이다. 또한 밀은 귀납적 논리학을 이른바 연역적 과학(수학, 형식 논리학 등)에서도 기초가 된다고 생각한다.

▎방법이 통일적이어야 한다는 점에서 보면 정신과학에서도 오로지 인과율과 법칙성에 맞는 서술 방법만 사용하여야 한다.

그의 언어 분석론적 구분 가운데 후기에 특히 중요하게 받아들여진 것은

표현(예를 들어 기마騎馬, 퇴마退馬의 경우처럼)의 지시 대상(denotation, 단어가 명시하는 대상)과 지시 내용(connotation, 단어가 뜻하는 것)의 구분이었다.

저서 〈공리주의〉(Utilitarianism, 1863년)에서 밀은 그를 비판하는 사람들에 맞서 공리주의적 윤리를 옹호한다. 그가 말하는 **공리주의**의 목표는

"최대 다수의 최대 행복"이다.

사람이면 누구나 그 본성에 따라 자신의 행복을 추구한다. 마찬가지로 모든 사람의 복리는 모든 사람에게 좋은 일이다. 그러므로 행위의 도덕적 정당성은 그 행위에서 예상할 수 있는 결과에 비추어 판단해야 한다.

이때 판단의 잣대는 그 행위에 의해 영향을 받을 사람들의 행복(쾌락)이 얼마나 커지고 불행(고통)이 얼마나 줄어드는가, 하는 것이다.

하지만 밀은 벤담과는 달리 여기서 행복(쾌락)의 양만이 아니라 무엇보다 그 질을 고려해야 한다고 강조하는데, 행복한 상태가 모든 사람에게 똑같은 가치가 있지는 않기 때문이다.

여기서 질과 양을 비교하는 기준은 그때까지의 경험을 바탕으로 최선의 비교가 가능한 사람들의 판단이다.

저서 〈자유론〉(On Liberty, 1859년)에서 밀은 대중과 여론이라는 이름으로 행해지는 독재를 배격하고 개인의 **자유**와 사회적 다원주의를 단호히 옹호한다. 이를 위해 그는 일차적으로 자신과 연관된 행위와 일차적으로 타인과 연관된 행위를 구분한다. 타인과 연관된 행위는

타인의 자유와 부딪히는 곳이 그 한계이며, 오로지 그런 상황에서만 국가의 개입이 허용된다.

그리고 그는 어떤 경우에도 견해와 토론의 자유가 제한되어서는 안 된다는 점을 강조한다.

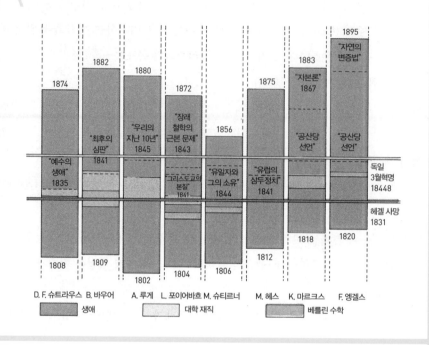

A 헤겔 좌파들의 생애와 저술

1895
"자연의
변증법"

1883
"자본론"
1867

1882

1880

1874

"최후의
심판"

1875

"장래
철학의
근본 문제"
1843

"우리의
지난 10년"
1845

1872

"공산당
선언"

"공산당
선언"

1856

"예수의
생애"
1835

1841

"유일자와
그의 소유"
1844

"유럽의
삼두정치"
1841

독일
3월혁명
18448

"그리스도교의
본질"
1841

헤겔 사망
1831

1818

1820

1808

1809

1812

1804

1806

1802

D. F. 슈트라우스   B. 바우어   A. 루게   L. 포이어바흐   M. 슈티르너   M. 헤스   K. 마르크스   F. 엥겔스

생애   대학 재직   베를린 수학

B 포이어바흐 L. Feuerbach의 철학

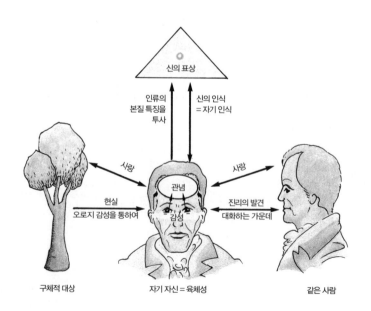

신의 표상

인류의
본질 특징을
투사

신의 인식
= 자기 인식

사랑

사랑

관념

현실
오로지 감성을 통하여

진리의 발견
대화하는 가운데

감성

구체적 대상   자기 자신 = 육체성   같은 사람

헤겔 좌파

헤겔 후예의 의견 분열은 무엇보다 슈트라우스D. F. Strauss의 저서 〈예수의 생애〉(1835년)에 대한 반응에서 분명해진다. 성서의 역사적 사실성을 묻는 그리스도교의 근본적인 질문에 대해 슈트라우스는 역사 비평이라는 방법론을 동원하여 성서의 모순되는 내용을 들어 그 역사적 사실성을 부정한다. 그 바람에 신약성서의 핵심 내용은 역사적 사실로 믿기에는 부족한 것이 되어버린다. 슈트라우스는 이스라엘 민족의 신화적 표상을 모은 것이 성서라고 해석한다. 그리고 그는 이런 성서 해석을 그리스도교 교리 해석에도 적용한다.

성서와 교리에 대한 슈트라우스의 해석에 대한 반응에서 헤겔의 후예는 의견이 갈린다.

헤겔 전통파(우파)는 종교와 철학의 진테제를 중심으로 하는 헤겔의 철학 체계의 본질을 그대로 따른다.

헤겔 청년파(좌파)는 헤겔의 체계를 새로이 해석하거나 뒤집는 가운데 기존 질서의 혁명적 전복을 기도한다.

헤겔 좌파는 정치적으로 군주제의 반대자들이므로 그들의 활동 영역은 대학 바깥이었고 일부는 망명생활을 피할 수 없었다. 그들의 저작은 대부분 시대정신을 담은 도전적인 내용이며 여러 형태의 헤겔 비판을 바탕으로 하고 있다.

베를린 체류 시절 헤겔 좌파 운동에 몰두한 마르크스Marx와 엥겔스Engels는 노동자들의 현실에 주목한다.

막스 슈티르너Max Stirner*는 주저 〈유일자와 그의 소유〉(der Einzige und sein Eigentum, 1844년)에서 개인 위에 군림하는 모든 체제를 거부하면서 무정부주의에 가까운 개인주의를 천명한다.

> * 막스 슈티르너는 독일 바이로이트 출신인 요한 카스파르 슈미트 Johann Caspar Schmidt의 필명.

이런 사상적 전개에는 다음과 같은 **배경**이 있다.

—헤겔 철학은 "서양 정신사의 종지부"였다는 자의식: 이런 자의식은 사상의 근본적인 새 출발을 요구한다.

—3월혁명을 목전에 둔 독일의 정치적 불안정: 초기 사회주의 이론의 영향을 받은 모제스 헤스Moses Hess는 공산주의 혁명이 역사적인 필연이라고 확신한다.

—헤겔이 이루어낸 철학과 종교의 조화, 이성과 실제의 조화라는 배경: 브루노 바우어Bruno Bauer는 주저 〈최후의 심판에서 무신론자이며 그리스도교의 적인 헤겔에게 울려퍼질 나팔 소리〉에서 헤겔의 무신론은 이미 그의 저작에 뿌리를 내리고 있다고 주장한다. 그리스도교는 인간 소외의 한 형태를 보여주고 있으므로 헤겔 다음 시대에는 그리스도교가 물러나고 자유가 그자리를 차지하리라고 한 것이다.

헤겔 좌파의 가장 중요한 사상가는 **루트비히 포이어바흐**Ludwig Feuerbach(1804~1872년)다.

저서 〈그리스도교의 본질〉(Das Wesen des Christentums, 1841년)에서 그는 종교가 인간학적인 바탕에서 시작된 것임을 규명하고자 한다.

포이어바흐는 인간이라는 종의 본질인 자의식을 실체화하는 것을 종교의 핵심으로 본다. 인간은 그 본성을 무한한 이상으로서 자신에게서 멀리 투사하여 없앰으로써 신들을 만들어낸다는 것이다.

"신에 관한 의식은 인간의 자의식이며, 신에 관한 인식은 인간의 자기 인식이다."

이렇게 인간이 자신의 긍정적인 부분을 이 투사된 본질로 옮기면 옮길수록 그 본질은 그만큼 더 신에(이상에) 가까워진다.

"신이 더욱 풍부해지려면 인간은 그만큼 빈약해져야 한다."

하지만 그 반대로 종교는 "인간에게 숨겨진 재능"을 드러낸다는 것이 포이어바흐의 생각이고 이 때문에 종교에 대한 그의 태도는 양면성을 갖게 된다.

그가 원하는 것은

"원래 종교의(즉 인간학의) 원칙을 새롭게 하는 것이지 종교를 '완전히 부정하려는 것'이 아니다."

다른 저서에서 포이어바흐는 헤겔 철학을 유물론으로 뒤집는 시도를 하며, 이는 마르크스에게 커다란 영향을 끼친다.

포이어바흐는 새로운 철학의 바탕이 구체적이며 개인적인 것을 지향하는 방향 전환이어야 한다고 주장한다. 그가 근대 철학의 본질이라고 여긴 순수 사고를 포기해야만 인간이 그런 구체적이고 개인적인 것에 도달할 수 있다는 것이다.

> 인간은 "머리"와 "심장"을 가진 존재, 즉 전全 인간이어야 한다. 현실의 파악에는 사랑과 감각이 필요하고, 그런 것들이 개별적인 것을 "절대적 가치"를 지닌 존재로 고양시킨다.

포이어바흐가 무엇보다 관심을 기울인 것은 감성이다. 현실은 감관을 통해 매개된다고 보기 때문이다.

> "진실과 현실과 감성은 하나다."

감성적 지각에서 비로소 대상이 인식되는데, 여기서 포이어바흐는 다음과 같이 강조한다.

> 사물이나 인간의 본질은 대상에 의해 규정된다. 이는 빛이 눈의 작용을 구성하는 것과 마찬가지다.

포이어바흐는 인간의 가장 중요한 감각 대상이 인간이라고 주장함으로써 순수한 감각주의와는 명백하게 거리를 둔다. 그러므로 진실을 확인할 가능성은 **대화**에서 열린다.

> 인간에게는 감성적 경험의 가능성이 (대화의 상대인) 너와 함께 주어지며, 인간은 경험할 수 있는 것에 관한 자기의 지각을 대화 가운데 검증할 수 있으므로, 감성적인 것의 현실성을 확신할 수 있다.

마르크스주의의 근원과 요소(레닌, 1913)

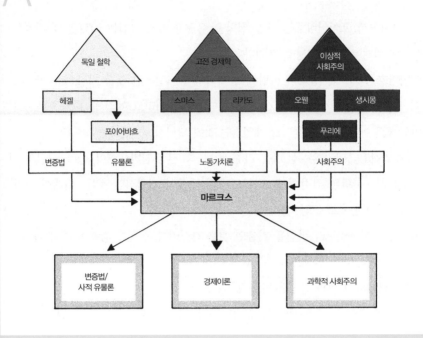

변증법적 유물론

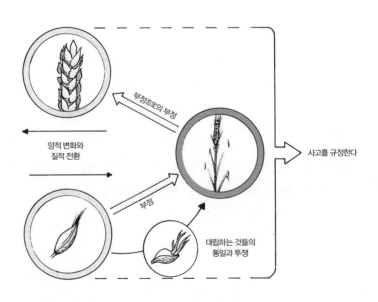

마르크스I, 엥겔스

카를 마르크스 Karl Marx(1818~1883년)는 여러 지적 원천을 흡수하여 하나의 철학을 만들었고, 이 철학이 현실에 적용되면서 세계의 사상적, 정치적 풍경은 크게 달라졌다.

> "마르크스는 …… 독일 고전 철학, 영국 고전 정치 경제학, 프랑스 사회주의 등 19세기의 정신적 주류를 계승한 사람이었다."(레닌W. I. Lenin)

마르크스 이론의 개념적 바탕은 헤겔 철학이다. 마르크스는 헤겔로부터 변증법의 원칙과 역동적, 진화론적 사고를 받아들인다. 그러나 마르크스에게 있던 헤겔 철학의 요소는 그가 헤겔 철학의 구조를 반대로 뒤집는 과정에서 다른 의미로 이해된다. 이 과정에서 마르크스는 포이어바흐가 미리 보여준 것처럼

> 관념론에서 **유물론**으로 넘어가는 마지막 문턱을 넘었다.

마르크스는 주관과 객관의 관계에서 주관에 의한 객관 규정을 객관에 의한 주관 규정으로 바꾼다.

> "그러나 개념적인 파악의 핵심은 헤겔이 말한 것처럼 논리적 개념의 규정 전반을 재인식함으로써 성립하는 것이 아니라 고유한 대상의 고유한 논리를 파악함으로써 성립한다."

물질이 의식을 규정한다. 다시 말해서 물질은 감관에 작용하여 의식 안에 모사된다. 인식은 일정한 과정을 거쳐 단계적으로 이루어진다.

> 그런 의미에서 진리란 사고가 대상과 일치하는 것이다.

유물론이 완성된 한 가지 형태는 **변증법적 유물론**("DIAMAT")*이며, 이를 대표하는 사상가는 마르크스의 친구 **프리드리히 엥겔스**Friedrich Engels(1820~1895년)다. 변증법적 유물론의 본질적인 내용은

* 변증법적 유물론의 약어로, 사적 유물론의 약어 HISTOMAT와 함께 마르크스 레닌주의의 핵심을 표현한다.

> 객관적인, 그리고 인간의 인식과는 무관한 물질의 전개에 대한 서술이다.

물질의 전개는 결코 정적靜的이지 않으며 늘 생성 과정에 있는 것으로 파악된다.

이 생성은 다음 세 가지 법칙에 따라 이루어진다.

　　—양과 질의 전환 법칙

　　—대립의 관철 법칙

　　—부정否定의 부정 법칙

물질은 서로 대립하다가 다시 더 높은 차원에서 승화되는 경향이나 힘의 충돌을 통해 변증법적으로 전개된다. 물질의 자기 전개는 "점진적인 발전이 단절되는" 과정 안에서 나타나는 "비약"을 통해 불연속적으로 이루어진다. 이를 직관적으로 설명하기 위해 엥겔스는 보리알을 예로 든다.

> 보리알은 땅에 떨어져 파괴된다("부정된다"). 거기서 보릿대로 자랄 싹이 나오고 그런 부정과 사멸에서 다시 보리알이 생기는데, 이때 보리알은 몇 배나 더 많아지므로 그 과정은 더 높은 차원에서 일어나는 일이라고 할 수 있다.

다른 두 법칙도 똑같이 보리알로 설명한다.

> 보리알에서는 보리알과 식물이라는 대립자가 서로에게 섞여들어 서로를 대체한다.

이런 전개는 양의 변화(여기서는 세포 수의 변화)에 의해서도 생긴다. 양의 변화는 씨앗이 식물이 되는 것처럼 질적으로 전혀 다른 것으로 변하기 위한 전제 조건이다(도해B).

모든 물질의 전개는 이렇게 자신과 반대되는 것으로 전환하는 가운데 이루어진다. 역사도 같은 방법으로 설명할 수 있다. 즉,

> **사적 유물론**("HISTOMAT")*은 변증법적 유물론의 특별한 사례로 설명된다.

*사적 유물론은 흔히 유물사관唯物史觀이라고도 한다.

사적 유물론은 헤겔의 역사철학을 응용하고 있음을 보여주지만, 경제학이 그 바탕을 이루고 있어 헤겔과는 다른 특징을 보인다.

여기서 또한 중요한 것은 이론의 **실천**이다. 마르크스는 정치적인 사안들에 관여하며, 그로 인해 물질적인 상황에 개입하지 않을 수 없게 된다.

> 정치적 행위를 지향하는 의지의 영향으로 우리는 헤겔의 "신비주의"를 버리고 객관적인 현실로 향하게 된다.

"기존의 모든 것들에 대한 가차 없는 비판"이야말로 의미 있는 변혁을 향한 출발점이 된다고 주장함으로써 마르크스는 포이어바흐와도 거리를 둔다. 〈포이어바흐 테제〉라는 마르크스의 메모에 나오는 "테제 12"는 이렇게 말한다.

> "철학자들은 세계를 서로 달리 **해석**했을 뿐이다. 중요한 것은 세계를 **바꾸는 것**이다."

실천이 진리를 확인하는 본질적인 시금석이라는 말이다.

유물론의 관점에서 보면 사회의 변화는 역사의 변증법에서 생기는 것이다.

물질이 의식을 규정한다면, 그 규정은 무엇보다 사회적인 관계의 형식에 관한 규정이다. 마르크스는 인간 발달의 바탕을 경제적 과정에서 찾으려 한다. 그는 경제적 과정이 역사의 특성을 규정하는 반면, 사회의 다른 모든 요소들, 예를 들어 철학, 종교, 문화 등은 "이데올로기적 상부 구조"라고 생각한다.

> "인간의 의식이 그의 존재를 규정하는 것이 아니라 인간의 사회적 존재가 인간의 의식을 규정한다."

경제적 관계를 분석하기 위해 마르크스는 영국의 **애덤 스미스**(1723~1790년)와 **데이비드 리카도**(1772~1823년)가 초석을 놓은 고전적 정치 경제학을 동원한다.

> 스미스는 경제적 요소를 체계적으로 검토한 결과, 분업이 경제적 번영을 위한 바탕이라는 결론을 내린다.

리카도는 상품의 가치를 그 상품을 생산하는 데 필요한 노동과 결부시키는 가치 이론을 강조한다.

사적 유물론

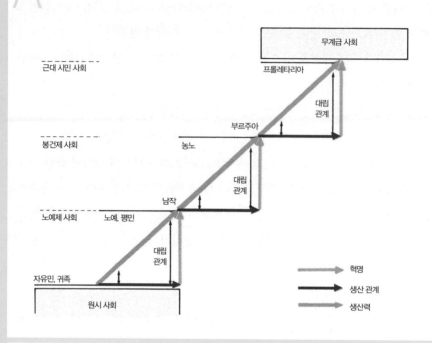

무계급 사회

근대 시민 사회

프롤레타리아

대립
관계

봉건제 사회

부르주아

농노

대립
관계

노예제 사회

남작

노예, 평민

대립
관계

자유민, 귀족

원시 사회

혁명
생산 관계
생산력

자본주의 이론

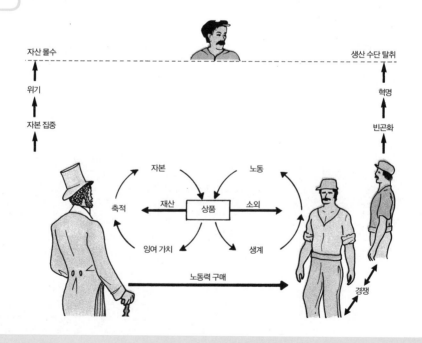

자산 몰수

생산 수단 탈취

위기

혁명

자본 집중

빈곤화

자본

노동

축적

재산

상품

소외

잉여 가치

생계

노동력 구매

경쟁

마르크스Ⅱ

마르크스는 **사적 유물론** 안에서 변증법의 관점으로 인간의 역사를 해석하면서 경제학 이론도 끌어들인다. 〈공산당 선언〉에서 그는 이렇게 말한다.

"지금까지 모든 사회의 역사는 계급투쟁의 역사다. 압제자와 피압제자는 끊임없이 서로 대립하여 …… 투쟁해왔으며, 이 투쟁은 전체 사회를 혁명적으로 바꾸는 결과를 낳았다."

계급투쟁은 사회 집단 사이의 모순이며, 이 모순은 혁명으로 해소되어 새로운 사회 형태를 만들어낸다.

마르크스는 역사의 전개 과정에서 스스로를 폐기하고 발전해나가는 사회 형태를 발견한다.

원시 사회, 고대 노예제 사회, 중세 봉건 사회, 근대 부르주아 자본주의 사회가 바로 그것이다.

사회가 하부 구조와 상부 구조로 이루어져 있다는 테제에 의하면 계층 분화와 그에 따른 사회 발전은 근본적으로 경제에 의해 결정된다.

마르크스는 경제 구조("현실적 바탕")를 **생산 관계**(인간 사이의 물질적 관계—예를 들어 소유—의 총합)라고 일컫는데, 이 생산 관계는 여러 가지 **생산력**(능력, 경험, 생산 수단 등)과 부분적으로는 조화를 이루고 부분적으로는 모순된다.

한 시대가 시작하는 시기에는 생산 도구, 기계 등에 대한 소유 관계가 아직 아무런 대립 없이 상품의 생산 방법과 결부되어 있다. 하지만 역사의 전개 과정에서 대립이 발생하게 된다.

이 모순은 계급투쟁으로 이어지고, 생산 관계에서 불이익을 당해온 피압제 계급은 계급투쟁에서 지배 계급에 대항해 싸우게 된다.

"사회의 물질적 생산력은 그 발전의 특정한 단계에서 기존의 생산 관계와 모순에 빠진다. …… 생산 관계는 생산력을 발전시키는 형태에서 생산력을 정체시키는 족쇄로 바뀐다. 그러면 사회 혁명의 시대가 도래한다."

이런 변증법의 원리에 따르면, 모든 사회 형태에는 내적인 모순이 생기고 이 모순은 혁명으로 해소된다.

여기서 마르크스가 특히 꼼꼼히 연구한 것은 **자본주의**, 즉 그 당시 생산 관계의 성립과 본질이었다. 자신의 경제학 주저 〈자본론〉에서 그는 영국 경제학자들의 이론을 출발점으로 삼는다. 그들의 이론에서 상품의 가치는 무엇보다 '투하 노동량'에 의해 확정된다.

화폐 경제는 노동에 포함되어 있는 사회적 성격을 감출 뿐 아니라 원시 교환 경제와는 달리 가치의 축적을 가능하게 한다. 이 축적이 바로 자본주의 경제 방식의 목표다. 자본주의 경제 방식은 상품—화폐—상품으로 구성된 관계에서 화폐—상품—화폐라는 관계로 넘어가는데, 이때 상품은 더 많은 돈이 자본가의 손아귀로 들어가는 통로일 뿐이다.

자본가는 이제 자신의 필요를 채우기 위해서 생산하는 것이 아니라 새로운 생산을 위해 생산한다. 마르크스는 이렇게 생산이 증가하게 되는 원천이 잉여 가치(Mehrwert)에 있다고 본다.

> 상품을 생산한 자본가는 상품의 가치 전부를 노동자에게 주지 않고 그 일부를 자신이 차지한다.

자본가는 자유 시장에서 노동력을 "구매한다". 노동자는 자신의 생계에 필요한 시간만큼만 일하는 것이 아니라 "잉여 시간" 동안에도 노동을 함으로써 임금을 받지 않는 잉여 가치를 창출한다.

이 상황은 **소외**(Entfremdung)*의 가장 중요한 원인이 된다. 분업화된 생산 과정에서 노동자는 자신이 노동으로 만들어낸 상품에 대한 | *원어의 뜻은 "떼어놓기"
모든 접촉을 잃어버리는 것이다.

노동자는 자본가에게 **착취**당하고 같은 노동자들과는 **경쟁** 관계에 빠진다. 화폐라는 익명의 권력은 노동자를 그가 생산한 상품으로부터 소외시킨다(떼어놓는다). 이런 관계로 인해

> "인간과 인간 사이에는 감정이 개입되지 않은, "현금 지불"이라는 적나라한 이해관계 말고는 그 어떤 연대도 남아 있지 않게 된다."

이 소외는 **종교**에서도 중요한 의미가 있다. 포이어바흐의 투사 이론(342쪽 참조)을

받아들인 마르크스는 가치 평가가 결여된 상황이 종교에 반영된다고 설명한다. 종교는 "정신이 상실된 상태의 정신이며 …… 인민의 아편이다."

마르크스는 생 시몽C. H. D. Saint-Simon(1769~1825년), 푸리에C. Fourier(1772~1837년) 등 이상적 사회주의자*와 초기 사회주의자의 주장에 동조해서 그들처럼 사유재산 제도의 철폐를 요구한다. 그러면서도 초기 사회주의자들과는 달리 마르크스는 사적 유물론에 근거해서 사회가 필연적으로 공산주의로 변화할 것이라고 주장했다.

> * '이상적 사회주의'는 흔히 '공상적 사회주의'라고 하지만, '유토피아적'이라는 뜻으로 쓰인 말을 굳이 '공상적'이라고 옮긴 것은 공정하지 않은 비하로 보인다.

이 사회주의의 필연적인 변화는 자본주의의 내적 메커니즘을 통해 과학적으로 추론될 수 있다는 논리에 따라, 마르크스는 **"과학적 사회주의"**라는 용어를 사용한다. 자본의 집중이 심해지면,

> 자본은 점점 더 소수의 자본가에게 축적되고, 프롤레타리아 대중은 점점 더 가난해진다.("빈곤화 이론")

반복적인 위기는 자본주의 체제의 모순을 분명하게 드러내고, 그런 체제는 결국 프롤레타리아혁명으로 완전히 무너진다. 이전에 부르주아 계급이 봉건 영주에 의한 지배를 무너뜨린 것처럼

> 이 계급투쟁의 마지막 단계에서 프롤레타리아 계급은 승리할 것이다.

이 혁명과 함께 생산 수단은 사회의 소유가 되고 노동은 집단화된다. 그리고 혁명 뒤 마지막에는 계급 구분이 무너지고 심지어 국가까지도 없어진다는 것이다.

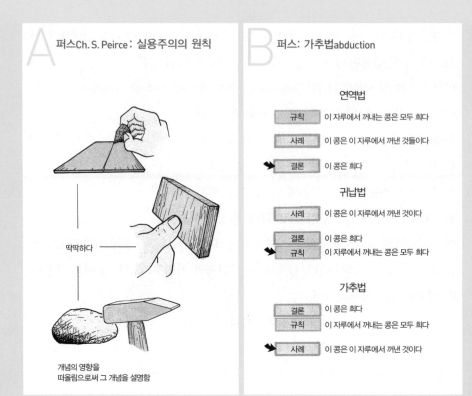

A 퍼스Ch. S. Peirce : 실용주의의 원칙

딱딱하다

개념의 영향을
떠올림으로써 그 개념을 설명함

B 퍼스: 가추법abduction

연역법

규칙	이 자루에서 꺼내는 콩은 모두 희다
사례	이 콩은 이 자루에서 꺼낸 것들이다
➡ 결론	이 콩은 희다

귀납법

사례	이 콩은 이 자루에서 꺼낸 것이다
결론	이 콩은 희다
➡ 규칙	이 자루에서 꺼내는 콩은 모두 희다

가추법

결론	이 콩은 희다
규칙	이 자루에서 꺼내는 콩은 모두 희다
➡ 사례	이 콩은 이 자루에서 꺼낸 것이다

C 듀이J. Dewey: 문제와 프로젝트를 중심으로 하는 학습

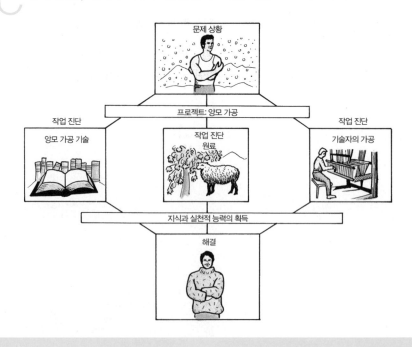

실용주의

카를 오토 아펠 Karl-Otto Apel은 이론과 실천이 실제로 하나가 되어야 한다는 실용주의*에서 마르크스주의, 실존철학과는 다른 제3의 철학 방향을 발견한다. 실용주의는 과학적으로 설명되고 실험적 경험으로 입증된 사고와 언명을 바탕으로 구체적인 삶의 현실에 해답을 제공하려 한다.

실용주의의 창시자인 **찰스 샌더스 퍼스**Charles Sanders Peirce(1839~1914년)는 **실용주의의 근본 규칙**을 다음과 같이 정리했다.

> "실제적인 의미를 가질 수 있다고 여겨지는 어떤 작용이 우리가 표상하는 개념의 대상에 해당할 것인지 생각하라. 그러면 그런 작용에 대한 우리의 개념은 대상에 대한 우리의 개념 전체와 일치한다."

이 규칙은 개념을 명료하게 하는 방법으로 사용되며, 이 개념의 명료화에 따라 어떤 개념의 의미 내용이 행위의 상상 가능한 결과 안에 있게 된다.**

개념의 명료화, 그리고 필요한 경우 개념의 수정은 실험을 통해 현실에 대조하여 가능해진다.

또한 신념의 의미도 신념이 규정하는 습관적 행동에 비추어 명료히 할 필요가 있다. 하지만 실용주의의 규칙은 실제로 나타나 있는 결과를 기술한 것에서 의미가 명료하게 된다는 것으로 이해해서는 안 된다. 오히려 의미의 명료화는 사고 실험에서 개념적으로 밝혀진 실제 결과를 표상함으로써 가능하다.

* 실용주의, 프래그머티즘pragmatism의 어원은 그리스어 '프라그마pragma'로 행위, 사실을 뜻한다.

** 실용주의의 근본 규칙에서 알 수 있듯이 퍼스가 사용한 실용주의 용어는 의외로 추상적이고 그 용법은 몹시 혼란스럽다. 그것은 실용주의가 철학사에서 나타난 여러 사조의 사유 가운데 미국이라는 삶의 자리에 유용하리라고 여겨지는 부분들을 취사선택해서 새로이 구성했기 때문일 것이다. 예를 들어 실용주의의 "신념"의 적합성을 결정하는 것은 그 신념에 의한 "행위의 적합성"이며, 이 적합성 여부가 진리라는 하부 개념이 성립을 결정한다는 것이다. "욕구"에 대해서도 추상적인 판단 기준을 버리고 그것이 우리 삶에 바람직한지 여부만을 기준으로 평가한다. 따라서 모든 철학적 사유에서 절대적 근거 탐구나 가치 부여를 배제하고, 오로지 유용한 행동과 습관과 결과를 철학적 사유의 평가 기준으로 삼는다. 결국 전통 철학의 가치상대주의, 감각에서 행동으로 영역을 옮긴 경험론, 사회윤리적 공리주의, 진화론 등 자연과학적 객관주의 등을 통합한 것이라고 할 수 있다.

그렇게 얻어진 성과는 행위자와 탐구자 사이의 의사소통 과정에서 입증되어야 한다. 그런 방식으로 진리는 "무한한 탐구자 공동체" 구성원의 의견 일치로 형성된다.

> "결과적으로 모든 탐구자의 동의를 받아내라는 요구를 받는 신념은 우리가 진리라는 말에서 무엇을 이해하는지 보여주며, 이런 신념에서 드러나는 대상이 실제의 대상이다."

과학의 논리학에서는 퍼스가 연역, 귀납에 이은 제3의 추론으로 발견한 가추법(abduction, 가정적 추론)이 중요하다.

> 가추법은 결론과 규칙에서 사례를 추론하는 것이다.

이 방법은 모든 과학적 가설을 만들어내는 데 실제로 쓰인다. 연역법과는 달리 이 추론은 (귀납법처럼) 개연적일 따름이지만, 사고에 새로운 아이디어를 제공함으로써 새로운 과학적 착상을 가능하게 하여 인식이 확장되도록 한다.

기호학의 발달에 결정적인 영향을 미친 것은 퍼스가 밝힌 기호의 삼항 구조다.

> 기호(representamen, 표상체)는 그것을 해석하는 사고(interpretant, 해석소)와 연관되며, 또한 기호는 기호를 대상(object)에 결부시키는 질을 통해 대상의 기호가 된다.*

이 삼항 구조는 이항 구조로 환원될 수 없다. 즉, 기호는 그 해석에 의해서도 규정되며, 따라서 존재하는 것의 모든 인식은 "주어진 것"(소여, 대상)과 그것의 의미를 규명하는 의식에 의한 "해석"의 협동이다.

* 퍼스는 기호/사인을 표상체, 해석소, 대상의 결합으로 본다. 이것은 시니피에/기표와 시니피앙/기의의 결합으로 이해한 훗날 소쉬르의 기호와 다르다. 487쪽 소쉬르 참조.

윌리엄 제임스 William James(1842~1910년)는 퍼스와는 달리 실용주의에 주관주의적 성격을 부여한다.

모든 인식과 행위의 바탕이 되는 **신념**은 절대로 보편타당한 진리 기준을 따르지 않으며, 오로지 주관의 실천적 관심을 보여줄 뿐이다.

> 신념의 진실성은 그것이 개개인에게 생생한 것인지, 다시 말해서 개인의 삶을 현실적으로 규정하고 있어서 절대적으로 회피할 수 없는 큰 의미가 있

는지에 비추어 판단할 수 있다.

진리의 기준은 유용성의 획득을 통해 실제 정황에서 확증된다. 즉, 현실에서 개인이 얼마나 만족하게 되는지가 기준이라는 것이다.

> ▌따라서 예를 들어 "신이라는 가정"도 개인이 삶을 영위하는 데 만족을 준다면 진실한 것이다.

사람마다 관심과 생활환경이 다르기 때문에 "복수의 진리"가 동시에 존재할 수도 있다. 그리고 생활환경도 시간에 따라 달라지므로 진리 또한 변하는 것으로 보아야 할 것이다.

존 듀이 John Dewey(1859~1952년)는 실용주의가 교육학과 정치학에 유용하게 작용하도록 만들기 위해 전력을 기울인다.

그는 **도구주의** 인식론을 대변하는 인물인데, 도구주의는 인식이 완전히 수동적인 것이 아니라 그 자체가 이미 한 가지 행위임을 강조한다.

> ▌인식은 성공적인 행위를 위한 도구다. 인식은 상황을 장악하고 실천적인 문제를 해결하는 역할을 한다.

사고와 인식을 설명하는 것은 그것들이 행위의 특정한 맥락에서 어떻게 작동하는가 하는 점이다.

듀이는 교수법을 개혁하기 위해 많은 것을 제안하고, 이를 자신의 "노동 학교"에서 시험해보기도 한다.

> ▌학생은 가르침을 받는 객체에서 학습의 주체로 바뀌어야 한다. 수업 자료는 미리 주어지지 않으며, 그 대신 학생은 문제를 문제로 경험하고 그룹 단위로 이루어지는 프로젝트로 문제를 해결해야 한다.

교육뿐 아니라 민주적 국가 형태도 자아를 실현하는 과정이 되어야 한다는 것이 그의 주장이다.

A 리케르트 H. Rickert: 가치의 체계

가치	진리	미	비인격적 신성	인류	행복 공동체	인격적 신성
재산	학문	예술	전일자	자유로운 인격들로 이루어지는 공동체	사랑의 공동체	신들의 세계
주관의 움직임	판단	직관	신격화	자율적 행위	호의	경건
영역	논리학	미학	신비론	윤리학	성애론	종교철학

B 카시러 E. Cassirer: 상징 형식

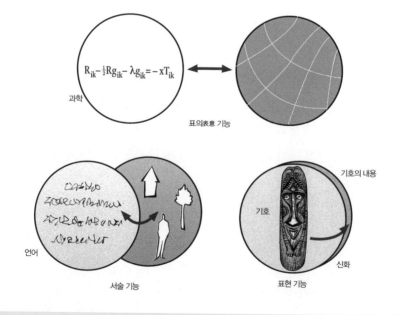

$$R_{ik} - \tfrac{1}{2} R g_{ik} - \lambda g_{ik} = -x T_{ik}$$

과학

표의表意 기능

언어

서술 기능

기호의 내용

기호

신화

표현 기능

신 칸트주의, 귀납적 형이상학

19세기 중반부터는 칸트 철학(278~299쪽 참조)이 부활하여 새삼 발전하게 되었다. 칸트 철학을 표방하는 다양한 사조를 뭉뚱그려 **신 칸트주의**라고 한다. 1880년 무렵에서 1930년 무렵까지 신 칸트주의는 독일 철학의 주류였다. 초기 신 칸트주의를 대표하는 인물인 랑에F. A. Lange는 저서 〈유물론의 역사〉(Geschichte des Materialismus und Kritik seiner Bedeutung in der Gegenwart, 1866년)에서 칸트와 자연과학을 연계하고, 리프만O. Liebmann은 저서 〈칸트와 그 아류〉(Kant und die Epigonen, 1912년)에서 모든 장章을 "따라서 우리는 칸트로 돌아갈 수밖에 없다"는 문장으로 마무리한다.

논리주의(Logizismus)*를 추구한 **마르부르크 학파**는 코헨, 나토르프, 카시러가 창시했으며, 주로 이론적인 영역을 연구했다.

> *논리적 과정이나 체계에 집중하여 인식의 문제를 해결하려는 경향을 일컫는다.

헤르만 코헨 Hermann Cohen(1842~1918년)은 저서 〈순수 인식의 논리학〉(Logik der reinen Erkenntnis, 1902년)에서 지성(Verstand)과 감성(Sinnlichkeit)이라는 칸트의 이분법을 다시 거론하면서 지성의 우위를 주장한다.

> 인식은 오로지 순수한 사고를 통해서만 가능하다.

그는 다음과 같은 칸트의 문장을 출발점으로 삼아 칸트를 해석한다.

> "사물에서 우리는 우리 자신이 사물 안에 넣은 것만을 선험적으로 인식한다."

이런 "근원"에서 나오는 인식은 사고 자체가 인식의 대상을 만들어 낼 때만 가능하며, 인식의 대상은 수많은 단계를 거쳐 만들어진다.

인식에서 본질적으로 중요한 것은 판단인데, 코헨은 판단을 다음 네 가지로 구분한다.

> 사고 법칙의 판단(예를 들어 모순), 수학 판단(예를 들어 다수), 수학적 자연과학의 판단(예를 들어 법칙), 방법론의 판단(예를 들어 가능성과 필연성).

에른스트 카시러 Ernst Cassirer(1874~1945년)는 상징이야말로 인간의 문화적, 정신적, 창조적 활동의 보편적인 표현이라고 생각한다. 그가 저서 〈상징 형식의 철학〉(Philosophie der symbolischen Formen, 1923~1929년)에서 찾아내려 하는 것은

> "상징 기능 자체를 설명하는 일종의 문법이다. 이 문법은 우리가 언어와 예술, 신화와 종교에서 발견하는 상징 기능의 특수한 표현 전부를 포괄적으로 규정할 것이다."

상징은 감성적인 것을 기술하며, 감성적인 것은 일정한 양식으로 주어짐으로써 의미를 구현한다. 상징의 세 가지 기본적인 기능은 첫째, 기호와 기호가 표시하는 것을 직접 동일화하는 표현 기능(신화적 사고의 세계), 둘째, 상징적 성격이 의식되기는 하지만 여전히 대상과 연계되어 있는 서술 기능(일상의 언어), 마지막으로 수학이나 논리학 기호가 오로지 추상적인 연관성만을 지니는 표의 기능(과학) 등이다.

바덴 학파 또는 **남서독 학파**(빈델반트, 리케르트, 라스크 등)는 주로 가치론을 지향하는 사조다.

빌헬름 빈델반트 Wilhelm Windelband(1848~1915년)에게 철학은

> "보편타당한 가치에 관한 비판적 학문"이다.

하인리히 리케르트 Heinrich Rickert(1863~1936년)가 구상한 가치 체계(도해A)는 객관의 세계와 가치의 세계라는 자신의 구분을 바탕으로 한 것이다. 이 두 세계는 의미가 실현되는 세계 안에서 하나가 되며, 이렇게 의미가 실현되는 세계는

> "우리가 평가하는 주체, 즉 가치에 대해 자유로운 견해를 가지는 주체일 때"
> 성립된다.

자연과학과 정신과학의 구분은 이 학파의 또 다른 주요 업적이라고 할 수 있는데, 이 구분은 다음과 같이 방법의 관점에서 이루어진다.

> 빈델반트에 따르면 자연과학은 '법칙 정립적(nomothetisch)' 학문, 즉 법칙을 찾아내는 학문이며, 정신과학은 '특성 묘사적(idiographisch)' 학문, 즉 각각의 특수 사실, 특히 역사적인 사실을 찾는 학문이다.

리케르트는 이 두 종류의 학문을 각기 일반화하는 학문, 개별화하는 학문이라고 일컫는다. 여기서도 가치는 중요한 역할을 한다.

| "리케르트에 의하면 …… 역사적이며 개별적인 것이라는 개념이 형성되는 것은 우리가 개별적인 것의 독창적 의미를 처음으로 보도록 하는 가치라는 관점에서 출발할 때다."(올리히H.-L. Ollig)

19세기에는 자연과학이 발전하면서 경험을 바탕으로 형이상학을 **귀납적**으로 구성하려는 시도가 이루어진다.

이 분야에서는 주요 저자로 활동한 인물로는 다음 두 사람을 들 수 있다.

| —**구스타프 테오도르 페히너**Gustav Theodor Fechner(1801~1887년): 실험에 근거한 심리학의 초석을 마련한 그의 정신 물리학은 정신적인 것과 물리적인 것의 상호작용을 탐구하는 것이다. 그 바탕이 된 것은 병행성이라는 가정이다. 페히너는 물리적인 과정에도 정신적 성격이 개입해 있다고 전제하고, 그렇게 정신이 개입된 물리적 과정은 인간만이 아니라 모든 물적 존재에서도 마찬가지라고 주장한다. 이런 의미에서 그는 형이상학(메타 물리학)이 모든 개별 과학을 보완한다고 생각한다. 형이상학은 전체에 관한 학문으로서 개별 과학이 발견한 결과물을 일반화한다. 형이상학의 목표는 현실에 대한 총체적 해석이다.

—**루돌프 헤르만 로체**Rudolf Hermann Lotze(1817~1881년): 로체도 철학에서 근대 과학과 관념적, 종교적 언명 사이의 진테제를 찾으려 한다. 저서 〈미세 우주〉(Mikrokosmos, 1856~1864년)에서 그는 세계 안에서 인간이 차지하는 위치를 연구하면서 인간과의 유비에서 세계를 해석한다. 이를 위해 그는 인과성, 의미, 목적을 각각 구분함으로써 "기계 장치의 세계"(현실), 진리의 세계, 가치의 세계를 확인한다.

여기서 그는 기계의 작동 법칙으로는 오로지 선의 구현이라는 조건만 있다고 생각한다.

그러나 방법론적으로 그는 자신의 형이상학적 결과를 분석적이며 기술적記述的 연구에 결부시킨다.

A 니체Nietzsche의 생애와 저작

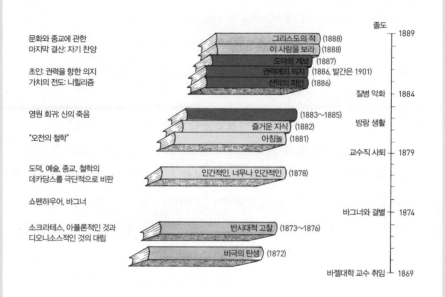

문화와 종교에 관한
마지막 결산: 자기 찬양

초안: 권력을 향한 의지
가치의 전도: 니힐리즘

영원 회귀: 신의 죽음

"오전의 철학"

도덕, 예술, 종교, 철학의
데카당스를 극단적으로 비판

쇼펜하우어, 바그너

소크라테스, 아폴론적인 것과
디오니소스적인 것의 대립

그리스도의 적 (1888)
이 사람을 보라 (1888)
도덕의 계보 (1887)
권력에의 의지 (1886, 발간은 1901)
선악의 피안 (1886)

(1883~1885)
즐거운 지식 (1882)
아침놀 (1881)

인간적인, 너무나 인간적인 (1878)

반시대적 고찰 (1873~1876)

비극의 탄생 (1872)

졸도 — 1889

질병 악화 — 1884

방랑 생활

교수직 사퇴 — 1879

바그너와 결별 — 1874

바젤대학 교수 취임 — 1869

B 데카당스(퇴폐주의) 문화에 대한 니체의 비판

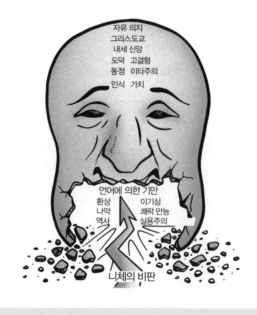

자유 의지
그리스도교
내세 신앙
도덕 고결함
동정 이타주의
인식 가치

언어에 의한 기만
환상   이기심
나약   쾌락 만능
역사   실용주의

니체의 비판

니체 I

프리드리히 니체Friedrich Nietzsche(1844~1900년)는 서구 사상사에서 고집 센 천재로 기록된다. 열렬한 참여, 파격적인 개혁 의지, 꿰뚫어 보는 눈, 언어의 마술 등이 그가 남긴 저작의 특징이다. 그의 저술 활동은 세 시기로 나뉜다.

제1기(1869~1876년)

독일 작센 지방 목사의 아들로 태어난 니체는 고전 어문학을 배우며 성장하여 바젤 대학의 고전 어문학 교수가 된다.

1871년 그는 〈비극의 탄생〉(Die Geburt der Tragödie aus dem Geiste der Musik)을 쓴다. 그리스 문학의 원동력인 아폴론적인 것과 디오니소스적인 것은 고대 그리스 비극에 녹아들어 조화로운 진테제가 된다.*

> 아폴론은 절제되고 이성적인 것, 디오니소스는 도취된 듯 질주하는 열정을 상징한다.

그리스비극이 몰락하면서 합리적 그리스철학이 등장하는데, 합리적 그리스철학을 실현해낸 사람은 누구보다 소크라테스다. 비극의 몰락과 합리적 철학의 등장이라는 전환은 이미 에우리피데스에서 완성된 일이다.

* 니체 사상 전체를 관통하는 근간을 미리 보여주는 이 기념비적이고 독창적인 문화 해석은 제목을 통해 저자의 의도를 전면적으로 드러낸다. 니체는 그리스문학이 시대를 초월하여 유일하게 인간의 고뇌와 극복, 창조와 파멸을 아우르는 문화적 성취임을 간파했다. 그리스비극에서 빛과 예술을 상징하는 아폴론의 아름다움과 술과 풍요를 상징하는 디오니소스의 도취와 파멸의 종합 이야말로 인간의 감성과 이성, 혼란과 질서를 완벽하게 조화시키는 가장 극적 체험이라는 것이다. 니체는 이 비극의 극적 체험이 리하르트 바그너의 음악에서 재현된다고 설명하면서, 저서의 제목도 "음악의 정신에 의한 비극의 탄생"이라고 붙였다.

> "그가 말한 신적인 존재는 디오니소스도, 아폴론도 아니었다. 그 신적인 존재는 완전히 새로 태어난 악마, 즉 소크라테스라는 이름의 악마였다."

니체는 리하르트 바그너Richard Wagner(1813~1883년)가 비극 문화를 부활시켜주리라고 기대한다. 당시만 해도 니체는 바그너의 음악과 인간성에 완전히 매료되어 있었던 것이다.

1871년에서 1876년에 걸쳐 당대의 문화와 정면으로 부딪히게 된 니체는 네 편으

로 구성된 〈반시대적 고찰〉(Unzeitgemäße Betrachtungen)을 발표하는데, 각 편에서
그가 비판한 대상은 다음과 같다.

> 교양 속물주의의 전형인 슈트라우스(D. F. Strauss, 341쪽), 사적史的 사유를
> 우위에 두는 "역사의 병폐"(헤겔, 하르트만E. von Hartmann), 태연자약한 철학
> 자의 전형인 쇼펜하우어, 그리고 작곡가 바그너.

제2기(1876~1882년)

니체는 이 시기 자기 철학이 겪은 발전 과정의 성격을 **"오전의 철학"**이라고 표현한
다. 이 시기에는 〈인간적인, 너무나 인간적인 I, II〉(Menschliches, Allzumenschliches),
〈아침놀〉(Morgenröte), 〈즐거운 지식〉(Die fröhliche Wissenschaft) 등 네 권의 저서를
발표한다.

니체는 잠언(아포리즘) 형식의 글이 자신에게 가장 알맞은 표현 양식이라고 생각
한다. 내용상으로 이 네 저서는 **데카당스**(타락한 예술)와 타락한 **도덕**, 그리스도교
라는 타락한 **종교**에 저항한다는 공통점이 있다.

> 니체는 회의적 합리주의라는 입장을 취하며, 진실성을 지향하는 열렬한
> 의지가 그를 움직이는 원동력이다.

도덕과 전통 철학의 문제 제기에 대한 반론으로 그는 언제나 새로운 고찰을 통하
여 다음과 같은 주장을 내놓는다.

> 말의 의미: 인간은 말을 통해서 사물의 본질을 파악하는 것처럼 보이지만,
> 실제로는 제1세계와 나란히 있는 제2세계를 만들어낼 뿐이라는 사실을 숨
> 기는 것이 말이다.

그래서 니체는 이렇게 쓴다.

> "그렇다면 진리란 무엇인가? 그것은 오래 사용되어온 결과 사람들에게 규범
> 이 되어 구속력이 있는 것처럼 보이는 …… 일련의 유동적인 은유다. 진리는
> 환상이며, 그나마 어떤 환상인지조차 우리가 기억하지 못하는 환상이다."
> —존재와 가치의 부당한 연결: 이성적 판단이 늘 타당하다고 믿는 것은 그
> 자체가 또 하나의 도덕적 현상이다.

―도덕의 상대성: 도덕적 판단은 시대를 뛰어넘어 절대적인 것이 아니다. 그것이 역사와 사회에 따라 상대적이라는 사실이 명백하기 때문이다.

니체는 도덕철학이 현실적인 다양성을 인지하지 않는다고 비난한다.

―도덕의 실천적 모순

―도덕의 역사성: 니체는 어떻게 오래 통용되어온 전통적인 편견에서 덕목이 만들어지는지 알아낼 수 있다고 생각한다.

―계보학적 논증: 전통적 가치 기준의 동기를 역사적, 심리적으로 폭로함으로써 그런 기준을 거부하게 만든다. 니체는 사람들이 쓴 고결하고 경건한 가면을 가차 없이 부수고 도덕과 종교의 근거가 객관적이라는 주장을 반박한다. 윤리적인 근거가 있다는 행위에 대부분 불순한 동기가 있는 것처럼 "동기와 경험을 엉터리로 해석하는 심리학"이 그리스도교를 있게 했다.

"도덕도 감정을 표현하는 하나의 부호에 지나지 않는다."

그런 도덕에서 니체는 욕망을 채우려는 실용적인 의도가 우회적으로 표현되고 있음을 간파한다. 동정은 결국은 자기 방어를 위한 것이고 이웃에 대한 사랑은 자기 자신에 대한 사랑일 뿐이라는 것이 폭로된다.

니체는 **그리스도교**를 다음과 같이 비난한다.

― 그리스도교는 인간을 유약하게 만드는 데 결정적인 역할을 했다.

― 그리스도교의 교리는 고대 세계의 모순된 표상이라는 신빙성 없는 유물로 만들어진 독단이다.

― 그리스도교는 내세來世의 희망으로 신자들을 위로한다. 그러나 그런 내세는 없으며, 현대인은 더 이상 내세를 믿지 않는다.

― 그리스도교 신자는 자신이 믿는다고 내세우는 걸 실천하지 않는 위선자다.

그의 비난은 〈즐거운 지식〉에서 신을 찾아 헤매는 어리석은 인간을 묘사하는 데서 최고조에 이른다. 거기서 니체가 보여주는 세계가 지평선도 없고 아래도, 위도 없이 흔들리기 시작하는 이유는 이렇다.

"신은 죽었다! 신은 다시 살아나지 않는다! 그리고 우리가 그 신을 죽였다!"

정신 변화의 3단계

어린이
= 가치를 규정하는
초인적 정신

용 =
낡은 가치

사자
= 자유로운
정신

낙타 = 데카당스

권력을 향한 의지와 초인

초인
생기에 넘친다
용감하다
유능하다
힘세다
자유롭다
종교가 없다
가치없다
소수다

범인의 무리

약하다
비겁하다
고결하다
예속적이다
비굴하다
동정심이 너무 많다
수가 너무나 많다

동일한 것의 영원한 회귀

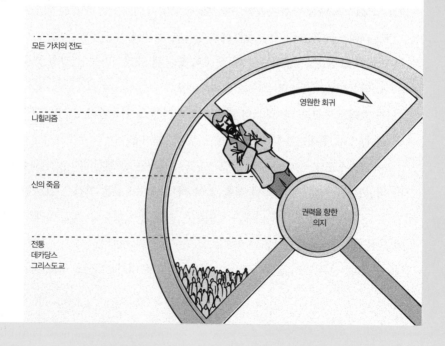

모든 가치의 전도

영원한 회귀

니힐리즘

신의 죽음

권력을 향한
의지

전통
데카당스
그리스도교

니체 II

제3기(1883~1888년)

저서 〈자라투스트라는 이렇게 말했다〉(Also sprach Zarathustra, 1883~85년), 〈선악의 피안〉(Jenseits von Gut und Böse, 1886년), 〈권력에의 의지〉*(Der Wille zur Macht, 1880년대의 원고가 1901년에 출간됨)와 함께 니체의 철학은 그 정점에 이르렀고 새로운 시대의 **도래를 선언**한다.

이 시기에도 비판적인 요소는 그대로 유지되지만, 이제는 시대의 진단에 이어 니체에 의해 새로 만들어진 사상 세계를 통한 치료법을 제시한다.

니체는 그런 치료법을 정신이 변화하는 세 단계로 표현한다.

처음에 정신은 낙타가 되어 옛 도덕이라는 무거운 짐을 참을성 있게 지고 간다. 그 다음 정신은 사자("나는 원한다")로 변하여 가치라는 용("너는 해야 한다")에 맞서 싸운다. "자유를 쟁취하고 의무를 엄숙히 거부할 수 있으려면 …… 정신은 사자가 되어야 한다." 마지막으로 정신은 아이가 되어 창조의 놀이를 한다.(도해A)

니체가 서양 문명을 진단하는 낱말은 허무주의 (Nihilismus)다.

그가 말하는 허무주의는 "가치, 의미, 바람직함 등에 대한 극단적 거부"를 뜻한다.

모든 최상의 가치는 무가치하게 되었고, 유약한 그리스도교적 사고와 소크라테스의 뒤를 이어온 철학이 함께 만든 거짓말의 체계는 무너졌다. 그리스 사상과 그리

* 〈권력에의 의지〉는 니체의 '저서'라고 하기에 부족한 점이 많다. '권력에의 의지'라는 표현은 〈즐거운 지식〉, 〈선악의 피안〉 등에서 언급되었고 포괄적, 비유적으로 니체 사상을 관통하는 개념 가운데 하나로 생각할 수도 있지만, 그의 저서에서 체계적인 서술의 대상이 된 적은 없다. 더구나 맥락상 '권력'을 향한 의지가 아니라 생물학적, 정신적인 '힘', '지배력'을 향한 의지가 훨씬 합당한 번역일 것이다. 따라서 여기서는 우리말 번역 제목만 '권력에의 의지'라고 옮기고 내용에서는 '힘을 지향하는 의지'로 했다. 니체가 죽은 뒤 여동생 엘리자베트가 니체의 메모를 모아 출판하면서 붙인 제목이 "Der Wille zur Macht", 즉 '힘을 향한 의지'였는데, 극우 반유대주의자였던 남편 베른하르트 푀르스터의 영향을 받은 엘리자베트는 이 "힘"을 "정치적 지배력"으로 읽히도록 유도했다는 의심을 받을 만하다. 그녀는 "초인", "권력" 같은 표현을 강조하며 니체를 히틀러의 나치 시대에 맞는 극우 영웅 숭배자로 포장했다. 니체는 사실 민족주의를 혐오했다.

스도교가 함께 만들어온 전통에는 이미 무無를 향하는 씨앗이 포함되어 있었고, 니체는 이 씨앗에서 나온 열매를 확인할 따름이다. 니체는 자신의 이런 생각이 당대의 사상가들을 앞서가는 것이라고 믿는다.

> ▍ 약자는 이 사실 앞에서 절망하고, 강자(초인)는 이 사실에서 새로운 질서, 즉 가치의 전도를 이끄는 발단을 보게 될 것이다.

니체의 치료법은 힘을 향한 의지를 중심으로 모인 고지告知 가운데 있다.

> ▍ "니체의 철학은 초인과 영원한 회귀回歸이라는 이중의 전망에서 그 정점에 이른다. 그 철학의 핵심 개념은 힘을 향한 의지다."(카우프만W. Kaufmann)

니체는 특히 자라투스트라라는 인물을 내세워 **초인**을 예찬한다.(도해B)

> ▍ "초인의 특징은 전통적 가치에서 완전히 자유롭다는 것이다. 그는 현세의 잣대에 따라 행동한다. 즉, 그는 육체적인 힘과 활기, 권력을 추구한다. 그의 반대편에 있는 범인凡人은 (만들어진) 신의 명령에 따르고 유약함과 동정이라는 도덕을 신봉한다."

소수의 초인만이 자신이 누리는 자유, 활기차고 거친 것에 대한 자신의 경향 등이 가져다줄 혹독한 열매를 감당할 수 있을 만큼 강하다. 그들의 마지막 시금석은 영원한 회귀라는 생각을 참아내는 것이다.

〈즐거운 지식〉에서 니체는 **동일한 것의 영원한 회귀**를 "가장 무거운 짐"이라고 부르면서 이렇게 묘사한다.

> ▍ "그대는 이 생을 …… 다시 한 번, 아니 셀 수 없이 되풀이해서 살아야 할 것이다. …… 현존의 영원한 모래시계는 끊임없이 뒤집혀 놓일 것이고, 그와 함께 먼지보다 더 하찮은 그대도 그렇게 되풀이해서 살게 될 것이다."

영원한 회귀는 니체가 직관적으로 확신하게 된 것으로, 악령처럼 그를 엄습했다. 나중에 니체는 이 영원한 회귀를 논리적이고 자연과학적인 논증을 통해 사상적으로 정립하려 한다. 영원한 회귀의 의미는 궁극적으로 초인을 정당화하는 것이다.

니체 철학을 가장 인상적으로 표현하는 문구는 **"힘을 향한 의지"**다. 쇼펜하우어, 스피노자의 철학과 당대의 생물학에서 자극을 받은 니체는 인간의 행동과 모든 생명체의 원리에 자기 보존을 지향하는 의지가 숨어 있음을 알아차린다.

모든 사상과 행동의 동기는 의지이며, 이 의지는 쇼펜하우어와는 반대로 맹목적이지 않고 다음과 같은 목표를 가지고 있다.

'자기 보존, 삶의 기쁨과 생존 능력의 향상, 강건함과 힘의 획득.'

그리고 이 원리는 모든 것을 지배하고 있으므로, 니체는 다음과 같이 결론을 내린다.

> "이 세계는 엄청난 힘, 시작도 끝도 없고 단단하고 거대한 힘이다 …… 이 세계는 힘을 향한 의지이며, 그것밖에는 아무것도 아니다!"

이런 생각을 바탕으로 니체는 **모든 가치의 전복**을 시도한다.

> 옛 가치는 의미가 없어졌으며, 새로운 가치는 힘을 향한 의지라는 원리를 지향한다.

앞으로 행위의 선과 악은 그 행위가 생명력을 위해, 그리고 힘의 획득을 위해 어떤 효용이 있는가에 따라 결정된다. 따라서 다음과 같이 유추할 수 있다.

> "무엇이 선한가? 힘의 감정, 힘을 향한 의지, 인간 안에 있는 힘 자체를 더 강하게 만드는 모든 것이 선하다.
>
> 무엇이 나쁜가? 유약함에서 나오는 모든 것이 나쁘다.
>
> 무엇이 행복인가? 힘이 커진다는 느낌이 행복이다…….
>
> 만족감이 아니라 힘의 증대, 결코 평화가 아니라 전쟁, 덕이 아니라 유능함이 그렇다.

1888년 니체는 〈그리스도의 적〉(Antichrist)*, 〈이 사람을 보라〉(Ecce homo)를 비롯한 격한 글을 쓴다. 〈그리스도의 적〉에서 니체는 다시 한 번 그리스도교에 대한 분노를 쏟아놓는다. 〈이 사람을 보라〉에는 니체 **자신에 대한 과신**이 노골적으로 드러난다. 과거를 회상하면서 그는 "왜 나는 이렇게 현명한가?", "왜 나는 이렇게 훌륭한 책을 쓰는가?"라며 자화자찬한다. 이런 생각은 과대망상으로 이어지고, 1889년 그는 결국 정신착란을 일으키고 만다.

*저서 〈그리스도의 적〉은 보통 "적그리스도"라고 일컬어지는데, 성서를 인용한 제목이므로 우리말 개신교 성서의 일반적인 역어를 그대로 쓰다 보니 그렇게 되었다. 그러나 이는 우리말 어법에도 맞지 않고 성서 원문의 성격도 전달하지 못하는 조어이므로 〈그리스도의 적〉으로 옮겼다.

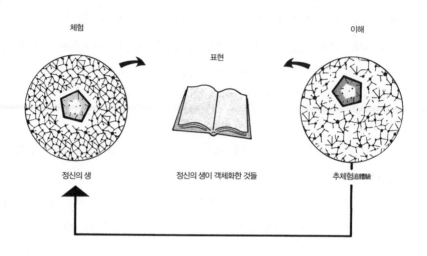

A 체험 - 표현 - 이해

체험   이해

표현

정신의 생   정신의 생이 객체화한 것들   추체험追體驗

B 세계관의 유형

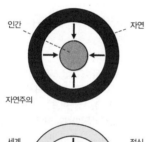

인간   자연

자연주의

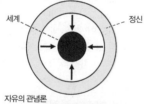

세계   정신

자유의 관념론

보편적 조화

객관적 관념론

C 여러 세계관에 포함된 진리

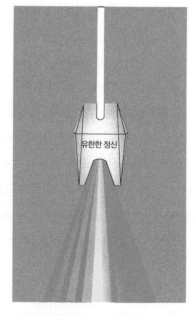

유한한 정신

"진리의 빛은 굴절된 광선 가운데서만 우리에게 보인다."

딜타이

빌헬름 딜타이 Wilhelm Dilthey(1833~1911년)는 자연과학과는 다른 체계와 방법론으로 정신과학(인문과학)의 근거를 마련하기 위해 애쓴다. 그는 정신적 현상의 모든 형태에 내포된 역사성을 강조함으로써 당대의 역사주의에 가까운 입장을 보인다.

그의 사고가 전개되는 과정에서 점점 중심이 되어간 것은 생이라는 개념이었고, 이로써 딜타이는 생의 철학(Lebensphilosophie)에 결정적인 자극을 주었다.

정신과학의 초석을 놓겠다는 그의 계획은 "역사적 이성 비판"이라고도 불리는데, 딜타이는 이를

> 학문의 최종 결과를 제공한다고 주장하는 형이상학에 대한 비판과 연계한다.

정신과학의 연구를 위한 바탕은 형이상학이 아니라 인간의 역사성, 인간이 만들어낸 결과물의 **역사성**에 대한 통찰이라야 한다.

> 인간은 자기가 무엇인지를 자신의 역사로부터 체험한다.

인간은 자신의 전체적인 역사적 구조에 대한 역사적 의식이 있어야 비로소 "독단적인 사고라는 거미줄"에서 해방되어 정신적 창조물의 특성을 파악하게 된다. 정신과학은 인간 스스로가 만들어낸 현실을 다룬다는 점에서 자연과학과 구분된다. 다시 말해서,

> 정신과학에서는 정신이 자신의 창조물을 다룬다.

그러므로 정신과학과 자연과학은 인식 방법도 서로 다르다.

> 우리는 자연을 설명하고 정신을 이해한다.

인간의 사회적, 창조적 결과물은 내면의 움직임, 즉 정신 활동이 바깥으로 표출된 것이다.

> 그런 결과물은 정신의 전체 활동 안으로 들어가지 않으면 이해할 수 없다.

따라서 정신과학의 인식론에서 바탕이 되는 것은 추상적인 인식 주체가 아니라 전소 인간, 즉 "의지와 감각으로 표상하는 존재"다.

결정적으로 중요한 것은

　내적, 외적으로 지각되는 의식 사실이라는 경험이다.

심리학의 역할이 중요한 것도 바로 그런 까닭이다. 경험이라는 바탕이 있어야 비로소 규칙성, 구조, 유형 등을 찾아낼 수 있는 것이다.

정신과학이 인간을 대상으로 다루는 방식은 **체험**(Erleben), **표현**(Ausdruck), **이해**(Verstehen) 사이의 관계에 그 기초를 둔다. 생에 대한 개인의 견해뿐 아니라 개인을 포괄하는 문화 체계(예술, 학문, 종교 등)와 조직 형태(국가, 교회 등)도 그 관계 안에서 이해된다.

　"이 연관 관계는 생 자체의 깊이가 밝혀지는 과정이며, 다른 한편으로는 우리가 체험한 생을 자신과 다른 이의 생에 관한 표현 방식에 대입함으로써 우리 자신과 다른 사람들을 이해하게 된다. …… 이런 정신과학은 체험과 표현과 이해의 이 연관 관계를 바탕으로 한다."

체험은 정신의 생이 만들어지는 구조적 단위다. 체험 안에서는 의식과 의식 내용이 어떻게 연결되어 있는지 드러난다.

표현은 체험이 외적인 형태(몸짓, 언어, 예술 등)로 기록된 것이다.

이해는 외적으로 기록된 것을 통해 내면을 파악하는 것이다. 다른 이의 정신생활이 객체화된 것은 자기 자신의 경험을 바탕으로 하는 추체험에 의해 이해된다.

　따라서 자기 자신에 대한 성찰이 중요한 기능을 하게 된다.

그의 후기 저작에서는 **생**이라는 개념이 더 중요해진다.

　"생은 철학의 출발점을 이루는 근본적인 사실이다. 생은 내적으로 익히 알려져 있으며, 그보다 더 뒤로는 돌아갈 수 없는 무엇이다."

정신적이며 역사적인 세계는 생이 객체화된 세계다. 그런 세계를 이해하려면 그 세계를 만들어낸 정신적 생의 활동 안으로 객체의 형상을 다시 옮겨 놓아야 한다. 생의 의미 전체에 대한 해석은 **"세계관 체계"** 안에서 이루어지는데, 그런 세계관 체계는

　철학, 종교, 예술이다.

여기서 딜타이는 세 가지 기본 유형을 구분한다.

▎ 자연주의(Naturalismus)는 인간을 자기 실존의 물질적 조건에 종속된 존재로, 생물학적인 존재로, 그래서 욕구 충족의 본능을 가진 존재로 파악한다.

자유의 관념론(Idealismus der Freiheit)은 인간의 자유롭고 창조적이며 외적 조건에 얽매이지 않는 자기실현을 강조한다.

객관적 관념론(objektiver Idealismus)은 개인과 세계 전체의 균형을 지향한다. 생의 모순은 모든 존재가 보편적 조화를 이루는 가운데 해소된다.

그 어떤 세계관도 홀로 모든 진리를 가지고 있지 않으며, 각 세계관은 진리의 한 면만을 보여줄 뿐이다.

▎ "세계관은 자연적 우주를 바탕으로, 그리고 유한한 파악 능력을 가진 정신과 자연적 우주의 관계를 바탕으로 만들어진다. 그래서 모든 세계관은 각기 우리 사고의 한계 안에서 우주의 한 면만을 표현한다. 이 점에서 모든 세계관은 진리다. 하지만 또한 모든 세계관은 편파적이다. 우리는 각 세계관이 가진 진리의 면면을 모두 들여다볼 수 없다. 진리의 순수한 빛은 여러 빛줄기로 굴절되어 우리 눈에 들어올 뿐이다."

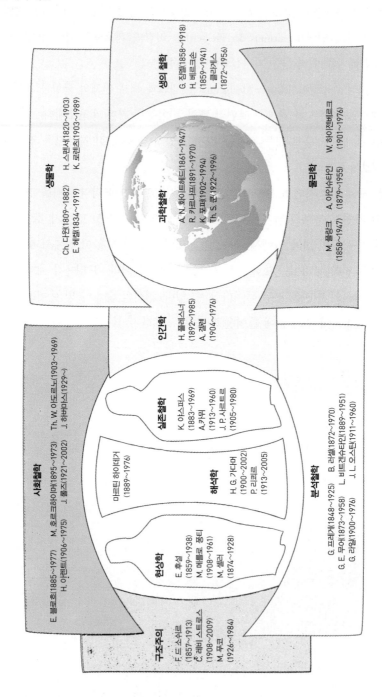

생물학

Ch. 다윈(1809~1882) H. 스펜서(1820~1903)
E. 헤켈(1834~1919) K. 로렌츠(1903~1989)

생의 철학

G. 짐멜(1858~1918)
H. 베르크손
(1859~1941)
L. 클라게스
(1872~1956)

과학철학

A. N. 화이트헤드(1861~1947)
R. 카르나프(1891~1970)
K. 포퍼(1902~1994)
Th. S. 쿤(1922~1996)

물리학

M. 플랑크 A. 아인슈타인
(1858~1947) (1879~1955)

W. 하이젠베르크
(1901~1976)

사회철학

E. 블로흐(1885~1977) M. 호르크하이머(1895~1973) Th. W. 아도르노(1903~1969)
H. 아렌트(1906~1975) J. 홉즈(1921~2002) J. 하버마스(1929~)

인간학

H. 플레스너
(1892~1985)
A. 겔렌
(1904~1976)

실존철학

K. 야스퍼스
(1883~1969)
A. 카뮈
(1913~1960)
J. P. 사르트르
(1905~1980)

마르틴 하이데거
(1889~1976)

해석학

H. G. 가다머
(1900~2002)
P. 리쾨르
(1913~2005)

현상학

E. 후설
(1859~1938)
M. 메를로 퐁티
(1908~1961)
M. 셸러
(1874~1928)

분석철학

G. 프레게(1848~1925) B. 러셀(1872~1970)
G. E. 무어(1873~1958) L. 비트겐슈타인(1889~1951)
G. 라일(1900~1976) J. L. 오스틴(1911~1960)

구조주의

F. 드 소쉬르
(1857~1913)
C. 레비 스트로스
(1908~2009)
M. 푸코
(1926~1984)

20세기 철학: 개관

20세기의 특징 가운데 하나는 **기술**과 **자연과학** 분야의 지식이 폭발적으로 확대되었다는 것이다. 현대 물리학 덕분에 오늘날의 세계상은 고전물리학의 세계상보다 크게 넓어졌다. 상대성이론과 양자물리학은 극도로 큰 대상과 극도로 작은 대상의 영역에서 세계를 보는 관점을 바꿔놓았다. 생물학은 진화론으로 인간에 대한 이해를 새로이 했으며, 심리학, 그 가운데서도 프로이트의 정신분석은 전혀 다른 차원에서 인간에 대해 질문하도록 했다.

철학은 이런 변화에서 다양한 형태로 영향을 받는다.

> 한편으로 현대 **논리학**의 방법과 인식은 과학 기술의 발달에 한 초석이 된다(컴퓨터의 발달 등을 위해).

프레게와 러셀 같은 철학자들은 20세기 수학, 논리학, 철학 분야의 발전에 기여한다.

> 다른 한편으로 자연과학은 철학의 척도이자 대상이 되었다.

새로운 실증주의가 이상으로 삼은 것은 자연과학 법칙의 정밀성과 검증 가능성이다. 그런 의미에서 학문론, 즉 개별 과학의 방법, 구조, 결과에 대한 철학적 이해는 현대의 특징이다. 논리 절차라는 방법과 정밀성이라는 목표가 철학의 전통적인 질문을 밀어내고 그 자리를 차지한다. 형이상학의 오랜 문제는 진위를 가릴 수 없는 개념 혼란으로 여겨진다.

> "사람들은 세계의 탈주술화에 익숙해지고, …… 그들의 모든 감정은 이제 새로운 인식에 완전히 적응했다. 이렇게 세계관의 문제는 해답을 얻어서가 아니라 그 대상이 사라짐으로써 저절로 해결되었다."(토피치E. Topitsch)

이런 상황은 20세기 철학에서 일어난 "언어론적 전환"(linguistic turn), 즉 철학의 목표가 **언어**로 바뀐 것과 밀접한 관계가 있다.

이 전환은 먼저 무어와 러셀이 길을 연 **분석론**이 철학에 도입되면서 완성된다. 철학 문제의 해결은 그 문제를 정확하고 의미 있는 언어 형태로 바꾸는 것으로 시작된다.

그러면 우리의 언명에서 오해를 불러올 수 있는 것을 찾아내어 배제할 수 있다. 그렇게 하여 이상적인 언어, 즉 완벽하게 명확한 언어를 만들어낸다는 목표는 철학, 특히 빈 학파(Wiener Schule)의 주된 관심사가 되었다.

뒤를 이어 **"일상 언어의 철학"**(ordinary language philosophy)이 등장한다.

> 이 철학의 대상은 실제로 현실에서 사용하는 언어다.

비트겐슈타인은 이렇게 철학의 방향을 언어 쪽으로 바꾼 이 두 사조에서*가장 중요한 인물이다.

* 빈 학파의 분석론적 언어철학과 일상 언어의 철학.

철학의 다른 여러 사조도 **인간**과 인간이 사는 세계를 이해하려고 노력한다.

실존철학의 중점은 생의 구체적인 내용이다. 키르케고르를 출발점으로 하는 실존철학에서 20세기를 대표하는 인물로는 야스퍼스, 사르트르, 카뮈를 들 수 있다.

후설이 창시한 **현상학**(Phänomenologie)의 방법론은 내적 의식 과정을 되짚어봄으로써 사물과 인간의 본질을 확인하는 것이다.

> 현상학은 여러 분야에 영향을 끼쳤다.

> 메를로 퐁티는 현상학의 방법론을 이용해서 인간의 의식과 행위가 어떻게 세계를 파악하고 구조화하는지 밝히려 한다.

> 니콜라이 하르트만에게 현상학은 새로운 존재론(Ontologie)을 구축하는 데 일조한다.

> 사르트르의 실존철학, 플레스너의 인간학, 리쾨르의 해석학도 현상학의 영향을 받는다.

또한 현상학은 존재를 새로이 사고하려는 하이데거의 대담한 시도에서도 도구로 쓰인다. 그의 **기초 존재론**(Fundamentalontologie)은 전통철학과는 달리 존재를 망각한 상태에 빠지지 않는 새로운 철학의 시작을 목표로 한다.

사회와 **문화**는 철학적 성찰에서 통렬한 비판의 대상이 되었다.

> 먼저 20세기 전반기에는 생의 철학 쪽에서 베르크손, 클라게스 등이 사람들에게 기본적인 일상의 행위를 보여주려 시도하는 가운데 현재의 문화가

인간다움을 증진하기보다는 오히려 왜곡할 위험을 안고 있음을 깨닫는다.

그리고 다른 쪽에서는 마르크스주의가 사회의 비판과 변화를 주도했다. 레닌과 마오쩌둥은 각기 자기 자리에서 새로운 정치, 경제 체제를 창설하고, 이는 세계의 정치 지도를 바꾸어 놓았다.

"비판 이론"(Kritische Theorie)도 사회를 분석하는 데 마르크스의 사고를 이용한다.

가다머, 리쾨르 등의 **해석학**(Hermeneutik)은 이해의 조건을 연구한다. 그 뒤 해석학은 문서 증거와 예술 작품만이 아니라 개인적, 사회적 행동을 표현하는 모든 양식으로 그 대상을 넓힌다.

소쉬르의 언어학에서 시작된 **구조주의**(레비 스트로스, 푸코)는 인간의 사고, 행동, 사회 질서 등의 바탕이 되는 무의식의 구조를 해독해내려고 한다.

A 동시성의 상대성

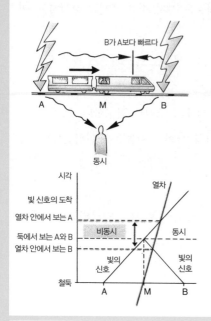

B가 A보다 빠르다

A   M   B

동시

시각

빛 신호의 도착

열차 안에서 보는 A

둑에서 보는 A와 B   동시

열차 안에서 보는 B   비동시

철둑   빛의   빛의
신호   신호

열차

A   M   B

B 공간–시간의 연속

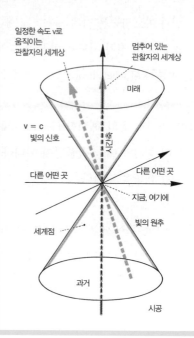

일정한 속도 v로
움직이는
관찰자의 세계상

멈추어 있는
관찰자의 세계상

미래

v = c
빛의 신호

시간축

다른 어떤 곳   다른 어떤 곳

지금, 여기에

세계점   빛의 원추

과거

시공

C 일반상대성이론

2차원의 공간 왜곡

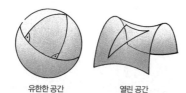

유한한 공간   열린 공간

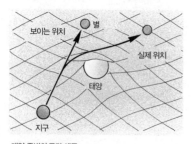

보이는 위치   별

실제 위치

태양

지구

태양 주변의 공간 왜곡

D 양자 물리학: 이중 슬릿 실험

A B

슬릿A를 열었을 때의
간섭상

슬릿B를 열었을 때의
간섭상

A와 B 간섭상을 합쳤을 때

A와 B 모두를 열었을 때
나타나는 실제 간섭상

자연과학 I: 물리학 I

알베르트 아인슈타인 Albert Einstein(1879~1955년)은 20세기 첫 사반세기 동안 물리학이 보는 세계상을 근본적으로 바꾼다. 그가 1905년에 발표한 **특수상대성이론**은 다음 두 가지 공리를 바탕으로 하는 것이다.

—상대성의 원리:

"어떤 물리적 현상을 보고 그것의 절대적 좌표계를 정하기란 불가능하다."

동일한 운동을 하는 모든 계*(등속도 좌표계, 즉 관성계)에는 동일한 자연법칙이 적용되며, 따라서 모든 계는 등가인 것으로 보아야 한다.**

—광속도 불변의 원리:

빛의 속도는 광원光源의 속도와는 상관없고, 따라서 모든 관성계에서 빛의 속도는 동일하다.***

이 두 법칙에서 유추되는 것이 동시성의 상대성이며, 이는 다음의 예로 설명할 수 있다.

> 같은 레일 위 두 지점에 번개 A와 번개 B가 동시에 떨어진다. 이 두 지점의 정확한 중간 지점에 도달한 기차 안의 관찰자가 그 두 빛을 동시에 기록한다. 두 빛은 달리는 기차에 타고 있는 관찰자에게 동시에 도달한다. 그러나 관찰자는 둘 가운데 한쪽 빛을 향해 움직이고 있으므로 그 빛을 먼저 기록하게 된다.(도해A)

어느 관성계 안에서는 동시성을 확인하기가 간단하다. 그러나 서로를 향해 움직이는 두 관성계 안의 두 공간점에 있어서는 각각의 관성계에 고유한 시간이 계산되어야 한다. 두 계의 공간—시간 관계는 이른바 로렌츠 변환을 통해 확인된다.

> 이때 어느 한 관성계로부터 관찰하면 그 관성계를 향해 상대적으로 움직이는 계 안에 있는 자尺는 운동 방향 쪽으로 축소된 것처럼 보이며(길이의 수축) 시계는 느리게 간다(시간의 지연).

* 계 또는 시스템이란 동일한 물리 법칙이 통용되는 범위를 말한다.

** 간단히 말하면, "서로 다른 관성계에서 관측되는 물리량은 다를 수 있으나 그것들 사이의 관계식, 즉 물리 법칙은 동일하다."

*** 관찰자와 광원의 속도에 상관없이 관성계에서 측정한 빛의 속도는 일정하다. 누군가 등불을 들고 관찰자 쪽으로 달려올 때와 등불을 들고 가만히 서 있을 때 등불의 빛이 관찰자에 도달하는 속도는 같다.

시간의 지연은 동일하게 가는 두 시계를 비교하여 확인할 수 있다. 한 사람이 한 쪽 시계를 들고 매우 빠른 속도로 움직인 뒤 보면 그 시계는 제자리에 있는 시계보다 느리게 간 것이 확인된다. 이렇게 **시간**과 **공간**은 서로 독립되어 있는 것이 아니라 시공간 연속체를 이룬다.

> 어떤 사건의 위치를 표시하려면 3차원 공간뿐 아니라 시간이라는 차원도 제시해야 한다.

이때 우리가 여기서 그리고 지금 (원칙적으로) 알 수 있는 모든 것은 과거에 속한다. 우리가 앞으로 영향을 끼칠 수 있는 모든 사건은 미래다.

> 빛의 신호는 유한한 속도 C만으로 전달되므로, 그 빛의 원추는 "시간적으로" 연결된 사건들의 한계를 형성한다.(도해B)

빛 원추의 바깥에는 현재가 있고, 이 현재 안에서 일어나는 사건들은 "공간적으로" 연결되어 있다. 이 현재의 사건들에 대해서 우리는 알 수도 없고 영향을 끼칠 수도 없다. 미래와 과거는 관찰자로부터 얼마나 떨어져 있는가에 따라 달라지는 유한한 시간의 길이를 통해 분리되어 있다.

> 빛의 속도로 인해 예를 들어 태양에서 벌어지는 일은 8분이라는 시간이 지난 뒤에야 우리에게 의미 있는 사건이 된다. 여기/지금이라는 관점에서 보면 우리는 태양에서 8분 이상이 지난 일은 모두 알 수 있다. 그보다 늦게 일어난 일에도 여전히 영향을 끼칠 수 있다. 그러나 8분이 지나기 전에 일어난 일에 대해서는 알 수도, 영향을 끼칠 수도 없다.

물체가 광속 C라는 속도에 가깝도록 가속되면 물체의 저항도 커진다. 물체의 운동에너지는 물체의 관성을 증가시키고, 그 결과 그 물체는 질량으로서 정지 질량에 이른다. 여기서 에너지와 질량의 등식($E=mc^2$)이 추론된다. 결론은 질량을 가진 물체는 광속까지 가속될 수 없다는 것이다.

관성과 중력의 등가성은 가속계에 적용되는 **일반상대성이론**(1916년)의 바탕이다. 아인슈타인에 따르면 중력이란 질량에 의해 공간이 구부러지는 것(공간 왜곡)이며, 이는 리만 기하학으로 해석된다.

| 그래서 예를 들어 빛은 큰 질량 가까운 곳을 지나갈 때 구부러진다. 다시
말해서 빛은 최단 경로인 왜곡된 공간을 따라 진행한다는 것이다.

일반상대성이론은 우리가 상상하는 우주의 모습을 바꾸어놓았다.

| 질량을 가진 모든 것은 공간 왜곡을 일으키고, 그 공간 왜곡의 정도(공간
곡률)에 따라 우주의 형태는 열린 우주가 될 수도, 닫힌 우주가 될 수도 있
다.(도해C)

현재 가장 널리 통용되는 "빅뱅 이론"(대폭발 이론)에 따르면, 처음에 우주는 극히
작고 극히 뜨거운 점으로 뭉쳐 있는 상태였다.* 그
점이 대폭발을 일으키면서 비로소 공간과 시간이
생겼으며, 그렇게 생겨난 우주는 영원히 팽창하거
나 원래 상태로 축소될 것이다(전체 질량의 크기에
따라 팽창 또는 수축이 결정된다).

양자물리학은 원자 영역에서 일어나는 일을 기술
한다. 양자물리학의 바탕이 된 원리는 막스 플랑
크Max Planck(1858~1947년)가 발견한 것으로("플
랑크 상수"), 작용량은 작용 양자의 정수의 배수로
만 전달된다는 것이다. 물리적 상태는 연속적으로 달라지는 것이 아니라 불연속
적으로 달라진다.

> * "극히 작고 극히 뜨거운 점"은 사
> 실상 무한대에 가깝게 작고 무한대
> 에 가깝게 뜨거운 점으로 "특이점
> singularity"이라고 불린다. 약 150억
> 년 전, 특이점이 폭발하여 10^{-32}초라
> 는 지극히 짧은 시간 안에 "급팽창
> inflation"을 일으켰고, 그 뒤 지금까
> 지 계속되는 우주의 팽창은 모든 별
> 사이의 거리가 점점 멀어지고 있다
> 는 허블의 관측으로 확인되었다. 대
> 폭발과 함께 공간과 시간이 시작되
> 었으므로 그 전의 우주를 상정하는
> 것은 의미가 없다는 것이 현대 물리
> 학의 사고다.

닐스 보어Niels Bohr는 양자론을 이용해서 원자의 구조와 화학원소의 고유한 광
스펙트럼을 설명한다. 빛은 부분적으로는 파동으로, 부분적으로는 "에너지 덩어
리"로 움직이므로, 모리스 드 브로이Maurice De Broglie는 물질 입자도 파동 현상
을 보인다고 추론한다.

보어에 따르면, 파동과 입자라는 이중성은 상호 보완적인 개념으로 해석해야 한
다. 즉,

| 그것은 서로를 배제함과 동시에 보완함을 기술記述하는 것으로 해석해야
한다는 것이다.

A 카오스이론

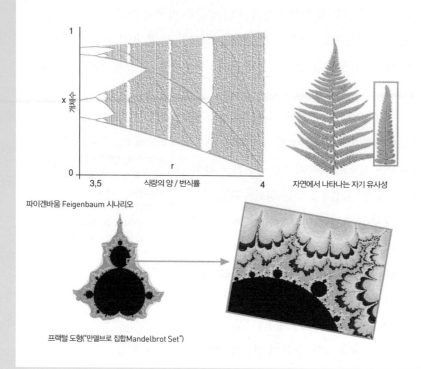

파이겐바움 Feigenbaum 시나리오

식량의 양 / 번식률

자연에서 나타나는 자기 유사성

프랙털 도형("만델브로 집합Mandelbrot Set")

B 쿤Th. Kuhn: 코페르니쿠스적 혁명을 낳는 패러다임 전환

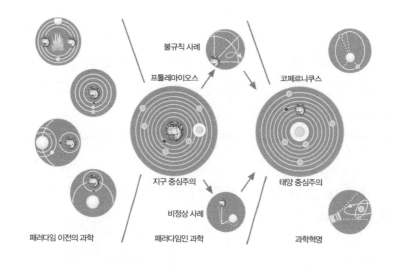

불규칙 사례

프톨레마이오스

코페르니쿠스

지구 중심주의

태양 중심주의

비정상 사례

패러다임 이전의 과학

패러다임인 과학

과학혁명

자연과학Ⅱ:
물리학Ⅱ

미시微視 물리학의 기초는 베르너 하이젠베르크 Werner Heisenberg의 **불확정성 관계**다. 대상이 되는 양자들의 특정 질량을 기술하려는 경우, 그 양자들을 임의의 정확도로 동시에 측정할 수 없다는 것이다.

예를 들어 어느 전자의 진동을 정확히 측정하면 할수록 그 전자의 위치는 더욱 불확정 상태가 되며, 그 반대도 마찬가지다. 이는 시각時刻과 에너지 값에도 적용된다. 그리고 이런 불확정성은 관측 수준을 높인다고 해결되지는 않는다.*

막스 보른Max Born과 양자론의 "코펜하겐 해석"**이 가정한 것은, 양자의 상태를 기술하는 "파동 함수"가 말해주는 것은 갖가지 측정 결과에 대한 확률만을 제공할 따름이라는 것이다. 측정 전까지는 확률적으로만 가능했던 양자의 여러 상태 가운데에서 한 가지 상태가 측정과 함께 처음으로 확인된다("파동 다발의 수축"). 측정을 되풀이할 때 측정과 측정 사이에 어떤 일이 일어나는지는 그 자체로는 확인되지 않는다.

그 연구 대상 자체가 정확하게 규정되지 않는 속성 때문에 양자론은 비결정론을 포함한다.

그래서 예를 들어 '이중 슬릿 실험'***(376쪽 도해D)에서는 판자의 두 틈에 전자를 쏘면 각 틈을 지나간 입자의 수의 합은 통과한 입자의 합과는 일치하지 않고 중첩된 상태로 나타난다. 계 전체의 상태는 계의 부분

*양자물리학에서는 대상에 영향을 주지 않는 관찰은 불가능하다. 관측이란 관측 대상과의 상호작용에서 나타나는 영향력을 관측하는 것이기 때문이다. 양자의 질량, 전자의 위치는 관찰되었을 때 비로소 존재한다는 것이 불확정성 원리의 핵심이다.

** 양자물리학의 연구 중심이었던 코펜하겐의 이름을 딴 해석. 측정이 이루어지면 파동 함수가 '붕괴'되면서 이른바 '양자 도약'이 일어나서 한 가지 상태가 확인된다. 물질은 관측되기 전에는 여러 가지 가능성으로만 여기저기에서 겹쳐진 상태로 존재한다. 그 상태에서 관측이 이루어지면 그 가능성 가운데 한 가지가 선택되어 측정된다는 것이다. 하지만 양자역학의 관측행위는 현실 세계에서 이해하는 '행위'가 아니고 순전히 수학적인 개념이다. 따라서 관측은 양자계에 현실적으로 간섭하는 행위가 아니다.

*** "이중 슬릿 실험"은 "빛은 파동이며 동시에 입자"라는 사실과 불확정성의 원리를 설명하기 위한 것이다. 일정한 수의 모래알을 판자 틈으로 통과시키면 판자 뒤의 모래알 수는 틈을 통과한 모래알 수와 일치한다. 그런데 전자를 틈으로 쏘면 판자 뒤의 전자 수는 판자 뒤의 전자를 관측할 때 비로소 정해진다. 즉, 전자의 존재는 객관적으로 존재하는 것이 아니라 관측에 의해 비로소 인식된다. 어떤 상태가 관측될 것인지를 예측하는 것이 슈뢰딩어 방정식(파동 함수)이다.

을 모두 합한 상태와 다르다는 것이다.

양자물리학의 측정은 인식론의 문제를 제기한다. 관측 대상인 양자와 관측 장치 사이의 상호작용으로 인해 그 둘로 이루어진 새로운 계界가 만들어지고, 이 새로 만들어진 계가 다시 다른 측정 장치로 측정하면 그 둘의 상호작용으로 또 새로운 계가 만들어진다는 것이다. 그 과정의 마지막에 있는 것은 인간으로, 인간은 측정 결과를 인식하고, 그 인식을 비양자역학적인 기술 방식으로 확정한다.

카오스이론은 결정론적 법칙에 지배되는 여러 계에서 일어나는 예측 불가능한 움직임을 다룬다. 동적動的인 계는 특정한 조건에서는 "혼돈(카오스chaos)스러운" 상태로 변하는데, 이 상태에서 계의 움직임은 우리의 무지 때문이 아니라 애초부터 원칙적으로 예측할 수 없다.

┃ 그런 예로는 날씨, 동물 개체수의 증가, 유체 운동 등이 있다.

카오스계에서는 초기 상태가 아주 조금만 달라져도 완전히 다른 결과가 펼쳐진다.

┃ 이는 일기예보 같은 데도 영향을 미친다. 브라질 원시림의 나비 한 마리가 한 날갯짓이 북미에서 돌풍이 일어나는 결과를 낳을 수도 있기 때문이다.

질서에서 카오스로 이행하는 과정을 수학적으로 표현한 모델이 바로 "파이겐바움 시나리오"다.(도해A)

┃ r값이 점점 커지면 x값은 처음에는 두 점 사이를, 그런 다음 네 점 사이를 오가는 식으로 움직이다가 결국 아무런 규칙도 적용할 수 없는 모양으로 점들 사이를 오가게 된다. 물론 카오스 영역에도 "질서의 섬"이 나타난다.

이런 동적 계의 예로는 먹이에 따라 달라지는 동물 개체 수의 크기가 있다. 먹이의 양이 기존 규모를 넘어 계속 증가하면 그 지역의 동물 개체수는 처음에는 특정한 수치 사이를 주기적으로 오가지만, 먹이가 그보다 더 늘어나면 개체수는 마침내 예측할 수 없게 된다.

카오스계의 움직임은 기하학적으로는 프랙털fractal 형상으로 나타난다.(도해A) 이 형상에서 세밀한 구조로 되어 있는 테두리는 카오스 상태로 넘어가는 경계선이다. 이 테두리 부분에서 카오스계는 특정한 수치 사이를 오간다. 이 세밀한 테두리를 확대해 보면 본체 전체의 형상이 반복되는 자기 유사성*이 드러난다.

*이런 '자기 유사성'을 가진 기하학적 구조를 프랙털 구조라고 부른다.

자기 유사성 원리는 유기체가 만들어지는 과정에도 나타난다.

물리학자 토머스 쿤Thomas S. Kuhn(1922~1996년)은 저서 〈과학혁명의 구조〉(The Structure of Scientific Revolutions)에서 **과학의 발달**에 대한 새로운 이해 방법을 구상한다.

그는 자연과학의 역사를 더 정밀한 자료와 더 포괄적인 이론에 의해 얻어지는 인식의 연속적(선형적) 집적으로 여기는 종래의 과학론을 비판한다(373, 447쪽 참조). 그런 과학론과는 달리 쿤은 자연과학의 발달이 비연속적인 단계를 거친다고 주장한다.

패러다임(인식 체계, 양식) 이전 시기에는 각 분야의 기초에 대해 연구자들 사이에 견해의 일치가 없으며, 따라서 연구는 목적을 지향하지 않는 상태다. 성숙한 단계(통상적인 단계)에서는 한 학파가 결정적인 돌파구를 만드는 데 성공한다. 그러면 한 **패러다임**이 모범이 되고, 다른 것들은 이 모범을 따른다. 패러다임은 과학자 집단이 가진 개념과 방법론의 체계를 일컫는 것으로, 그런 패러다임은 받아들일 수 있는 방법의 범위를 제시하고 문제와 문제 해결의 인정 여부를 결정한다. 이 단계에서는 현재 통용되는 패러다임으로는 해결될 수 없는 비정상 사례가 등장하고, 그런 것이 쌓여 위기를 초래한다. 그러면 과학혁명이 일어나서 새로운 패러다임이 등장하여 기존 패러다임의 자리를 차지한다.

쿤의 이론에서 가장 특징적인 주장은 옛 패러다임과 새 패러다임 사이에 아무런 공통분모가 없다는 것, 즉 둘을 비교할 수 없다는 것이다. 새 패러다임은 옛 패러다임에서 연속적으로 발달해온 것이 아니고, 따라서 둘 사이에는 단절이 있기 때문이다.

(새로운 패러다임과 함께) 무엇이 문제인지에 대한 이해가 달라지고 새로운 개념이 생긴다. 과학자는 자신의 관점이 달라짐에 따라 지금까지와는 다른 "새로운 세계"에서 살게 된다.

A 다윈Ch. Darwin과 라마르크J. B. Lamarck의 진화론

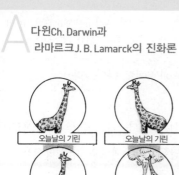
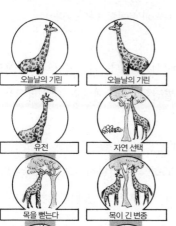

오늘날의 기린 | 오늘날의 기린

유전 | 자연 선택

목을 뻗는다 | 목이 긴 변종

짧은 목 | 짧은 목

B 모든 차원에서 일어나는 진화

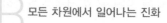
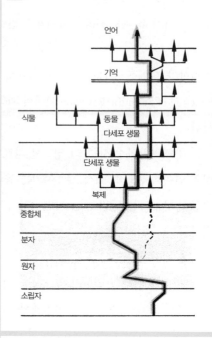

언어

기억

식물　동물

다세포 생물

단세포 생물

복제

중합체

분자

원자

소립자

C 이상적인 생물은 진화하는 동안에는 등장하지 않는다

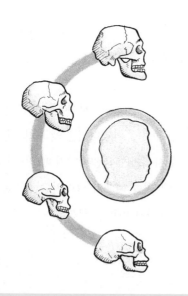

D 스펜서H. Spencer의 '발전' (예: 태양의 생성)

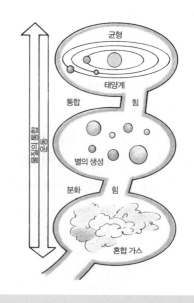

균형

태양계

통합　힘

별의 생성

분화　힘

혼합 가스

자연과학Ⅲ: 생물학Ⅰ

자연 영역의 **발전**을 설명하는 19세기의 여러 이론은 생물학만 아니라 자연철학, 인간학, 인식론 등에도 큰 의미가 있었다.

種종의 변화는 이미 19세기 초의 여러 이론에 의해 인정되었으며, 이는 **진화**에 관한 포괄적인 이론이 등장하는 계기를 마련했다.

조르주 퀴비에Georges Cuvier(1744~1832년)는 고생물학의 증거를 바탕으로 지구상에는 여러 번의 대변동이 있었으며 그 대변동의 영향으로 생명체가 더 우월한 형태로 새로 만들어졌다고 생각한다.

드 생틸레르E. G. de St. Hilaire(1772~1832년)는 서로 다른 생명체가 동일한 기관("상동기관")을 가진 것을 보고 그것들의 조상이 같다는 사실을 알아챘다.

괴테 J. W. v. Goethe(1749~1832년)는 식물과 동물에게는 변화가 가능한 동일 원형이 있어야 한다고 주장한다.

라마르크J. B. Lamarck(1744~1829년)의 접근은 의미심장한 것이다.

그는 모든 유기체가 완전성을 지향하는 욕구가 있어서 자신이 점점 더 복잡한 구조로 발달하기를 바란다고 주장한다.

이런 진화를 촉진하는 것은 욕구의 결과로 생기는 적응이며, 이 적응은 다음 세대로 유전된다.

기린의 목이 그런 예다. 기린의 목은 원래 짧았는데 높은 나무에 달린 잎을 먹기 위해 되풀이해서 목을 길게 늘여야만 했다. 이러한 행동의 결과 목은 점점 더 길어졌고, 길어진 목은 다음 세대로 유전되기에 이르렀다(도해A). 결국 행동에 의해 체격이 달라지고, 사용에 의해 신체 기관이 달라진다는 것이다.

결정적인 이론은 **찰스 다윈**Charles Darwin(1809~1882년)의 모델이다. 저서 〈자연선택에 의한 종의 기원에 관하여〉*(On the Origin of Species by Means of Natural Selection)에서 그는 종이 변하지 않는다는 생각을 완전히 뒤엎는다. | *보통 〈종의 기원〉으로 옮긴다.

┃ 모든 생물은 자기 종을 유지하는 데 필요한 것보다 더 많은 후손을 만든
다. 그 후손 가운데는 달라진 속성을 가진 별난 형태의 개체(변종, 오늘날에는
돌연변이라고 부른다)가 나타나는데, 그 가운데 일부가 생존 경쟁(struggle for
life)에서 이겨 번식해간다. 자기 환경에 가장 잘 적응한 개체가 선택(selection)
되는 과정*을 통해 종은 더욱 발달한다. 이   ┃ *이 과정을 "자연선택"이라고 한다.
변종/돌연변이와 선택을 통해 모든 동물과
식물이 세상에 나타난다.

다윈의 근본 사상은 20세기 들어 수많은 분야(무엇보다 유전학과 분자생물학)에서
얻은 지식에 의해 확인되고 확장된다.

현대 생물학이 획득한 지식 가운데 **철학적**으로 의미 있는 것은 다음과 같다.

┃ 영원히 변하지 않는 종은 없다.

현대 자연과학은 생물에 **불변의 본질**이 있어서 유지된다는 포퍼 식의 본질주의를
거부하는 경향을 보인다. 생물학은 동식물에 이상적인 종이 있다는 사고를 버리
고 다음 예처럼 종을 유동적으로 정의한다.

┃ "종이란 그 안에서 번식해가는 자연 개체들의 집단이다."(마이어E. Mayr)
─생물학적으로 보면 "창조의 정점"라는 **인간**의 우월한 지위는 불분명해진
다.

다윈의 1871년 저서 〈인간의 유래와 성의 선택〉(The Descent of Man, and Selection
in Relation to Sex) 이래 인간의 발달 또한 모든 생물의 자연 진화에 포함된다. 인간
도 생명의 커다란 흐름에 속한 부분일 따름이라는 것이다.

─진화의 화학적, 물리학적 기초에 관한 유전학과 분자생물학의 연구에 따
르면, 생물의 진화는 우주의 진화에서 나타난 특별한 사례일 뿐이다.

이로써 전통적으로 생물과 무생물 사이에 존재한다고 여기던 간격은 상대적인 것
이 되고 만다. 또한 자기 복제와 선택이라는 현상은 생명 단계에 도달하지 않은 분
자 단계에서도 확인된다(**생물 이전의 진화** 또는 **무생물의 진화**).

─모든 진화 과정에서 나타나는 보편적인 법칙성의 연구는 **시스템 이론**과
놀이 이론에 도달한다.

이 두 이론은 **우연**(돌연변이처럼)과 **필연**(선택을 향한 압력 등) 사이의 상호작용을 설명한다. 그 상호작용에서 일반적으로 나타나는 결과는 물질의 자기 조직화, 즉 조화의 사후 안정화(리들R. Riedl)다.

> 진화 과정은 사전에 결정되어 있는 진화 법칙을 따르지 않는다. 진화 법칙은 진화 과정과 함께 만들어진다.

이로써 현대 생물학은 예외 없는 결정론을 부정한다. 진화에는 어떤 것도 일관된 인과관계나 완벽한 목적론 등을 통해 미리 계획되어 있지 않다.

발달에 관한 이론은 특히 20세기에 인간학과 문화, 우주 등에 관한 질문으로 **확장**되는데, 그 선구자는 이미 19세기에 있었다.

> —다윈 이전에 허버트 스펜서Herbert Spencer(1820~1903년)는 발달을 원리 차원으로 끌어올렸다.

인구와 심리학에 관한 에세이 〈심리학의 법칙〉(Principles of Psychology, 1855년)에서 스펜서는 발달 이론을 제시하고, 저서 〈종합 철학의 체계〉(System of Synthetic Philosophy)(1862~1896년)에서는 그 이론을 모든 학문 영역에 적용한다. 스펜서가 〈종합 철학의 체계〉라는 제목으로 암시하는 것은

> "생명과 정신과 사회라는 현상을 물질, 운동, 힘이라는 카테고리 안에서" 해석한다는 것이다.

그가 최상의 법칙이라고 생각하는 것은 통합과 분화에서 발달이 이루어진다는 발달 법칙이다. 따라서 발달이란

> "물질의 통합과 운동의 감소인 반면, 해체는 운동의 개시와 물질의 분산이다."(도해D)

> —다윈 이후에는 특히 에른스트 헤켈Ernst Haeckel(1834~1919년)이 독자적인 이론을 구축하여 자연의 일원론으로 확장한다.

헤켈은 생물 발생의 기본 원리를 이렇게 요약한다.

> "개체 발생(Ontogenese)은 계통 발생(Phylogenie)의 짧고 빠른 반복이다."

A 동물계에서 인간의 특수한 지위

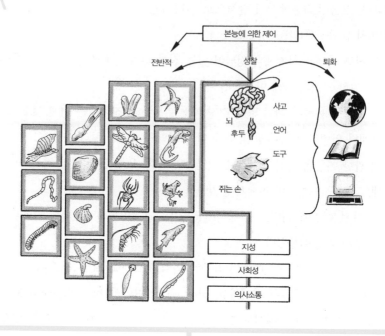

본능에 의한 제어

전반적   성찰   퇴화

뇌 — 사고
후두 — 언어
— 도구
쥐는 손

지성
사회성
의사소통

B 진화론적 인식론

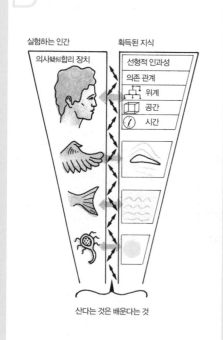

실험하는 인간   획득된 지식

의사疑似합리 장치

선형적 인과성
의존 관계
위계
공간
시간

산다는 것은 배운다는 것

C 행동 연구

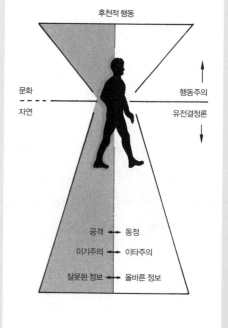

후천적 행동

문화   행동주의
자연   유전결정론

공격 ← 동정
이기주의 ← 이타주의
잘못된 정보 ← 올바른 정보

자연과학Ⅳ: 생물학Ⅱ

생물학의 진화론은 넓은 의미의 **인류학**에 적지 않은 영향을 끼쳤다.

동물과 비교하면 인간에게는 다음과 같은 **생물학적 특수성**이 있음을 알 수 있다.

태아 형성 단계가 짧다.

인간은 대단히 미숙한 상태로 태어나며, 그 때문에 자연적인 영향보다는 문화적인 영향에 오랜 기간 노출된다.

결함이 많다.

인간은 다른 생물에게 있는 무기(이빨, 발톱, 빠른 움직임)가 없어서 문화적인 방어 수단에 의존하게 된다.

본능이 퇴화했다.

동물과 달리 인간은 본능에 지배되지 않는다. 동물은 본능을 통해 환경에 적응하지만 인간만 유독 예외다. 이것은 인간이 "세계를 향해 열려 있으며"(셸러), "예측 불가능하다"(플레스너)는 견해의 적극적인 근거가 된다.

동물과 인간의 이런 차이점도 생물학에서는 발생학과 진화론으로 설명한다.

"오로지 대뇌, 후두喉頭, 손이 …… 꾸준히 발달한다."(리들R. Riedl)

인간이 동물보다 뛰어난 점은 상대적으로 높은 지능, 특별한 손 작업 능력, 분절화된 발음 능력(목젖이 발달한 덕분에) 등이다.

신체기관의 구조를 생물학으로 설명하려 하거나 현실 세계의 모든 영역에서 "발생의 전략"(리들R. Riedl)이 개입하고 있음을 보여주려는 시스템 이론의 시도도 있지만, 이와 나란히 **진화론적 인식론**과 **행동 생물학** 등에서도 인간이라는 존재의 생물적 바탕을 찾아내려 노력한다.

진화론적 인식론의 선구는 콘라트 로렌츠Konrad Lorenz의 논문 〈현대 생물학에 비춰본 칸트의 선험론〉(Kants Lehre vom Apriorischen im Lichte gegenwärtiger Biologie,

1941년)이다.

> 이 논문의 바탕은, 우리의 사고에 앞서 미리 주어져 있는 것(칸트의 "선험적인 것")은 진화의 결과물이라는 생각이다.

인간의 "세계 투사 장치"에 대한 로렌츠의 연구는 산다는 것은 배운다는 것이라는 기본 원칙에서 시작한다. 진화는 지식을 얻어나가는 과정이라는 것이다.

> "인간이 …… 가진 확고한 직관 양식과 카테고리가 외부 세계에 적합한 것은 말의 발굽이 …… 땅바닥에, 물고기 지느러미가 물에 적합한 것과 똑같다."

인간의 세계 투사 장치는 지난 수백만 년 동안 자연선택의 압력 때문에 생존을 위협하는 실수를 용납할 수 없었고, 따라서 세계 투사 장치에 주어져 있는 것은 투사된 주변 세계와 본질적으로 일치한다.

다른 한편으로 연관 관계가 복잡한 것(예를 들어 파도의 형태를 설명하는 역학이나 원자물리학)에서는 우리의 "세계 재현"은 기능을 발휘하지 못한다. 따라서 우리가 유전을 통해 물려받은 공간, 시간, 인과관계에 대한 직관 형식 등은 궁극적으로 확실한 답이 아니라 높은 개연성만을 주장할 수 있다. 그래서 로렌츠는 이렇게 말한다.

> "그러므로 우리 연구를 이끄는 가설은 '모든 것은 연구 가설일 뿐이다'란 것이다."

1934년 브룬스비크E. Brunswik은 이렇게 외부 세계를 조사하는 형식으로 우리에게 유전된 것을 **유사 이성 장치**라고 부른다. 리들은 이 장치가 네 가지 가정을 통해 작동한다고 본다.

—비교 가정: 형태가 같은 대상은 그 속성도 같다고 추정한다.

—의존 가정: 세계에는 질서의 모델이 있다고 추정한다.

구조의 반복(규격 가설)—특정한 표식 조합의 항구성(상호의존성)—각 사물의 자기 자리(위계질서)—시간적 지속: 전통화로 이어진다는 것이다.

—목적 가정: 인간적인 목적에 상응하여 객관적이고 보편적인 목적을 가정한다.

—인과관계 가정: 모든 것에는 선형적인(일대일로 대응하는) 원인이 있다고 추

정한다.

이 가설은 피드백과 인과의 망을 고려하지 않는다. 거꾸로 우리는 원인이 알려진 경우에는 특정한 결과가 나올 것을 기대한다(실행 가정).

현대 생물학은 생득적 행동과 후천적 행동 사이, 그리고 행동주의와 유전적 결정론 사이에 생기는 윤리적으로 의미 있는 긴장 관계에서 중요한 성과를 올린다.

행동 연구는 인간과 동물을 비교하는 가운데 확실한 생득적 행동 양식을 밝혀낸다.

예를 들어 유아 도식이 그렇다. 특정한 특징(넓은 이마, 큰 눈, 큰 머리)이 있는 아기를 보면 우리는 즉시 호감을 갖게 된다.

아이블 아이베스펠트(I. Eibl-Eibesfeldt)와 로렌츠 등은 많은 연구를 통해 동물에게서는 "도덕에 상응하는 행동"을, 사람에게서는 유전적인 속성을 조사한다.

동물의 세계에서도 공격성과 그 공격성을 통제하는 장치와 똑같이 이기주의와 이타주의 같은 도덕 현상이 분명히 보인다.

자연적으로 주어진 성향은 양면적이므로(예를 들어 공격성과 사회적 태도) 인간도 생득적 행동양식에 의해 실제로 제약된다는 사실을 현실로 인정해야 할 것이다.

그러나 이는 인간에게 당위의 표준이 될 수는 없다.

하지만 사회 다윈주의(Social Darwinism)는 생득적 행동양식을 당위의 표준으로 삼았고, 다윈주의의 "적자생존"을 인간 사회에 적용했다. 다윈 자신은 그런 이론에 반대를 표한 적이 있다.

"(그런 적용은) 우리 본성이 가진 보석처럼 고귀한 것의 근원을 이기심이라는 저급한 법칙에서 찾는 것이다."

베르크손 H. Bergson: "생의 약동"(엘랑 비탈élan vital)

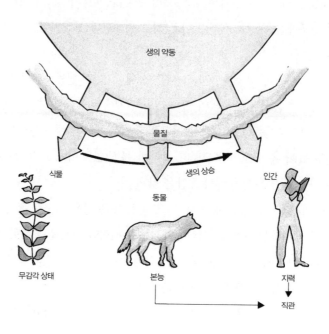

생의 약동

물질

생의 상승

식물

동물

인간

무감각 상태

본능

지력

직관

짐멜G. Simmel: 문화의 비극

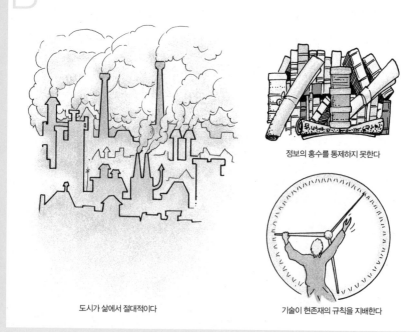

정보의 홍수를 통제하지 못한다

도시가 삶에서 절대적이다

기술이 현존재의 규칙을 지배한다

생의 철학

앙리 베르크손*Henri Bergson(1859~1941년)은 새로운 형이상학을 수립하려 했다. 이를 위해 그는 개별 학문 분야의 연구를 출발 점으로 한 뒤 그것을 넘어섬으로써 직관적 인 관점에 도달했다.

> * 흔히 '베르그송'으로 부르지만 프랑스에서 통용되는 폴란드식 발음은 '베르크손'.

주저 〈창조적 진화〉(L'evolution creatrice, 1907년)에서 그는 진화론에 맞서는 가운데 포괄적인 생의 철학을 구상한다.

> 삶은 지속적인 창조의 과정이며, 이 과정을 지탱해가는 것은 끊임없이 다른 형태로 바뀌고 분화하는 "엘랑 비탈Élan vital"(**생의 약동**)이다.

자연과학 연구의 바탕이 되는 지성은 생명이 있는 것을 파악할 수 없다. 지성의 관찰 방식은 정적靜的이며 추상화하고 분리하는 것이므로 생명의 역동성과 일회성에는 맞지 않기 때문이다. 자연과학의 공간적, 양적인 시간 개념도 생명이 있는 것을 파악하지 못하는 또 하나의 원인이 된다. 그런 시간 개념은

> 생의 흐름에서 근간이 되는 **지속**(durée)이라는 개념, 즉 이전의 것을 자기 안에 보존하여 다가올 것 안에서 유지해간다는 창조적이고 나눌 수 없는 흐름인 시간 개념과 모순되기 때문이다.

지속은 의식 상태의 순수한 질과 강도에 상응하는 내적 체험 안에서만 파악할 수 있다.

"엘랑 비탈"은 세 가지 형식의 생으로 나뉜다.

> 식물, 동물, 인간.

이 생의 형식은 물질을 관통하는 과정에서 만들어진다.

동물의 본능과 인간의 지력은 도구적 행동의 두 가지 방식이다. 여기서 본능은 지성보다 생명에 더 가깝고 생명과 원천적으로 연결되어 있음을 보여주지만, 자기 자신은 성찰을 통해 파악할 수 없다. 지력은 정적이고 물질적인 것을 지향하며, 근본적으로 기술적인 처리 영역에서 통용되는 것이다.

> 창조적인 생의 약동에 참여하려면 본능과 지력을 잇는 **직관** 안으로 의식

이 깊이 침잠해야 한다.

저서 〈도덕과 종교의 두 원천〉(Les deux sources de la morale et de la religion)에서 베르크손은 도덕과 사회를 열린 형태와 닫힌 형태로 구분한다.

> 닫힌 사회는 개인에게 전횡적인 태도를 강요하며, 그런 사회에서 도덕은 공동체의 요구가 지시하는 비인격적인 규범 체계로 작동한다.
>
> 그와는 반대로 열린 도덕의 바탕은 자유와 사랑과 모범의 실천이다.

마찬가지로 정적인 종교를 지배하는 고정관념도 그 사회를 유지하는 도구 노릇을 한다. 그런 종교는 두려움과 불안의 방패 역할을 하는 반면, 동적인 종교의 본질은 창조주와 합일하기를 목표로 삼는 신비주의다.

게오르크 짐멜 Georg Simmel(1858~1918년)은 사회학의 창시자 가운데 한 사람이다. 그의 철학은 마지막 시기에 생의 철학으로 옮겨간다.

생은 자기 자신을 확대하고 재생산하고 향상시키다가 마지막으로는 죽을 운명을 극복하려고 노력한다. 이 과정에서 생은 자신에게 공간과 함께 한계까지도 부여하는 외부 세계와 적극적으로 부딪힌다.

그러면서 생은 사회적, 문화적인 여러 **형식**을 만들어낸다. 이 형식은 생의 창조 과정에서 나왔지만 결국에는 생으로부터 떨어져 나와("관념을 향한 전환") 자기만의 법칙성과 역동성을 펼치게 되는데, 이 법칙성과 역동성은 그 원천의 속성과는 상관이 없다.

> 이 "객관적 문화"(학문, 법, 종교 등)에 참여해야만 개인은 자신의 "주관적 문화"를 깨달을 수 있다.

하지만 동시에 지속적이고 파괴적인 마찰이 생긴다. 이는 객관적 형식이 생에게 자신만의 이질적인 법칙성을 강요하고 고착시키려고 함으로써 생명의 창조적 진화를 방해하기 때문이다.

짐멜이 보기에 "문화의 비극"은

> "존재자를 파괴하는 여러 힘이 바로 그 존재자 자체의 심층에서 유래한다는 사실이다."

인간의 자유에 주어진 과제는 이 경직된 형식과 싸우면서 생의 새로운 지평을 여는 것이다.

윤리학을 위해 의미 있는 것은 짐멜의 "개성 법칙"이라는 구상이다. 이 법칙은 보편적인 규범에 종속되지 않으며 각 인간이 살아갈 때 따르는 당위에 바탕을 둔다. 이 법칙은 절대적인 구속력이 있지만 동시에 한 인간의 일회성과 역사성을 당위 안에서 통합시킬 수 있는데, 이는 일반적인 법칙에서는 가능하지 않다.

루트비히 클라게스 Ludwig Klages(1872~1956년, 주저는 〈영혼의 적대자인 정신〉)는 **영혼**과 **육체**라는 양극 사이에 있는 생을 보여준다. 여기서 영혼은 육체가 가진 의미, 육체는 영혼의 표출이다. 근원적 체험이 지향하는 것은 우리가 만나는 현실로서의 형상이다. 모든 것에 형태를 부여하는 생의 원천적인 형상이야말로 영혼에게 현실적인 것이며 작용하는 것이다. 이 우주적 생의 세계에서

> 정신은 낯설고 자립적인 힘으로서 옛 고도 문화의 문턱을 넘어 생의 세계를 침범해 들어왔다.

정신은 살아 있는 모든 것을 단순한 대상으로 바꾸고 개념화하고 해체함으로써 생이 원래 가지고 있던 조화를 산산조각내고, 독단적인 의지와 손잡고 우리 삶의 세계를 파괴하려고 위협한다.

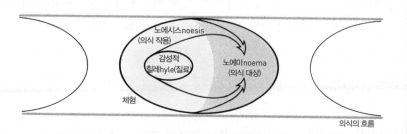

A 지향적 체험

노에시스noesis
(의식 작용)

감성적
휠레hyle(질료)

노에마noema
(의식 대상)

체험

의식의 흐름

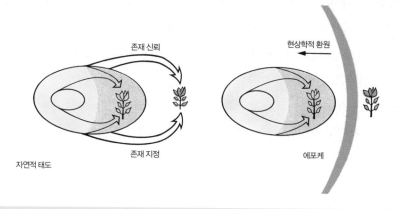

B 에포케epoché(판단 정지)

존재 신뢰

현상학적 환원

존재 지정

자연적 태도

에포케

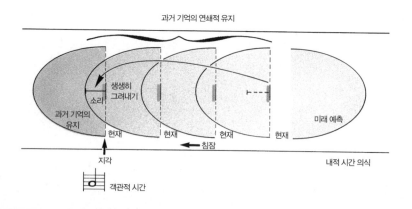

C 내적 시간 의식

과거 기억의 연쇄적 유지

소리

생생히
그려내기

과거 기억의
유지

현재

현재

현재

현재

미래 예측

지각

침잠

내적 시간 의식

객관적 시간

현상학 I: 후설 I

에드문트 후설 Edmund Husserl(1859~1938년)은 20세기 가장 영향력이 큰 사조인 **현상학**(Phänomenologie)이라는 철학 분야를 창시했다. 현상학이라는 이름에는 철학이 성급하게 세계를 해석하지 말고 의식 안에 등장하는 것을 선입견 없이 분석하는 데 집중해야 한다는 요구가 들어 있다.

후설의 목표는 현상학적 방법으로 철학을 "엄밀한 학문"으로 세우는 것이다.

저서 〈논리학 연구〉(Logische Untersuchungen, 1900~1901년)에서 후설은 당시 널리 퍼져 있던 심리주의(Psychologismus)와 결별한다. 심리주의에 따르면, 논리학의 법칙이란 심리적 법칙성을 표현한 것일 따름이어서 심리적 법칙성을 근원으로 하고 그것을 바탕으로 만들어진 것이다.

> 이에 대항해 후설은 사고라는 실제적인 과정에 종속되지 않고도 유효한 법칙을 가진 순수 논리학의 관념성을 입증한다.

"논리학 연구" 제5번, 제6번에서 마련된 현상학적 의식 분석의 기초는 저서 〈순수 현상학의 이념과 현상학적 철학〉(Ideen zu einer reinen Phänomenologie und phänomenologischen Philosophie, 1913년)에서 현상학적 의식 분석으로 발전한다. 후설에 따르면 모든 철학적 주장은

> 의식 현상의 직관적이고 명료한 자기 소여성(Selbstgegebenheit, 자기 스스로 주어져 있음)을 바탕으로 해야 한다.

여기서 근간이 되는 것은 **지향성**(Intentionalität)으로, 프란츠 브렌타노Franz Brentano(1838~1918년)의 개념을 받아들인 것이다. 이 개념으로 브렌타노가 표현하고자 한 것은

> 물리적 현상과는 달리 심리적 현상의 특성은 무엇인가를 지향하고 있다는 것, 다시 말해서 언제나 무엇인가에 관한 의식*이라는 것이다.

* 우리의 의식은 항상 어떤 무엇(즉 대상)을 향해 관계를 맺고 있기 때문에, 대상 역시 의식을 매개로 하지 않고서는 대상으로 다루어질 수 없다.

후설은 이 개념을 확장한다. 의식의 지향성이 가리키는 것은

대상에 연관된 의식(인지, 기억, 사랑)의 활동(사유 작용, 즉 **노에시스**Noesis)*과 이 활동에 등장하는 대상(사유된 것, **노에마** Noema)**사이의 일반적인 상관관계다.

사유된 대상은 종합(진테제)의 결과이며, 이 진테제 안에서 다양한 사유 행위, 즉 노에시스가 통일적인 대상 의식이 된다. 사유된 것, 즉 노에마는 그 자체로 현실 안에 있는 대상이 아니라 의식 활동의 의미 부여 기능에 의해 의도적으로 포괄된 것이다. 노에시스의 기초로 작용하는 것은 감각 재료(감성적 소재)다.

따라서 후설에게는 지각의 분석이 중요한 역할을 한다.

감성적인 소재와 노에시스는 체험의 현실적인 내용을 구성하며, 사유된 노에마는 비현실적인 내용(지향적 대상)이다.

지향성의 특징은 **명증성**明證性(Evidenz)을 추구한다는 것이다. 명증성이란

지향적으로 사유된 것이 아무것에도 기대지 않고 파악하는 의식에게 의심할 나위 없이 스스로 주어졌음을 뜻한다.

그런 양태의 현상을 알아채려면 세계에 대한 우리의 자연적인 관점을 근본적으로 변화시킬 필요가 있다. 그리고 그 변화를 후설은 **"현상학적 환원"**(phänome-nologische Reduktion)이라고 일컫는다. 자연적인 관점에서 우리는 끊임없이 대상 자체의 존재에 대해 판단을 내린다(존재 신뢰, Seinsglaube). 그와는 달리 현상학적 관점은

대상의 존재뿐 아니라 비존재에 대한 판단도 모두 정지하며, 그런 까닭에 순수 의식을 선입견 없이 관찰할 수 있게 된다.

그리고 노에시스와 노에마의 상관관계 안에서 현상으로 주어진 것이 순수 의식이다. 후설은 이렇게 선입견 없는 고찰을 고대 회의론에 유래하는 **"판단 정지"**(에포케)라고 부른다.

현상학의 또 다른 근본적 특성은 **형상**形相(eidos, 에이도스)**의 환원**이다. 현상학의 대상은 특정한 인간의 지향적 개별 체험인 개별 사례가 아니라 체험의 본질에 관

한 기본 법칙이다. 이런 의미에서 현상학은 본질에 대한 직관이다.

환원을 통해 설명할 수 있게 된 것은 어떻게 해서 의식과 대상이 **구성**되고, 그와 함께 어떻게 해서 세계가 의식 안에서 **구성**될 수 있는가, 하는 점이다. 이런 구성의 배경은

> 순수 자아의 동일성으로, 바로 그 자아의 자의식 안에 체험들의 연관 관계가 마련된다.

현상학의 방법론을 구현해가는 가운데 후설은 여러 가지를 예리하게 분석한다. 그 가운데 특히 언급할 만한 것은 **내적 시간 의식**의 현상학이다. 여기서 후설은 객관적인 시간의 내부에서는 대상이나 체험의 위치를 확실하게 알 수 있지만 그 객관적 시간 의식이 어떻게 체험의 시간성이라는 내적 의식을 바탕으로 성립되는지 보여준다.

> 이때 가장 본질적인 것은 현실적인 지금이라는 감각인 현재 의식이다. 그것이 과거와 미래의 체험이 현재화되는 유일한 장소이기 때문이다.

현재는 시간의 한 점이 아니라 시간의 경과이며, 그것을 바탕으로 지나간 것과 현재 있는 것을 기억 속에 유지(Retention)하며 바로 다음으로 올 것을 예상(Protention)한다.

> 눈앞에 보이는 지금은 기억 속에 유지된 것들의 연쇄를 통해서 과거와 연결되고, 그 과거 또한 지나간 눈앞에 보이는 지금이다.

"침전된" 현재적인 것으로 보관되는, 기억 속에 유지되는 것들의 연쇄는 과거의 것을 바로 그 있는 자리에서 발견해서 현재화할 수 있게 한다.

후설E. Husserl: 과학의 의미 기초인 현실 세계

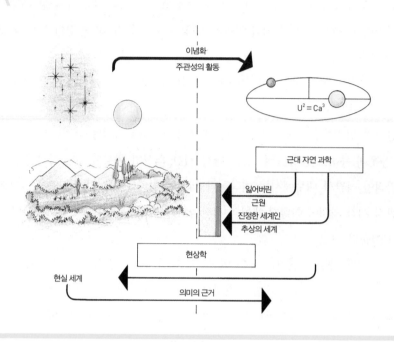

메를로 퐁티M. Merleau-Ponty: "보이는 것과 보이지 않는 것"

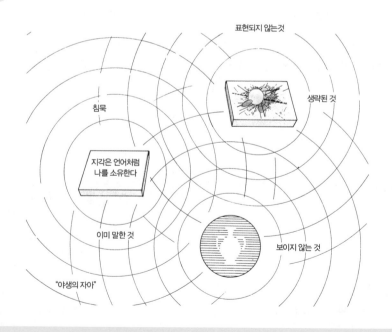

현상학Ⅱ:
후설Ⅱ,
메를로 퐁티

공간, 인과관계 외에도 의식의 또 하나의 구성적인 활동은 상호주관성(Intersubjektivität)의 형성이다. 자신의 체험에 연관된 자아가 어떻게 비자아(타자)를 상정하는 데까지 이를 수 있는가, 하는 문제가 중요한 이유는 그것을 해명해야

다수의 주체에 통용된다는 의미의 객관성은 어떻게 성립하는가?

라는 문제에 답할 수 있기 때문이다.

내가 아닌 다른 자아의 실존에 대한 의식은 나 자신의 몸을 체험함으로써 가능해진다. 특정한 물체가 자신을 드러내는 방식은 그 물체 안에 다른 자아가 나타나는 것이라고 설명할 수밖에 없고, 이 사실을 나는 나 자신의 몸에 대한 체험을 바탕으로 지각하기 때문이다.

내가 어느 세계에 살고 있다는 것은 다른 주체들과 함께 그 세계를 경험하고 공유함을 뜻한다. 그러니까 세계는 누구에게나 상호 주관적으로 규정되는 것이다.

후기의 저서 〈유럽 학문의 위기와 초월론적 현상학〉(Die Krisis der europäischen Wissenschaft und die transzendentale Phänomenologie, 1936년)에서 후설은 "생활 세계"(Lebenswelt) 개념을 중심으로 하는 새로운 출발점에서 자신의 사고를 전개한다. 생활 세계란

지각하고 체험하는 자아가 대상을 지향하고 있는 장소인 경험할 수 있는 지평의 총체다.

후설에 따르면 문화의 역사는 "근원적 창설"(Urstiftung)의 연속이며, 이 근원적 창설을 통해 문화 공동체 의식은 새로운 대상성을 향해 자기를 넘어선다. 인간에게 가장 큰 영향을 끼친 근원적 창설은

갈릴레이 이래 수학을 도구로 한 근대 자연과학과 그로부터 나온 객관주의 사조다.

이런 근원적 창설과 함께 추상적이고 수학적인 대상의 세계가 유일하게 참된 세

계라고 여겨졌다.

> 하지만 이 세계가 주관적으로 직관되는 생활 세계와 아무런 연관도 갖지 못하게 되면서, 과학은 생활상의 의미를 잃어버리고 근대가 직면한 의미의 위기를 초래했다.

이 과정에서 기억으로부터 사라진 것은 객관적 과학 자체가 생활 세계라는 현실에서 나온 주관적 결과물이라는 사실, 즉 주체의 근본적인 역할에서 나온 결과라는 사실이다. 예를 들어 기하학은 직관적으로 주어지는 지각 세계를 관념화하는 데서 탄생한 것이다.

그래서 객관적 과학은 자신이 속한 생활 세계 안에 그 근원과 의미적인 연관 관계를 가지고 있다. 그러므로 의미의 위기를 해결하는 것은 현상학만이 가능한데, 현상학은 어떻게 생활 세계가 초월론적 주관성의 작용으로 자신을 만들어가는지 보여주기 때문이다.

현상학은 특히 프랑스에서 꽃을 피웠다. **모리스 메를로 퐁티**Maurice Merleau-Ponty(1908~1961년)는 인간 안에 있는 **자연**과 **의식**의 관계를 새로이 규정하는 데 힘썼다. 그는 인간의 현상을 외부로부터 인과관계로 설명하려는 자연주의의 관점뿐 아니라 모든 것은 순수한 의식을 통해 내면에서 파악할 수 있다는 비판 철학의 관점도 부정한다. 이 두 관점을 부정하면서 그가 제시하는 것은

> 자연과 의식의 생동적인 연관을 밝혀주는 "제3의 차원"이다.

저서 〈행동의 구조〉(La Structure du comportement, 1942년)에서 그는 행동이란 신체 작용의 단순한 복합체로도, 순수하게 정신적인 활동으로도 파악할 수 없음을 보여준다. 그 중간에 있는 영역이 오히려 현실 전체를 포괄적으로 조직하는 구조와 형태라고 해야 할 것이다.

> "구조는 관념과 실존 사이의 풀리지 않는 연결 고리이자 우연한 배열이며, 이 우연한 배열을 통해 물질이 우리 눈앞에서 의미를 갖게 된다 ……."

〈지각의 현상학〉(La Phénoménologie de la perception, 1945년)은 세계에 대한 우리의 관계가 모든 과학적 객관화 이전에 끝없이 열린 **지각**의 지평과 어떻게 연관되어

있는지 보여준다. 그렇게 의식은 절대로 중립적인 관점을 수용하지 않는, 그래서 어느 쪽인가에 개입하는 의식이다. 의식은 언제나 세계와의 연결에 의존하기 때문이다.

여기서도 의식과 몸 사이의 풀리지 않는 연결이 강조된다.

> 그렇게 하여 우리 몸을 체험하는 것은 해소할 수 없는 **중의성**重意性(애매모호함)을 갖게 된다. 몸은 순수한 물질도, 순수한 의식도 아니기 때문이다.

후기 저작인 〈보이는 것과 보이지 않는 것〉(Le Visible et l'invisible)에서 메를로 퐁티는 **새로운 존재론**으로 방향을 바꾼다. 그는 이제 존재 자체에서 주관와 객관 사이에 있는 영역을 탐구하고, 예를 들어 "세계라는 몸"에 대해 다음과 같이 말하기도 한다.

> 인간은 세계를 마주 보고 있는 것이 아니라 세계라는 몸의 일부다. 그리고 모든 사물의 구조, 의미, 그리고 사물이 보이게 되는 것(가시화可視化)은 세계라는 몸에 기인한다.

그러나 존재는 인간에게 자신의 모든 것을 보여주지 않는다. 존재는 자신이 완전히 투명해지는 것을 피한다. 경험의 이런 한계는 보이는 것과 보이지 않는 것의 연관에서 분명히 드러난다.

보이지 않는 것은 '아직 눈에 띄지 않은 것'이 아니다. 그것은 원천적인 잠복으로, 보는 행위 자체에 바탕을 두고 있다.

> 보이는 대상의 배경에는 그 대상의 보이지 않는 부분이 있다(어떤 대상이 모든 시각에서 동시에 관찰된다면 그것은 사물이 아니다). 화가가 그리지 않고 비워둔 공간도 그림에 속한다. 어떤 문장은 그 문장이 이미 말한 것과 그 문장이 침묵한 것을 배경으로 해야만 이해할 수 있다.

메를로 퐁티는 우리 배후에 있는 이 무한한 존재, 질서를 부여하려는 어떤 손길도 거부하는 이 존재를 자연 그대로의 존재 또는 야생의 존재라고 부른다.

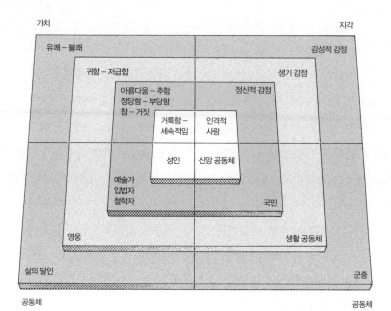

가치   지각

유쾌 – 불쾌   감성적 감정

귀함 – 저급합   생기 감정

아름다움 – 추함
정당함 – 부당함
참 – 거짓   정신적 감정

거룩함 – 세속적임   인격적 사랑

성인   신앙 공동체

예술가
입법자
철학자   국민

영웅   생활 공동체

삶의 달인   군중

공동체   공동체

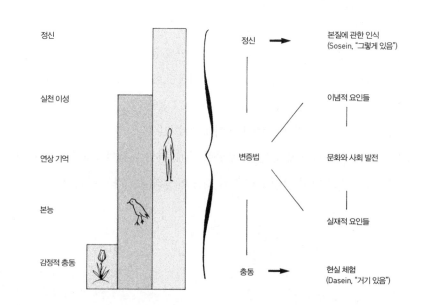

정신

실천 이성

연상 기억

본능

감정적 충동

정신 → 본질에 관한 인식
(Sosein, "그렇게 있음")

이념적 요인들

변증법   문화와 사회 발전

실재적 요인들

충동 → 현실 체험
(Dasein, "거기 있음")

현상학Ⅲ: 셸러

막스 셸러 Max Scheler(1874~1928년)는 현상학을 윤리학, 문화철학, 종교철학 분야에 적용함으로써 그 영역을 확장했다. 다음 인용문을 보면 그가 현상학을 어떻게 이해했는지 알 수 있다.

"현상학은 무엇보다 …… 정신적 직관이라는 관점을 일컫는 이름으로, 그 관점에서 우리는 그 관점으로부터가 아니면 드러나지 않을 무엇인가를, 즉 특별한 종류의 사실들로 이루어진 영역을 통찰하거나(er-schauen) 체험하게(er-leben) 된다. …… 통찰되고 체험된 대상은 통찰하고 체험하는 행위 자체에 의해서만 완전한 모습으로 주어진다. 다시 말하면 그것은 통찰하고 체험하는 행위 안에, 오로지 그 행위 안에서만 나타난다."

저서 〈윤리학의 형식주의와 실질적 가치 윤리학〉(Der Formalismus in der Ethik und die materiale Wertethik, 1913 ~1916년)에서 그는 칸트의 형식 윤리학을 비판하는 가운데 자신의 **가치 이론**의 기초를 마련한다. 그가 확신하는 것은 다음과 같은 것이다.

"쇠와 청동으로 된 이 거상巨像(칸트의 도덕률)은 철학을 감금하여 도덕적 가치에 관한 구체적이고 명료한 …… 이론과 도덕적 가치의 위계질서, 그 위계질서를 바탕으로 하는 규범으로 가는 길을 막았다. 그렇게 함으로써 그것은 동시에 참된 통찰에 의해 형성된 도덕적 가치가 인간의 삶을 이끄는 것을 막았다."

가치는 인간이 감각적 수용 행위를 할 때 선험적으로 그리고 관념적으로 주어진다. 가치는 그 자체로 존재하는 "가치의 천국"에 있는 것이 아니라 행위의 중심으로서 한 인간에게 결부되어 있는 동시에

인간에게 본질적, 절대적으로 필요한 "정동적 선험"으로서 결부되어 있다. 셸러가 칸트의 형식주의를 회피하는 이유는 가치란 내용을 규정하고 개인의 인격에 결부되어 있기 때문이다. 동시에 그는 가치의 선험적 질서를 주장함으로써 상

대주의와도 거리를 둔다.

가치는 역사를 넘어서는 위계질서를 따른다. 가치의 각 등급에 대응하는 것은
> 특별한 감각적 수용 행위, 인격 유형, 사회 형식 등인데, 여기서 더 높은 가
> 치에게 우선순위가 주어진다(도해A).

가치는 사물이나 덕에서 드러나지만, 그 가치의 질은 가치가 표현된 사물이나 덕
과는 무관하다. 이렇게 보면 가치는
> 색깔에 비할 수 있다. 색깔도 특정한 대상에서 나타나지만, 그 색깔의 질은
> 색깔이 나타난 대상과는 무관하기 때문이다.

셸러는 인간의 본질이 일차적으로 사고나 의지가 아니라 **사랑**에 있다고 보았다.
> 인간은 사랑하는 존재(엔스 아만스ens amans)다.

모든 인식 행위와 가치 파악은 존재에 참여하는 능력에서 나오고, 그 능력은 사랑
에서 나온다. 가치의 위계질서와 가치를 파악하는 행위는 한 인간의 오르도 아모
리스ordo amoris, 곧 사랑의 위계질서를 형성한다.
> "한 인간의 오르도 아모리스를 가지는 것이 곧 그 인간을 가지는 것이다.
> 도덕적 주체인 인간과 오르도 아모리스의 관계는 수정水晶과 수정의 정식定
> 式 사이의 관계와 같다."

셸러 사상의 본질은 **인격**(Person)의 개념으로, 그는 인격을 여러 가지 작용(감정, 사
고, 의지, 사랑)의 존재적 통일로 파악한다.
> "인격이란 다양한 본질의 여러 작용이 구체적이면서 그 자체로 본질적인
> 존재의 통일을 이루는 것이다 ……."

인격과 구별되는 것은 자아(das Ich)로, 이 자아는 심리적인 동시에 신체적인 기능
(감각기관의 작용 등)에 의해 규정된다.

인격은 일회적이며 어느 경우에도 대상화되지 않는다. 인격은 자신의 행위를 통해
서만 자신을 체험하며, 다른 인격의 행위를 공유, 예상, 추체험(감정 이입)함으로써
다른 인격을 체험한다.
> 셸러는 총체적 인격(국가, 교회)도 언급하면서, 그런 것에도 공동 행위와 연

관련 고유의 의식意識이 있다고 인정한다.

특별한 위치에 있는 인격은 신적인 인격으로, 인간적 인격은 이 신적 인격을 지향한다.

신 관념은 최상의 가치이며 신의 사랑은 사랑 가운데 최상의 형태다.

셸러의 신 관념은 처음에는 그리스도교적이었으나 후기에는 생성되는 신이라는 관념으로 바뀐다.

후기에 셸러는 **철학적 인간학** 프로젝트에 몰두한다. 저서 〈우주에서 인간의 지위〉(Die Stellung des Menschen im Kosmos, 1928년)에서 그는 심리의 계층 구조를 구상한다. 첫 번째 층은 감정 충동으로, 식물에서 동물, 인간에 이르는 모든 생명체에게 공통된 것이다. 그다음 층은 본능, 연상적 기억, 실천적 지능(선택 능력, 예견 능력)의 순이다. 그리고 마지막으로

인간에게만 있는 정신이 온다.*

인간은 정신을 통해 유기체의 한계에서 풀려난다. 그러나 동시에 정신은 모든 생명체의 법칙인 충동과 갈등을 빚는다. 충동에 기인하는 모든 현실 체험은 현실을 충동에 대립시키는 저항 체험을 바탕으로 이루어진다.

셸러는 이렇게 저항을 통해 체험된 존재를 현존재**라고 불렀다. 이와는 반대로 정신은 실존재***를 경험할 수 있도록 한다.

* 셸러가 말하는 정신, 가이스트 Geist는 이전 철학처럼 물질에 대립하는 것이 아니라 생명에 대립하는 개념이다. 모든 생명체에서 인간을 구별 짓게 하는 것이 정신이며, 그 정신의 활동에서 인격이 등장한다. 자연주의의 심신 이원론에서 말하는 이성이나 지능과는 다른 의미인 것이다.

** 'Dasein', '거기 있음'.

*** 'Sosein', '그렇게 있음'.

정신과 충동의 이원성은 이념 요소와 현실 요소의 대립이라는 형태로 나타나 문화와 사회의 발달에 결정적인 역할을 한다.

정신 그 자체는 본질에 대한 인식을 현실로 바꾸어 놓는 힘이 아니다.

정신의 이념은 현실 요소(자기 보존, 흥미, 사회적 경향 등의 충동)과 결합하는 경우에만 영향력을 발휘하게 된다.

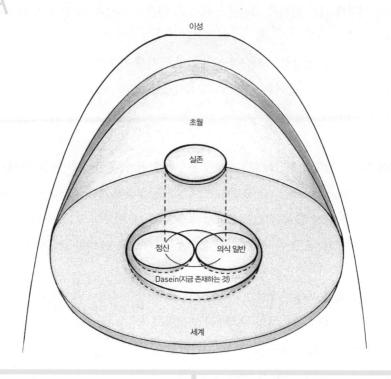

A 포괄자의 양태들

이성

초월

실존

정신   의식 일반

Dasein(지금 존재하는 것)

세계

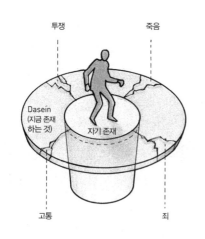

B 한계 상황

투쟁   죽음

Dasein
(지금 존재
하는 것)   자기 존재

고통   죄

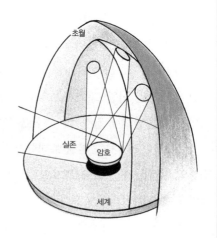

C 초월의 암호

초월

실존   암호

세계

실존철학 I: 야스퍼스

20세기 실존주의 철학자 가운데 키르케고르(333쪽 참조)의 영향을 가장 많이 받은 사람은 **카를 야스퍼스** Karl Jaspers(1883~1969년)다. 야스퍼스는 자신의 철학이 키르케고르와 니체가 제기한 문제에 대한 답이라고 생각한다. 활동 후기에 야스퍼스는 적극적인 정치적 저술가로도 활약한다.

자신의 첫 주저 〈철학〉(Philosophie, 1932년)에서 야스퍼스는 먼저 과학의 객관적 인식에 한계가 있음을 지적한다.

> 과학에서는 모든 존재가 객관적 존재, 즉 외부에서 연구할 수 있는 존재로 축소(환원)된다.

하지만 그렇게 되면 나는 나라는 존재를 파악할 수 없게 된다. 나는 나의 내면으로부터만, 즉 나만의 가능성 안으로 들어가야 나 자신을 알 수 있기 때문이다.

따라서 실존을 밝혀내는 과제는

> 각자에게 자신의 **자기 존재**가 어디서 기인하는지 보여주는 것인데, 각자는 그 근원을 의식하고 스스로 그 근원을 구현해야 한다.

인간이 원래 될 수 있는 그 무엇은 단순히 그의 경험적인 "현재 존재함"('Da-sein, 거기 있음')으로는 실현되지 않으며, 자신의 자유 안에서 해결해야 하는 과제다.

> 따라서 야스퍼스에게 **실존**(Existenz, 자기 존재)은 본질적으로 나 자신을 구성하는 모든 것이다.

이 실존은 오로지 외형적으로만 나에게 속하는 것, 다른 것으로 대체할 수 있는 것, 나 자신이 정하지 않은 조건에 종속된 것 등과는 다르다.

> "존재는—현재 존재한다는 현상 안에서—현재 있는 것이 아니라 있을 수 있고 있어야 하는 것이며, 따라서 그것은 자신이 영원할 것인지 아닐지를 시간적으로 결정하는 존재다. 이 존재가 실존하는 나 자신이다."

인간은 자기 스스로 정하지 않았지만 미리 주어진 자연적, 문화적, 역사적 조건들 안에 있는 현존이다. 그러나 그 모든 것에서 인간은 자신이 본질적으로 무엇인지를 결정한다.

하지만 인간은 우선 자신의 외적인 조건 가운데 의문의 여지 없이 안전하게 살고 있으므로, 자기를 자신의 실존으로 되돌려놓는 데는 뭔가 특별한 계기가 필요하다. 그런 계기는 다음과 같은 **한계 상황**이다.

▎ 죽음, 다툼, 고통, 죄.

이런 한계 상황을 겪는 동안 분명해지는 것은 외적인 삶의 조건에 피상적으로 안주하는 것은 무너질 수 있으며 나는 나 자신을 향해서 근원적으로 되던져지리라는 것이다. 이런 일이 가장 극단적으로 일어나는 경우가 죽음을 의식할 때다. 죽음은 노골적으로 현존 전체를 위협함으로써 현존을 시험대에 올려놓는다.

▎ 죽음에 직면해서도 거의 변하지 않는 주체는 진정으로 실존을 실현한 셈이다. 그리고 죽음에 직면해서 무력해지는 주체는 실존이 아니라 다만 현존일 뿐이다.

그러나 인간은 현존이라는 조건 없이는 자기 실존을 실현할 수 없다. 이를 표현하는 것이 바로

▎ **역사성**으로, 이는 현재 존재하는 것과 실존, 필연성과 자유, 시간과 영원의 통일이다.

또한 실존은 혼자서 자신을 현실화할 수도 없으며 다른 실존이 있어야 한다. 그래서 소통이 의미가 큰 것이다.

▎ 인간은 다른 인간을 통해서만 자신을 명료하게 이해하게 된다.

실존적 소통은 서로 상대방 안에서 자신을 밖으로 드러나게 하는 것이다. 실존이 현존만으로는 자기 자신의 근거를 확인할 수 없을 때는 자신의 다른 근원이 필요하다.

야스퍼스는 이 다른 근원이 **초월**에 뿌리를 두고 있다고 여긴다.

▎ 실존은 초월에서 자신의 방향을 확인하며, 초월은 실존의 자유를 위한 근원이자 가능성이다.

철학 분야의 두 번째 주저 〈진리에 관하여〉(Von der Wahrheit, 1947년)에서 야스퍼스

는 **포괄자**包括者(das Umgreifende) 이론으로 자신의 사상을 더욱 폭넓게 체계화한다.

　포괄자는 개별 존재자 모두를 포괄하면서도 자신은 다른 존재자에 의해 포괄되지 않는 것이다. 그것은 존재 자체다.

포괄자의 일곱 가지 양태는 다음과 같다.

현존(Dasein, 현재 존재하는 것)은 자신을 둘러싼 세계 안의 내 삶이다. 그것은 경험의 공간으로, 나로서 존재하는 모든 것은 그 경험의 공간 안으로 들어가야 한다.

의식(Bewuβtsein) 일반은 보편타당하고 객관적인 사고의 매개체다.

정신(Geist)은 의식과는 달리 전체성과 의미를 만들어내는 이념에 참여하는 가운데 살아간다.

이 여러 양태는 바로 나 자신이며, 이 양태에 객체로서 맞서 있는 것이 세계다. 세계는 존재하는 모든 것이 모습을 드러내야 하는 공간이다.

포괄자의 이 내재적 양태들은 실존과 초월에 의해 극복되고 채워진다.

　야스퍼스는 초월을 가리켜 포괄자를 포괄하는 것, 모든 존재의 근원이라고 일컫는다. 실존만이 내재하는 초월의 언어인 암호(상징)를 통해 초월을 경험할 수 있다. 암호(자연, 역사, 좌절 등 모든 것이 암호가 될 수 있다)를 읽는 가운데 내재는 초월을 향해 투명해진다.

마지막으로 이성(Vernunft)은 다른 모든 양태 안에서 작용하는 힘, 통일을 추구하고 진리가 드러나도록 하는 힘이다.

야스퍼스가 본질적이라고 생각하는 것은 포괄자의 모든 양태가 같은 근원에서 나와 더불어 전체를 이루며 서로 얽혀 있다는 것이다. 각 양태는 다른 양태에 의존해서만 진리로서 의미가 있다.

　비진리는 이 양태 가운데 하나가 독립해 나와서 자기 가치만 절대적인 것으로 여길 때 생겨난다.

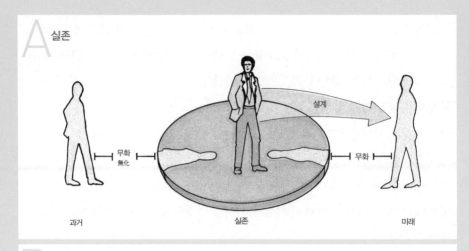

A 실존

무화
無化

무화
無化

설계

과거

실존

미래

B 시선

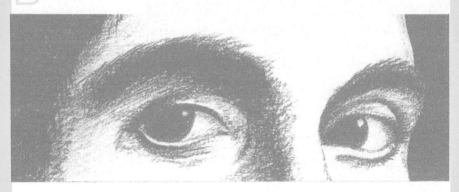

"'다른 사람에게 보인다'는 것이 '다른 사람을 본다'는 것의 진실이다."

C 존재 규정

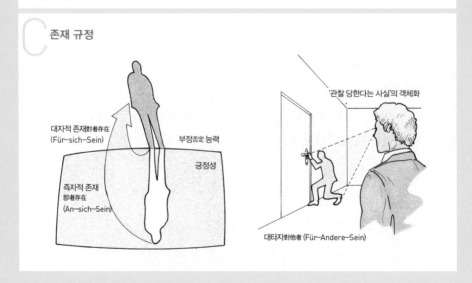

대자적 존재對者存在
(Für-sich-Sein)

부정否定 능력

긍정성

즉자적 존재
卽者存在
(An-sich-Sein)

'관찰 당한다는 사실'의 객체화

대타자對他者 (Für-Andere-Sein)

실존주의 II: 사르트르

장 폴 사르트르 Jean-Paul Sartre(1905~1980년)의 실존주의는 후설의 현상학과 하이데거, 헤겔의 영향을 받았으며, 후기에는 마르크스의 영향을 받았다. 카뮈처럼 그도 희곡과 소설을 썼으며,

그의 문학 활동의 영향으로 **실존주의**는 특히 프랑스에서 한동안 유행처럼 번졌다.

사르트르는 첫 주저 〈존재와 무〉(L'Être et le néant, 1943년)에서 현상학적 존재론을 시도하면서 존재에 대해 질문한다. 존재에 관해 그가 구분하는 것은

의식에 의존하지 않는 물적 존재인 **즉자적 존재**(l'être en-soi, An-sich-Sein, being in itself)와 의식에 의해 규정되는 인간인 **대자적 존재**(l'être pour-soi, Für-sich-Sein, being for itself)다.

즉자적 존재는 자기 자신과 타자 어느 쪽과도 연관되지 않는다. 나아가 즉자적 존재는 다른 것이 개입할 여지를 주지 않는, 즉 어떤 비존재에 의해서도 방해받지 않는 긍정성이다. 즉, 즉자적 존재는 있는 그대로의 자신이다. 인간의 의식이 더해질 때 비로소 무가 주어진다. 즉, 대자적 존재는 무화無化하는 능력이 있다.

"세계 안에 무(le néant)가 있도록 하는 존재(l'être)는 그 존재 안에서 존재의 무가 문제가 되는 존재다. 즉, 무를 세계 안에 들어오도록 하는 존재는 자신의 무일 수밖에 없다."

이것이 바로 인간 실존의 한계다. 실존은 자기 안에 이미 자신에 대한 부정을 포함하고 있다. 따라서 실존은 모순적이다. 즉,

실존은 "존재하지 않는 존재이며, 존재하는 비존재다."(Le pour soi est ce qu'il n'est pas et n'est pas ce qu'il est.)

이 말의 뜻은 인간이란 현재를 넘어 미래를 향해 자신을 기투企投하는* 존재라는 것이다. 인간은 본질적으로 자신의 가능성에 의해 규정된다. 이 기획을 통해 인간은 언제나 자신을 넘어선다.

> * "자신을 의도적, 의식적으로 자신의 가능성을 향해 내던지는, 그로써 자신을 확인하게 되는"

인간은 아직 되지 않은 것으로서의 존재다.

또한 인간은 자신을 사실적으로 주어진 존재로 환원하지 못한다.

> 인간은 현재 존재하는 자신일 뿐 아니라 자기를 무엇이 되도록 만들어가
> 는 목표 자체이기 때문이다.

따라서 인간의 존재 상태는 **자유**다. 왜냐하면 인간은 자기 자신을 실현해야 하는
존재, 다시 말해서 존재하는 자신으로부터 자신의 존재를 실현해야 하는 존재 이외
에는 아무것도 아니기 때문이다. 그렇게 인간은 자유라는 형벌에 처해진 존재다.

> 자유는 기획을 통한 즉자의 무효화다.

자유는 사실적으로 주어진 것(물질의 저항, 인간, 신체성)을 통해 폐기되지 않는다.
그렇게 주어진 것들은 자유에 의해 비로소 한계임이 드러나기 때문이다. 그것은
구체적인 삶의 기투 내부에서만 한계가 된다.

사르트르는 인간에게 본질을 미리 부여하는 신이란 존재하지 않으므로 인간은
자신의 실존 안에서 스스로를 규정한다고 생각한다.

> "여기서 실존이 본질에 앞선다는 말은 무슨 뜻인가? 그 말이 뜻하는 것은
> 인간이 먼저 실존하여 자신과 만나고 세계 안에 나타난 뒤 자신을 정의한다
> 는 것이다."

인간은 자기에 대해 완전히 책임지도록 내던져져 있다. 하지만 인간은 자기에 대
해 진실하지 않을 가능성도 있다. 그럴 때는 사실과 자유로운 기투의 상호작용이
달리 해석되고 조작되어,

> 인간은 자기 존재에 대한 책임을 회피할 수도 있다.

사르트르의 연구에서 중요한 위치를 차지하는 것은 타자와의 관계에 대한 탐구
다. 사르트르는 시선(감각기관인 눈에 한정되지 않는)의 분석에서 대타자對他者(l'être
pour autrui', Für-Andere-Sein)의 구조를 밝혀낸다. 시선에 의해 관찰된다는 것은 개
인의 존재란 언제나 타인이 있음으로써 성립됨을 뜻한다.

> 대자만으로서의 인간은 자기의 직접적인 행위에 몰두하며, 또한 자신이 즉
> 자적으로 행동하고 있다는 의식 안에서는 자신을 규정하지 않는다.

하지만 다른 사람에 의해 관찰되는 중에는 인간은 경직된 채로 대상이 된다. 자신
을 관찰하는 타인의 판단에 내맡겨지고 마는 것이다.

사르트르는 이 상황을 "엿듣는 사람"의 예로 설명한다.

> 그는 호기심에 못 이겨 자기의식 없이 행위에 열중하고 있다. 그러다가 타인이 그런 그를 보게 된다(눈에 띈다). 이 순간 그는 자기 자신의 본래 모습대로, 즉 질투로 인해 남을 엿듣는 사람임이 확정된다.

자기 자신을 알기 위해서는 다른 사람이 있어야 한다. 그렇게 타인에게 넘겨진 상태를 극복하는 것은 개인이 의식적으로 자신을 자신의 가능성으로 내던질 때이다.

> 그는 타인이 아니라는 방식으로 자기 자신의 존재를 경험한다.

〈변증법적 이성 비판〉(Critique de la raison dialectique, 1960년)에서 사르트르는 실존주의를 마르크스주의에 결부시켜 자신의 연구를 사회 영역으로 확대한다. 경제적 조건의 모순과 개인의 소외라는 관점에서 이루어지는 마르크스주의 역사 해석은 실존의 기투가 일어나는 역사적, 사회적 현실을 다룬다. 그래서 사르트르는 개인의 자유와 사회의 물질적, 경제적 제약을 변증법적으로 매개하려 한다. 이를 위한 과제는

> "인간을 사회적 세계 안에서 재발견하고, 특정한 상황에서 그가 사회적인 가능성에 직면하게 되는 실천이나 기투의 상황까지 그를 추적할 이해 깊은 인식을 제시하는 것이다."

사르트르는 마르크스주의가 개인을 선험적인 역사 구성의 전체 목표에 종속시킨다고 비판한다. 바로 그런 이유로 사르트르는 실존주의를 마르크스주의에 통합하여 마르크스주의의 독단론을 깨뜨려야 한다고 생각한다.

A 카뮈A. Camus: 부조리한 인간과 반항하는 인간

B 카뮈: 부조리

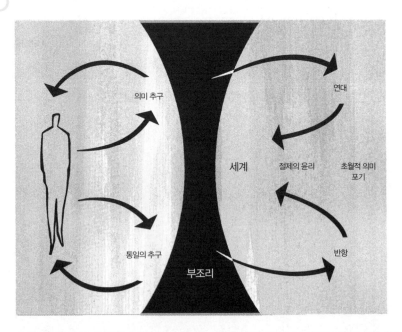

실존주의 III: 카뮈, 마르셀

알베르 카뮈 Albert Camus(1913~1960년) 작품의 성격은 "그림으로 생각한다"는 표현에 꼭 맞는다.

그의 글은 체계적인 철학 논문은 아니지만, 그는 철학적, 문학적, 정치적 에세이와 산문, 희곡, 일기 등으로 자기 사상을 펼친다.

에세이 〈시시포스 신화〉(Le Mythe de Sisyphe, 1942년)의 주제는 **부조리**의 체험으로, 부조리는 자아와 세계 사이에 놓인 건널 수 없는 균열로 나타난다. 일상이라는 무대가 무너지고 세계가 주는 생소함과 적개심에 직접 마주서게 될 때, 인간은 갑자기 부조리라는 의식에 사로잡히게 된다.

"우리는 갑자기 모든 것이 낯설어진다. 말하자면 우리는 세계가 "투과할 수 없는 것"이라는 사실을 깨닫고, 돌멩이 하나까지 우리에게는 얼마나 낯설고 꿰뚫어 볼 수 없는 것이며 자연이나 풍경 하나 하나가 얼마나 강렬하게 우리를 거부하는가를 알게 되는 것이다. …… 세계는 우리의 손을 벗어난다. 세계는 다시 세계 자신이 되는 것이다."

하지만 인간은 잃어버린 통일과 충만한 의미를 지향하는 뿌리칠 수 없는 그리움이 자기 안에 있음을 알게 된다. 통일, 명료함, 의미를 지향하는 인간의 욕망과 그런 것을 부정하는 세계 사이의 균열 안에 있는 것이 부조리다.

"부조리는 의문을 품는 인간이 반이성적으로 침묵하는 세계를 대면할 때 생긴다."

부조리는 무엇보다 확실한 것, 모든 것의 전제 조건임이 확인된다. 그것은 현존에 대한 모든 형이상학적 의미 부여를 포기하고, 결국 인간에게 다음과 같은 것을 요구한다.

인간의 기준에 의한 세계 안에서 만족해야 하며, 내세에 관해서는 아무것도 기대하지 말고 주어진 것을 완전히 활용해야 한다.

인간의 운명은 의미도, 신도 없는 이 세계에서 고통을 받아들이는 것이다.

따라서 부조리의 영웅은 시시포스다.

신을 경멸하고 스스로 살아가려는 의지를 보인 시시포스에게 신은 영원히 계속되는 무의미한 형벌을 내렸다. 하지만 새로이 고통을 겪기 위해 자기가 밀어올려야 할 바위로 돌아가면 시시포스는 자신의 상황을 의식하는 시간을 갖게 되고, 그럼으로써 자기 운명을 극복한다.

> "경멸로 극복하지 못할 운명이란 없다. …… 시시포스는 운명을 인간들끼리 해결해야 할 인간의 일로 만든다."

인간과 세계 바깥에는 부조리한 것은 있을 수 없으므로, 부조리가 스스로를 해체하지 않고는 부정할 수 없는 가치가 있다. 그것이 바로 삶이다.

그러므로 인간의 근본 자세는 부조리에 대해 반항하는 것이다. 자신의 동일성을 위해서

> 인간은 통일과 충만한 의미에 대한 자신의 절대적 요구를 견지해야 한다. 그 요구가 이루어지기 어렵다는 것을 안다고 해도 마찬가지다.

자기 현존을 제한하는 조건에 대한 인간의 **반항**은 에세이 〈반항자〉(L'Homme révolté, 1951년)의 주제다. 개인은 자기만이 그런 운명인 것은 아님을 알게 되면서 자신을 고통 받는 타인들과 동일시한다. 그런 이유로 모든 반항의 바탕은 연대(solidarité)다. 반항이 진행되는 동안 인간이 자신을 희생하려 한다면, 그것은 자신의 운명 너머에 있는 선(자유, 정의)을 위해서다.

> 이 점에서 상징적인 인물은 신들에게서 지식을 훔쳐 고통 받는 인간에게 전달한 프로메테우스다.

잘못된 형태의 반항이 역사 안에 등장하는 것은 역사가 자신의 기원이 부조리와 연대에 있음을 부인하고 절대적이라고 일컬어지지만 최종 목표를 위해 인간을 희생할 때이며, 그럴 때 역사는 결국 허무주의와 인간에 대한 경시로 귀결된다.

삶을 이끄는 의미, 미리 주어진 절대적 의미가 보이지 않는다면, 이는

> 인간이 자기 가능성 안에서 올바른 절제를 찾아야 함을 뜻한다.

그 올바른 절제를 찾는 길을 카뮈는 "지중해적 사고"에서 찾는다. 지중해 지방과 그곳에서 발생한 그리스 사고의 풍경에서 구현된 것이 카뮈가 생각하는 지중해적 사고다. 지중해의 풍경에서는 빛과 그림자, 태양과 바다의 대조가 균형을 이루며 선명하게 드러난다. 여기서도 카뮈는 그리스 신화를 거론한다.

"복수의 여신이 아니라 절제의 여신인 네메시스가 깨어난다. 한계를 넘어서는 모든 인간은 여신에게 무자비한 형벌을 받을 것이다."

가브리엘 마르셀 Gabriel Marcel(1889~1973년)은 실존주의 안에서 그리스도교적 관점을 대변한다. 저서 〈존재와 소유〉(Être et avoir, 1918~1933년)에서 마르셀은 이 두 기본 관점을 대척점에 둔다. "소유"라는 양태는 세계와 인간과 자기 자신을 대상화하고 점유하려는 태도를 보여주며, 그런 태도에 대응되는 것이 추상적이며 객체화하는 사고방식이다. 하지만 그렇게 되면 인간은 자신의 존재론적 조건을 올바르게 평가할 수 없게 된다.

말하자면 근본적으로 인간은 다른 사람과 신으로부터 자신을 떼어놓는 가운데 존재하는 것이 아니라 그들에 참여하는 가운데 존재하기 때문이다. 인간은 존재에 자신을 온전히 내던지는 내적인 몰입에서 이 참여를 깨닫게 된다. 존재에 대한 참여는 사랑 안에서 실현되며, 사랑은 자신을 아무런 조건 없이 다른 이에게 열 뿐 아니라 절대적 너인 신을 지향하는 것이다.

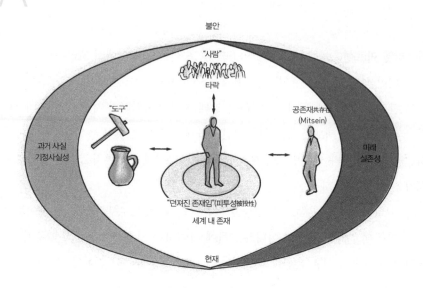

A 현존재

불안

"사람"

타락

"도구"

공존재共存在
(Mitsein)

과거 사실
기정사실성

미래
실존성

"던져진 존재임"(피투성被投性)

세계 내 존재

현재

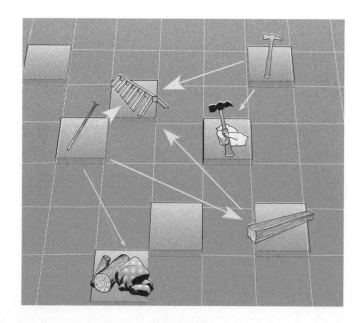

B "도구"의 지시 연관성

하이데거 I

마르틴 하이데거 Martin Heidegger(1889~1976년)는 20세기 영향력이 가장 큰 사상가 가운데 한 사람으로 꼽힌다. 그는 철학을 넘어 신학, 심리학, 문학에까지 영향을 끼쳤다.

그의 저작에서 두드러지는 것은 새로운 해석을 담은 독특한 언어 사용이다.*

주저 〈존재와 시간〉(Sein und Zeit, 1927년)은 "존재의 의미"를 묻는 질문을 새로이 제기하고, 이를 통해 **기초 존재론**을 논한다. 여기서 출발점은 개념적으로 **현존재**(Dasein)로 파악되는 **인간**이다. 현존재의 존재는 존재와 연관됨으로써 존재 이해를 통해 자신을 특징짓기 때문이다.

"현존재는 이해하면서 존재할 수 있는 것이며, 이런 자신의 존재에 연관되어 존재하게 되는 것이 현존재에게는 문제가 된다. …… 실존이란 자기의 것인 존재에 대해 이러저러한 태도를 취할 수 있고 늘 어떤 방식으로든 태도를 취하는 존재를 가리킨다."

실존(현존재의 존재)은 자신의 가장 고유한 가능성을 선택하는 가운데 각각의 현존재 자체에 의해 결정된다. 이때 현존재는 자신을 얻거나 잃어버릴 수 있다. 다시 말해서,

현존재는 자신을 실현할 때는 고유성의 존재 양식으로 있고, 자신의 선택을 내놓아야 할 때는 비고유성의 존재 양식으로 있게

* 하이데거는 어렵다. 특히 그 언어 사용이 난해하고 독특해서 번역을 염두에 두지 않고 원서를 읽어도 맥락을 따라가기 쉽지 않다. 하지만 조금만 인내하며 찬찬히 따라가면 그의 의도와 용어, 사유의 논리야말로 현대적이며 직설적이다. 하이데거를 이해하는 출발점에 선 독자를 위해 역자는 그의 철학 전체를 짧게 요약해본다. 데카르트는 "생각하는 나는 존재한다"는 명제를 통해 인간의 존재 여부를 확정짓는 것으로 근대적 철학 사유를 시작했다. 그러나 데카르트의 독자적 존재 선언으로 절대자나 이데아라는 존재의 근원을 버린 인간은 자신이 "존재한다"는 것이 정말 무엇을 뜻하는지에 관해서는 오히려 미궁에 빠지고 말았다. 하이데거의 사유는 바로 이 지점에서 시작한다. 그가 주목한 것은 인간의 존재가 속속들이 "현"존재("Da"-sein, "여기" 있음)이며, 이 현존재를 규정하고 있는 것은 바로 과거, 현재, 미래라는 "시간성"이라는 것이다. 그래서 인간을 제외한 다른 사물이나 생물에게는 단순한 장소에 불과한 이 세계는 인간에게는 시간성 안에서 현존재의 가능성을 담고 있는 의미심장한 "세계"(die Welt)가 되며, 이 세계 안에서, 즉 "세계 내 존재"로서, 가능성으로 "내던져진" 인간의 현존 양식을 이해하는 것이 철학의 과제라고 생각한다. 사물이나 생물이 "우리 앞에 있는 존재Vorhandensein" 또는 "도구로 주어진 존재Zuhandensein"로서 세계 안에 그저 주어져 있을 따름인 것과는 달리, 인간은 "세계" 안에

된다.

현존재는 존재하는 것의 가운데 하나라고 규정되므로, 현존재의 이해는 현존재의 실존에서 시작되어야 한다. 현존재는 일반적으로 통용되는 (존재에) 앞서는 본질에서 유추되어서는 안 된다. 현존재의 존재 성격은 (현존재에 해당하지 않는 존재들과 마찬가지로) 카테고리에 의해서가 아니라 **실존 범주**에 의해 파악되어야 한다.

서 타자와 얽힌 존재, "이미 있던 것, 기재旣在"에 종속되어 자신의 "현재적" 가능성을 상실한 존재이며, 그래서 자신이 미래를 향해 "던져질 때", 즉 시간적 미래가 아니라 의도적인 "앞으로 감, 도래"를 통해 자신의 가능성을 미리 획득하는 존재로 자신을 이해해야 한다. 이렇게 인간이 자신의 종속과 가능성에 주목하게 되는 계기는 "죽음"이라는 경계적 인식이다. 그런 인식을 통해 인간은 "불안"을 겪고, 이를 먼저 달려나가 받아들이면서 친숙한 것들과 헤어져 독자적으로 세계를 만난다.

현존재의 기본 양상은 "세계 내 존재, das In-der-Welt-Sein"이며, 이는 "무엇과 친밀함, 무엇에 익숙함, 무엇과 교류함"을 뜻한다. 이런 것들은 "배려"(Besorgen)의 실존 범주를 바탕으로 이해할 수 있다. 이때 세계와 친밀함이라는 양상의 특징은 무엇보다 하이데거가 "도구"라고 일컫는 존재자와의 연관에서 분명하게 드러난다.

> 도구는 자신의 "도구의 존재성Zuhandensein"*으로 규정된다. 즉, 도구는 사용할 수 있도록 준비되어 있는 것이다(작업 도구처럼).
>
> *도구로서의 사용 가능성을 가리킨다.

여기서 각 도구는 함께 세계를 구성하는 지시의 연관성(Verweisungszusammenhang) 안에 있으며, 이 연관성은 도구와의 연계 안에서 명확하게 드러난다. 이 연관성이 바로 세계의 모습을 보여준다.(도해B)

나아가 현존재는 "공현존, Mitdasein"**을 만날 가   ** 직역하면 "함께 거기에 있음". 능성의 조건인 "함께 있음, 공존재, Mitsein"이다. 현존하는 다른 것과의 교류는 (사회 윤리적으로 이해할 수 있는 것이 아닌) "심려"(Fürsorge)로 이해된다.

현존재는 대부분 자기 존재(Selbstsein)의 고유성이라는 양태가 아니라 "세상 사람으로 퇴락함"(Verfallenheit an das Man)에서 드러난다. 여기서 현존재는 자기 존재를 타자에게 빼앗기는데, 그런 일은

> 현존재가 자신을 "세상 사람"이 하듯 자신을 이해하는 가운데, 다시 말해서 평균성과 일상성에 빠져 사는 삶에서 자신을 이해하는 가운데 생긴다.

현존재에서 세계, 공현존, 실존이 근원적으로 해명되는 방식은 "(어떤 상태에) 처해 있음"*(Befindlichkeit)이다.

> 이것은 사람이 어떤 상태로 있는지를 알려주는 기분(기쁨, 슬픔, 지루함, 두려움)에서 드러난다.

이 "처해 있음" 안에서는 세계를 향한 "피투성被投性"(Geworfenheit)**도 현존재에 나타난다. 이는 현존재의 실제성(사실성, Faktizität)이며, 이는 현존재가 어디에서 유래한 것인지 모르는 상태, 즉 현존재의 더 깊은 근원을 모르는 상태에서 자신의 현존재를 수용해야 함을 현존재에게 보여준다.

현존재의 두 번째 실존적 기본 양태는 이해(Verstehen)다. 이해는 그 자체로 가능성과 연관되어 있는데, 그것이 "던져짐Entwurf"***의 성격이 있기 때문이다.

> 이해를 통해 현존에게 열리는 것은 현존 자신의 고유한 가능성과 세계의 사태 연관(Bewandtniszusammenhang)****이다.

마지막으로 말(Rede)이란 "세계 내 존재의 처지의 이해 가능성"을 그 뜻에 적합하게 배열하는 것"이다.

현존재의 기본 구조는 **"염려"**(Sorge)로, 이것은

> 실존성(Existenzialität, "존재 가능성")과 실제성(Faktizität, "피투성"), 퇴락성(Verfallenheit, "세상 사람")의 통일이다.

현존재는 자기만의 근원적 가능성을 향해 자신을 기투企投함으로써 실존한다. 이때 현존재는 자기 가능성의 범위를 실제적으로 제한하는 세계 안에 늘 던져진 자신을 보게 된다.

> 여기서 우세한 것은 세상 사람이라는 평균성으로 퇴락하는 양태이며, 현존재는 이 양태를 부수고 나와 자신의 고유성을 향해 가야 한다.

하이데거는 현존재가 자기 자신과 자기의 가장 고유한 가능성에 도달할 때의 근

본적인 처지를 불안(Angst)에서 발견한다.

> 불안을 일으키는 "원인"은(공포Furcht처럼) 세계 안에 있는 특정한 대상이
> 아니라 세계 내 존재라는 사실 자체다.

현존재는 불안 속에서 세상 사람의 지배에서 풀려나고, 그럼으로써 자신의 자기
존재 가능성을 위해 자유로운 상태에서 자기 자신
에게 되던져진다.

불안 속에서 현존재에게 알려지는 또 하나는 현
존재의 유한성과 무력함(Nichtigkeit)이다. 이때 현

> * 하이데거가 말하는 "죽음을 향한 선구"란 먼저 나서서("선취적으로") 적극적으로 죽음의 목적이나 의미를 물음으로써 자신을 규정하는 행위다.

존재는 자신이 "죽을 운명인 존재"임을 알게 된다. 가장 극단적인 가능성의 선구*
는

> 세상 사람으로 퇴락하면 자기를 잃어버리게 된다는 것을 현존재에게 알려
> 주고(죽음에 있어서는 타자에게 의존할 수 없으므로),

현존재는 자기 존재를, 자신의 전체성(현존재가 죽음에 속한다는 전체성)을 지향하
게 된다. 현존재는 양심의 소리를 통해 자기 고유성의 가능성에 대해 알게 된다.

> 양심이 특정한 무언가를 소리쳐 부르는 것이 아니라 현존재가 양심 안에
> 서 스스로 자기의 존재 가능성으로 인도되는 것이다.

하이데거 II

현존재의 전체 구조를 완전히 파악하려면 현존재를 염려 안에서 통일로 이끄는 것이 무엇인지 묻는 질문에 대답해야 한다. 하이데거에게 그 대답은 **시간성**(Zeitlichkeit)이다. 현존재가 자신의 가능성을 향해 자기를 기투할 때의 선구적 결연함은 도래(Zu-kunft)*라는 현상을 통해서만 가능하고, 도래에 의해 현존재는 자기 자신에게 도달할 수 있다. 다만,

> 현존재는 자신이 "이미 존재하고 있던** 그대로"("기재既在인 그대로"), 다시 말해서 이전에 있던 그대로 자기 자신을 받아들일 때만 자기 자신에게 되돌아가는 방식으로, 도래하듯이 자기 자신에게 다다를 수 있다.

그리고 현존재는 "지금 있음, 현재現在***, Gegenwärtig-sein" 안에서만 주변 세계를 만나고 주변 세계를 행동하면서 파악할 수 있다. "이미 있던 존재(기재既在)이자 현재화하는 도래Zukunft"인 시간성에 의해 존재하는 것이 전체적으로 가능하고, 그런 시간성이 염려에 포함된 의미다. 현존재가 고유성(Eigentlichkeit)이라는 양태 안에서 시간에 의해 성숙되는 것은

> 선구(Vorlaufen, 도래), 순간(Augenblick, 현재)****, 반복(Wiederholung,기재)이다.

* 독일어의 일상 언어로 'Zukunft'는 '미래', 그런데 하이데거는 접두사를 분리하여 "zu—어디를 향해, Kunft—다다름"이라는 의미를 드러내도록 하면서 "자신보다 앞선다", "자기를 설계할 수 있다"는 뜻으로 용어화한다. "도래到來"라고 옮겨 그의 의도를 살리는 것이 보통이다.

** 하이데거는 'sein' 동사의 과거완료형인 'gewesen'을 "이미 있었다, 이미 있었으므로 시간성 안에서 생각하면 자신이 떠맡을 수 있다"는 뜻으로 사용한다. 보통 "기재既在"라고 번역한다.

*** 이 "현재" 또한 일상용어인 현재가 아니라 "있어옴" 즉 기재인 과거와 "존재보다 앞선" 도래로서의 미래를 관통하는, 존재와 함께 존재하는 시간성을 가리킨다.

**** 현존재의 의미가 충만하게 드러나는 순간.

1930년 무렵부터 하이데거의 사고에는 변화가 생기기 시작하는데, 이 변화를 그는 "방향 전환Kehre"이라고 부른다. 〈존재와 시간〉에서는 존재의 의미를 묻는 질문을 현존의 존재 이해로부터 설명하려 하지만, 이제는 존재 자신이 존재 이해를 가능하게 하고, 나아가 존재가 자신을 드러나게 하는 방식으로 존재 이해를 가능하게

A 존재의 열린 자리

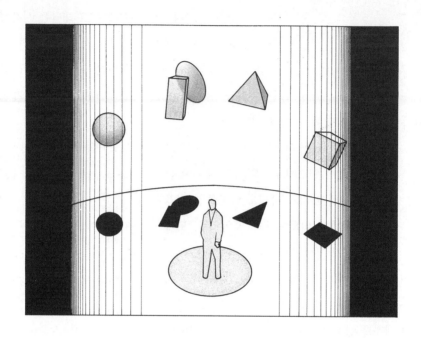

B 기술의 도전과 장애

한다고 생각한다.

"인간은 오히려 존재 자신에 의해 존재의 진리 쪽으로 내던져지며, 그렇게 되면 인간은 바깥에 서 있는(ek-sistierend)* 상태로, 즉 탈자적 상태로 존재의 진리를 지킨다. 이렇게 하여 존재자는 존재의 빛 안에 있는 존재자로 드러난다. 존재자가 과연 나타날 것인지, 나타난다면 어떻게 나타날 것인지, 신과 신들, 역사와 자연이 존재의 열린 자리(Lichtung) 안으로 들어올 것인지, 또 어떻게 들어올 것인지, 현재 거기 있는지(임재臨在), 부재 중인지 등 여부는 인간이 결정하지 않는다. 존재자의 도착은 존재의 운명에 달려 있다. 그러나 인간이 이런 운명에 상응하는 자기 본질의 운명적인 성격에 적응할 것인지를 묻는 질문은 여전히 인간에게 남아 있다."

> * '존재하다'의 어원인 라틴어 existere, "바깥에 - 서 있다"를 어소별로 분리하여 사용한 하이데거의 용어. 이것을 '탈자적'으로 번역하여 하이데거의 의도를 살리는 경우가 많다.

인간의 "탈자脫者"(바깥에 서 있음, existenz)란 결국 존재의 **열린 자리**에 선다는 것을 뜻한다.

여기서 열린 자리란 밝게 연다는 의미로, "무엇을 가볍고 열린 상태로 만든다"는 것을 뜻한다.

존재와 인간의 관계는 존재 자신에 의해 만들어지고, 나아가 그것은 존재가 밝게 열린 "장소"로서 현존재를 모아들인다는 방식이다.

존재 자체가 열린 자리인 것에 반해서, 그 안에서 현존재에 등장하는 (비워진) 것은 존재자(das Seiende)다.

이제 하이데거는 존재자의 진리를 "감추어지지 않은 상태"(Unverborgenheit, 탈은폐성)로 파악한다.

"이 열린 자리만이 우리 인간에게 존재자로 가는 통로를 제공하고 보장한다……. 존재자는 이런 열린 자리 덕분에 확실하지만 일정하지는 않은 정도로 드러나 있다."

그러나 이 "탈은폐성"에는 존재자 전체가 자신을 멀리 떼어놓는 "숨기기"(das Verbergen, 은폐)도 포함된다. 존재자는 그 열린 자리에 들어가지 않음으로써 자신을 포기한다(우리 인식의 한계).

┃ 존재자는 존재자를 은폐함으로써 자신을 가장한다(오류와 기만).

인간은 겉으로 보기에 더 가까운 것, 즉 존재자에 집착하고, 가장 가까이 있으면서도 자신을 은폐하는 존재를 잊어버리는 경향이 있다. "탈자"(바깥에 서 있는 자)로서 인간은 열린 자리라는 숨김없는 상태에 대해 열려 있도록 존재로부터 요청받는다는 속성이 있다.

┃ 존재의 진리는 열린 자리의 고유화(Ereignis)*로, 이는 밝게 열린 모든 존재자가 가능하게 한 것이다.

> * 원어는 일상언어로 "사건", "일어난 일"을 뜻하는데, 하이데거는 이를 어간의 뜻을 살려 "고유한 것으로 만들기", "생기生起"로 옮김직한 용어로 쓴다.

존재로 가는 길은 **언어**를 경유하여 열린다. 왜냐하면 존재는 자기를 밝게 열면서 "언어를 향해" 가기 때문이다. 여기서 언어는 어떤 것으로서 나타나며, 이 어떤 것은 인간이 임의로 만들어낸 것이 아니라 그것 안에서 인간이 이미 존재하고 그곳에서 인간이 말하는 어떤 것으로 나타난다.

┃ "언어는 존재의 집이며, 인간은 그 집 안에 머물면서 존재의 진리를 지키는 가운데 존재의 진리에 귀 기울여 따름으로써 탈자한다("바깥에 서 있다", "실존한다")."

그러므로 인간은 귀를 기울여 언어가 자신에게 말하는 것을 알아들어야 한다. 이것이 "보여주다, 드러나게 하다"를 뜻하는 말하다의 의미다.

┃ 존재가 언어 안에 임재한다는 것은 무엇보다 시詩를 쓸 때 사용하는 근원적인 표현에 명확하게 드러난다.

하이데거는 **기술**技術의 본질에 대한 질문에서 우리 시대의 "존재의 운명"을 밝히려 한다.

┃ 기술은 존재가 자신을 "드러나도록 하는"(현현顯現토록 하는, entbergen) 특정한 역사적 방식이다.

그러나 인간은 기술을 마음대로 다룰 능력을 갖추고 있지 않으므로 기술의 요구

를 회피할 수 없다. 현대 기술 안에서 존재자는

> 몰아세우기(Gestell) 방식으로 자신을 드러내는데, 이는 자연에 연관되든 인간에 연관되든 상대에 도전하는 것("누구를 몰아세운다"는 경우처럼), 그리고 (존재자를 향한 다른 접근 방식을) 막는다는 것을 뜻한다("만들어 세우기, 제작, Herstellen", "강제로 세워진 사람Angestellter"의 경우처럼).

몰아세워진 존재자는 부품(Bestand)인 것으로 드러난다. 존재자는 과학의 예상할 수 없는 작용과 계획에 사용되도록 내맡겨져 있다는 것이다.

인간이 (자신을 포함하여) 모든 존재자를 오로지 결과를 얻기 위한 제작과 활용의 재료로 파악하는 것에 기술의 위험이 있다. 인간은

> 이제 오직 몰아세우기 방식으로서 밝게 비워진 존재자에게만 의지하며, 그럴 때 인간은 존재가 자신을 드러내는(현현하는) 다른 방식이나 존재의 근접을 잊는다.

이런 존재 시대는 인간이 위험을 알아차리고 존재를 잊어버린 상태에서 깨어날 때 그 종말을 맞을 것이다.

현대 논리학의 주요 기호와 개념

A1 명제 논리학 (또는 연결사 논리학)

기호	연결사	예:	읽기
&		P & Q	
∧	연접	P ∧ Q	P와 Q
·		P · Q	
∨	선언選言	P ∨ Q	P 또는 Q
⊃	조건	P ⊃ Q	P는 Q를 함의한다
→		P → Q	P라면 Q이다
↔	양방향 조건	P ↔ Q	P이면 Q이고, Q이면 P이다
≡		P ≡ Q	(또는) P는 Q이기 위한 필요충분조건이다
¬	부정	¬ P	P가 아니다
‾		‾ P	
~		~ P	

A2 술어 논리학(또는 양화사 논리학)

기호	이름	기호화
F, G, H	술어 정항述語定項	술어 표현 ("…는 크다")
a, b, c	개체 정항	고유명사
x, y, z	개체 변항	불특정 고유명사
∀	보편 양화사	"모든…"
∧		"(∀x)Fx" = "모든 x는 F이다"
∃	존재 양화사	"어떤…"
∨		"(∃x)Gx" = "어떤… x는 G이다"
λ	집합 연산 기호	~의 집합, ~의 총칭
∈	집합 연산 기호	"~의 요소이다" "~한 성질이 있다"

삼단논법과 진리표

B1 중요한 삼단논법

전건前件 긍정식
> P → Q
> P
> ∴ Q

가언적 삼단논법
> P → Q
> Q → R
> ∴ P → R

후건後件 부정식
> P → Q
> ~ Q
> ∴ P ~

선언選言 삼단논법
> P ∨ Q
> ~ P
> ∴ Q

B2 전건前件 긍정식

P	Q	[(P→Q)	&	P]	→	Q
W	W	W	W	W	W	W
F	W	W	F	F	W	W
W	F	F	F	W	W	F
F	F	W	F	F	W	F
		(1)	(2)	(1)	(3)	(2)

B3 가언적 삼단논법의 진리표

P	Q	R	[(P→Q)	&	(Q→R)]	→	(P→R)
W	W	W	W	W	W	W	W
W	W	F	W	F	F	W	F
W	F	W	F	F	W	W	W
F	W	W	W	W	W	W	W
F	F	W	W	W	W	W	W
F	W	F	W	F	F	W	W
W	F	F	F	F	W	W	F
F	F	F	W	W	W	W	W
			(1)	(2)	(1)	(3)	(2)

현대 논리학 I

20세기 현대 논리학은 수리 논리학으로 불릴 때도 있지만 주로 수학적 논리학, 기호 논리학이라 불린다. 이는 현대 논리학이 광범위하게 **기호**를 사용하기 때문이다. 현대 논리학의 창시자 가운데 한 사람은 프레게G. Frege(447쪽 참조)로, 저서 〈개념 표기법〉(Begriffsschrift)과 〈산술의 기초〉(Die Grundlagen der Arithmetik)에 의해 논리학은 근본적으로 달라진다. 그는 논리학에 양화量化*와 술어 계산을 도입하여 적절한 기호화가 가능하도록 했다.

> *양화란 "모든", "어떤"이라는 표현을 다루는 것, 즉 대상의 수 또는 양을 표현하는 것

현대 논리학의 또 다른 대표적 인물은 다음과 같다.

주제페 페아노Giuseppe Peano(1852~1932년)는 수학적 언명은 직관에 의해 받아들여지지 않고 전제에서 추론된다는 것을 보여준다(451쪽 러셀 항목 참조).

잔 브라우어Jan Brouwer(1881~1966년)는 직관주의적 수학 개념을 주장한다.

루트비히 비트겐슈타인Ludwig Wittgenstein은 진리표를 만든다. 그 뒤를 이어 램지B. F. P. Ramsey, 카르나프R. Carnap, 괴델K. Goedel, 뢰벤하임L. Löwenheim, 스콜렘Th. Skolem, 허브랜드J. Herbrand, 콰인W. van O. Quine 등이 현대 논리학을 이끈다.

현대 논리학의 가장 큰 특징은 형식화다.

> 현대 논리학은 기호, 여러 기호를 조합하는 규칙, 타당한 추론을 얻는 규칙을 제시한다.

현대 논리학은 형식적 추론과 해석의 모순 없는 이론을 만드는 것을 목표로 한다. 그 성과는 수학과 공학, 특히 전자와 컴퓨터 분야에서 응용된다.

현대 논리학이 사용하는 계산법은 다음 두 가지다.

> 언명 계산(**결합자 논리학**): 언명이나 명제의 결합과 변항을 사용하는 계산 체계.

> 술어 계산(**양화사 논리학**): 개체 변항 그리고/또는 정항, 그리고 그 가운데 몇몇 변항과 정항을 연산자로 사용하는 양화사量化詞**로 이루어지는 계산 체계.

> ** 양화사는 "어떤", "모든"처럼 식이 적용되는 값의 양을 정의하는 말.

계산은 다음과 같은 요소로 구성된다.

　　―수학의 함수와 유사한 함수: +, -, =.

변항이 특정한 값을 가질 때에 한해 그 표현 값이 결정된다면, 그 표현은 하나 또는 복수의 주어진 변항의 함수라고 불린다.

　　―계산 중에 등장하는 정항定項: "p", "q", "F", "G, "H", …….

정항은 개별 대상, 속성, 관계, 언명처럼 특정한 무엇인가에 대한 기호나 이름을 가리킨다.

　　―변항("x", "y", "z"): 변항은 특정한 사물의 명칭이 아니라 사물의 집합에서 나온 어떤 것을 가리키는 명칭이다.

　　―결합자: 하나 또는 복수의 정항과 함께 새로운 정항 또는 형식을 만들 때 쓰인다. 예를 들면, "→"(만일 ~이라면), "↔"(일 때, 그리고 ~일때만), "∨"(또는), "~"(아니다) 등이 결합자다.

구문론은 언어 기호 사이의 관계에 규칙을 제공한다. 어느 특정한 표현이 논리적으로 올바른지 여부는 기호 논리학 체계 안에서 결정된다.

　　예를 들면, "만일 x와 y가 이 조건을 만족하면, x.y도 논리적으로 옳다.

어느 표현에 사용된 기호에 의미가 부여되었을 때만 그 표현은 해석된 것으로 간주된다.

명제 논리학은 전통적인 논리학이 집합(class)을 다룬 것과는 달리, 명제 또는 언명만 다룬다.

복합 명제(예를 들어 (p.q): "태양이 빛나고 그리고 비가 온다"라는 명제는 부분을 이루는 단순 명제들로 구성되어 있다(p: "태양이 빛난다").

의미론에서는 언명, 언명들의 결합에 진리값이 주어진다.

　　"참"인 것에는 "T", "거짓"인 것에는 "F"가 주어진다.

진리 함수는 언명에 T 또는 F를 부여하는 함수다. 비트겐슈타인은 진리 함수를 조합하기 위해 진리표를 만든다.(도해B, 438쪽 참조)

명제 논리학의 기본 개념 가운데 하나는 **동어반복**(토톨로지)이다. 동어반복은 언제나 참인 복합 명제로 이루어진다.

예를 들어 "a 또는~a"는 동어반복이다. "a"가 참이라면 언명 전체가 참이고, "a"가 거짓이면 "~a"는 참이며 언명 전체도 여전히 참이기 때문이다.

중요한 동어반복, 즉 논리적으로 참인 명제로는 다음과 같은 것들이 있다.

—분리 규칙(고전 논리학의 modus ponens, 전건前件 긍정식*): $(p\&(p\to q))\to q$

—선언 논증(modus tollendo tollens, 후건 부정식) $(~q\&(p\to q))\to~p$

—가언적 삼단 논법: $((p\to q)\&(q\to r))\to(p\to r)$

—귀류법歸謬法(reductio ad absurdum)**: $(p\to(q\&~q))\to~p$

—이중 부정율: $p\leftrightarrow~~p$

> *가언 명제인 제1전제의 전건을 정언 명제인 제2전제가 긍정함으로써 결론에서 후건을 긍정하는 추론 형식.
>
> **배리법, 반증법이라고도 한다. 어느 명제의 함의에서 모순된 결론이 추론됨을 확인하여 그 명제가 오류임을 보여주는 간접 증명법이다.

자연 언어에는 개체를 표시하는 주어뿐 아니라 주어에 그 속성을 부여하는 술어가 나타난다. 예를 들면,

"아리스토텔레스는 현명하다."

술어 논리학은 이처럼 술어가 있는 명제를 기호를 사용하여 정밀하게 분석한다. 술어 계산은 논리적인 모호함을 회피하게 해준다. 술어 계산은 언명 계산, 그리고 "양화사"와 "양기호"라고 불리는 함수 기호를 사용한다.

술어 계산을 구성하는 데는 다음과 같은 것이 있어야 한다.

—고유명: "a", "b", "c" 등

—속성 정항: 예를 들어 "B", "F", "G", "H"

—개체 정항: "x", "y" 등

이것은 특정한 대상을 뜻하는 것이 아니라 허사虛辭 기능을 맡는다. 예를 들어 "F"가 "현명하다" 대신 쓰인다면, "Fx"="x는 현명하다"라고 쓴다. "아리스토텔레스는 현명하다"라면 "Fa"가 되는 것이다.

—명제: 명제 계산을 할 때와 마찬가지로 "p", "q", "r"

A 논리 사각형("대당 사각형")

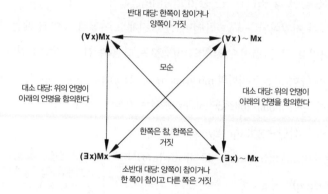

B 집합의 패러독스

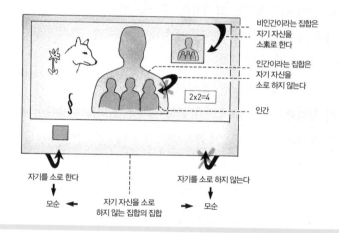

C 유형 이론

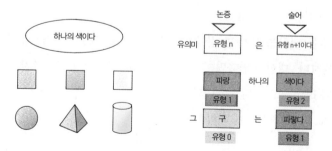

현대 논리학Ⅱ

술어 계산을 구성하는 또 한 가지 요소는 **양화사**다. 보편 양화사($\forall$)가 표현하는 것은 "모든 x에 있어 ......" 또는 "어떤 x에 있어서도 ......"이다. 예를 들어 ($\forall$x) (Mx→Sx)의 뜻은 이렇다.

"어떤 x에 있어서도 그것이 인간이라면, x는 죽을 운명이다."

존재 양화사($\exists$)는 개별적인 것에 관한 것이며, 그래서 "어떤 x가 (적어도) 하나는 존재한다"를 뜻한다. 예를 들어 "아리스토텔레스는 현명하다"의 경우에는 ($\exists$x) (x=a.Fx)가 된다.

"x가 하나 존재하고, 그것이 아리스토텔레스이며, 또 그는 현명하다."

존재 양화사와 전칭 양화사의 관계는 논리 사각 형*(도해A)에 표시할 수 있다. | *대당 사각형이라고도 한다.

이때는 적어도 개체 하나의 존재가 전제된다.

현대 술어 논리학의 한 가지 장점은 **관계**를 적절하게 다룰 수 있다는 것이다.

"a"와 "b" 사이의 (2항) 관계는 "aRb"라고 쓴다.

여기서 a는 선항先項, b는 후항後項이라고 부르고, a와 b의 집합은 각각 선행 영역, 후행 영역이라고 한다. 이 모든 것이 합쳐져 "R"의 장場을 이룬다.

대상이 대상 자신과 형성하는 관계라면 R은 반사 관계("aRa")일 수 있다. "aRb"와 "bRa" 사이에서 이루어지는 관계는 대칭 관계라고 한다.

비대칭 관계는 "~의 부인" 같은 경우이며(그 역은 성립하지 않으므로), 대칭 관계는 "배우자" 같은 경우다.

전이 관계가 생기는 것은 "aRb", "bRc", 그리고 "aRc"가 성립할 때, 즉 a, b, c가 동일한 장에 속할 때다.

예를 들어 "~보다 크다":

a 〉b 그리고 b 〉c 일 때 a 〉c 또한 성립한다.

예를 들어 "~의 아버지"의 역은 "~의 아이"다.

동일성은 다음과 같은 특별한 관계를 나타낸다.

> "aIb" 또는 "a=b".

프레게는 동일성을 대상의 명칭들 사이, 기호들 사이의 관계로 해석한다. 이런 인지적 동일성을 담고 있는 언명은 예를 들어

> "계명성과 태백성은 같다"*(a=b)는 언명으로, 이것은 a와 a 자신과의 특별할 것 없는 동일성(a=a)을 넘어선다.

> * 여기서 '계명성', '태백성'은 모두 동일한 금성을 가리키는 것으로, 새벽에 뜨는 금성을 계명성, 저녁에 뜨는 금성을 태백성이라고 부른다.

풀기 힘든 문제를 제기하는 것은 "식별할 수 없는 것의 동일성"이다. 라이프니츠의 이 표현은 모든 속성에서 일치하는 두 사물은 동일하다는 것을 말한다. 즉,

> $(\forall F)\ (Fa \leftrightarrow Fb) \rightarrow a=b.$

콰인은 "동일한 것의 식별 불가능성"에 우선순위를 둠으로써 다음의 원리에도 우선순위를 둔다.

> "두 대상이 동일하다면, 그 둘은 동일한 집합에 속한다."

이차 논리(second-order logic)**는 이차 술어와 그 유형, 나아가 집합, 집합의 집합을 다룬다.

러셀과 화이트헤드의 **"유형 이론"**은 집합의 패러독스처럼 술어와 집합의 여러 계층에서 발생하는 문제를 해결하려 한다(도해B).

> ** 술어 논리학은 문장을 술어와 대상으로 분석하며, 양화의 범위에 따라 일차 논리, 이차, 논리로 구분된다. 일차 논리first-order logic는 대상에만 적용되는 경우, 즉 대상만 양화하는 논리이며, 이차 논리는 술어까지, 즉 대상의 관계까지 양화하는 논리를 가리킨다.

여기서 각각의 변항에는 번호가 주어지는데, 각 번호는 그 변항의 유형을 가리킨다. "a는 b의 소소素"라는 표현 형식은 "a"의 유형을 나타내는 수數가 "b"의 유형을 나타내는 수보다 작은 경우에만 올바르게 만들어진 것이다.

> 예를 들어 개체에서 가장 낮은 유형이 만들어지면 그 바로 위의 유형이 개체의 속성으로부터 만들어지고, 또 그 위의 유형이 속성의 속성으로부터 만들어진다.

"분지分肢 유형론"(ramified theory of types)에서는 각각의 변항에도 특별한 계층이

부여되고, 변항 계층들에 적용될 특별한 규칙이 도입된다.

현대 논리학에서 또 하나의 영역을 이루는 것은 **조합 논리학**이다.

> 이것은 변항에 연결된 특정한 프로세스, 예를 들어 치환 프로세스 같은 것을 분석한다.

조합 논리학의 목표는 수학 논리학의 최종적인 기초를 단순화하고 패러독스를 제거하는 것이다. 이 논리학의 산술에는 부분적으로 귀납적이고 대체 가능한 정수 함수가 포함되어 있다. 이것은 고차원의 논리 계산 연구, 전산학, 언어학 등에서 응용된다.

양상 논리학은 명제의 양상을 서술하는 논리학이다.

> 즉, 필연성(N)과 가능성(M)과 불가능성(¬M) 등 명제의 양상들 사이의 논리적 관계를 연구하는 것이다.

양상 논리학의 연구는 대부분 외연적으로 이루어지며, 내포적으로는 다음과 같이 엄밀한 함의에 바탕을 두고 있다.

> Np=~M~p.

일반적으로 논리학은 내포적으로는 개념의 징표(내용)를, 외연적으로는 그 개념에 귀속되는 사물(범위)을 고찰한다.

"다치 논리학"은 예를 들어 "부정不定" 같은 언명에 참과 거짓이라는 두 가지 값보다 더 많은 값을 계산에 사용하는 것으로, 우카셰비치J. Łukasiewicz에 의해 도입되었다.

의무 논리학은 논리적 관점에서 규범적 언명을 분석하며, 양상 논리학과 나란히 "의무", "금지", "허용" 등을 연구한다. 여기서 형식화되는 것은 다음과 같은 원리다.

> 어떤 것도 금지된 것이면서 동시에 의무로 주어질 수는 없다.

이 논리학은 의무 등에 대해 내용을 제시하지 않는다는 점에서 윤리학과 구별된다.

A1 모사模寫 이론: 모사의 관계도

홈 1/ 음표 1　　　홈 2/ 음표 2
음향 1　　　　　음향 2

단어1은 단어2의 2배이다

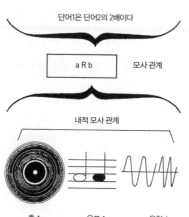

aRb　　　모사 관계

내적 모사 관계

홈 1　　　　음표 1　　　　음향 1
(= 2×)　　　(= 2×)　　　(= 2×)
홈 2　　　　음표 2　　　　음향 2

A2 모사 이론의 예: 상형문자

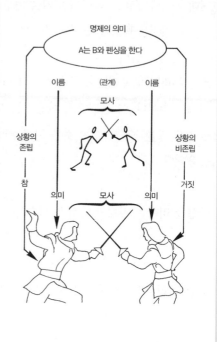

명제의 의미

A는 B와 펜싱을 한다

이름　　　(관계)　　　이름

모사

상황의
존립　　　　　　　　　　　상황의
　　　　　　　　　　　　비존립

참　　　　　　　　　　거짓

의미　　　모사　　　의미

B 진리값 표

하나의 명제: (p)

w 참

p　　또는

f 거짓

진리값의 예

p	w	f	w	f	
q	w	w	f	f	} 가능한 결합
	f	w	w	w	a) p와 q 양쪽은 아니다
	w	w	w	f	b) p 또는 q
	f	w	w	f	c) p 또는 q 　그러나 양쪽은 아니다
	w	w	w	w	d) 동어 반복
	f	f	f	f	e) 모순

두 개의 명제: p와 q
(조합 가능성)

p	q	
w	w	(양쪽이 참)
f	w	(p 거짓, q 참)
w	f	(p 참, q 거짓)
f	f	(양쪽이 거짓)

비트겐슈타인 I

루트비히 비트겐슈타인 Ludwig Wittgenstein(1889~1951년)*
이 20세기 철학에서 특별한 위치를 차지하는 이유는
그가 (생애의 전기와 후기에) 두 가지 서로 다른 철학을
전개하면서도 후기 철학을 전기 철학의 연속으로 파악
할 수 없도록 했기(슈테크뮐러W. Stegmüller) 때문이다.

전기 철학은 유일하게
비트겐슈타인 자신이 편집한 상당히 방대한 저작
인 〈논리 철학 논고〉(Tractatus Logico-philosophicus,
1919년), 그리고 후기 철학은 사후에 출판된 〈철
학 탐구〉(Philosophische Untersuchungen, 1953년)라
는 결과물로 나타난다. 실제로 그의 생애에는 이
두 시기를 나누는 "균열"(1919년부터 1926년에 이르
는)이 있다. 그리고 20세기의 중요한 철학 사조 두
가지가 바로 그로부터 나왔다.

그것은 앵글로색슨적인 특징이 있는 분석
철학과 언어철학(일상 언어의 철학)이다.

> * "나의 언어의 한계가 나의 세계의
> 한계다." 세계가 내 경험에 주어진
> 대상의 총합이라면, 그 한계는 내
> 언어의 한계와 일치한다. 이렇게 그
> 대상의 논리 형식이 의미의 원자적
> 요소가 되어 대상과 사실의 배열
> 방식을 규정한다고 전제하면, "논리
> 는 세계에 스며들어 있다. 세계의 한
> 계는 논리의 한계다"라고 함과 동시
> 에 "세계와 삶은 하나다"라는 비트
> 겐슈타인의 단언은 자연스러운 논
> 리적 귀결이다. 사물의 본질이 아니
> 라 언어의 본질과 관계에서 세계를
> 이해하는 열쇠를 찾는 비트겐슈타
> 인의 사고야말로 그 의의와 깊이를
> 유지한 채로 현대 철학을 가능하게
> 한 대전환이라 할 것이다.

비트겐슈타인의 문장은 전통적인 전문 용어에 구애되지 않는 간결한 것이고, 상
像, 세계, 실체, 윤리 등의 개념을 독특한 방법으로 사용한다.

〈논리 철학 논고〉에서는 젊은 비트겐슈타인이 설계자로서 바깥으로부터 (정도의
차이는 있지만 수학자로서도) 철학에 접근한다. 그는 철학을 논리학과 신비주의 사
상으로 나누고, 그 둘을 똑같이 번호를 붙여 명제로 다룬다. 두 부분에서 가장 앞
에 나오는 주요 명제가 이 저작의 논리적 구조를 보여준다. 중심 명제 일곱 개를
해석하는 것이 소수점이 붙은 번호가 매겨진 명제들인데, 이 명제 가운데는 중심
명제보다 더 중요한 것도 드물지 않다.

예를 들어 명제 1은 "세계는 일어나는 사실**의 총합이다"라고 말한다. 그
리고 여기에 (설명하는) 명제가 이어진다.

"1.1 세계는 사실의 총합이지 사물의 총합이
아니다.",

"세계는 사실에 의해 규정되며, 또한 모든 사
실의 상태에 의해 세계가 규정된다."

<논리 철학 논고>는 부분적으로는 러셀(451쪽
참조)의 언어 분석에 바탕을 두고 있다. 비트
겐슈타인은 언어 분석을 자신만의 모상 이론
(Abbildtheorie)으로 만들었다.

**"사실"은 비트겐슈타인의 "Tat-
sache"를 옮긴 말인데, 그는 둘 이
상의 사실로 이루어진 것이나 문
장을 "Tatsache"로, 그리고 더 이
상 나눌 수 없는 사실이나 문장을
"Sachverhalt"—원래는 사태, 정황—
로 사용한다. 그래서 후자는 "사태"
또는 "원자적 사실"로 번역한다.

*** 원자적 사실

▎세계는 사물 그리고 사물의 "배치"인 사태***로 구성된다.

세계의 실체를 구성하는 사물은 그 자체로 단순하고 불변이며 사태로부터 독립해
있다. 사물은 사태 안에서 관계에 의해 연결되어 있다. 이 관계가 세계의 논리적인
골격을 이루고, 그 영향으로 언어와 세계의 공통점이 생긴다.

▎"음반, 악상, 악보, 음파 등은 모두 상호간에 언어와 세계 사이에서 내적으
로 모사하는 관계다. 이 모든 것이 논리적 구성을 공유한다."

사태의 보편적 형식은 "aRb", 즉

▎"a는 b와 하나의 관계를 이룬다"는 것이다.

이것은 요소 명제의 형식에 대해서도 마찬가지인데, 요소 명제에는 단순한 각 사
태가 모사된다. 요소 명제는 대상을 뜻하는 명칭과 명칭의 결합으로 만들어진다.

▎"명제의 본질을 이해하기 위해 상형문자를 생각해보자. 상형문자는 사실
을 기술함으로써 사실을 모사한다."(도해A$_2$)

명제는 사태의 존립 또는 비존립을 표시할 때 유의미해진다.

요소 명제가 만들어질 때 새로운 명제의 **진리값**은 이 명제를 구성하는 요소 명제
의 진리값에서 판명된다(진리값 이론).

▎"명제 가운데 시험적으로 편성된" 사태가 존립할 때 그 명제는 참이다.

비트겐슈타인은 가능한 조합의 표를 제시한다(도해 B). 여기서는 양극으로서 무엇
을 대입해도 참이 되는 동어반복과 무엇을 대입해도 참이 아닌 모순이 나타난다.

동어반복의 예는 이렇다.

> "예를 들어 비가 올지 안 올지를 내가 알고 있다면, 나는 날씨에 대해서는 아무것도 모르는 것이다."

이에 대응하는 모순은

> "비가 오고 동시에 비가 오지 않는다"는 것이다.

이것은 비가 오는 경우에도, 비가 오지 않는 경우에도 거짓이다. 이 둘 사이에 유의미한 언어활동의 영역이 있다.

> 그것은 경험적인 사태에 대한 자연과학의 언명이다.

(거꾸로 이것은 논리학이 동어반복에서 성립함을 뜻한다.)

이렇게 해서 "사고 불가능한 것은 사고 가능한 것에 의해 내면적 한계가 정해진다". 이런 한계의 바깥에는 신비적인 것이 있다.

> 자아, 신, 세계의 의미 등이 그렇다.

신비적인 것이 우리 한계를 벗어나 있다는 것은 다음과 같은 사실에서 드러난다.

> "인생의 문제가 해결되었다는 것은 그 문제가 사라졌을 때 알게 된다."

윤리, 종교, 예술 같은 (원래는 중요한) 문제에 대해서 〈논리 철학 논고〉는 이런 결론을 내린다.

> "과학에서 있을 수 있는 모든 질문에 대해 해답이 주어진다고 해도, 우리 인생의 문제에는 전혀 도움이 되지 않는다. …… 우리는 설명할 수 없는 것에 관해서는 침묵해야 한다."

그러나 "빈 학파"(Wiener Schule)와 그 주변에 모인 논리 경험주의자들의 견해와는 달리 비트겐슈타인이 중요하게 여긴 것은 형이상학 비판이 아니라 윤리다. 1919년에 보낸 한 편지에서 그는 이렇게 쓰고 있다.

> "…… 저자의 뜻은 윤리적인 것입니다. …… 말하자면 제가 쓰려고 한 것은 제 작품의 두 부분, 그러니까 여기 등장한 부분과 제가 쓰지 않은 것으로 이루어져 있다는 것입니다. 그리고 이 두 번째 부분이 대단히 중요합니다. 즉, 제 저서를 통해서 윤리적인 것이 내면으로부터 한계가 정해지는 것입니다."

A 종래의 의미 이론에 대한 비판

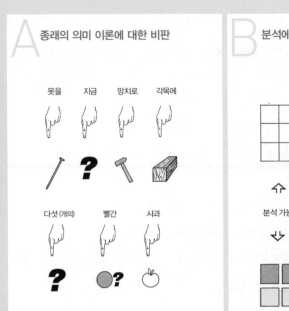

B 분석에 대한 비판

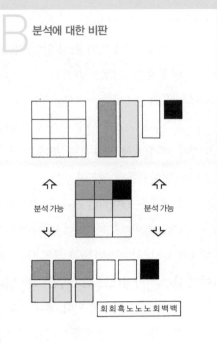

분석 가능   분석 가능

회 회 흑 노 노 노 회 백 백

C 낱말의 의미는 언어 게임에서 사용될 수 있다는 것이다

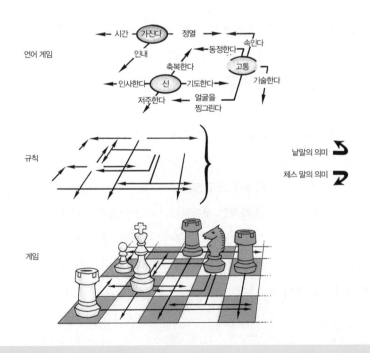

언어 게임

규칙

게임

낱말의 의미

체스 말의 의미

비트겐슈타인 II

1945년이라는 후기 비트겐슈타인의 관점에서 보면 〈논리 철학 논고〉에는 "심각한 오류"가 있고, 그것이 그로 하여금 "어떤 것도 참작하지 않고" 이전의 테제를 버리도록 한다. 후기 저작인 〈철학 탐구〉는 〈논리 철학 논고〉보다는 읽기 쉽지만, 일견 소박한 느낌을 주는 질문 방식으로 인해 혼란을 초래한다. 예컨대,

그러나 모호한 개념이 정말 개념일 수 있을까? 선명하지 않은 사진이 정말 그 사람의 모습을 담고 있는 것일까?"

〈철학 탐구〉는 유연한 언어 이론을 보여주고 있으며, 그 정점은 다음과 같은 명제다.

"철학 전체의 구름은 한 방울의 언어론으로 응축된다."

비트겐슈타인의 **비판**에는 무엇보다 언어의 모사 이론이 포함되어 있다. 말은 반드시 대상의 표출로 이해할 수 있는 것만은 아니라는 것이다.

어떤 사람이 누군가에게 판자 또는 각목을 달라고 지시하는 언어 게임을 생각해보자. "판자"라는 말이 판자 자체와 연결되는 것은 그것을 지시함으로써 달성될 수 있다. 그러나 다른 말("지금", "5")에서는 그렇지 않다.

그 대신 비트겐슈타인은 언어 가운데 낱말의 사용을 말의 의미라고 일컫는다. 논리적 원자론도 이미 유지될 수 없다. 분석은 다음과 같은 최종적인 요소 명제를 대상으로 삼을 수 없다는 것이다.

빗자루에 대한 최종적인 분석은 자루와 솔이며, 자루의 최종적인 분석은 그것의 원자와 분자가 된다.

또한 어떤 관점에서 분석이 이루어지는지도 명백하지 않다.

예를 들어 체스 판은 32개씩의 흰 칸과 검은 칸으로, 또는 흰색과 검정색과 격자무늬로 분해할 수 있다.

정밀성이라는 이상理想과 그에 대응하는 이상 언어에 대한 요구는 다음과 같이 상대화될 수 있다.

> "내가 어떤 사람에게 '이 근처에 머물러!'라고 말한다면, 이 말은 기능을 발휘할 수 없을까? 그리고 다른 어떤 설명도 제 기능을 발휘하지 못하는 것일까?"

이제 비트겐슈타인은 언어 게임을 사용하여 언어를 해석한다.

> 언어 게임이라는 낱말이 강조하는 것은 말이란 행위나 생활 형식의 일부라는 사실이다. "언어 게임의 다양성을 …… 확실히 염두에 두어야 한다. 바라보거나 측량한 뒤 대상을 기술하는 것—기술(그림)에 따라 대상을 만들어내는 것—경과를 보고하는 것— …… —또는 한 언어를 다른 언어로 번역하는 것—부탁하는 것, 감사하는 것, 저주하는 것, 인사하는 것, 기도하는 것."

체스 판의 말처럼 언어에서는 낱말이 규칙에 의해 규정된다는 것이다.

> 이 때문에 "낱말이란 도대체 무엇인가?"라는 물음은 체스판의 말에 대한 물음과 유사하다. 어느 쪽이든 그 질문에 답하기 위해서는 약속된 규칙 체계가 전제되어야 한다.

또한 이런 문법 규칙은 사적私的일 수 없다.

> 규칙을 단 한 번만 지키는 것은 불가능하다.

게다가 개인의 사사로운 일(예를 들어 통증)의 표현은 결코 내적인 "대상"을 가리키는 명칭이 아니다. 그런 표현은 비언어적인 표출이나 말상대 또는 주변 인물의 움직임 등의 맥락 안에서만 의미를 가질 수 있다. 비트겐슈타인은 이를 열 수 없는 상자로 설명한다.

> 열 수 없는 상자의 내용물에는 접근할 수 없고, 따라서 그 내용물은 의미가 없다.

그리고 사적인 감각은 언어 게임의 일부분이 될 수 없으므로 그것을 표기하는 것은 의미가 없다.

> 똑같이 패러독스인 예로는, 연기자에게 감정을 완벽하게 억누르고 어떤 인물을 연기하라고 지시하는 것이다.

언어는 대부분 유비, 유사성, 또는 **"동류성**同類性"을 사용하여 작동한다.

> 여기서 동류성이란 예를 들어 우리가 "게임"이라는 같은 말로 포괄할 수 있는 모든 것의 다양한 동류성이다.

언어 게임 또한 자기 안에 유사성만을 보여준다. 언어의 본질에 대한 물음은 언어 게임의 동류성 기술에서 해소되는 것이다.

유고를 편집한 또 다른 저작 〈갈색 책〉, 〈청색 책〉, 〈확실성에 대하여〉 등에서도 비트겐슈타인은 철학자는 "질문을 병처럼" 치료해야 한다고 여러 표현을 써서 주장한다. **철학**은

> "마법에 걸린 우리 지성에 대항해서 언어라는 수단으로 싸우는 것"이며, 철학의 목표는 "파리잡이 통에 갇힌 파리에게 빠져나갈 길을" 보여주는 것이라고 한다.

그는 그 성과를 "아무런 의미도 없는 발견"이라고 하면서, 여기서

> "지성은 언어의 한계에 부딪혀 혹이 생긴다."

세계는 언어를 통해 계측되고, 세계의 한계는 논리적으로 언명될 수 있다. 말할 수 없는 것, 즉 비밀은 보여줄 수만 있다. 여기서도 철학은 이론이 아니라 행위에 가깝다.

> 보여주는 것은 생활에 상응하는 방식으로 일어난다.

비트겐슈타인 철학의 특별함은 철학을 완전히 도구화한다는 것이다. 철학은 자기 입장을 해명하는 역할을 할 뿐이며, 결코 그 자체가 목적이 되지 못한다. 철학의 기능을 보여주는 한 가지 그림이 있다.

> 사다리는 위로 올라가는 데 사용되지만, 위에 올라간 사람은 그 사다리가 더 이상 필요하지 않다.

A 프레게G. Frege의 "의의와 의미"

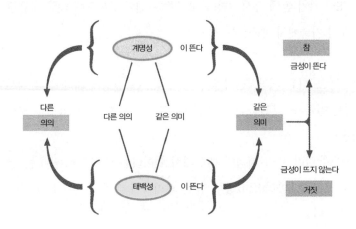

계명성

이 뜬다

참

금성이 뜬다

다른
의의

다른 의의 ⟋ 같은 의미

같은
의미

태백성

이 뜬다

금성이 뜨지 않는다

거짓

B 카르나프R. Carnap: 명제의 종류

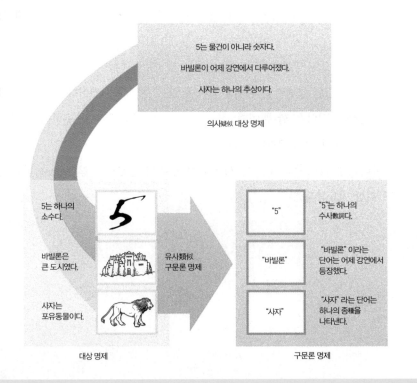

5는 물건이 아니라 숫자다.

바빌론이 어제 강연에서 다루어졌다.

사자는 하나의 추상이다.

의사疑似 대상 명제

5는 하나의
소수다.

바빌론은
큰 도시였다.

사자는
포유동물이다.

유사類似
구문론 명제

"5"

"바빌론"

"사자"

"5"는 하나의
수사數詞다.

"바빌론" 이라는
단어는 어제 강연에서
등장했다.

"사자" 라는 단어는
하나의 종種을
나타낸다.

대상 명제

구문론 명제

분석철학 I: 프레게, 빈 학파

분석철학은 질문을 정식화하는 언어를 해명함으로써 그 질문에 답하는 (또는 질문을 논박하는) 것이 특징이다. 이를 위해서 복잡한 표현을 한층 단순하고 근본적인 표현으로 분해(분석)하고, 개념과 언명의 의미, 개념과 언명이 쓰인 문맥을 탐구한다. 분석은 논거의 기초를 찾아내고 그 타당성에 대해 결정을 이끌어내려 한다.

분석철학의 주된 작업 분야는 언어철학이다. 언어철학이 다른 분야(윤리학, 종교철학, 존재론)를 위해 의미가 있는 것은 그 분야들이 사용하는 용어나 카테고리의 평가, 언어로 인한 오해의 배제 등을 돕기 때문이다.

예를 들어 윤리학은 새로운 내용적 형식을 얻기 위해서가 아니라 윤리 규정의 기능과 그 적용 범위를 검토하기 위해서 언어철학을 응용한다(이른바 메타 윤리학).

분석은 일차적으로는 체계의 형성과 전체적인 이론의 성립에 관심을 두지 않는다. 분석은 철학적 이론을 언어적인 불명확성에서 풀려나게 하는 도구다. 길버트 라일은 이렇게 말한다.

"철학적 숙고가 …… 우리의 식견을 넓혀야 하는 것은 아니다. 그것은 지식의 논리적 지형도를 바로잡는다."

고틀로프 프레게 Gottlob Frege(1848~1925년)는 현대 논리학과 언어 분석의 창시자 가운데 한 사람이다. 그는 표현, 정식 또는 명제에서 **의의**意義(Sinn, sense)와 **의미**(Bedeutung, meaning)라는 두 가지가 확인된다는 이론을 내세운다.

"스코트"와 "소설 〈웨이벌리〉의 저자"는 동일한 의미를 갖고 있다. 둘 다 "월터 스코트"라는 인물을 의미한다는 것이다.* 그러나 그

* 더 정확히 말하면 프레게는 언명에서 '지시하는 대상'이 곧 그 언명의 '의미'라고 하는 종래 지시 의미론의 한계─지시 대상이 존재하지 않는 경우 언명이 공허해지는─를 넘기 위해 지시와 의의의 종합을 '의미'로 이해하려 한다. "스코트"와 〈웨이벌리〉의 저자"는 모두 동일 인물에 대한 '지시'에 해당하지만, 스코트는 어느 자연인의 고유명사이며 〈웨이벌리〉의 저자는 어느 창작물의 작자라는 서로 다른 '의의'가 있다는 것이다.

두 명칭에는 서로 다른 의의가 있다. "현 프랑스의 왕"은 표현으로서 하나의

의의가 있지만, 그 어떤 의미도 없다.* 그리 | *현재 프랑스는 왕국이 아니고 따

고 명제의 의의와 의미는 그 명제를 구성하 | 라서 왕이 없기 때문이다.

는 부분의 의의와 의미에서 생긴다.

그는 라이프니츠의 "치환" 원리를 받아들인다.

> "진리값에 변화를 주지 않으면서(라틴어: 살바 베리타테salva veritate) 서로 치
> 환될 수 있는 사물은 동일한 것이다."

말하자면 표현을 구성하는 본질적인 부분이 동일한 의미를 갖는 다른 부분으로
대체될 수 있는 경우, 이때 변하는 것은 의의, 변하지 않는 것은 의미다.

명제의 의미는 그 명제의 진리값(참 또는 거짓)이다. 명제의 의의는 그 명제가 표현
하는 사상이다. 누군가가 한 쪽의 사상을 참, 다른 쪽의 사상을 거짓이라고 볼 수
있다면 그 사상은 서로 다른 것이다.

> 프레게는 이런 예를 들었다. 계명성과 태백성은 서로 다른 의의가 있지만
> 동일한 의미(금성이라는 행성)가 있다. "새벽의 금성이 떠오른다"와 "저녁의 금
> 성이 떠오른다"라는 두 명제는 서로 다른 생각을 나타낸다(예를 들어 둘 다
> 금성임을 모르는 사람에게는). 한 쪽이 참이면 다른 쪽도 참이고, 한 쪽이 거짓
> 이면 다른 쪽도 거짓이다.

신 실증주의(논리 실증주의)는 "논리 경험주의"라고도 하는데, 이른바 "빈 학파"에
의해 널리 퍼졌다. 대표적인 인물은 슐리크M. Schlick, 카르나프R. Carnap, 베르크
만G. Bergmann, 파이글H. Feigl, 괴델K. Goedel, 한H. Hahn, 노이라트O. Neurath,
바이스만F. Weismann 등이다.

> **에이어**A. J. Ayer(1910~1989년)는 철학을 언어 분석으로 이해한다는 점에서,
> 그리고 형이상학을 거부한다는 점에서 빈 학파와 뜻을 같이한다.

철학은 과학과 경쟁 관계에 있지 않으며 과학에 의존한다. 빈 학파의 많은 학자는
애당초 수학자나 물리학자다. 그들의 특별한 관심사는 자연과학의 방법과 언어에
근거를 마련하는 것이다. 유의미한 언명이 가능한 분야로는 논리학, 수학, 자연과

학을 든다.

> 명제가 검증 가능하지 않거나 동어반복이 아니라면 그 명제는 인식이라는
> 측면에서는 무의미하다.

한 가지 중요한 주제는 새로이 도입된 원리인 **"검증"**이다. 명제가 유의미한 것은 그
내용이 경험적으로 조사 가능할 경우, 또는 그것이 어떻게 조사되어야 할 것인가
를 말할 수 있는 경우다. 이에 카르나프는 이렇게 말한다.

> "어느 명제의 의미는 …… 우리가 그 명제의 진위를 확인하는 방법과 같
> 다. 그리고 명제는 그런 확인이 가능한 경우에만 의미가 있다."

과학성의 요구와 계산으로서의 언어라는 구상은 형이상학에 대한 거부로 이어진다.

루돌프 카르나프 Rudolf Carnap(1891~1970년)는 먼저 언어의 구문론을 통해서 철
학을 과학 논리학으로 대체하려 한다. 이 논리학은 이상적이라고, 즉, 형식적으로
정밀한 언명을 만들어내는 데 도움이 된다고 여겨진다. 카르나프는 거짓 명제를
인식하기 위해 내용적인 언어와 형식적인 언어라는 두 정통적인 방식을 구별한다.
"철학적" 명제는 중간 영역에 배치된다. 이 "유사 구문론적" 명제는 자신에게는 없
는 대상과의 관계를 거짓으로 꾸미고 있는 것으로 여겨진다. 그 명제는 대상과 관
계가 있는 것처럼 보이지만, 실제로는 언어와 연관되어 있는 것이다(도해B).

> 예를 들어 "5는 사물이 아니다"라는 명제는 대상에 대하여 무엇인가를 언
> 명하고 있는 듯 보이지만 실제로는 "5"라는 말과 연관되어 있다.

많은 철학적 표현을 사용하는 것은 "바비크(무의미한 말)"라는 말을 사용하는 것
처럼 무의미하다. 즉, "a"라는 말과 기초 명제 "S(a)"가 의미를 갖는다면, "a"에 대한
"경험적 표식"이 반드시 알려져야 하고, "S(a)"(그 가운데 "a"가 나타내는 명제)에 대
한 "진리 조건"이 확정되어야 한다.

A 명제의 분석

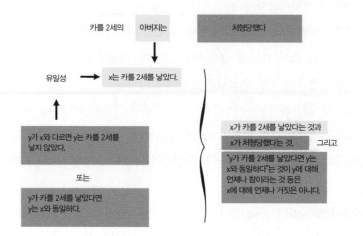

카를 2세의 **아버지는** **처형당했다**

유일성 → x는 카를 2세를 낳았다.

y가 x와 다르면 y는 카를 2세를 낳지 않았다.

또는

y가 카를 2세를 낳았다면 y는 x와 동일하다.

x가 카를 2세를 낳았다는 것과 x가 처형당했다는 것, **그리고** "y가 카를 2세를 낳았다면 y는 x와 동일하다"는 것이 y에 대해 언제나 참이라는 것 등은 x에 대해 언제나 거짓은 아니다.

B 분석을 통해 해결되는 문제

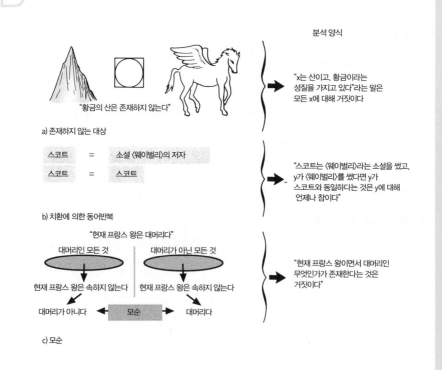

분석 양식

"황금의 산은 존재하지 않는다"

a) 존재하지 않는 대상

"x는 산이고, 황금이라는 성질을 가지고 있다"라는 말은 모든 x에 대해 거짓이다

스코트	=	소설 〈웨이벌리〉의 저자
스코트	=	스코트

b) 치환에 의한 동어반복

"스코트는 〈웨이벌리〉라는 소설을 썼고, y가 〈웨이벌리〉를 썼다면 y가 스코트와 동일하다는 것은 y에 대해 언제나 참이다"

"현재 프랑스 왕은 대머리다"

대머리인 모든 것 → 현재 프랑스 왕은 속하지 않는다 → 대머리가 아니다

대머리가 아닌 모든 것 → 현재 프랑스 왕은 속하지 않는다 → 대머리다

모순

"현재 프랑스 왕이면서 대머리인 무엇인가가 존재한다는 것은 거짓이다"

c) 모순

분석철학Ⅱ: 러셀

버트런드 러셀 Bertrand Russell(1872~1970년)은 거의 모든 철학 영역을 연구했으며, 자신이 크게 기여한 논리학과 분석론을 "형식적 분석"이라고 불렀다. 그것은 순수하게 논리적인 입장에서 세계를 연구하는 것이다. 그는 언어와 세계의 궁극적인 구조를 다루는 추상적인 우주론을 생각했다.

그는 화이트헤드A. N. Whitehead와 함께 저술한 〈프린키피아 마테마티카〉(Principia Mathematica, 1910~1913년)에서 논리적 문장과 개념을 바탕으로 수학의 근거를 마련하려고 시도한다.

러셀이 "**논리적 원자론의 철학**"으로 해명하려는 것은

명제는 세계와 일치한다는 것이다.

명제 함수가 명제 각 부분의 형성을 지정한다. 명제 함수(예를 들어 "C(x)"라고 쓰는)는 우리가 명제의 구성 요소로서 변항을 투입할 때 만들어진다("x는 〈웨이벌리〉의 저자다"처럼).

"명제 함수란 …… 무규정의 여러 구성 요소를 포함하는 임의의 표현일 뿐이며, 이런 표현은 우리가 무규정의 구성 요소를 규정하는 순간 명제가 된다."

러셀은 명제의 우주와 사실의 우주가 일치함을 옹호한다.

고유명사의 의미는 그 고유명사로 불리는 대상이다.

원자 명제(atomic proposition)는 원자적 사실(atomic fact)과 동형이다. 그 가운데 가장 간단한 명제는 특정한 사물이 특정한 속성을 갖는지, 또는 특정한 개념인지 아닌지를 말해준다("이것은 희다" 또는 "이것은 저것의 아래에 있다"처럼). 하나의 명제는 "참" 또는 "거짓"으로서 하나의 사실과 연관된다.

분자 명제는 다른 명제를 구성 요소로 포함하는 특징이 있다. 분자 명제의 진위眞僞는 그 분자 명제를 구성하는 부분 명제의 진위로부터 판명된다.

분석은 우리가 직접 **알고 있는** (예를 들어 감관에 들어온 인상이나 논리적 결합) 것만을 요소로 포함하도록 명제를 투명하게 만드는 것을 목표로 한다. 자신이 모르는 것에 이름을 붙일 수 있는 사람은 아무도 없기 때문이다.

러셀의 기술記述 이론(특히 〈지시에 관하여〉에서)은 명제의 각 부분 가운데 고유 명사가 아닌 것의 사용에 대해 확실한 논리적, 언어적 바탕을 마련하려 한다.

> "기술 표현"은 그 자체로는 어떤 의미도 없으며 "불완전 기호"이기 때문에 오로지 명제의 한 부분으로서만 나타난다.

그런 기술 표현이 중요한 이유는 "태양의 질량 중심"처럼 우리가 많은 것을 직접 알지 못하고 오로지 기술을 통해서만 알기 때문이다. 동시에 기술 표현의 사용은 흔히 오해를 불러일으키고 패러독스로 이어진다. "현 프랑스 왕은 대머리다"라는 명제가 그렇다.

> "예를 들어 우리가 어떤 것이 대머리인지 열심히 열거하고 그 다음 어떤 것이 대머리가 아닌지 열심히 열거한다고 해도, 우리는 그것들 가운데서 현 프랑스 왕을 찾아내지 못할 것이다." 그렇다면 그는 대머리이며 동시에 대머리가 아닌 것이 되는데, 이는 모순율 위반이다.

이에 러셀은 기술 표현을 세 가지로 나눈다.

1) 어떤 표현은 어떤 것을 기술하지 않는 기술 표현이다. 예를 들어 "현 프랑스 왕"이 그렇다.

2) 어떤 표현은 특정한 대상을 기술한다. 예를 들어 "현 영국 여왕"이 그렇다.

3) 어떤 문장은 특정하지 않고 기술한다. 예를 들어 "남성 한 사람"은 불특정한 남성 한 사람을 기술한다.

첫째 사례는 다음과 같이 분석할 수 있다. 이 사례는 "적어도 하나의 존재자가 각각의 속성을 가지고 있다"는 것과 "고작 하나의 존재자가 각각의 속성을 가지고 있다"는 두 개의 명제를 한꺼번에 주장한다. 달리 말하면, 하나의 존재자가, 동시에 다만 하나의 존재자가 그 속성을 가지고 있는 셈이 된다. 이렇게 하여 "현 프랑스 왕은 실재한다"는 명제는 "하나의, 동시에 다만 하나의 존재자가 현 프랑스 왕이다"라는 명제로 분석되는데, 이것은 거짓 언명이다. 따라서 "그리고 이 왕은 대머리다"와 합쳐져 만들어지는 언명도 거짓이 되는 것은 최초의 부분 명제가 거짓이기 때문이다.

마이농A. Meinong(1853~1920년)은 둥근 사각형 또는 황금산 같은 것을 "존재하지 않는 **대상**"이라고 일컫는다. 그런 것의 "자체적 존재성"을 부정하기 위해서는 우리는 그것을 대상으로서 고찰해야 한다. 그러나 분석이 끝나면 그것은 문장의 주어로서는 더 이상 필요하지 않은 것으로 여겨진다.

> "황금으로 된 산은 실재하지 않는다."

라는 문장은 주어인 그런 산이 존재한다는 것을 전제한다. 그러나 분석된 형식에서 그것은 사라진다.

> "산이면서 동시에 금으로 된 존재자는 없다."

의미가 동일한 두 표현이 서로 대체될 때 프레게의 **치환 원리**(447쪽 참조)에 의해 동어반복이 성립한다. 그러나 분석된 형식은 동일성을 나타내지만 동어반복은 만들어지지 않는다.

> 예를 들어 "스코트는 〈웨이버리〉의 저자다"를 분석하면 이렇게 된다. "스코트는 〈웨이버리〉를 썼다. 그리고 y가 〈웨이버리〉를 썼다면 y는 스코트와 동일인이라는 사실이 y에 관해 언제나 참이다."

기술 표현을 포함하는 언명 $C(x)$의 형식에서 x에 대입하는 것이 **보편적으로** 타당한 경우는 다음과 같다.

> C(모든 것)는 '$C(x)$가 언제나 참이다'를 의미한다.

C(무無)는 '"$C(x)$가 거짓이다"가 언제나 참이다'를 의미한다.

C(어느 것)는 '"$C(x)$가 언제나 거짓이다"가 언제나 참이라는 것은 거짓이다'를 의미한다.

A 오스틴J. L. Austin의 언어 행위 이론

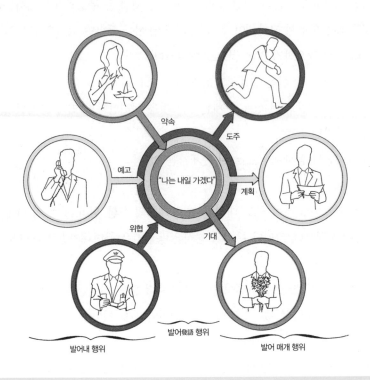

약속

도주

예고

"나는 내일 가겠다"

계획

위협

기대

발어發語 행위

발어내 행위   발어 매개 행위

B 메타meta 윤리학

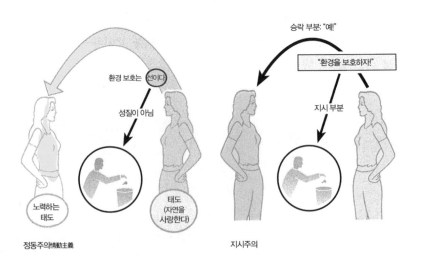

환경 보호는 선이다

성질이 아님

노력하는 태도

태도 (자연을 사랑한다)

정동주의情動主義

승락 부분: "예!"

"환경을 보호하자!"

지시 부분

지시주의

분석철학Ⅲ: 언어 행위론, 메타 윤리학

일상 언어의 철학은 후기 비트겐슈타인 (443쪽 참조)에 의해 시작된다.

"말의 의미를 묻지 말고 그 사용을 중시하라."

문맥에 유의하고 말이나 낱말들 사이의 유사성과 언어의 실천적 사용에 집중하기 위해, 정의된 의미나 궁극적으로 타당한 기준, 구문론적 정밀성 등의 추구를 의문에 붙이는 것이다.

철학은 더 이상 명제를 모으는 것이 아니며 다양한 언어적 표출을 탐구하는 것이다.

수전 스테빙, 피터 스트로슨, 존 L. 오스틴 등이 실증주의와는 다른 길을 걷게 된 학자들이다. 그들에게는 실제로 사용하는 언어를 연구하고 그런 언어와 세계의 관계를 규명하는 것이 주된 과제가 된다. 언어의 환원을 버리고 언어의 설명이나 제대로 된 사용 쪽으로 관심사가 바뀐 것이다. 그와 함께 철학은 언어를 세계의 모상 또는 동형 구조로 만들었던 관점을 버리게 된다. 언어의 근본적인 구성 단위는 더 이상 객체를 제시하지 않으며, 언어의 사용도 더 이상 사실을 확인하기 위한 것이 아니다. 언어는 세계를 반영하는 거울 이상의 것이 되었다.

일상 언어의 철학은 언어를 문맥과 협동하는 유연한 것으로, 그리고 그 사용에서 창의성이 풍부한 것으로 간주한다.

분석의 중심인 의미는 이제 말과 세계의 관계에만 머무르지 않고 언어의 규칙, 규약, 습관으로서, 간단히 말해 낱말들의 응용으로서 해석된다. 이와 함께 이상 언어의 창조는 더 이상 철학의 목표로 여겨지지 않게 된다.

오스틴J. L. Austin(1911~1960년)은 **언어 행위**의 이론 가운데 언어의 다양한 기능을 연구한다. 언어는 기술과 사실 확인이라는 기능만이 아니라 "행위 수행"의 기능도 있다.

특정한 어휘를 사용하는 것으로 행위가 이루어지는 경우도 있다. 예를 들어 결혼식에서 하는 "예!"라는 말이 그렇다.

오스틴은 단순한 발화發話로 이루어지는 발어 행위와 위협이나 감사 등 발화와 연계된 동작에서 성립되는 발어내 행위를 구별한다. 여기에 더해지는 것이 발어 매개 행위로, 이는 말이 가져오는 결과를 가리킨다.

이런 언어 행위가 성공적으로 이루어지려면 일련의 조건이 충족되어야 한다. 언명은 일정한 틀 안에서만 파악되어야 한다. 예를 들어 "부하의 명령"은 효력이 없다. 따라서 적절하고 완전한 실행이 요구된다.

> 도박은 대항하는 상대방이 있고 그 결과가 미리 알려지지 않을 때 비로소 제대로 성립된다.

이렇게 언어 분석은 평가, 규정, 태도가 표현되는 영역으로 확대된다. 그런 규범적인 표현은 **윤리**와 **종교**에서 찾아볼 수 있다.

조지 에드워드 무어 George Edward Moore(1873~1958년)는 영국에서 특히 브래들리가 중심이 되어 주장하는 관념론적 철학에 맞서면서 분석을 탐구한다. 무어는 관념론적 철학에 맞서 상식(common sense커먼 센스)이라는 논의의 여지가 없는 견해(자명한 이치, truism트루이즘)로 반론한다. 분석은 상식을 기초로 하여 철학 이론의 숨겨진 전제나 논리적 오류의 해명을 위해 노력하는 것이다.

무어는 〈윤리학 원리〉(Principia Ethica)에서 "선하다"라는 개념의 사용을 설명하려 한다. 이전에 흄D. Hume은 존재 언명에서 당위 언명으로 옮겨가는 것을 용납할 수 없는 오류 추리라고 비판한 적이 있다. 무어는 분석적 관점에서 **"선하다"**라는 개념이 더 이상 분석할 수 없고 환원할 수도 없는 단순한 질을 표시하고 있다는 결론에 다다른다. 따라서 이 질은 고유한 의식 작용을 바탕으로 직관적으로 파악할 수 있다. "선하다"를 다른 개념을 통해서 정의하려는 시도는 모두 자연주의적 오류 추리에 빠진다는 것이다.

에이어A. J. Ayer(1910~1989년)는 윤리적 언명 또는 그와 유사한 언명은 경험적으로는 검증할 수 없다는 사정을 이해하고, 그로부터 윤리적인 기본 개념은 분석할 수 없다는 결론을 이끌어낸다. 그 이유는

> "그것은 가짜(의사) 개념에 지나지 않으며, 그런 개념이 있다는 사실은 그
> 개념의 실제적인 내용 이상의 것을 말해주지 않는다"는 것이다.

이는 종교나 신학의 명제에도 똑같이 적용된다.

정동주의(emotivism) 이론(특히 스티븐슨C. L. Stevenson의)은 "선하다"는 어휘를 사용해서는 어떤 속성도 지정할 수 없다고 생각한다. 도덕적이거나 종교적인 언명은 오로지 감정이나 태도의 표명으로 해석된다. 그런

> "문장은 화자의 태도를 표명하는 것이며, 청자에게도 같은 태도를 불러일
> 으키는 경향이 있다."(찰스워스M. J. Charlesworth)

이 이론에 의하면 예를 들어 신이 세계를 창조했다는 언명은 다음과 같은 견해로 읽을 수 있다. 즉 그 언명은

> "우주에 대한 긍정적인 태도" 가운데 하나인 견해로 읽힐 수 있다.

이와는 반대로 **헤어**R. M. Hare는 명령법의 논리학 같은 것을 시도한다. 이를 위해 그는 요구를 지시 부분(phrastic) 곧 기초가 되는 사태와 승인 부분(neustic)으로 나눈다. 이로써 도덕적 언명이 지시적인 특징이 있다고 설명할 수 있으며, 이때 그런 언명은 동일한 모든 사례에서 우리가 이끌어낼 수 있는 근거에 의거하고 있는 셈이 된다(보편화 원리).

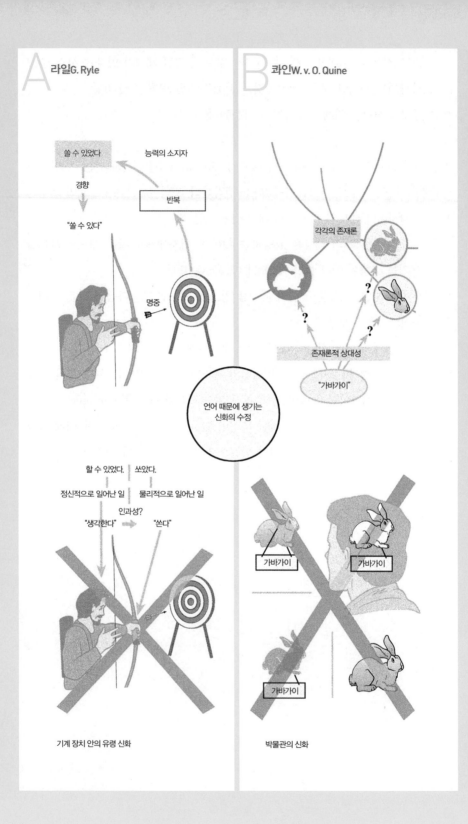

A 라일G. Ryle

쏠 수 있었다   능력의 소지자

경향

반복

"쏠 수 있다"

명중

언어 때문에 생기는
신화의 수정

할 수 있었다. | 쏘았다.

정신적으로 일어난 일   물리적으로 일어난 일

인과성?

"생각한다" ➡ "쏜다"

기계 장치 안의 유령 신화

B 콰인W. v. O. Quine

각각의 존재론

존재론적 상대성

"가바가이"

가바가이   가바가이

가바가이

박물관의 신화

분석철학Ⅳ: 존재론

길버트 라일 Gilbert Ryle(1900~1976년)은 〈체계상의 오해를 일으키는 표현〉(Systematically Misleading Expressions, 1931~1932년)의 저자로, 문법적으로 올바른 언명과 논리 형식 사이에서 늘 생기는 혼란에 주목한다.

예: "육식 소는 존재하지 않는다"라는 문장에서 "육식 소"는 그 어떤 대상도 표현하지 않으며, "존재하지 않는다"도 술어가 아니다.* 이 표현은 "그 어떤 것도 소이면서 동시에 육식을 하는 것은 없다"라는 것이어야 한다.

이런 문장은 그 문법 형식이 기록하고 있는 사실에 적합하지 않을 때 오해를 일으키게 된다.

라일의 관심은 이런 **카테고리 착오**를 향한다. 카테고리 착오가 생기면 개념은 자신이 속하지 않는 논리 유형에 배정된다(예를 들어 "그 여자는 사랑에서, 함부르크에서 왔다."). 중요한 점은

"그것을 사용하여 같은 물음에 답할 수 있는 표현은 같은 카테고리에 속한다"는 사실이다.

그리고 그런 표현만이 언명에서는 동격으로 다루어도 좋은 것이 된다.

라일은 몸과 마음에 대한 전통적인 이론에도 이런 분석을 적용한다. 그의 저서 〈마음의 개념〉(The Concept of Mind, 1949년)은 **"마음의 철학"**을 대표하는 예 가운데 하나다. 그의 고찰은

"마음과 몸에 대한 우리의 식견을 넓히기보다는 그런 지식의 논리적 지형도를 바로잡도록 노력하는 것이다."

라일은 심신 이원론과 맞서 싸우면서, 그 이원론을 "데카르트의 신화"나 "기계 안에 있는 유령의 교의"라고 부른다.

성찰 없는 언어 사용으로 인해 우리는 경험적인 외적 행위의 배후에도 마음과 같

* 라일의 논리에는 설명이 필요하다. "육식 소는 존재하지 않는다"라는 언명은 "키가 2미터인 사람은 존재한다"는 언명과 같은 방식으로 어떤 속성을 가진 주체를 지정하지 않는다. "육식 소"라는 일반 주어가 가리키는 것이 "존재하지 않는다"라는 언명이 참이라면, 실제로 우리는 육식 소에 관해 이야기하고 있지 않다. 왜냐하면 그런 것은 전혀 존재하지 않기 때문이다. "사탄은 존재하지 않는다"라는 언명도 마찬가지다. "존재하지 않는 사탄"은 '사탄이라는 이념'도, '비현실적 존재자'도 아니므로, 그런 것에 관해 "존재한다/아니다"라고 그 속성을 지정할 수 없다는 것이다.

은 숨겨진 비밀스러운 것이 있다고 상정하게 된다. "데카르트의 신화"에 의하면 이 마음은 자신만의 인과율을 따르고 있으며, 이 인과율은 (확실하지 않은) 방법으로 외부에 작용한다. 계획적인 행위는 마음에서 일어나는 일과 몸에서 일어나는 일을 연결 짓는 것처럼 보이기도 한다.

> 이에 대해 라일은 "신중하게 운전을 하는 사람은 먼저 심사숙고한 뒤 운전한다"는 것을 반박한다.

그에 의하면 "심적인" 속성은 "만일 ~이라면"이라는 언명 안에서만 재현할 수 있는 **경향성**을 표현한다.

우리는 "안다", "할 수 있다", "하기를 원한다" 같은 말을 적용하기 위한 기준을 일정하게 지속적으로 나타나는 가시적인 행위에서 이끌어낸다.

> 사수가 표적을 명중시키는 일이 자주 반복될 때만 우리는 우연을 배제하고 "할 수 있다"고 추론한다.

피터 프리드리크 스트로슨 Peter Frederick Strawson(1919~2006년)은 〈개체〉(Individuals, 1959년)에서 보여준 것처럼 "기술 형이상학"이라는 사고방식으로 문제를 연구한다. 이 형이상학은 "수정적" 형이상학과는 달리

> "세계에 관한 우리 사유의 실제 구조를 기술하는 것으로 만족한다."

우리가 말하는 도중에 알게 되는 것에는 **사람**도 있다. 우리는 사람에 대해서는 물질적인 술어(예를 들어 1.8m)뿐 아니라 사람에만 해당하는 술어(웃는다, 아파도 참는다 등)도 사용한다. 이원론이 오류인 핵심적 이유는 그것이 "나"에 대해 두 가지 사용법을 규정하고 있기 때문이다. 이를 반대하는 스트로슨은 사람을 선행하는 카테고리로 규정한다. 즉,

> "이 …… 유형의 개체에는 의식 상태뿐 아니라 물체적 속성도 귀속시킬 수 있는 종류의 존재자 유형"으로 파악한다.

그의 논거는 이렇다. 우리가 적합한 술어를 적용할 수 있는 것은 그런 술어를 우리 자신뿐 아니라 다른 사람에게도 적용하기 때문이다. 다시 말해서 그렇게 함으로써 관찰과 감각을 동등하게 명명하기 때문이다.

윌라드 반 오만 콰인 Willard van Orman Quine(1908~2000년)은 의미에 관한 전통적인 이론을 공격하면서, 그 이론들은 "박물관의 신화를 공유하고 있다"고 주장한다.

> 전통 이론은 낱말을 박물관 전시물에 붙은 작은 이름표로 생각한다. "전시물"이라고 주장하는 것이 플라톤의 이데아인지 대상 자체인지 아니면 대상에 관한 의식 가운데 나타나는 개념(상)인지는 상관없다.

콰인의 자연주의적 프로그램은 이 전통 이론을 실제적인 언어 습득과 대조한다.

> "학습 과정은 사회의 언어 사용에 관해 주체가 행하는 암묵적인 귀납이다."

우리는 일정한 경험적 자극("**자극 의미**")과 발언을 연결함으로써 언어를 습득하는데, 이 연결은 확인되기도 하고(확인되면 연결은 강화된다) 확인되지 않기도 한다(그러면 연결은 사라진다).

> "특정한 사람에게 어떤 문장의 자극 의미는 지금의 자극에 대한 반응에서 그 문장에 동의하거나 거부하는 그 사람의 경향을 간단히 보여준다."

어떤 사람이 토끼를 보고 우리가 모르는 언어로 "가바가이"라고 소리친다면 우리는 그가 일컬은 것이 토끼인지 토끼의 부분인지 아니면 "토끼를 제외한 모든 것"인지 모를 것이다. 다른 언어는 완전히 다른 이해 체계로 작동할 수도 있다(콰인이 말하는 번역의 불확정 원리). 좀 더 일반적으로 말하면, 대상과 속성에 관한 말은

> "고유의, 미리 습득한, 마지막까지는 탐색할 수 없는, 그런 존재론"(콰인의 존재론적 상대성 원리)

이라는 틀 안에서만 유의미해질 수 있다.

A 하르트만N. Hartmann의 카테고리론

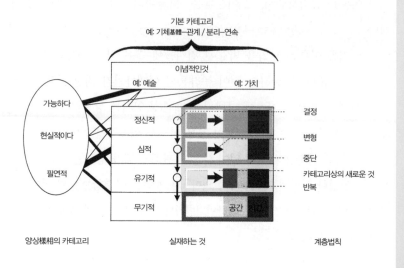

기본 카테고리
예: 기체基體—관계 / 분리—연속

이념적인것
예: 예술　　　　예: 가치

가능하다
현실적이다
필연적

정신적　　　　　　　　　결정
심적　　　　　　　　　　변형
유기적　　　　　　　　　중단
　　　　　　　　　　　　카테고리상의 새로운 것
무기적　　공간　시간　　반복

양상樣相의 카테고리　　　실재하는 것　　　　계층법칙

B 화이트헤드A. N. Whitehead의 유기체론적 철학

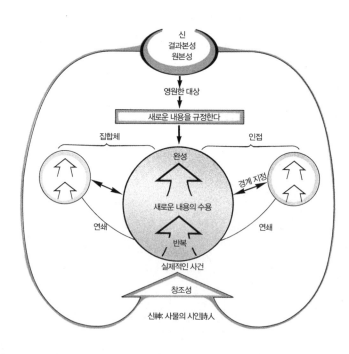

신
결과본성
원본성

영원한 대상

새로운 내용을 규정한다

집합체　　　　　　　　　인접

완성

경계 지정

새로운 내용의 수용

연쇄　　　　　　　　　　연쇄

반복

실제적인 사건

창조성

신神: 사물의 시인詩人

니콜라이 하르트만 Nicolai Hartmann(1882~1950년)은 "새로운 **존재론**"의 기초를 마련하려 한다. 그 출발점은 인식 작용에서 객관이 만들어진다고 보는 주관주의적 전통에서 빠져나오는 것이다. 인식 작용에서 객관이 만들어지는 것이 아니라,

> 인식 행위는 초월적이다. 즉, 그것은 자기를 넘어 대상을 가리킨다.

윤리학과 인식론도 존재론에 종속되며, 하르트만은 이 존재론을 카테고리 분석이라는 형태로 탐구한다. 그래서

> 인식은 인식 카테고리와 존재 카테고리의 일치라고 파악된다.

그러나 물론 이런 일치는 부분적으로만 주어진다. 의식 안에서는 언제나 인식할 수 없는 "잉여분"이 남아 있기 때문이다.

하르트만이 기술하는 전체 **카테고리**는 서로 다른 부분들로 이루어져 있다.

> —양상 카테고리: 현실성, 가능성, 필연성 등의 양상에 따라 서로 다른 존재 영역의 구분이 가능하다. 예를 들어 실재적(시간적) 존재와 이념적(초시간적) 존재(본질, 존재 등)의 구분이 그렇다.

하르트만은 실재적인 것의 영역에서는 가능적, 현실적, 필연적인 성격이 모두 합치한다고 주장한다.

> —근본 카테고리: 이 또한 모든 존재에 대해 타당하다. 하르트만이 특히 열거한 것은 "1. 원리와 구체적인 것, 2. 구조와 양상, 3. 형상과 질료 ……" 등이다.
> —특수 카테고리: 물리학, 생물학, 수학 등의 카테고리다.

존재는 각기 알맞은 카테고리에 따라 특정한 영역 내부에서 다시 단계, 즉 **계층**으로 나뉜다.

> 예를 들어 실재적 존재는 무기물, 유기물, 영혼적인 것, 정신적인 것 등으로 구성된다. 높은 계층은 자기보다 낮은 계층 위에 겹쳐 있다.

하르트만은 이로부터 계층 법칙을 이끌어낸다. 그것은 예를 들어 낮은 계층의 카테고리는 높은 계층에서도 다시 나타나지만 그 반대는 성립하지 않는다는 법칙이

다. 높은 계층의 카테고리는 다른 것과 겹쳐지는 형태로 형성되고, 그 계층의 고유한 카테고리가 계층의 특성을 규정하므로, 아래로부터의 결정은 배제된다. 오히려 높은 계층이 낮은 계층을 결정하도록 되어 있다는 것이다.

알프레드 노스 화이트헤드 Alfred North Whitehead(1861~1947년)는 주저 〈과정과 실재〉(Process and Reality, 1929년)에서 세계를 사변적으로 설명한다. 그는 이 "우주론의 시도"에서 서구적 사고의 몇 가지 오해를 바로잡는다.

> 정신과 물질의 분리(bifurcation)가 실체와 우유성이라는 고전적 구분이나 전통적 시간 표상과 마찬가지로 비판의 대상이다.

화이트헤드는 추상적인 것과 구체적인 것을 잘못 파악함으로써 생기는 착각 ("fallacy of misplaced concreteness", 추상을 구체라고 잘못 파악하여 생기는 오류)을 피하려 한다. 화이트헤드 철학의 특징은 **충분성**(adequacy)이다. 그의 철학이 목표로 한 것은

> "보편적 이념에서 만들어지는 정합적(coherent)이고 논리적이며 필연적인 체계를 정식화하고, 이를 수단으로 삼아 우리 경험의 요소들이 각각 해석될 수 있게 만드는 것"이다.

이에 더하여 화이트헤드는 현실적인 모든 것을 파악하기 위해 복잡한 카테고리를 만든다.

> 여기서 "존재론적 원리"라는 의미에서 현실적인 것은 언제나 구체적인 개체들뿐이다.

현실적인 것은 모두 **과정** 가운데 일어나는 사건이며, 그 과정에서 "객관적 불멸성"을 얻는다. 과정의 특징은 파악이다. 과거로부터 이어지는 각 대상의 규정과 미래를 향한 여러 가능성이 과정 가운데 서로 만난다. 사건이 표출해내는 실재적인 것들은

> 이런 가능성 가운데 하나를 매번 자유롭게 선택하고, 그 가능성이 구체화되면 충족 상태에 도달한다.

이런 과정은 양극적이다. 거기에는 물리적인 극 말고도 주관적 지각 안에 정신적인 극이 있기 때문이다. 사물은 과정 안에서 새로운 내용을 받아들임으로써, 그러

면서 다른 한편으로는 다른 내용을 배제함으로써 규정된다. 따라서 이런 내용이 여건으로 모든 현실적인 것 안에 포함되어 있다.

화이트헤드는 일어난 일들 사이의 관계를 "연쇄"(넥서스, nuxus)라고 부른다(예를 들어 "동시성"). 이 일어난 일들은 그 복잡성과 상호작용의 정도에 따라 군집으로 파악될 수 있으며, 이 군집에 의해서만 지속이 보장된다.

> 예를 들어 세포 안에 있는 분자는 구조화된 군집의 한 부분이다. 분자가 세포 바깥에서는 가질 수 없을 고유한 성질을 세포 안에서는 가지고 있기 때문이다.

과정 안에서 어떤 가능성이 주어지는지를 결정하는 것에는 "무시간적 대상"도 포함된다. 이런 "이념"은 각 사물의 발생에 서로 다른 의미를 가지지만, 일어난 일들의 목표를 나타내는 이념이 어느 일어난 일 가운데 실현될 때만 그것들이 현실적으로 존재한다.

이 이념 사이의 관계를 좌우하는 것은 질서를 부여하는 **신**의 행위다.

> "그런 의미에서 신은 구체화의 원리이며, …… 이 원칙에 의해 모든 시간적인 구체화는 애초의 목표를 얻게 된다. …… 이 목표는 무시간적 대상들이 초기에 각각 어느 정도의 중요성을 가지는지 결정한다."

이러한 측면을 하이트헤드는 신의 "원본성"이라고 부르고, 동시에 그 곁에 "결과 본성"을 둔다. 이 결과 본성 안에서 신은 각 피조물과 연계된다고 하면서, 이 연계를 다음과 같은 그림으로 설명한다.

> "신은 세계를 창조한 것이 아니라 구했을 따름이다. 더 정확히 말하면, 신은 세계의 시인이며, 배려심 가득한 인내로서 진실한 것, 아름다운 것, 선한 것에 대한 자신의 통찰을 통해 세계를 이끈다."

화이트헤드는 세계와 세계를 이루는 모든 요소를 **유기체**로 이해하며, 그 유기체 안에서 모든 부분이 각기 자신과 전체에 대해 의미가 있다고 생각한다. 또 이 유기체는 포괄적인 창조성에 의해 규정되는 것으로 여긴다.

A 블로흐E. Bloch의 "유연한" 시간 표상

각기 다른 시선   표면상의 동시성   시간의 각기 다른 척도

B "희망이라는 원리"

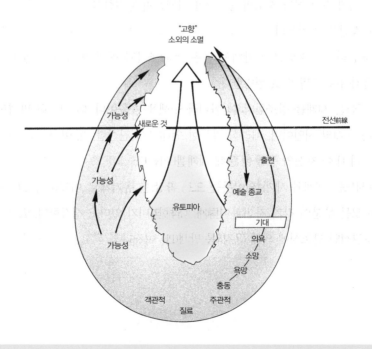

마르크스주의

정치의 세계에서 마르크-엥겔스 이론의 구축과 실현에 가장 큰 역할을 한 사람은 **레닌**이라고 불린 블라디미르 일리치 **울리야노프**Vladimir Ilyich Ulyanov(1870~1924년)다. 그는 지속적인 개혁을 통해 사회주의를 완수하자는 "수정주의" 논조를 강하게 비판한다.

레닌은 독점자본주의에 의해 국가가 앞으로도 억압의 도구가 될 것이며 나아가 높은 이윤으로 인해 노동자 계급 일부가 매수될 수도 있다고 생각한다. 레닌은 자신이 1917년에 러시아에서 실현한 **혁명**에 관한 이론에서 이런 문제에 대비한다. 그가 주장하는 볼셰비즘은 (잠정적인) "프롤레타리아 독재"이며, 이 독재를 지도하는 것은 오직 하나의 당이어야 한다는 것이다. 그 당의 엘리트는 철저한 중앙 집권적 체제에 의해 인도되고, "이데올로기", 즉 올바른 이론의 담당자가 되어야 한다.

"노동자의 정치적 계급의식은 오직 외부에서 주입되는 수밖에 없다."
대외 정책을 분석하는 가운데 레닌에게 중요하게 다가온 것은 무엇보다 제국주의다. 자본 집중이 이루어지는 몇몇 나라가 세계를 나누어 가지는 것은 상품의 판매 경로에서 생기는 지속적인 문제 때문이다. 그런 나라에서 은행 등은 식민지에서 새로운 시장을 개척하는 쪽으로 대외 정책을 유도한다.

레닌의 **유물론**에서 인식은 실천을 통해 진리에 접근하는 것이다. 객관적인 진리가 있다고 전제되기는 하지만, 진리의 인식에는 역사적인 피제약성 때문에 한계가 주어진다고 한다. 중국에서는 **마오쩌둥**毛澤東(1893~1976년)이 혁명 이데올로기를 제창하는데, 마오의 혁명 이데올로기는 지속적이면서 단계적인 혁명이라는 특징이 있다.

에른스트 블로흐 Ernst Bloch(1885~1977년)는 방대한 자료와 폭넓은 언어 능력으로 마르크스 철학을 해석하면서 **유토피아**를 찾으려 애쓴다. 주저 〈희망이라는 원리〉(Das Prinzip Hoffnung, 1954~1959년)*에서 그는 인간의 모든 희망을 모아 보여준다. 블로흐는 "미리 취하는 주체"(das Vorwegnehmende), 즉 예견이 의식의 뛰어난 속성임을 증명한다. 결함과 그것을 없앨 가능성이 인간 존재의 여러 단계에서

* 한국어판은 보통 〈희망의 원리〉이나 오해를 부르는 번역이다. 희망을 위한 어떤 원리가 아니라 "희망" 자체가 인간의 소외를 극복하는 원리라는 것이 이 책의 주제다.

충동으로, 그 다음에는 노력과 동경으로 나타난다. 이것이 막연했던 목표와 연결되면 탐색이 되고, 명확한 목표와 연결되면 의지가 된다.

인간의 본성은 아직 아무것도 정해진 것 없는 미래를 향하도록 되어 있다.

우리는 이름 없는 주체이며, 미지의 지령에 따라 달리는 카스파르 하우저** 같은 자연의 자식이다. 그러나 …… 전 세계와 함께 달린다면 "그 지령이 무엇인지는" …… 자기를 발견하기 위해 달리는 도중에 번뜩 확실해지거나 눈앞에 그려질지도 모른다.

** 19세기 초 독일 남동부 뉘른베르크에서 발견된 지적장애인 고아. 발견 당시 16세였으며, 오랜 세월 감금 당해 있었다는 그의 말은 "바덴 공국의 버려진 왕자"라는 소문과 함께 그를 신비에 싸인 인물로 만들었다. 30대 중반에 안스바흐에서 자상을 입고 죽었는데, 경찰은 자살로 판명했지만 대중은 지금까지도 정적에 의한 피살이라고 주장한다.

예술의 경우에나 종교에서는 "아직 의식되지 않은 것"의 경계를 넘기도 하며, 그래서 예술이나 종교는 "이루어진 것의 현현"이다. 블로흐는 아직 이루어지지 않은 내용을 지키고 있는 것 가운데 하나가 **자연법**이라고 생각한다. 자연법은 "유토피아의 엄격한 사촌"으로, 인간의 자유가 가능해지는 사회관계의 틀을 보여준다. 하지만 경우에 따라 자연법은 참된 진보에 맞서 지속적인 폐해를 옹호하기도 한다.

희망에 대한 주관적 상상이나 이미지에 대응하는 것은 객관적인 현실 안에 있다.

"아직 현실이 되지 않은 가능성을 기대하고 희망하고 지향한다는 것, 그것은 인간 의식의 기본적인 속성일 뿐 아니라, 구체적으로 정리해서 말하면, 객관적 전체 현실의 내면을 규정하는 것이다."

주관적 현실과 마찬가지로 객관적 현실을 관통하고 있는 것도 **"아직 아님"**(das Noch-Nicht)이다. 중심 명제를 논리적으로 정식화하면,

"A=A 또는 A는 비非 A가 아니다"가 아니라 "A는 아직 A가 아니다"가 된다.

세계는 변증법적 과정을 통해 드러나며, 블로흐는 이 과정에 대해 세 가지 카테고리를 제시한다.

1) "전선前線", 즉 미래가 매번 결정되는 시대의 가장 앞쪽.

2) "새로운 것", 즉 실재적 가능성을 바탕으로 언제나 새로워지는 미래의 내용.

3) "질료"

블로흐는 **질료**(Materie)를 정태적, 양적인 것이 아니라 ("mater=어머니"라는 어원에 따라) 역동적, 창조적인 것으로 파악한다. 질료는 "기계적인 방해 요소"가 아니라 오히려 실재적 가능성의 유일한 실체이며, 따라서 새로운 것의 출현을 보장한다.

> **"실재적 가능성**은 질료적 운동이라는 과정의 카테고리적인 선구다."

이 객관적이며 실재적인 가능성은 예를 들어 형식적인 가능성, 즉 순수하게 사고할 수 있는 것의 가능성이나 조건이 충분히 알려져 있지 않아서 생기는 "즉물적, 객관적" 가능성과는 구별된다. 또한 진정한 가능성은 이미 지정된 것의 단순한 전개가 아니다.

시간은 유연한 양으로 고찰해야 한다. 겉보기에 (곧 시계가 가리키는 시간에 의하면) 동시적인 것이 서로 다른 공간에서는 서로 다른 시대에 속하며, 사회 안에서는 오늘날의 것과 원시적인 것이 "동시적으로" 보인다.

〈희망의 원리〉 마지막 부분에서 블로흐는 마르크스와 마찬가지로 인간의 풍부한 본성을 펼쳐나가는 것을 자신의 **목표**라고 규정한다.

> "인간이 자기를 파악하고 포기도 소외도 없이 자신만의 고유성을 현실의 민주주의 안에서 이루어냈다면, 누구라도 그 유년기에 생각할 수 있었지만 실제로는 아직 누구도 경험한 적이 없는 어떤 것이 세계 안에 만들어진다. 그것은 바로 고향이다."

A 비판 이론과 전통적 이론

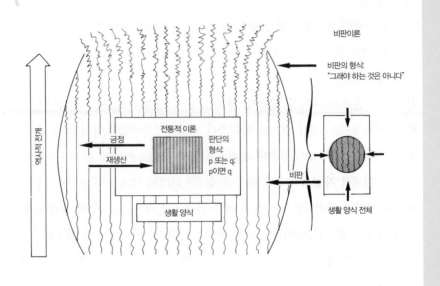

비판이론

비판의 형식:
"그래야 하는 것은 아니다"

역사적 전개

전통적 이론

판단의
형식:
p 또는 q;
p이면 q

긍정

재생산

생활 양식

비판

생활 양식 전체

B 계몽의 변증법

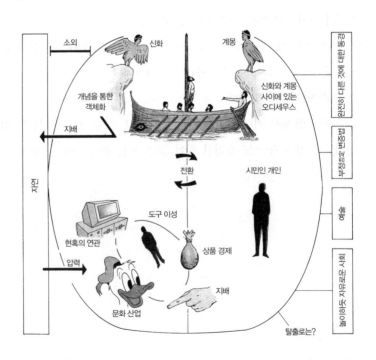

소외

신화

계몽

신화와 계몽
사이에 있는
오디세우스

개념을 통한
객체화

지배

자연

전환

시민인 개인

도구 이성

현혹의 연관

상품 경제

입력

지배

문화 산업

탈출로는?

완전히 다른 것에 대한 동경

부정적인 변증법

예술

놀이하듯 자유로운 사회

비판이론

비판 이론의 대표적인 사상가로는 막스 호르크하이머Max Horkheimer(1895~1973년), 테오도르 아도르노Theodor W. Adorno(1903~1969년), 헤르베르트 마르쿠제Herbert Marcuse(1898~1979년)를 들 수 있다. 이들은 독일 프랑크푸르트 암 마인의 "사회 연구소"를 중심으로 활동한 까닭에 **프랑크푸르트 학파**라고도 불린다.

이들은 나치 정권의 박해를 피해 미국으로 망명할 수밖에 없었다. 서로 강조한 점은 다르지만, 이들은 모두 마르크스를 바탕으로 하여 사회를 비판한다는 공통점이 있다.

이들의 일반적인 특징이라고 일컬어지는 것은 현존하는 것에 대한 강한 거부, 대안에 대한 의구심, 체계적인 것의 회피 등이다. 따라서 이들의 저작은 에세이, 짧은 논문, 잠언 등의 형식을 취한다.

호르크하이머는 비판 이론의 특징을 이렇게 말한다.

> 전통적 이론으로는 인식의 성과가 부분적 국면에 한정되어 있다. 그것은 오로지 눈앞에 드러나는 사태를 재생산하고, 또한 이를 위해 그 사태가 일어나게 되는 사회적 조건을 긍정한다.

호르크하이머는 바로 그런 점에 반기를 든다.

"사회 비판 이론의 대상은 …… 전체 역사적 생활양식을 만들어낸 인간이다."

프랑크푸르트 사회 연구소가 방법으로 택한 것은 무엇보다 학제적 연구*다. 다시 말해서 **사회** 전반에 대한 연구가 필요하다는 것인데, 이는 모든 사실에는 사회적으로 "미리 형식이 주어지기" 때문이다. 이를 위해서는 연구의 기준을 새로 마련하지 않으면 안 된다. 따라서

| *여러 학문 분야의 공동 연구

> 시스템 내부를 수정하는 것이 아니라 시스템 자체에 대해 근본적인 비판을 가한다.

이런 비판은 인간 자신이 사회의 주체라고 여겨질 수 있기 때문에 가능하다. 이것

을 "실존적 판단"으로 정식화하면 다음과 같다.

> "반드시 현재의 상황이 아니면 안 된다는 것은 없다. 인간은 존재를 바꿀
> 수 있다."

이 변혁의 목표로 여겨지는 것은 사회의 이성적인 형태다. 이런 사회에서는 진리와

> "평화와 자유와 행복을 향한 이성적인 노력 또한 효과적으로 작동한다."

이때 추구되는 것은 지배와 억압을 없애고 해방을 얻는 것이다.

40년대에 호르크하이머와 아도르노는 미국에서 "계몽의 변증법"을 연구한다.

> 부르주아 상품 경제가 확산되면서 신화의 어두운 지평선에 계산적인 이성
> 의 태양이 비추고, 그 얼음 같은 광선으로 인해 새로운 야만[특히 파시즘]이
> 점점 그 싹을 틔운다.

일반적인 **이성**의 지배가 여기서는 계몽이라고 일컬어진다. 이성의 도구는 개념이
며, 이성은 이를 신화와 공유하고, 따라서 신화는 이미 계몽을 포함하고 있다. 신
화 이전에 인간은 자연을 모방(미메시스)함으로써 자연과 주술적으로 연계된다.
개념적 사고와 함께 인간은 주체로서 자연을 객체화하는 데 성공한다. 이것이 자
연 지배를 통한 인간의 존속을 가능하게 하는데, 이를 위해 인간은 소외라는 대
가를 치러야 하기도 한다. 이런 "대상화對象化"(Versachlichung)가 이제는 거꾸로 인
간들 사이의 관계나 개인이 자기 자신과 갖는 관계 안에 침투한다. 이에 상응하여
대상화는 자본주의 경제에서 상품의 교환 가치가 추상화되도록 한다. 결국 주체
가 저항하지 않고 전체적 지배에 넘겨짐으로써 계몽은 신화로 되돌아가게 된다는
것이다.

> "예전에는 애니미즘이 사물을 영혼이 있는 것으로 여겼지만, 이제는 산업
> 주의가 영혼을 대상화한다."

도덕, 문화 산업, 과학 모두가 도구적 이성의 순수 형식주의에 의해 규정되고 있다.
그것들은 인간과 자연을 전면적으로 지배하는 도구인 "기만의 연계" 노릇을 한다.
특히 호르크하이머는 그런 사실에 의해 개인 자체가 위협 앞에 놓인다고 강조한
다. 관리되는 세계에서는 개별 주체가 사라진다는 것이다.

후기의 비판 이론은 점차로 특정한 희망을 버리게 된다. 후기 호르크하이머 철학의 특징은 "완전히 다른 것에 대한 동경"일 것이다. 아도르노는 "부정否定 변증법"에서 비동일적인 것을 견지하려 한다. 다시 말해서 개별적인 것을 구하는 길을 추구한다. 부정과 대립은 종합(진테제)이나 체계로는 해결할 수 없다고 여겨진다.

> 비동일적인 것에 대한 인식은 변증법적이다 ……. 이런 인식은 어떤 것이 무엇인지를 말하려 하는 것으로, …… 그것은 어떤 모범 사례나 대표적인 것을, 즉 그 자신이 아닌 무엇임을 말하려는 것이 아니다.

아도르노는 무엇보다 예술에서 이런 "동일성의 압력으로부터 해방된 자기 동등성"을 실현할 가능성을 본다. 따라서 그의 작업에는 미학이 중요한 위치를 차지한다.

마르쿠제는 주저 〈일차원적 인간〉(Der eindimensionale Mensch, 1967년)에서 산업사회의 기능 가운데 합리적인 것과 비합리적인 것 사이에 생기는 분열을 강조한다. 이 비합리적인 것으로 인해 산업사회는 이미 인간의 자유로운 전개에 도움이 되지 않는다.

> 사고는 현존하는 것을 "**일차원적으로**" 영구화하고 현존하는 것의 비합리성을 숨긴다.

특히 마르쿠제는 프로이트를 인용하여 심리적, 사회적 정황이 억압적이라고 본다. 근원적 욕망, 그 가운데서도 에로스적 쾌락 원리가 현실 원리로 바뀌고, 나아가 이 현실 원리가 실적주의로 타락한다는 것이다. 변혁이 지향하는 목표는 무엇보다 자유로운 놀이의 여러 가능성이 인간 본성의 계발을 보증하는 사회를 창조하는 것이다.

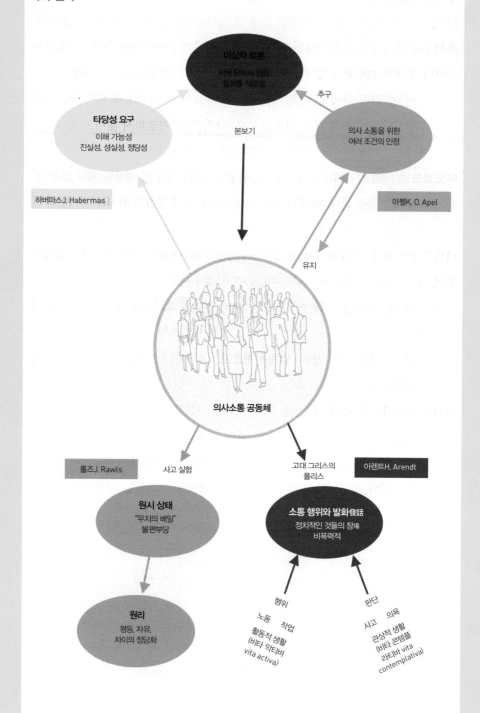

이상적 토론
지배 당하지 않는 청위를 지향함

타당성 요구
이해 가능성
진실성, 성실성, 정당성

의사 소통을 위한
여러 조건의 인정

추구

본보기

하버마스J. Habermas

아펠K. O. Apel

유지

의사소통 공동체

롤즈J. Rawls

사고 실험

고대 그리스의
폴리스

아렌트H. Arendt

원시 상태
"무지의 베일"
불편부당

소통 행위와 발화發話
정치적인 것들의 장場
비폭력적

원리
평등, 자유,
차이의 정당화

행위

판단

노동   작업
활동적 생활
(비타 악티바
vita activa)

사고   의욕
관상적 생활
(비타 콘템플
라티바 vita
contemplativa)

사회철학

위르겐 하버마스Jürgen Habermas(1929년~)는 사회 비판 이론의 토대를 연구한다. 그는 〈인식과 관심〉(Erkenntnis und Interesse, 1968년)에서 얼핏 객관적으로 보이는 과학도 어느 것이나 **인식을 주도하는 관심**에 의해 동기를 부여 받는다는 것을 밝힌다. 경험적, 분석적 과학의 바탕이 되는 것은 기술적技術的 관심이며, 이런 관심은 성과를 이끌어내는 행위의 확보를 지향한다. 역사적, 해석학적 과학은 실천적 관심을 가지며, 이 관심이 지향하는 것은 의사소통 가능성의 확장이다. 그리고 이 두 종류의 과학은 모두 사회적인 생활 조건의 압력을 받는다.

바탕이 마련되어야 할 비판적 과학은 해방에 대한 관심에 의해 유지된다. 하버마스에 의하면 이데올로기적 연루를 알아차리는 성숙이라는 이념은 이미 언어 구조 안에 설정되어 있다. 자기 나름의 언어를 사용하는 사람은 자유로운 합의가 가능하다는 사실을 처음부터 전제한다.

그러므로 비판적인 사회 이론은 의사소통이 가능해지도록 하기 위한 보편적 조건의 해명을 확보해야 한다. 그런 **보편적 실용론**의 출발점은 다음과 같다.

"의사소통적으로 행동하는 모든 인간은 임의의 언어 행위 가운데 보편적으로 타당한 요구를 제기하고 이 요구가 충족될 것임을 전제해야 한다."

하버마스는 네 가지 **타당성 요구**를 열거한다.

표현이 이해 가능할 것, 언명이 진리일 것, 의도가 진실일 것, 규범이 정당할 것.

의사소통적인 행동은 자신의 타당한 요구를 **토론**이라는 형식 안에서 정당화해야 한다. 토론은 누구든지 의견을 내는 동등한 권리가 있고 내외의 압력으로부터 자유롭다는 이상적인 발화 상황이다. 실제의 의사소통적 행동도 그것이 모두 합의에 근거를 두고 있는 이상적인 경우에는 그 자체가 효과적인 토론이 된다.

카를 오토 아펠 Karl Otto Apel(1922년~)은 타당성의 바탕이 합의라는 하버마스의 견해에 동의하면서도, 궁극적인 기초 마련이 가능하다고 생각한다는 점에서 하버마스와 다르다. 그래서 그의 **초월론적 실용론**은 규범에 대해서도 보편적인 동시에 필연적인 타당성의 조건이 있다는 것을 보여주려 한다.

▎그의 출발점은 더 이상 그 뒤를 캘 수 없는 **의사소통 공동체**다.

언명 행위를 하면서 타당성을 주장하는 사람이면 누구나 의사소통을 가능하게 하는 조건을 미리 암묵적으로 승인할 수밖에 없고, 자기모순에 빠지지 않으려면 이런 조건을 부정할 수 없다. 토론의 원리는 동시에 규범적 윤리의 바탕을 포함하고 있다. 왜냐하면 토론하는 사람은 사람들의 상호 행위와 협동의 규칙을 이미 받아들이고 있기 때문이다.

그로부터 다음의 **근본 규칙**이 나온다.

　　―인류를 현실적인 의사소통 공동체로서 유지할 것.

　　―압박에서 자유로운 사회관계 안에서 이상적인 의사소통 공동체를 추구할 것. 이상적인 의사소통 공동체란 이성적으로 정당화해야 할 모든 구성원의 요구에 대해 보편적인 합의를 만들어내는 공동체다.

존 롤즈 John Rawls(1921~2003년)의 〈정의론〉(A Theory of Justice, 1971년)에서 중심이 되는 것은 하나의 사회 안에서 어떤 원리에 따라 시민 사이의 권리와 자유, 부의 분배가 조정되어야 하는가란 질문이다.

이에 답하기 위해 롤즈는 계약론적인 사고 실험을 시도한다.

▎사람들이 향후 자기 사회의 규칙을 구상하기 위해 모인 **원시 상태**를 마음속으로 그려보자.

불편부당함이라는 도덕 원리를 보장하기 위해, 원시 상태에 있는 사람들은 "무지의 베일" 뒤에 숨는다. 다시 말해서 그들은 자기의 능력, 사회적 지위 등을 모른다. 이런 상태에 있다면 그들은 모두의 이익을 배려할 수 있는 사회 구조에 찬동할 것이다.

따라서 다음 두 **원리**가 확정된다고 할 수 있다.

▎"1. 사람은 누구나 동등한 기본적 자유가 보장되는 가장 포괄적인 시스템에 대해 동등한 권리를 가져야 하며, 그런 시스템은 다른 모든 사람에게 평

등한 시스템과 양립한다.

2. 사회적, 경제적 불평등은 a)그런 불평등이 모든 사람의 이익에 도움이 될 것임을 합리적으로 기대할 수 있으며, b)그 불평등이 모든 사람에게 열려 있는 지위나 직위에 결부되어 있다고 말할 수 있도록 만들어져야 한다."

두 번째 원리는 격차 원리라고도 하는데, 사회적인 불평등은 그것이 가장 약한 사람에게 이익이 될 때만 정당함이 확정된다는 것이다(맥시민maximin 원리*).

한나 아렌트 Hannah Arendt(1906~1975년)의 정치철학은 아리스토텔레스에 의거한 행위론을 바탕으로 구상된다.

┃ 노동, 작업, 행위라는 세 가지 기본적 행위 가운데 행위가 정치의 원래 장소다.**

행위와 발화는 사람이 서로 관계를 맺고 교섭하고 설득하는 공간, 지배로부터 자유로운 공간을 이룬다. 이에 대응하는 정치적인 권력은 의사소통적인 행위 능력으로 규정되며, 이것은 폭력에 의해 파괴된다. 근대에 들어 노동은 높이 평가되면서 동시에 행위를 위한 공간은 사라지고, 관료화와 기술과 대중의 등장에 의해 탈정치화가 강해지며, 이 탈정치화가 전체주의적인 지배 체제로 가는 길을 마련한다.

*사회철학의 맥시민 원리는 최소한에 속하는 입장에 최대한의 관심을 주거나 최우선순위를 부여하는 원리다. 이와 반대되는 것은 맥시맥스 원리, 최대한에 속하는 입장에 최대한의 관심을 주거나 최우선순위를 부여한다는 원리다.

** 이 세 행위의 독일어 원문은 "아르바이트Arbeit, 헤르슈텔렌 Herstellen, 한델른Handeln"으로 모두 '일'과 관련된 낱말이지만, 아렌트는 이를 생존과 욕망 충족을 위한 육체적인 일인 노동, 가치를 창출하기 위한 작업/제작, 사회적인 소통을 지향하는 행위로 세분한다.

A 포퍼K. R. Popper의 귀납과 연역

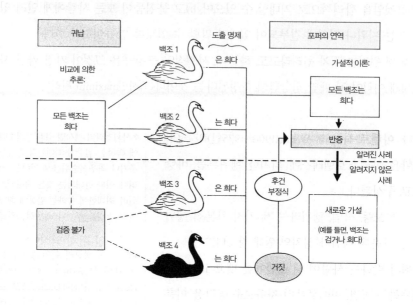

귀납

비교에 의한 추론

모든 백조는 희다

검증 불가

도출 명제

백조 1 은 희다

백조 2 는 희다

백조 3 은 희다

백조 4 는 희다

후건 부정식

거짓

포퍼의 연역

가설적 이론: 모든 백조는 희다

반증

알려진 사례 알려지지 않은 사례

새로운 가설

(예를 들면, 백조는 검거나 희다)

B 포퍼의 3세계론

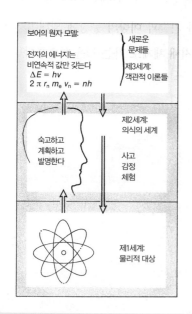

보어의 원자 모델:

전자의 에너지는 비연속적 값만 갖는다
$\Delta E = hv$
$2 \pi r_n m_e v_n = nh$

새로운 문제들
제3세계: 객관적 이론들

숙고하고 계획하고 발명한다

제2세계: 의식의 세계

사고 감정 체험

제1세계: 물리적 대상

C 알버트H. Albert의 "뮌히하우젠의 삼중고"

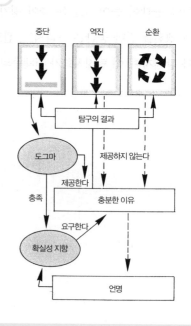

중단   역진   순환

탐구의 결과

도그마   제공하지 않는다

제공한다

충족   충분한 이유

요구한다

확실성 지향

언명

비판적 합리주의

카를 라이문트 포퍼 Karl Reimund Popper(1902~1994 년)는 무엇보다 **과학론** 연구로 유명하다. 그는 자신을 외부 세계와 외부 세계의 합법칙성이 실재로서 주어 져 있다고 생각하는 상식적인 실재론자라고 자칭한 다. 그러나 그는 사물의 어떤 본질은 과학으로 파악된 다고 보는 견해를 거부한다. 사회과학은 이 이른바 본 질주의로 인해 방법론적 유명론唯名論이 지배적인 자연과학에 비해 뒤처져 있다 는 것이 그의 생각이다.

본질주의의 특징은 다음과 같이 묻는다는 것이다.

"운동이란 무엇인가?"

이 질문은 유명론에서는 이렇게 될 것이다.

"행성은 어떻게 움직이는 것일까?"

본질주의는 개념을 문제 삼고 개념의 의미를 정의함으로써 해명하는 경향이 있다. 이와는 달리 유명론은 언명이나 이론의 진리 여부는 도출된 것을 통해 검증할 수 있다고 주장한다.

저서 〈연구의 논리〉(Logik der Forschung, 1934년)의 중점은 **귀납**에 대한 포퍼의 논 지다. 흄과 마찬가지로 그는 사례가 아무리 많아도 그것으로부터 법칙을 도출해 낼 수는 없다고 주장한다. 귀납적 추론은 논리적 필연성이 없다. 반대로 다음과 같은 "후건 부정식"(modus tollens)에서 보이는 연역적 방법은 타당성이 있다

p가 t로부터 도출될 수 있고 [p가 명제 체계 t의 결론 명제이며], 동시에 p 가 거짓이라면 t도 거짓이다.

이로써 자연과학과 형이상학 사이에 경계를 설정하는 것은 귀납적 방법의 유무가 아니라 명제의 경험적 **반증**이 원칙적으로 가능한지 여부에 달려 있다.(도해A) 이론의 내용은 이중으로 규정된다.

하나의 이론에서 도출할 수 있는 모든 명제의 집합이 이론의 "논리적" 내 용이다. 그리고 그 이론에서 정보를 제공하는 내용은 그 이론과 양립할 수

없는 명제의 집합이다.

따라서 이론은 그에 대한 비판과 반증의 가능성이 많을수록 내용적으로 한층 풍부해진다.

포퍼에 의하면 **인식의 획득**은 도식 P1—VT—FB—P2를 따른다.

> 문제 P1은 잠정적 이론 VT에 의해 설명된다. 이 이론으로부터 논의나 실천적 검증에 의해 오류의 제거 FB가 이루어지며, 그로부터 다음 문제 P2가 설정된다.

따라서 모든 지식은 추측에 의한 지식이며 모든 이론은 가설이다. 인식에는 언제나 추측이 선행되며, 모든 경험에는 "이론이 침투해 있다". 이론은 결코 진실될 수 없으며, 언제나 "진리에 한층 더 닮은 것"이 되어갈 뿐이다.

포퍼에 의하면 전체 **진화**가 이 도식을 따른다. 그에게 다윈주의(385쪽 참조)는 과학적으로 검증할 수 있는 것이 아니라 다음과 같은 "형이상학적 연구 프로그램"이라고 주장한다. 다윈주의는

> 모든 생물은 자연선택의 압력을 받는 문제 해결 방법을 스스로 만들어낸다.

그러나 인간은 잘못을 범해도 사라지지 않고 그 대신 언어로 정식화한 가설을 "죽게" 할 수 있다.

포퍼는 **세계**를 세 가지로 구분한다. 제1세계는 물리적 실재, 제2세계는 의식의 세계다. 제3세계의 주요 구성 요소는 문제나 이론이다. 이 3세계는 우리 사고 안에서 만들어지기는 하지만, 우리 사고와는 달리 초시간적, 객관적, 영속적이다(도해B 참조). 예를 들어 수數는 하나의 발명품이며, 이 발명에 의해 새로운 객관적 수학 문제가 독립적으로 만들어진다. 포퍼에 의하면 모든 가설을 비판적으로 검토하는 것은 열린 사회에서만 가능하다. 그런 사회의 민주주의가 안전과 자유를 동시에 제공한다. 민주주의는 전체주의적 경향에 의해 위협 당하는데, 포퍼는 그 전체주의적 경향을 "거짓 예언자"인 헤겔이나 마르크스, 그리고 특히 플라톤에서 발견한다. 포퍼는 열린 사회를 지지하면서 그리스인 페리클레스의 말을 인용한다.

> "정치적 이념의 구상과 실현은 소수의 사람에게만 가능하지만, 그런 것을

평가할 능력은 우리 모두에게 있다."

한스 알베르트 Hans Albert(1921년~)는 실증주의의 중립성과 실존주의의 전면적 사회 참여라는 양자를 조정할 가능성을 비판적 합리주의에서 찾는다. 그는 철학을 이렇게 이해한다.

> 철학은 종교, 윤리, 정치를 **비판적으로 검증**하는 것을 과제로 삼는다.

종교, 윤리, 정치는 독단적 이론(도그마)으로 인해 개선을 위한 제안에 둔감하며, 이런 사태는 철저한 이데올로기 비판에 의해 제거되어야 한다.

알베르트에 의하면 도그마는 확실성을 지향하는 의지에 의해 만들어진다. 이 의지는 모든 언명에 대한 궁극적인 설명을 요구하는 충분한 이유 원리("충족이유율")로 정식화된다. 여기서 생기는 것이 "뮌히하우젠의 삼중고三重苦*"다(도해C).

> 인식에 관한 아르키메데스의 점**을 연구하면 다음 세 가지 가능성이 도출된다.
>
> ─근거를 찾기 위해 계속 어떤 것의 근저로 거슬러가는 무한 역진
>
> ─논리적 순환
>
> ─절차의 중단

절차를 중단하는 경우에 근거 확보는 직관이나 경험에 의해 이루어지지만, 알베르트는 이것이 도그마로 돌아감을 뜻한다고 본다. 그리고 도그마는 현재 상태를 유지하는 데 도움이 된다. 이에 대항하여 알베르트는 계몽을 향한 의지를 내세운다.

> 진리에 가까이 다가가려면 검증할 수 있는 이론을 전개해야 함과 동시에 그 이론을 잠정적인 것으로 여기고 끝없이 비판해야 한다.

비판의 목표는 인간이 평가와 행위에서 합리적으로 움직이는 것이다.

* 뮌히하우젠은 독일의 실존인물로, 자신의 황당무계한 모험담으로 허풍쟁이의 대명사가 되어 수많은 민담과 드라마의 소재가 되었다. 그의 이야기 가운데 "어느 날 혼자 말을 타고 가다가 늪에 빠졌는데, 내 손으로 내 머리채를 잡아당겨서 빠져나왔다"는 거짓말이 있다. 알베르트는 "최종적인 근거"를 추론하려는 철학적 시도가 부딪히게 되는 세 가지 함정─결론은 전제를 증명해야 하지만 그러려면 전제가 필요해진다는 순환논리, 최종 근거의 가능성을 가정하면 다시 그 가정의 근거를 찾아 거슬러 올라가야 하는 무한역진, 추론의 중단─을 이 이야기의 모순에 빗대어 이런 이름을 붙였다.

** 수학자 아르키메데스는 움직이지 않는 점과 충분히 긴 지렛대만 있으면 지구를 들어올릴 수 있다고 말했다. 이에 빗대어 지식, 변화, 운동의 철학적 최종 근거를 흔히 아르키메데스의 점이라고 한다.

A 인간학

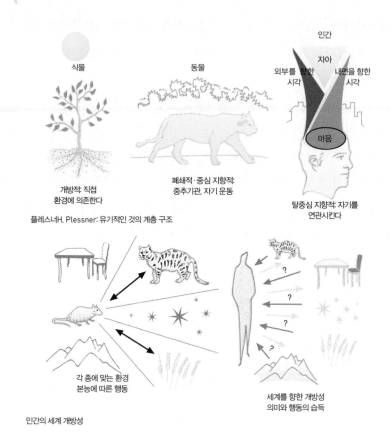

식물

동물

인간
자아
외부를 향한 시각 · 내면을 향한 시각
마음

개방적: 직접 환경에 의존한다

폐쇄적·중심 지향적: 중추기관, 자기 운동

탈중심 지향적: 자기를 연관시킨다

플레스너H. Plessner: 유기적인 것의 계층 구조

각 종에 맞는 환경 본능에 따른 행동

세계를 향한 개방성 의미와 행동의 습득

인간의 세계 개방성

B 해석학

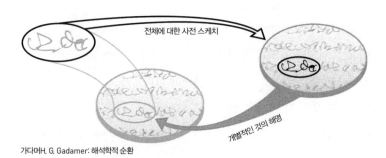

전체에 대한 사전 스케치

개별적인 것의 해명

가다머H. G. Gadamer: 해석학적 순환

인간학, 해석학

20세기의 철학적 **인간학**은 생물학이 이룬 성과에 바탕을 두고 있다.

생물학의 성과를 바탕으로 **헬무트 플레스너**Helmut Plessner(1892~1985년)는 인간을 생물의 계층 구조 안에 넣는다.

모든 생물은 자기의 **위치성**에 의해 그 특징이 정해진다. 생물은 자기 외부 세계로부터 벗어나 있음과 동시에 자신의 환경과 연관되어 그로부터 반작용을 받는다.

식물의 **조직 형식**은 개방적이다. 식물은 자신이 직접 의존하는 방식으로 환경에 편입된다는 것이다. 이와는 달리 간접적인 방식을 택하는 동물은 (중추기관인 뇌를 비롯해서) 여러 기관을 형성함으로써 자신을 더 강하게 유기적 조직의 중심에 위치시키고, 그로써 더 강한 독립성을 갖게 된다.

생명체 가운데 처음으로 **인간**은 중심에서 벗어나 있는 위치성이라는 특징을 갖는다. 이는 인간이 자기의식을 바탕으로 성찰적으로 자신과 연관될 수 있기 때문이다. 그래서 인간은 자신을 다음과 같이 세 가지 시각으로 파악한다.

인간은 자신을 대상적 신체로, 신체 안에 있는 영혼으로, 그리고 자아로 파악한다. 그리고 인간은 이 자아로부터 자신의 탈중심적 위치성을 얻게 된다.

그렇게 하여 인간은 자기와 거리를 두게 되므로, 인간의 삶은 인간 자신이 성취해야 할 과제가 된다.

인간은 먼저 자기의 존재 내용을 스스로 만들어내야 한다. 그런 연유로 인간은 본성적으로 계발을 지향하고 또 계발에 의존한다.

인간에게서는 자연과 문화, 감성과 정신이 언제나 연결되어 통일을 이루고 있다.

아르놀트 겔렌 Arnold Gehlen(1904~1976년)도 생물학의 성과를 바탕으로 동물과 인간의 비교에서 출발한다.

환경에 완전히 적응하여 일관되게 본능에 제압당한 채 살아가는 동물과는 달리 인간은 생물학적으로 보아 **결함투성이인 존재**다.

인간의 실존은 자신의 부적응과 본능의 퇴화로 인해 위협에 직면한다. 그러나 다른 한편으로 이런 상황에 대해 인간은 **세계를 향한 개방성**과 학습 능력으로 대응한다. 인간은 특정한 경험의 지평이나 행위 모델에 얽매이지 않기 때문이다.

> 그러므로 인간은 그 성찰하는 의식 덕분에 인공적인 환경, 즉 문화를 창출함으로써 자기의 삶(의 존속)을 위한 조건을 새로이 형성할 수 있다.

세계를 향한 인간의 개방성으로 인해 인간은 지속적으로 너무 많은 감각적 인상을 받고, 행위의 가능성이나 세계 해석 가능성도 지속적으로 과잉 상태가 된다. 이런 과잉은 인간 혼자 극복하지 못한다. 그래서 인간에게 왜 그런 여러 속성이나 신체 구조가 있는지는 그 속성과 구조의 **부담 경감 기능**으로 설명된다. 인간의 속성과 신체 구조에 의해 질서나 정체성이 확정되기 때문이다.

> 이 질서와 정체성에 속하는 것이 사회 제도, 언어, 사고, 상상 등의 "내적 능력"이다.

한스 게오르크 가다머 Hans Georg Gadamer(1900~2002년)는 저서 〈진리와 방법〉(Wahrheit und Methode, 1960년)으로 20세기 해석학에 가장 강한 자극을 준다.

> 그에 의하면 이해는 학문의 방법일 뿐 아니라 인간 존재의 존재 양식이다.
> 이 존재 양식 안에서 세계가 규명된다.

이해의 프로세스는 해석학적 순환 안에서 작동한다. 이 순환의 내부에서는 개별적인 것은 전체에 의해, 전체는 개별적인 것에 의해 해명된다. 그러므로 의미 전체를 향한 "선행—판단", 즉 선입견이 필요한데, 이런 판단은 자각되는 동시에 수정될 수 있는 것이어야 한다.

해석자의 역사적 지평은 과거와 현재가 끊임없이 매개되어 만나는 "전승이라는 사건"의 내부에서 형성된다. 전승의 이해는 대화와 같다. 왜냐하면 전승되는 증언은 진리 요구를 제기하고, 해석자는 이 진리 요구를 자기의 질문에 대한 가능한 답으로서 현재화顯在化해야 하기 때문이다. 이런 만남을 통해 해석자 자신의 지평이 변해가는 것과 마찬가지로 작품이라는 것도 그 영향의 역사 안에서 시간적인 간격을 두고 새로운 의미를 얻게 된다.

폴 리쾨르 Paul Ricoeur(1913~2005년)는 먼저 **상징**(symbol)의 의의를 연구한다. 상징은 중의적重義的인 기호이며, 현재적顯在的인 소여 안에 숨겨져 있는 의미를 지시하고 있으며, 이 의미가 한층 포괄적인 존재 영역을 인간에게 열어 보여준다고 여겨진다. 리쾨르의 주된 명제 가운데 하나는

> "상징이 사고를 촉진한다"는 것이며

이 명제는 상징이 직접적으로는 드러나지 않는 현실을 사고에게 보여준다는 것이다. 리쾨르는 상징의 세 가지 차원을 구분한다.

> 그것은 우주적, 몽상적(꿈속에서 만들어지는), 시적 차원이다.

가능한 해석 양식들 가운데는 두 가지 극단적 양식이 있다. 한쪽 극단에 있는 신뢰의 해석학(특히 종교 현상학)의 목표는 잊혀지는 의미를 다시 획득하는 것이고, 그 반대쪽 극단에 있는 회의의 해석학(특히 프로이트의 정신분석)은 억압되어 있는 정동을 감추는 가면으로서의 상징을 폭로하려 한다.

후기의 저작에서 리쾨르는 텍스트와 행위의 해석학을 다룬다. (말할 수 있는 것과는 다른) 텍스트의 본질적인 특징은 그 의미론적인 자율이다. 즉,

> 텍스트는 저자, 원천적인 정황들의 관계, 텍스트 수신자 등에 얽매이지 않는다.

이것은 (시간적으로 나중에 있어 영향을 받는) 행위에도 해당하며, 따라서 행위는 "의사疑似 텍스트"라고 해석할 수 있다. 텍스트와 행위는 둘 다 독특한 영향의 흔적을 남긴다. 이런 텍스트는 세계를 열어 보이는 양식을 포함하고 있으며, 그 양식을 통해 해석자의 고유한 자기 이해를 탐색할 수 있게 된다.

A 레비 스트로스 C. Lévi-Strauss

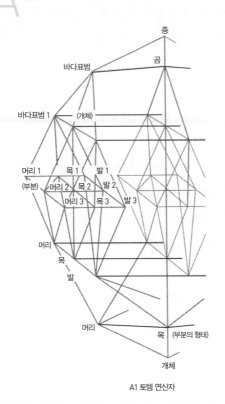

A1 토템 연산자

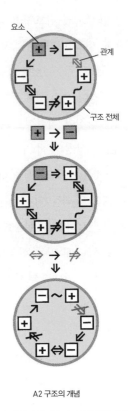

A2 구조의 개념

B 푸코M. Foucault: "근대적 개인의 탄생"

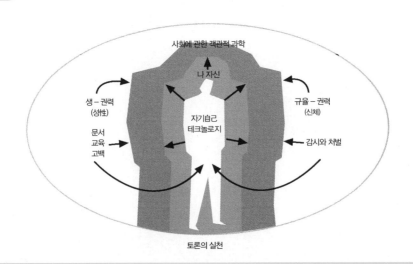

토론의 실천

구조주의의 등장에 큰 영향을 끼친 것은 **페르디낭 드 소쉬르**Ferdinand de Saussure(1857~1913년)에서 시작된 구조언어학이다.

┃ 구조언어학에 따르면 **언어**는 서로 관계를 맺고 있는 기호의 시스템이다. 또 이 기호는 기표記表(시니피앙, le signifiant, "의미하는 것")와 기의記意(시니피에, le signifié, "의미된 것")으로 구성된다.

이 두 특징 사이의 관계는 임의적이다. 그러므로 각 기호의 의미는 각각 그 자체로 성립하는 것이 아니라 언어 내적인 관계의 시스템에 의해 확정된다.

┃ '시스템으로서 언어'(la langue)는 의식되지 않는 구조로 각 개인이 '실제로 사용하는 언어'(la parole)의 바탕이 된다. 언어는 오로지 화자의 총합 안에서만 완전히 실재한다.

소쉬르에 의해 언어는 여러 요소(기호)의 내적 관계 안에 있는 자립적 질서임이 드러난다. 이 질서는 구체적인 표출 양식을 통해 비로소 분명해진다. 다른 문화적 산물(예술, 의식, 예의범절 등) 또한 기호 시스템인 까닭에, 우리는 그것의 바탕에 있는 구조에 대해 똑같이 물을 수 있다.

클로드 레비 스트로스 Claude Lévi-Strauss(1908~2009년)는 부족 문화의 기호 시스템과 분류 시스템을 연구하기 위해 민족학에 구조적 방법을 응용한다. 그는 어떤 제도, 어떤 관습과 신화의 바탕에서도 의식되지 않는 구조가 있고 이 구조의 해명이 대단히 중요하다는 생각에서 출발한다. 그 구조에서 모든 인간 정신의 활동 형식이 밝혀지기 때문이다.

┃ **구조**란 여러 요소의 총합이며 요소들 사이에는 다양한 관계가 만들어져 있고, 나아가 하나의 요소 또는 관계의 변화가 다른 여러 요소나 관계를 변화시키는 방식으로 구조가 만들어진다.

그래서 **친족 시스템**은 하나의 구조로 해석할 수 있고, 그 구조의 요소는 사람들이며 그들 사이의 관계는 결혼 규칙에 의해 규정된다. 개인의 사회적 지위와 권리가 이 시스템에 의해 결정되기 때문에 이 시스템 전체가 사회관계를 규정한다.

레비스트로스는 저서 〈야생의 사고〉(La pensée sauvage, 1962년)에서 이른바 **토테미즘**이 식물종과 동물종의 자연적 다양성을 염두에 두고 사회관계를 구분하고 질서를 부여하는 분류 시스템이라고 해석한다(토템 씨족).

┃ "토템 연산자"(도해A)는 이 분류 시스템이 사용하는 개념 장치가 얼마나
　복잡한지 잘 보여준다.

원주민 부족의 "야성적 사고"는 추상 능력이 있고, 자연적, 사회적 상황의 질서를 얻기 위해 노력한다. 이 질서는 구체적인 생활 조건에 밀접하게 의존한다.

레비스트로스는 사고의 근본 문제 가운데 하나인 **자연과 문화**의 대립을 고찰한다. 이 대립은 갖가지 기호 시스템 안에 코드화되어 있다.

─사회적 실제라는 차원에서는 결혼 규칙이나 의식儀式 등에

─해석이라는 차원에서는 **신화**에

코드화되어 있는 것이다.

이렇게 하여 그는 〈신화학〉(Mythologiques, 1971~1975년)에서 아메리카 대륙의 신화를 문화의 성립 과정을 내용으로 하는 논리 정연한 하나의 시스템으로서 연구한다.

미셸 푸코 Paul-Michel Foucault(1926~1984년)의 역사 지향적인 연구는 지식의 질서 형식을 재구성하고 이 형식에 의해 구성되는 대상을 재구성하는 것을 목표로 한다. 푸코는 구조주의의 영향을 받았지만 무엇보다 구조의 보편성과 초시간성이라는 구조주의의 전제를 비판하면서 역사의 비연속성을 강조한다. 이에 따라 그는 **후기 구조주의**에 속한다고 여겨진다.

푸코가 **지식의 고고학**에 관한 최초의 저서에서 연구한 것은

┃ 한 시대에 이루어진 담론의 총합이라고, 다시 말해서 서로 상관관계에 있는 언명 집합의 총합이라고 규정되는 "에피스테메"(episteme)*의 질서다.

* 에피스테메는 지식 일반을 가리킨다. 플라톤은 감각적 인식과는 다른 이성에 의한 참된 인식을 에피스테메라고 불렀고, 푸코는 이 개념을 한 시대의 언술 행위와 지식 체계를 있게 하는 지식의 틀을 가리키는 용어로 사용했다.

푸코에 의하면, 18세기 말에 이르자 사람들은 이

런 담론을 통해 자기 인식의 주체이자 동시에 객체의 역할을 수행하는 "경험적, 초월론적 중복자"로서 인식론적으로 중심적인 지위를 얻게 되었다. 이렇게 하여 인간은 인문학의 대상이 된 뒤 곧 의식되지 않은 구조를 연구하는 과학 안에서 다시 "실종"되기 시작한다. 푸코의 연구에서 중심 주제 가운데 하나는 어떻게 해서 인간이 주체로서 구성되고 다시 담론의 네트워크 안에서 인간이 차지하는 지위를 통하여 해체되었는가, 하는 문제다.

> 여기서 담론은 지식과 사회 질서와 개인의 자기 이해를 형성하는 **권력**을 관철하기 위한 수단임이 밝혀진다.

이 담론은 어느 특정한 주체 안에 그 중심이 있지 않고, 말해진 것의 외적인 사항 안에 흩어져 있다. 권력 전략의 계보학은 근원 자체가 아니라 "여러 근원"을 찾으려 한다. 근대적 개인의 "탄생"은 감시와 "고백"이 실제로 이루어진 결과이며, 이 감시와 고백에는 의사와 재판관과 교육자가 개입해 있다는 것이 푸코의 견해다. 개인은 자신에게 요구되는 "공개"를 통해 "나 자신"이 되며, 그렇게 되면 이 "나 자신"은 통제의 대상이 될 수 있는 것이다. 그와는 달리 푸코는 자기 자신을 향한 고대의 심려에서 주체의 전략적인 탈취에 대항하는 윤리적인 "실존의 미학"을 발견한다.

—저자 또는 편자, 제목의 우리말 번역을 제시한 목적은 한국어판 검색이 쉽도록 하려는 것입니다. 따라서 모든 우리말 번역은 특정한 한국어판을 기준으로 하지 않았으며, 경우에 따라 간략히 적었습니다. 한국어판의 출간 여부에 상관없이 제목과 저자를 우리말로 표기했습니다.

—각 항목이 다루는 철학자의 저서는 책 제목을 앞에 두고, 2차 문헌은 "저자: 저서"의 꼴로 적어 구분했습니다.

—원서의 참고 문헌에 사용된 말줄임을 풀어쓰지 않고 그대로 두었습니다.

동양 철학

인도

-Bhagavadagita(S. 린하르트 역: 바가바드기타). Übers. S. Lienhard. Baden-Baden 1958

-Buddha: Die vier edlen Wahrheiten(K. 뮐리우스 편: 붓다. 사성제). Hg. K. Mylius. München 1986

-Reden des Buddha(H. 베케르트 역: 붓다의 말씀). Übers. H. Beckert. Freiburg 1993

-Indische Geisteswelt(H. v. 글라제나프: 인도의 정신세계). Eine Auswahl von Texten in dt. Übersetzung. 2 Bde. Hg. H. v. Glasenapp. Baden-Baden 1958/59

-Upanischaden(A. 힐레브란트 역: 우파니샤드). Übers. A. Hillebrandt. Köln 1986

-Upanischaden(P. 티메 역: 우파니샤드). Übers. P. Thieme. Stuttgart 1966

중국

-R. Wilhelm의 독일어 번역: 〈역경〉, 〈논어〉, 〈맹자〉, 〈도덕경〉, 〈장자〉 등

-Konfuzius: Gespräche des Meisters Kung(Lun Yue)(E. 슈바르츠 편: 공자의 논어. 스승 공자와의 대화). Hg. E. Schwarz. München 1985

-Lao-Tse: Tao Te King(V. v. 슈트라우스 역: 노자의 도덕경). Übers. V. v. Strauss. Zürich 1959

-Lao-Tse: Tao Te King(G. 데본 역: 노자의 도덕경). Übers. G. Debon. Stuttgart 1961

서양 고대 철학

아리스토텔레스

-Werke in dt. Übers(H. 플라스하르 편: 저작집). Begr. E. Grumach, hg. H. Flashar. Berlin 1956ff.

-Philosophische Schriften(H. Bonitz외 역: 철학적 저술들). 6 Bde. Übers. H. Bonitz u.a. Hamburg 1995

-Einzelausgaben in der "Philosophischen Bibliothek", Meiner, Hamburg und in der "Bibliothek der alten Welt", Artemis, Zürich("Philosophische Bibliothek 철학문고", "Bibliothek der alten Welt 고대 세계 문고" 시리즈 간행 단행본들)

-J. L. Ackrill: Aristoteles. Einf. in sein Philosophieren(J. L. 아크릴: 아리스토텔레스. 그의 철학적 사고 입문). Berlin 1985

-W. Bröcker: Aristoteles(W. 브뢰커: 아리스토텔레스). Frankfurt ^{5}1987

-I. Düring: Aristoteles. Darstellung und Interpretation seines Denkens(I. 뒤링: 아리스토텔레스. 그 사상의 서술과 해석). Heidelberg 1966

-E. Sandvoss: Aristoteles(E. 잔트포스: 아리스토텔레스). Stuttgart 1981

보에티우스

-Trost der Philosohie(E. 게겐샤츠, O. 기곤 편역: 철학의 위안). Lat.-dt. Hg. u. Übers. E. Gegenschatz u. O. Gigon. Zürich/München ^{3}1981

에피쿠로스

-Von der Überwindung der Furcht. Katechismus, Lehrbriefe, Spruchsammlung, Fragmente(O. 기곤 편역: 공포의 극복에 관하여. 교리, 지도 서한, 잠언, 단편). Hg. u. Übers. O. Gigon. Zürich/München ^{3}1983

-Briefe, Sprüche, Werkfragmente(서간, 잠언, 저술 단편). Griech.-dt. Hg. H. W. Krautz. Stuttgart 1980

-M. Hossenfelder: Epikur(M. 호센펠더: 에피쿠로스). München ^{2}1998

플라톤

-Jubiläumsausgabe saemtl. Werke. Hg. O. Gigon, Übers. R. Rufener(O. 기곤 편, R. 루페너 역: 플라톤 전집 기념판). Zürich/München 1974

-Sämtl. Dialoge. Hg. u. Übers. O. Apelt(O. 아펠트 편역: 대화편 전집). Sonderausgabe Hamburg 1988

-Werke in acht Bänden. Griech.-dt. Hg. G. Eigler(G. 아이글러 편: 플라톤 저작들). Darmstadt 1970~1983

-K. Bormann: Platon(K. 보르만: 플라톤). Freiburg ^{3}1993

-W. Bröcker: Platos Gespräche(W. 브뢰커: 플라톤 대화편). Frankfurt ^{3}1985

-P. Friedländer: Platon(P. 프리틀랜더: 플라톤). 3 Bde. Berlin ^{2}1954~1960

-H. Grögemanns: Platon(H. 그뢰게만스: 플라톤). Heidelberg 1994

플로티노스

-Plotins Schriften. Griech.-dt. 6 Bde. Übers. R. Harder(R. 하르더 역: 플로티노스 저작집). Hamburg

1956~1971 (daraus auch einzelne Studienausgaben)

-Ausgewählte Schriften. Hg. W. Marg(W. 마르크 편: 플로티노스 선집). Stuttgart 1973

-V. Schubert: Plotin. Einf. In sein Philosophieren(V. 슈베르트: 플로티노스 철학 입문). Freiburg 1973

회의론

-Sextus Empiricus: Grundriss der pyrrhon. Skepsis. Übers. M. Hossenfelder(섹스투스 엠피리쿠스: 피론 회의론의 기초. M. 호센펠더 역). Frankfurt 1985

-F. Ricken: Antike Skeptiker(F. 리켄: 고대의 회의론자들). München 1994

소크라테스

(전집은 플라톤 항목 참조)

-G. Böhme: Der Typ Sokrates(G. 뵈메: 소크라테스). Frankfurt 1988

-E. M. Kaufmann: Sokrates(E. M. 카우프만: 소크라테스). München 2000

-B. Waldenfels: Das sokrat. Fragen(B. 발덴펠스: 소크라테스의 질문). Meisenheim 1961

스토아 학파

-Stoa und Stoiker. Die Gründer, Panatios, Poseidonios. Hg. u. Übers. M. Pohlenz(M. 폴렌츠 편역: 스토아 학파와 그 철학자들. 창시자들, 파나티오스, 포세이도니오스). Zürich ^{2}1964

-Epiktet: Handbüchlein der Moral(H. 슈미트 편역 에픽테토스: 도덕 핸드북). Hg. u. Übers. H. Schmidt. Stuttgart ^{11}1984

-Marc Aurel: Wege zu sich Selbst(W. 타일러 편역 마르쿠스 아우렐리우스: 자기 자신으로 가는 길). Hg. u. Übers. W. Theiler. Zürich ^{3}1985

-Seneca: Philosoph. Schriften(M 로젠바흐 편역: 세네카 철학 저술집). 5 Bde. Lat.-dt. Hg. u. Übers. M. Rosenbach. Darmstadt 1969~1989

-G. Maurach: Seneca(G. 마우라흐: 세네카). Darmstadt ^{3}2000

-M. Pohlenz: Die Stoa. Geschichte einer Bewegung(M. 폴렌츠: 스토아 학파의 역사). 2 Bde. Göttingen 1992 u. 1990

소크라테스 이전 철학자들

-Die Fragmente der Vorsokratiker(H. 딜스, W. 크란츠 편: 소크라테스 이전 철학자들의 단편). 3 Bde. Griech.-dt. Hg. H. Diels/W. Kranz. Dublin/Zürich ^{6}1985

Die Vorsokratiker(W. 카펠레 편: 소크라테스 이전 철학자들). Hg. W. Capelle. Stuttgart ^{8}1973

-Die Vorsokratiker(J. 만스펠트 역: 소크라테스 이전 철학자들). Griech.-dt. Übers. J. Mansfeldt. Stuttgart 1987

-Gorgias von Leontinoi: Reden, Fragmente und Testimonien(Th. 부흐하임 역: 레온티노이의 고르기아스 단편). Griech.-dt. Hg. Th. Buchheim. Hamburg 1989

-W. Bröcker: Die Geschichte der Philosophie vor Sokrates(W. 브뢰커: 소크라테스 이전 철학의 역사). Frankfurt ²1986

-U. Hölscher: Anfängl. Fragen. Studien zur frühen griech. Philosophie(U. 휠셔: 초기의 질문들. 초기 그리스 철학 연구). Göttingen 1968

중세 철학

알베르투스 마그누스

-Ausgewählte Texte(A. 프리스 편역: 선집). Lat.-dt. Hg. u. Überse. A. Fries. Darmstadt ⁴2001

-I. Crämer-Rügenberg: Albertus Magnus(I. 크레머 뤼겐베르크: 알베르투스 마그누스). München 1980

캔터베리의 안셀무스

-Monologion(F. S. 슈미트 편: 모놀로기온). Lat.-dt. Hg. F. S. Schmidt. Stuttgart 1964

-Proslogion(F. S. 슈미트 편: 프로슬로기온). Lat.-dt. Hg. F. S. Schmidt. Stuttgart ³1995

-De veritate. Über die Wahrheit(M. 엔더스 편: 진리에 대하여). Lat.-dt. Hg. M. Enders. Hamburg 2001

-Analecta Anselmiana. Untersuchungen über Person und Werk Anselms von Canterbury("아날렉타 안셀미아나". 캔터베리의 안셀무스의 인간과 저작 연구). Begr. F. S. Schmidt. 5 Bde. Frankfurt 1969~1976

-K. Kienzler: Glauben und Denken bei Anselm von Canterbury(K. 킨츨러: 캔터베리의 안셀무스의 신앙과 사유). Frankfurt 1981

아우렐리우스 아우구스티누스

-Dt. Augustinusausgabe(C. J. 페를 편: 독일어판 아우구스티누스 저작집). Hg. C. J. Perl. Paderborn 1940ff.

-Bekenntnisse(W. 팀메 역, 서문: 고백록). Einl. u. Übers. W. Thimme. Zürich/München 1982

-Selbstgespräche ueber Gott und die Unsterblichkeit der Seele(H. 뮐러 역: 신과 영혼 불멸에 관한 독백). Lat-dt. Übers. H. Müller. Zürich 21986

-Vom Gottesstaat(W. 팀메 역: 신국). 2 Bde. Übers. W. Thimme. Zürich/München 1978

-K. Flasch: Augustin. Einf. In sein Denken(K. 플라슈: 아우구스티누스 사상 입문). Stuttgart ²1994

-A. Schöpf: Augustinus. Einf. in sein Philosophieren(A. 셰프: 아우구스티누스 철학 입문). Freiburg/München 1970

아베로에스

-Die Metaphysik des Averroes(M. 호르텐 역해: 아베로에스의 형이상학). Übers. u. Erl. M. Horten. Frankfurt 1960 (Nachdr. Der Ausg. Halle 1912)

-Philosophie und Theologie von Averroes(M. J. 뮐러 역: 아베로에스의 철학과 신학). Übers. M. J. Müller. Osnabrück 1974 (Nachdr. Der Ausg. München 1875)

아비켄나

-Die Metaphysik Avicennas(M. 호르텐 역해: 아비켄나의 형이상학). Übers. u. Erl. M. Horten. Frankfurt 1960 (Nachdr. Der Ausg. Leipzig 1907)

-G. Verbeke: Avicenna. Grundleger einer neuen Metaphysik(G. 페르베케: 아비켄나. 새로운 형이상학의 기초자). Opladen 1983

보나벤투라

-Das Sechstagewerk(W. 뉘센 역: 창조의 엿새). Lat.-dt. Übers. W. Nyssen. München 1964

-Pilgerbuch der Seele zu Gott(카누프 역: 신에게 가는 영혼의 여정). Lat.-dt. Übers. J. Kanup. München 1961

-E. Gilson: Die Philosophie des hl. Bonaventura(E. 질송: 성 보나벤투라의 철학). Darmstadt ²1960

요한네스 둔스 스코투스

-Abhandlung über das erste Prinzip(W. 클룩센 편역: 제1원리 연구). Hg. u. Übers. W. Kluxen. Darmstadt 1974

-E. Gilson: Johannes Duns Scotus. Einf. in die Grundgedanken seiner Lehre(E. 질송: 요한네스 둔스 스코투스 이론의 기본 사상). Düsseldorf 1959

요한네스 스코투스 에리우게나

-Über die Einteilung der Natur(L. 노아크 역: 자연의 분류에 관하여). Übers. L. Noack. Hamburg 1983

-W. Beierwaltes: Eriugena. Grundzüge seiens Denkens(W. 바이어발테스: 에리우게나 사유의 기초). Frankfurt 1994

-G. Schrimpf: Das Werk des Johannes Scotus Eriugena im Rahmen des Wissenschaftsverständnisses seiner Zeit(G. 슈림프: 당대 학문 이해에 관한 요한네스 스코투스 에리우게나 저작). München 1982

마이스터 에크하르트

-Die lat. Werke(K. 바이스 외 편역: 라틴어 저작들). Hg. u. Übers. K. Weiß u. a. Stuttgart 1936ff.

-Die dt. Werke(J. 크빈트 외 편역: 독일어 저작들). Hg. u. Übers. J. Quint. Stuttgart 1958ff.

-Dt. Predigten und Traktate(J. 크빈트 편역: 독일어 설교와 논문). Hg. u. Übers. J. Quint. München ²1963

-H. Fischer: Meister Eckhart. Einf. in sein philosoph. Denken(H. 피셔: 마이스터 에크하르트 철학 사유 입문). Freiburg 1974

-K. Ruh: Meister Eckhart(K. 루: 마이스터 에크하르트). München ²1989

모세스 마이모니데스

-Führer der Unschlüssigen(A. 바이스 편역: 망설이는 자를 위한 안내서). Hg. u. Übers. A. Weiß. Hamburg 1995 (Nachdr. der Ausg. von 1923/1924)

니콜라우스 쿠사누스

-Schriften des Nikolaus von Cues(E. 호프만 외 편: 니콜라우스 쿠사누스 저술집). In dt. Übersetzung. Hg. E. Hoffmann u. a. Leipzig/Hamburg 1936ff.

-Die belehrte Unwissenheit (De docta ignorantia)(P. 빌페르트, H. G. 젱어 편역: 데 독타 이그노란티아. 박식한 무지에 대하여). 3 Bde. Lat-dt. Hg. u Übers. P. Wilpert u. H. G. Senger. Hamburg 1977

-Weitere lat-dt. Parallelausgaben in der "Philosophischen Bibliothek"("Philosophische Bibliothek 철학문고" 시리즈에 다른 라-독 대역판들이 있음), Hamburg

-K.-H. Kandler: Nikolaus von Kues(K.-H. 칸들러: 니콜라우스 쿠사누스). Göttingen ²1997

-K. H. Volkmann-Schluck: Nicolaus Cusanus. Die Philosophie im Übergang vom Mittelalter zur Neuzeit(K. H. 폴크만 슐루크: 니콜라우스 쿠사누스. 중세와 근세의 과도기 철학). Frankfurt ³1984

페트루스 아벨라르두스

-Theologia Summi boni(U. 니글리 편역: 테올로기아 숨미 보니). Lat.-dt. Hg. U. Niggli. Hamburg ³1997

-Die Leidensgeschichte und der Briefwechsel mit Heloisa(E. 브로스트 편역: 엘로이즈와의 연애 사건과 편지 교환). Hg. u. Übers. E. Brost. Heidelberg ⁴1979

-L. Graue: Pierre Abélard. Philosophie und Christentum im Mittelalter(L. 그라우에: 아벨라르두스. 중세의 철학과 그리스도교). Göttingen 1969

라이문두스 룰루스

-Die neue Logik(Ch. 로르 편: 신논리학). Lat.-dt. Hg. Ch. Lohr. Hamburg 1985

-E. W. Platzeck: Raimund Lull(E. W. 플라체크: 라이문두스 룰루스). 2 Bde. Düsseldorf 1962/1964

교부 철학

-Bibliothek der Kirchenvaeter. Eine Auswahl patrist. Werke in dt. Übersetzung(O. 바르덴헤버 편: 교부
문헌집. 독일어역 교부 자적 선집). Hg. O. Bardenhewer u. a. München 1911~1938

-E. Osborn: Anfänge christl. Denkens(E. 오스보른: 그리스도교 사상의 시작). Düsseldorf 1987

토마스 아퀴나스

-Die dt. Thomas-Ausgabe(독일어판 토마스 아퀴나스 저작집). Dt.-lat. Ausgabe der Summa theologica.
Heidelberg 1933ff.

-Summe gegen die Heiden(K. 알베르트 외 편역: 반이교도대전). 4 Bde. Lat.-dt. Hg. u. Übers. K.
Albert u. P. Engelhardt. Darmstadt 1974ff.

-Über das Sein und das Wesen(R. 알레르스 역: 존재와 실체에 관하여). Lat-dt. Übers. R. Allers.
Darmstadt 1989

-Untersuchungen über die Wahrheit(E. 슈타인 역: 진리에 대한 연구). Übertr. E. Stein. Loewen/
Freiburg 1964

-R. Heinzmann: Th. von Aquin(R. 하인츠만: 토마스 아퀴나스). Stuttgart 1992

-G. Mensching: Th. von Aquin(G. 멘싱: 토마스 아퀴나스). Frankfurt 1995

-J. Pieper: Thomas von Aquin. Leben und Werk(J. 피퍼: 토마스 아퀴나스. 삶과 업적). München [4]1990

-J. Weisheipl: Thomas von Aquin. Sein Leben und seine Theologie(J. 바이스하이플: 토마스 아퀴나스
의 삶과 신학). Graz/Wien/Köln 1980

윌리엄 오컴

-Summe der Logik (aus Teil I)(P. 쿤체 편역: 대논리학). Hg. u. Übers. P. Kunze. Hamburg 1984

-Texte zur Theorie der Erkenntnis und der Wissenschaft(R. 임바흐 편: 인식과 학문의 이론에 관한 문
헌). Lat.-dt. Hg. R. Imbach. Stuttgart 1984

-H. Junghans: Ockham im Lichte der neueren Forschung(H. 융한스: 최신 연구에 비추어 본 오컴).
Berlin/Hamburg 1968

르네상스 시대 철학

프랜시스 베이컨

-Neues Organon(W. 크론 편: 노붐 오르가눔). Lat-dt. Hg. W. Krohn. Hamburg 1990

-Ch. Whitney: Francis Bacon(Ch. 휘트니: 프랜시스 베이컨). Frankfurt 1989

조르다노 브루노

-Das Aschermittwochsmahl(F. 펠만 역: 재의 수요일 만찬). Übers. F. Fellmann. Frankfurt 1981

-Von den heroischen Leidenschaften(Ch. 바흐마이스터 편: 영웅적 열정). Hg. Ch. Bachmeister.
Hamburg 1989

-Von der Ursache, dem Prinzip und dem Einen(P. R. 블룸 편: 원인, 원리, 일자). Hg. P. R. Blum.
Hamburg ⁶1982

-Zwiegespräche vom unendl. All und den Welten(L.쿨렌베크 편: 무한 우주와 여러 세계에 관한 문답).
Hg. L. Kuhlenbeck. Darmstadt 1973

-A. Groce: Giordano Bruno. Der Ketzer von Nola. Versuch einer Deutung(A. 그로체: 조르다노 브루
노. 놀라에서 온 이단자. 해석의 시도). Wien 1970

-G. Wehr: Giordano Bruno(G. 베르: 조르다노 브루노). München 1999

-J. Winter: Giordano Bruno(J. 빈터: 조르다노 브루노). Düsseldorf 1999

로테르담의 에라스무스
-Erasmus Studienausgabe(에라스무스 학습판). 8 Bde. Lat.-dt. Darmstadt 1967ff.
-Lob der Torheit(U. 슐츠: 바보 예찬). Hg. U. Schultz. Frankfurt 1978
-Vertraute Gespräche(H. 레들레: 내밀한 대화). Lat.-dt. Hg. H. Rädle. Stuttgart 1976
-C. Augustin: Erasmus von Rotterdam. Leben － Werk － Wirkung(C. 아우구스틴: 로테르담의 에라
스무스. 삶과 업적과 영향). München 1986

마르실리오 피치노
-Über die Liebe oder Platos Gastmahl(P. R. 블룸 편: 사랑에 대하여 또는 플라톤의 향연). Lat-dt. Hg.
P. R. Blum. Hamburg 1984
-P. O. Kristeller: Die Philosophie des Marsilio Ficino(P. O. 크리스텔러: 마르실리오 피치노의 철학).
Frankfurt 1972

후고 그로티우스
-Drei Bücher vom Recht des Krieges und des Friedens(W. 셰첼 편: 전쟁과 평화의 법 3권). Hg. W
Schätzel. Tübingen 1950

니콜로 마키아벨리
-Der Fürst(R. 초른 편: 군주론). Hg. R. Zorn. Stuttgart ⁶1978
-Il principe/Der Fürst(Ph. 리펠 편: 군주론). Hg. Ph. Rippel. Stuttgart 1986
-H. Freyer: Machiavelli(H. 프라이어: 마키아벨리). Weinheim 1986
피코 델라 미란돌라
-Über die Würde des Menschen(A. 부크 편: 인간의 존엄성에 관한 연설). Lat.-dt. Hg. A. Buck.

Hamburg 1990

미셸 드 몽테뉴

-Essais(H. 뤼티 역: 수상록). Übers. H. Lüthy. Zürich [9]1996

-H. Friedrich: Montaigne(H. 프리드리히: 몽테뉴). Bern/München [3]1993

-J. Starobinski: Montaigne. Denken und Existenz(J. 슈타로빈스키: 몽테뉴. 사유와 실존). München/
Wien 1986

페트로 폼포나치

-Abhandlung über die Unsterblichkeit der Seele(B. 모이지슈 편: 영혼 불멸에 관한 연구). Lat-dt. Hg. B.
Mojsisch. Hamburg 1990

계몽주의 철학

조지 버클리

-Eine Abhandlung über die Prinzipien der menschl. Erkenntnis(A. 클렘트 편: 인간의 인식 원리에 관한
연구). Hg. A. Klemmt. Hamburg 1979

-Philosoph. Tagebuch(W. 브라이데르트 편: 철학 일기). Hg. W. Breidert. Hamburg 1980

-H. M. Bracken: Berkley(H. M. 브라켄: 버클리). 1974

르네 데카르트

-Discourse de la Méthode(L. 게베 편: 방법 논설). Frz.-dt. Hg. L. Gäbe. Hamburg 1990

-Meditationes de prima philosophia(L. 게베 편: 메디타키오네 데 프리마 필로소피아, 제1철학에 관한 성
찰). Lat.-dt. Hg. L. Gäbe. Hamburg [3]1992

-Regulae ad directionem ingenii(H. 슈프링마이어 외 편: 레굴레 아드 디렉티오넴 인게니이, 정신의 인도
규칙). Lat.-dt. Hg. H. Springmeyer u. a. Hamburg 1973

-F. Alquié: Descartes(F. 알키에: 데카르트). Stuttgart 1962

-W. Röd: Descates. Die innere Genesis des cartesian. Systems(W. 뢰트: 데카르트. 데카르트 체계의 내
적 기원). München 1964

토머스 홉스

-Lehre vom Körper(M. 프리쉬아이젠 쾰러 편: 물체론). Hg. M. Frischeisen-Köhler. Hamburg [2]1967

-Lehre vom Menschen. Lehre vom Bürger(M. 프리쉬아이젠 쾰러 외 편: 인간론. 시민론). Hg. M.
Frischeisen-Köhler, G. Gawlick. Hamburg [2]1966

-Leviathan oder Stoff, Form und Gewalt eines bürger. und kirchl. Staates(I. 페처: 리바이어던 또는 시

민과 교회에 의한 국가의 요소, 형식, 권력). Hg. I. Fetscher. Frankfurt 1984

-L. Strauss: Hobbes polit. Wissenschaft(L. 슈트라우스: 홉스의 정치학). Neuwied/Berlin 1965

-U. Weiß: Das philosoph. System von Thomas Hobbes(U. 바이스: 토머스 홉스의 철학 체계). Stuttgart-Bad Cannstatt 1980

데이비드 흄

-Eine Unters. ueber den menschl. Verstand(J. 쿨렌캄프 편: 인간지성론). Hg. J. Kulenkampff. Hamburg [11]1984

-Eine Untersuchung ueber die Prinzipien der Moral(C. 빙클러 역: 도덕의 원리 연구). Übers. C. Winckler. Hamburg 1972

-Ein Traktat über die menschl. Natur(Th. 리프스 외 편: 인간본성론). Hg. Th. Lipps, R. Brandt. Hamburg 1973

-Die Naturgeschichte der Religion(L. 크라이멘달 편: 종교의 자연사). Hg. L. Kreimendahl. Hamburg 1984

-E. Craig: David Hume. Eine Einf. in seine Philosophie(E. 크레이그: 데이비드 흄 철학 입문). Frankfurt 1979

-J. Kulenkampff: David Hume(J. 쿨렌캄프: 데이비드 흄). München 1989

-G. Streminger: David Hume. Sein Leben u. Sein Werk(G. 슈트레밍어: 데이비드 흄. 삶과 업적). Paderborn [3]1995

고트프리트 빌헬름 라이프니츠

-Werke. Zweisprachige Ausgabe(저작집. 대역). 5. Bde. Frankfurt 1986

-Studienausgabe(저작집 학습판). 5 Bde. Darmstadt 1965ff.

-Philosophische Werke(철학적 저작집). 4 Bde. Hamburg 1996

-K. Müller u. G. Kroenert: Leben und Werk von G. W. Leibniz(K. 뮐러 외: 라이프니츠의 삶과 업적). Frankfurt 1969

존 로크

-Versuch über den menschl. Verstand(C. 빙클러 편: 인간 지성론). 2 Bde. Hg. C. Winckler. Hamburg [4]1981

-Ein Brief ueber Toleranz(J. 에빙하우스 편: 관용에 관한 서간). Engl.-dt. Hg. J. Ebbinghaus. Hamburg [2]1975

-Zwei Abhandlung über die Regierung(W. 오이흐너 편: 정부2론). Hg. W. Euchner. Frankfurt [2]1977

-H. Bouillon: John Locke(H. 부용: 존 로크). St. Augustin 1977

몽테스키외

-Vom Geiste der Gesetze(K. 바이간트 편: 법의 정신). Hg. K. Weigand. Stuttgart 1967

블레즈 파스칼

-Gedanken über die Religion und ueber einige andere Gegenstände(E. 바스무트 역: 종교와 몇 가지 대
   상에 관한 생각). Übers. E. Wasmuth. Stuttgart 1987
-Die Kunst zu überzeugen und die anderen kleineren philosoph. und relig. Schriften(E. 바스무트 역:
   설득의 기술). Übers. E. Wasmuth. Heidelburg ³1963
-A. Béguin: Blaise Pascal(A. 베갱: 블레즈 파스칼). Hamburg ⁸1979
-J. Steinmann: Pascal(J. 슈타인만: 파스칼). Stuttgart ²1962

장 자크 루소

-Die Bekenntnisse(고백). München 1981
-Diskurs über die Ungleichheit(H. 마이어 편: 불평등에관한 담론). Frz.-dt. Hg. H. Meier. Paderborn
   ⁴1997
-Schriften zur Kulturkritik(K. 바이간트 편: 문화비평논집). Hg. K. Weigand. Hamburg ⁵1995
-Emil oder Über die Erziehung(L. 슈미트 편: 에밀). Übers. L. Schmidts. Paderborn ¹²1995
-M. Forschner: Rousseau(M. 포르슈너 : 루소). Freiburg 1977
-R. Spämann: Rousseau. bürger ohne Vaterland(R. 슈페만: 루소. 조국 없는 시민). München 1980

스피노자

-Sämtli. Werke in sieben Bänden(전집). Hamburg 1965~1990 (Nachdrucke und Neuauflagen)
-Studienausgabe(저작집 학습판). 2 Bde. Lat-dt. Darmstadt 1979/ᵝ1980
-Die Ethik(J. 슈테른: 윤리학). Lat.-dt. Übers. J. Stern. Stuttgart 1977
-H. G. Hubbeling: Spinoza(H. G. 후벨링: 스피노자). Freiburg 1978
-F. Wiedmann: Baruch de Spinoza(F. 비트만: 바루흐 데 스피노자). Würzburg 1982

조반니 바티스타 비코

-Prinzipien einer neuen Wissenschaft über die gemeinsame Natur der Völker(V. 회슬레 외 편: 민족들
   의 본성에 관한 새로운 학문의 원리). Hg. V. Hösle u. Ch. Jermann. Hamburg 1990
-S. Otto: G. Vico(S. 오토: 비코). Stuttgart 1989
-R. W. Schmidt: Die Geschichtsphilosophie G. B. Vicos(R. W. 슈미트: 비코의 역사 철학). Würzburg
   1982

크리스티안 볼프

-Gesammelte Werke(E. 에콜레 외 편: 전집). Hg. J. Ecole u. a. Hildesheim 1965ff.

-W. Schneiders (Hg.): Christian Wolff 1679~1754(W. 슈나이더 편: 크리스티안 볼프 1679~1754). Hamburg 1983

독일 관념론

요한 고틀리프 피히테

-Histor.-krit. Gesamtausgabe(R. 라우트 외 편: 역사비판적 전집). Hg. R. Lauth, H. Jacob u. a. Stuttgart-Bad Cannstatt 1962ff.

-Studienausgaben in der "Philosophischen Bibliothek"("Philosophische Bibliothek 철학문고" 간행 학습판), Hamburg

-W. Janke: Fichte. Sein und Reflexion. Grundlagen der krit. Vernunft(W. 얀케: 피히테. 존재와 성찰. 비판적 이성의 기초). Berlin 1970

-J. Widmann: J. G. Fichte. Einf. in seine Philosophie(J. 비트만: 피히테 철학 입문). 1982

게오르크 빌헬름 프리드리히 헤겔

-Gesammelte Werke(저작집). Hamburg 1968ff.

-Daraus: Studienausgaben in der "Philosophischen Bibliothek"(위 저작집의 "Philosophische Bibliothek 철학문고" 간행 학습판), Hamburg

-Werke in 20 Bänden(E. 몰덴하우어 외 편: 전집). Hg. E. Moldenhauer u. K. M. Michel. Frankfurt 1986

-Ch. Helferich: G. W. F. Hegel(Ch. 헬페리히: 헤겔). Stuttgart 1979

-O. Pöggeler (Hg.): Hegel(O. 푀겔러 편: 헤겔). Freiburg 1977

임마누엘 칸트

-Gesammelte Schriften(학습판 저작집) (Akademieausgabe). Berlin 1902ff.

-Werke in sechs Bänden(H. 바이셰델 편: 저작집). Hg. W. Weischedel. Wiesbaden 1956~1964 (Nachdruck Darmstadt ^{5}1983)

-Studienausgaben in der "Philosophischen Bibliothek"("Philosophischen Bibliothek 철학문고" 및 레클람 간행 저작집 학습판), Hamburg, und bei Reclam, Stuttgart

H. M. Baumgartner: Kants 〈Kritik der reinen Vernunft〉. Anleitung zur Lektüre(H. M. 바움가르트너: 칸트 〈순수이성비판〉 입문). Freiburg ^{4}1996

-F. Kaulbach: Immanuel Kant(F. 카울바흐: 임마누엘 칸트). Berlin ^{2}1982

프리드리히 빌헬름 요제프 셸링

-Histor.-krit. Gesamtausgabe(H. M. 바움가르트너 외 편: 역사비판적 전집). Hg. -H. M. Baumgartner,
W. G. Jacobs, H. Krings, H. Zeltner. Stuttgart 1976ff.

-Studienausgabe(전집 학습판) (Aus F. W. J. v. Schellings sämtliche Werke. Stuttgart/Augsburg
1856~1861). Nachdruck Darmstadt 1976~1983

-Ausgewählte Schriften(M. 프랑크 편: 저술선집). 6 Bde. Hg. M. Frank. Frankfurt 1989

-S. Dietzsch: F. W. J. Schelling(S. 디취: 셸링). Berlin/Köln 1978

-M. Frank: Eine Einf. in Schellings Philosophie(M. 프랑크: 셸링 철학 입문). Frankfurt 1985

-H. J. Sandkühler: F. W. J Schelling(H. J. 잔트퀼러: 셸링). Stuttgart 1970

프리드리히 다니엘 에른스트 슐라이어마허

-Krit. Gesamtausgabe(H.-J. 비르크너 외 편: 비판적 전집). Hg. H.-J. Birkner u. a. Berlin/ New York
1980ff.

-Brouillon zur Ethik(H.-J. 비르크너 편: 윤리학 초록). Hg. H.-J. Birkner. Hamburg 1981

-Hermeneutik und Kritik(M. 프랑크 편: 해석학과 비판). Hg. M. Frank. Frnakfurt 1977

-Über die Religion(H.-J. 로테르트 편: 종교론). Hg. H.-J. Rothert. Hamburg 1970

-D. Lange (Hg.): Friedrich Schleiermacher. Theologe – Philosoph – Pädagoge(D. 랑에 편: 프리드리
히 슐라이어마허. 신학자, 철학자, 교육자). Göttingen 1985

19세기 철학
오귀스트 콩트

-Rede über den Geist des Positivismus(I. 페처 편: 실증철학 강의). Hg. I. Fetscher. Hamburg ³1979

-Die Soziologie. Hg. F. Blasche(F. 블라셰 편: 사회학). Stuttgart ²1974

존 듀이

-Demokratie und Erziehung(J. 욀커스 편: 민주주의와 교육). Hg. J. Oelkers. Weinheim 2000

-Logik(논리학). Frankfurt 2000

-Psycholog. Grundfragen der Erziehung(W. 코렐 편: 교육에 관한 심리학적 기초 질문). Hg. W. Corell.
München 1974

빌헬름 딜타이

-Ges. Schriften(저작집). Stuttgart/Göttingen 1914ff.

-Der Aufbau der geschichtl. Welt in den Geisteswissenschaft(M. 리델 편: 인문 과학의 역사적 세계 구
조). Hg. M. Riedel. Frankfurt 1981

-Die Philosophie des Lebens. Eine Auswahl aus seinen Schriften(H. 놀 편: 생의 철학. 딜타이의 저술 선집). Hg. H. Nohl. Stuttgart/Göttingen 1961

-Texte zur Kritik der histor. Vernunft(H.-U. 레싱: 사적 이성 비판에 관한 저술). Hg. H.-U. Lessing. Göttingen 1983

-O. F. Bollnow: Dilthey(O. F. 볼노우: 딜타이). Stuttgart [3]1967

-R. A. Makkreel: Dilthey. Philosoph der Geisteswissenschaft(R. A. 마크렐: 딜타이. 인문 과학의 철학자). Frankfurt 1991

-F. Rodi u. H.-U. Lessing (Hg.): Materialien zur Philosophie W. Diltheys(F. 로디 외 편: 딜타이 철학 자료집). Frankfurt 1984

루트비히 포이어바흐

-Gesammelte Werke(W. v. 슈펜하우어 편: 저작집). 21 Bde. Hg. W. von Schuffenhauer. Berlin 1981ff.

-Sämtl. Schriften(W. 볼린 외 편: 전집). 13 Bde. Hg. W. Bolin u. F. Jodl. Stuttgart 1960~1964

-Werke in sechs Bänden(E. 티스 편: 저작집). Hg. E. Thies. Frankfurt 1974ff.

-H. J. Braun: Feuerbachs Lehre vom Menschen(H. J. 브라운: 포이어바흐의 인간론). Stuttgart-Bad Cannstatt 1988

윌리엄 제임스

-Der Pragmatismus(K. 욀러 편: 실용주의). Hg. K. Oehler. Hamburg 1977

-Die Vielfalt religioeser Erfahrung(E. 헤름스 편: 종교적 경험의 다양성). Hg. E. Herms. Freiburg 1979

쇠렌 키르케고르

-Gesammelte Werke(E. 히르슈 역: 저작집). Übers. E. Hirsch. Düsseldorf. Köln 1950 (Taschenbuchausgabe in 31 Bde. Gütersloh)

-Werke(L. 리히터 역: 저작집). Übers. L. Richter. Hamburg 1966ff. (Jetzt Frankfurt)

-Entweder - Oder(이것이냐 저것이냐). 2 Bde. München 1988

-H. Diem: Søren Kierkegaard. Eine Einführung(H. 딤: 쇠렌 키르케고르 입문). Göttingen/Zürich 1964

-A. Paulsen: Søren Kierkegaard. Deuter unserer Existenz(A. 파울젠: 쇠렌 키르케고르. 우리 실존의 해석자). Hamburg 1955

-M. Theunissen u. W. Greve: Materialien zur Philosphie Søren Kierkegaards(M. 토이니센 외: 쇠렌 키르케고르 철학 자료집). Frankfurt 1979

카를 마르크스

-Marx-Engels: Werke u. Briefe(마르크스, 엥겔스 저작과 서간). 39 Bde. Berlin 1957ff.

-Studienausgabe(H.-J 리버 편: 저작집 학습판). 6 Bde. Hg. H.-J. Lieber. Darmstadt (versch. Auflagen)

-Die Frühschriften(초기 저술집). Stuttgart ⁶1971

-Das Kapital(자본론). Stuttgart 1957

-W. Euchner: Karl Marx(W. 오이히너: 카를 마르크스). München 1983

-I. Fetscher: Karl Marx und der Marxismus(I. 페처: 카를 마르크스와 마르크스주의). München 1967

-H. Fleischer: Marx und Engels. Die Philosoph. Grundlinien ihres Denkens(H. 플라이셔: 마르크스와 엥겔스 사유의 철학적 개요).. Freiburg ²1974

존 스튜어트 밀

-Gesammelte Werke(Th. 곰페르츠 편: 저작집). Hg. Th. Gomperz. 12 Bde. 1869~1886 (Nachdruck Aalen 1968)

-Über die Freiheit(M. 슐렌케 편: 자유론). Hg. M. Schlenke. Stuttgart 1974

-Der Utilitarismus(공리주의). Stuttgart 1985

프리드리히 니체

-Werke. Krit. Gesamtausgabe(G. 콜리 외 편: 비판적 전집 / 학습판). Hg. G. Colli u, M. Montinari. Berlin/New York 1967ff. (Studienausgabe. 15 Bde. München 1980)

-Sämtl. Werke(전집). 12 Bde. Stuttgart 1965 u, oe.

-Werke(K. 슐레히타 편: 저작집). 3 Bde. Hg. K. Schlechta. München ⁹1982

-E. Fink: Nietzsches Philosohie(E. 핑크: 니체의 철학). Stuttgart ⁶1992

-W. Kaufmann: Nietzsche(W. 카우프만: 니체). Darmstadt ²1988

-M. Montinari: F. Nietzsche(M. 몬티나리: 니체. Berlin 1991

찰스 샌더스 퍼스

-Schriften zum Pragmatismus und Pragmatizismus(K.-O. 아펠 편: 실용주의와 실용주의 철학). Hg. K.-O. Apel. Frankfurt 1976

-Semiotische Schriften(Ch. 클뢰젤 편: 기호론 저술들). 3 Bde. Hg. Ch. Kloesel u. H. Pape. Frankfurt 1986~1993

-Über die Klarheit unserer Gedanken(K. 욀러 편: 사유의 명증성에 관하여). Eng.-dt. Hg. K. Oehler. Frankfurt ³1985

-K.-O. Apel: Der Denkweg von Charles S. Peirce(K.-O. 아펠: 찰스 S. 퍼스의 사고법). Frankfurt 1975

-E. Arroyabe: Peirce. Eine Einf. in sein Denken(E. 아로야베: 퍼스의 사유 입문). Königstein 1982

-L. Nagl: Charles Sanders Peirce(L. 나글: 찰스 샌더스 퍼스). Frankfurt 1992

아르투르 쇼펜하우어

-Sämtliche Werke(A. 휩셔 편: 전집). 7 Bde. Hg. A. Hübscher. Wiesbaden 41988

-Sämtl. WerkeW. V. 뢰나이젠 편: 전집 / 페이퍼백 판). 5 Bde. Hg. W. v. Löhneysen. Stuttgart/
  Frankfurt 1960~1965 (Nachdruck Darmstadt 1976~1982; Taschenbuchausgabe Frankfurt 1986)

-A. Hübscher: Denker gegen den Strom － Schopenhauer: gestern, heute, morgen(A. 휩셔: 흐름을 거
  스른 사상가 쇼펜하우어. 과거, 현재, 미래). Bonn 31987

-V. Spierling: Arthur Schopenhauer(V. 슈피얼링: 아르투르 쇼펜하우어). Leipzig 1998

20세기 철학

테오도르 A. 아도르노

-Ges. Schriften(저술집). 23 Bde. Frankfurt 1970ff.

-Minima Moralia. Reflexionen aus dem beschädigten Leben(미니마 모랄리아). Frankfurt 1969

-Negative Dialektik(부정의 변증법). Frankfurt 1975

-Dialektik der Aufklärung(계몽의 변증법). Frankfurt 1971 (zusammen mit Horkheimer)

-F. Grenz: Adornos Philosophie in Grundbegriffen(F. 그렌츠: 아도르노 철학의 기본 개념). Frankfurt
  1974

카를 오토 아펠

-Transformation der Philosphie(철학의 변환). 2 Bde. 1973 u. oe.

-Diskurs und Verantwortung(담론과 책임). Frankfurt 1988 u. oe.

-W. Kuhlmann: Reflexive Letztbegründung(W. 쿨만: 성찰의 최종 근거). Freiburg 1985

한나 아렌트

-Via activa oder Vom tätigen Leben(비아 악티바 또는 행동하는 삶). München [10]1998

-Vom Leben des Geistes정신의 삶에 관하여). 2 Bde. München 1979

-D. Barley: Hannah Arendt(D. 발리: 한나 아렌트). München 1990

-S. Wolf: Hannah Arendt(S. 볼프: 한나 아렌트). Frankfurt 1991

-E. Young-Brühl: Hannah Arendt. Leben, Werk und Zeit(E. 영 브륄: 한나 아렌트의 삶, 업적, 시대).
  Frankfurt 1986

존 L. 오스틴

-Zur Theorie der Sprachakte(화행론). Stuttgart 1972

-Gesammelte Aufsätze(J. 슐테 편: 논문집). Hg. J. Schulte. Stuttgart 1986

앙리 베르크손

-Die beiden Quellen der Moral und der Religion(도덕과 종교의 두 원천). Frankfurt 1980

-Materie und Gedächtnis(물질과 기억). Frankfurt 1964

-Denken und schöpfer. Werden(사유와 창조적 형성). Frankfurt 1985

-P. Jurevics: Henri Bergson(P. 유레비치: 앙리 베르크손). Freiburg 1949

-L. Kolakowski: Henri Bergson(L. 콜라코브스키: 앙리 베르크손). München/Zürich 1985

-G. Pflug: Henri Bergson(G. 플루크: 앙리 베르크손). Berlin 1959

에른스트 블로흐

-Gesamtausgabe(전집). 16 Bde. Frankfurt 1967ff.

-Werkausgabe(전집). 17 Bde. Frankfurt 1985

-B. Schmidt: Ernst Bloch(B. 슈미트: 에른스트 블로흐). Stuttgart 1985

알베르 카뮈

-Der Mensch in der Revolte(반항하는 인간). Reinbek 1969

-Der Mythos von Sisyphos(시시포스의 신화). Reinbek 1959

-H. R. Lottmann: A. Camus(H. R. 로트만: A. 카뮈). Hamburg 1986

에른스트 카시러

-Das Erkenntnisproblem in der Philosophie und Wissenschaft der neueren Zeit(현대 철학과 과학의 인식 문제). 4 Bde. Stuttgart/Berlin 1906~1957 (Nachdruck Darmstadt 1995)

-Philosophie der symbol. Formen(상징 형식의 철학). 3. Bde. Darmstadt 1982/1988

-Versuch über den Menschen(인간론). Hamburg 1995

-H. Pätzold: E. Cassirer(H. 페촐트: E. 카시러). Darmstadt 1995

미셸 푸코

-Die Ordnung der Dinge(사물의 질서). Frankfurt ^{9}1990

-Archäologoe des Wissens(지식의 계보학). Frankfurt ^{6}1994

-Sexualität und Wahrheit(성과 진리). 3 Bde. Frankfurt 1983~1989

-Überwachen und Strafen(감시와 처벌). Frankfurt 1994

-Schriften in vier Bänden(저술집). Frankfurt 2005

-H. H. Kögler: M. Foucault(H. H. 쾨글러: M. 푸코). Stuttgart ^{2}2004

-R. Visker: M. Foucault(R. 비스커: M. 푸코). München 1991

고틀로프 프레게

-Begriffsschrift und andere Aufsätze(개념 표기법과 기타 논문들). Hildesheim [2]1971

-Funktion, Begriff, Bedeutung(G. 파치히 편: 기능, 개념, 의미). Hg. G. Patzig. Göttingen [7]1994

-Schriften zur Logik und Sprachphilosophie(G. 가브리엘 편: 논리학과 언어 철학 논집). Hg. G. Gabriel. Hamburg [3]1990

-F. v. Kutschera: Gottlob Frege(F. v. 쿠체라: 고틀로프 프레게). Berlin 1989

-M. Schirn (Hg.): Studien zu Frege(M. 쉬른 편: 프레게 연구). 3 Bde. Stuttgart-Bad Cannstatt 1976

한스 게오르크 가다머

-Gesammelte Werke(저작집). 10 Bde. Tübingen 1985ff.

-Wahrheit und Methode. Grundzüge einer philosophischen Hermeneutik(진리와 방법. 철학적 해석학 개요). Tübingen 1960 u. oe.

-J. Grodin: Einführung zu Gadamer(J. 그로딘: 가다머 입문). Stuttgart 2000

아르놀트 겔렌

-Gesamtausgabe(전집). 10 Bde. Frankfurt 1978ff.

-Der Mensch. Seine Natur und seine Stellung in der Welt(인간, 그의 본성과 세계 내의 위치). Bonn 61958.Wiesbaden [13]1986

-Moral und Hypermoral. Eine pluralist. Ethik(도덕과 초도덕. 다원주의 윤리학). . Bonn 1969. Wiesbaden [5]1986

-Urmensch und Spätkultur(원시인과 후기 문화). Bonn [2]1964.Wiesbaden [5]1986

위르겐 하버마스

-Erkenntnis und Interesse(인식과 관심). Frankfurt 1968 u. oe.

-Theorie des kommunikativen Handelns(의사소통행위의 이론. 2 Bde. Frankfurt 1981 u. oe.

-Zur Logik der Sozialwissenschaften(사회과학의 논리). Frankfurt 5. Erw. Aufl. 1970 u. oe.

-A. Honneth u. H. Joas (Hg.): Kommunikatives Handeln(A. 호네트 외 편: 의사 소통 행위). Frankfurt 1986

-D. Horster: Jürgen Habermas(D. 호르스터: 위르겐 하버마스). Stuttgart 1991

니콜라이 하르트만

-Der Aufbau der realen Welt(실재 세계의 구조). Berlin/New York 31964

-Grunzüge einer Metaphysik der Erkenntnis(인식 형이상학 개요). Berlin/New York [5]1965

마르틴 하이데거

-Gesamtausgabe(F.-W. v. 헤르만 편: 전집). Hg. F.-W. v. Herrmann. Frankfurt 1975ff.

-Holzwege(숲길). Frankfurt [6]1980

-Sein und Zeit(존재와 시간). Tübingen [16]1986

-Unterwegs zur Sprache(언어로 가는 길에서). Pfullingen [8]1986

-Wegmarken(이정표). Frankfurt [2]1978

-W. Franzen: M. Heidegger(W. 프란첸: M. 하이데거). Stuttgart 1976

-O. Pöggeler: Der Denkweg Martin Heideggers(O. 푀겔러: 마르틴 하이데거의 사유법). Pfullingen 1963

막스 호르크하이머

-Ges. Schriften(저작집). 18 Bde. Hg. A. Schmidt, G. Schmidt-Noerr. Frankfurt 1085ff.

-Krit. Theorie(비판적 이론). 2 Bde. Frankfurt [3]1977

-Gesellschaft im Übergang(과도기 사회). Frankfurt 1981

-A. Schmidt u. A. Altwicker (Hg.): Max Horkheimer heute: Werk und Wirkung(A. 슈미트 외 편: 막스 호르크하이머와 현대: 그의 저작과 영향). Frankfurt 1986

에드문트 후설

-Husserliana. Ges. Werke(후설리아나. 저작집). Den Haag 1950ff.

-Gesammelte Schriften(저작집). 8 Bde. Hg. E. Ströker. Hamburg 1992

-Cartesian. Meditationen(E. 슈트뢰커 편: 데카르트적 사유). Hg. E. Ströker. Hamburg [3]1995

-Ideen zu einer reinen Phänomenologie und phänomenologische Philosophie(순수현상학과 현상학적 철학의 이념). Tübingen 1993

-Die Krisis der euro. Wissenschaften und die transzendentale Phänomenologie(E. 슈트뢰커 편: 유럽 학문의 위기와 초월론적 현상학). Hg. E. Ströker. Hamburg [3]1996

-Logische Untersuchungen(논리학 연구). 3 Bde. Tübingen [2]1980, Nachdruck 1993

-E. Fink: Studien zur Phänomenologie(E. 핑크: 현상학 연구). Den Haag 1966

-P. Janssen: Edmund Husserl. Einf. in seine Phänomenologie(P. 얀센: 에드문트 후설의 현상학 입문). Freiburg 1976

-L. Landgrebe: Der Weg der Phänomenologie(L. 란트그뢰베: 해석학의 길). Gütersloh 1963

-W. Marx: Die Phänomenologie Husserls(W. 마르크스: 후설 현상학). München 1987

-E. Ströker: Husserls transzendentale Phänomenologie(E. 슈트뢰커: 후설의 초월론적 현상학). Frankfurt 1987

카를 야스퍼스

-Philosophie(철학). 3 Bde. Berlin/Göttingen/Heidelberg [4]1973, Taschenb. München 1994

-Von der Wahrheit(진리에 관하여). München [3]1983

-F.-P. Burkard: Karl Jaspers. Einf. in sein Denken(F.-P. 부르카르트: 카를 야스퍼스 사유 입문). Würzburg 1985

루트비히 클라게스

-Sämtl. Werke(E. 프라우히거 외 편: 전집). 9 Bde. Hg. E. Frauchiger u. a. Bonn 1966ff.

-Der Geist als Widersacher der Seele(영혼의 적대자인 정신). Bonn [6]1981

클로드 레비 스트로스

-Mythologica(신화학). 4 Bde. Frankfurt 1976

-Strukturale Anthropologie(구조인류학). Frankfurt 1978

-Das wilde Denken(야생의 사고). Frankfurt 1973

-W. Lepenies u. Ritter (Hg.): Orte des wilden Denkens(W. 레페니스 외 편: 야생적 사고의 장소). Frankfurt 1970

-G. Schiwy: Der franz. Strukturalismus(G. 쉬비: 프랑스 구조주의). Reinbek 1969

가브리엘 마르셀

-Reflexion und Intuition(성찰과 직관). Frnakfurt 1987

-Sein und Haben(존재와 소유). Paderborn [2]1968

-V. Berning: Das Wagnis der Treue(V. 베르닝: 신의라는 모험). Freiburg 1973

모리스 메를로 퐁티

-Die Struktur des Verhaltens(행동의 구조). Berlin 1976

-Phänomenologie der Wahrnehmung(지각의 현상학). Berlin [2]1976

-Das Sichtbare und das Unsichtbare(보이는 것과 보이지 않는 것). München 1986

-A. Metraux u. B. Waldenfels (Hg.): Leibhaftige Vernunft. Spuren von Merleau-Pontys Denken(A. 메트록스 외 편: 살아 있는 이성. 메를로 퐁티 사유의 궤적). München 1986

조지 E. 무어

-Principia Ethica(프린키피아 에티카. 윤리학 원리). Stutgart 1970

헬무트 플레스너

-Gesammelte Schriften(저작집). 10 Bde. Frankfurt 1980~1985

-F. Hammer: Die exzentr. Position des Menschen(인간의 기이한 위치). Bonn 1967

-S. Pietrowicz: H. Plessner(P. 피에트로비치: H. 플레스너). Freiburg/München 1992

카를 포퍼

-Die offene Gesellschaft und ihre Feinde(열린 사회와 그 적들). 2 Bde. Bonn/München [7]1992

-Logik der Forschung(연구의 논리). Tübingen [10]1994

-E. Döring: Karl R. Popper. Einf. in Leben und Werk(E. 되링: 카를 R. 포퍼. 삶과 저작 입문).
Hamburg 1987

윌러드 밴 오먼 콰인

-Wort und Gegenstand(단어와 대상). Stuttgart 1980

존 롤즈

-Eine Theorie der Gerechtigkeit(정의론). Frankfurt 1975 u. oe.

-Gerechtkeit als Fairness(공정으로서의 정의). Freiburg 1977

-Die Idee des politischen Liberalismus(정치적 자유주의의 이념). Frankfurt 1992

-O. Höffe (Hg.): Über John Rawls Theorie der Gerechtigkeit(O. 회페: 존 롤즈의 정의론). Frankfurt
1977

폴 리쾨르

-Die Interpretation. Ein Versuch über Freud(해석. 프로이트 이해의 시도). Frankfurt 1969, Neuaufl.
1993

-Hermeneutik und Struktualismus(해석학과 구조주의). München 1973

-Hermeneutik und Psychoanalyse(해석학과 정신 분석). München 1974

-Zeit und Erzählung(시간과 이야기). 3 Bde. München 1988~1991

-F. Prammer: Die philosophische Hermeneutik Paul Ricoeurs(F. 프람머: 폴 리쾨르의 철학적 해석학).
Wien 1988

버트런드 러셀

-Philosoph. und polit. Aufsaetze(U. 슈타인포르트 편: 철학과 정치학 논집). Hg. U. Steinvorth. Stuttgart
1971

-Studienausgabe(학습판 저작집). München 1972ff.

-A. J. Ayer: Bertrand Russell(A. J. 에이어: 버트런드 러셀). München 1973

길버트 라일

-Der Begriff des Geistes(정신의 개념). Stuttgart 1969

장 폴 사르트르

-Ist der Existenzialismus ein Humanismus?(실존주의는 휴머니즘인가?) In: Drei Essays. Frankfurt 1980
-Kritik der dialektischen Vernunft(변증법적 이성 비판). Reinbek 1967
-Das Sein und das Nichts(존재와 무). Reinbek 1962
-W. Biemel: Jean-Paul Sartre in Selbstzeugnissen und Bilddokumenten(W. 비멜: 자기 증언과 사진 자료에 나타나는 장 폴 사르트르). Reinbek 1964
-J. Hengelbrock: Jean-Paul Sartre(J. 행엘브로크: 장 폴 사르트르). Freiburg 1989

막스 셸러

-Gesammelte Werke(마리아 셸러 외 편: 저작집). 11 Bde. Hg. Maria Scheler u. M. S. Frings. Bern/Bonn 1933 bis 1979
-E. W. Orth u. G. Pfafferott (Hg.): Studien zur Philosophie M. Schelers(E. W. 오르트 외 편: 막스 셸러 철학 연구). Freiburg/München 1994

게오르크 짐멜

-Gesamtausgabe(전집). 20 Bde. Frankfurt 1988ff. (als Taschenbuchausgabe 24 Bde.)
-Hauptprobleme der Philosophie(철학의 주요 문제). Berlin/New York [9]1989
-Das Individuelle Gesetz. Philosoph. Exkurse(M. 란트만 편: 개인적 법. 철학적 부설). Hg. M. Landmann. Frankfurt 1984

앨프리드 노스 화이트헤드

-Prozess und Realität(과정과 실제). Frankfurt [2]1984
-E. Wolf-Gazo: Whitehead. Einf. in seine Kosmologie(E. 볼프 가초: 화이트헤드 우주론 입문). Freiburg/ München 1980

루트비히 비트겐슈타인

-Schriften(논설집). 7 Bde. Frankfurt 1960ff.
-Philosoph. Untersuchungen(철학 탐구). Frankfurt 1977

-Tractatus logico-philosophicus(논리 철학 논고). Frankfurt [14]1979

-Wiener Ausgabe(비엔나판 저작집). 22 Bde. Hg. M. Nedo. Wien 1993ff.

-K. T. Fann: Die Philosophie L. Wittgensteins(K. T. 판: 비트겐슈타인의 철학). Freiburg/München 1971

-A. Kenny: Wittgenstein(A. 케니: 비트겐슈타인). Frankfurt 1974

-G. Pitcher: Die Philosophie Wittgensteins(G. 피처: 비트겐슈타인의 철학). Freiburg/München 1967

-J. Schulte: Wittgenstein. Eine Einführung(J. 슐테: 비트겐슈타인 입문). Stuttgart 1989

자연과학

-Ch. Darwin: Die Entstehung der Arten durch natuerl. Zuchtwahl(찰스 다윈: 종의 기원). Übers. C. W. Neumann. Stuttgart 1967

-M. Drieschner: Einf. in die Naturphilosophie(M. 드리슈너: 자연 철학 입문). Darmstadt [2]1991

-A. Einstein: Über die spezielle und die allgemeine Relativitätstheorie(A. 아인슈타인: 특수상대성이론 과 일반상대성이론). Wiesbaden [23]1988

-A. Einstein: Mein Weltbild(A. 아인슈타인: 나의 세계상). Frankfurt 1988

-Evolution. Die Entwicklung von den ersten Lebensspuren bis zum Menschen("Spektrum der Wissenschaft과학의 스펙트럼" 시리즈 간행. 진화. 최초 생명의 흔적에서 인간까지). (Spektrum der Wissenschaft) Heidelberg [6]1986

-Geo-Wissen: Chaos und Kreativität("Geo-Wissen 지구 지식" 시리즈. 카오스와 창조성). Hamburg 1990

-W. Heisenberg: Physik und Philosophie(W. 하이젠베르크: 물리학과 철학). Frankfurt/Berlin/Wien 1990

-W. Heisenberg: Der Teil und das Ganze(W. 하이젠베르크: 부분과 전체). München [6]1986

-K. Keitel-Holz: Charles Darwin und sein Werk(K. 카이텔 홀츠: 찰스 다윈과 그의 업적). Frankfurt 1981

-Th. S. Kuhn: Die Struktur wissenschaftlicher Revolutionen(토머스 쿤: 과학 혁명의 구조). Frankfurt 1973

-K. Lorenz: Die Rückseite des Spiegels. Versuch einer Naturgeschichte menschl. Erkennens(K. 로렌츠: 거울의 뒷면. 인간 인식의 자연사에 관한 시도). München/Zürich 1973

-P. Mittelstaedt: Philosophische Probleme der modernen Physik(P. 미텔슈테트: 현대 물리학의 철학적 문제). Mannheim u. a. [7]1989

-J. Monod: Zufall und Notwendigkeit(J. 모노: 우연과 필연). München [7]1985

-H. R. Pagels: Cosmic Code(H. R. 파겔스: 우주의 암호). Frankfurt 1983

-P. A. Schlipp: Albert Einstein als Philosoph und Naturwissenschaftler(P. A. 슐리프: 철학자와 자연과

학자로서의 알베르트 아인슈타인). Wiesbaden 1979

-F. M. Wuketis: Evolution, Erkenntnis, Ethik(F. M. 부케티츠: 진화, 인식, 윤리). Darmstadt 1984

분석철학

-W. F. Frankena: Analytische Ethik(W. F. 프란케나: 분석 윤리학). München 1994

-A. Keller: Sprachphilosophie(A. 켈러: 언어 철학). Freiburg/München 1979

-E. Runggaldier: Analyt. Sprachphilosophie((E. 룽갈디어: 분석적 언어 철학). Stuttgart 1990

-E. v. Savigny: Die Philosophie der normalen Sprache(E. v. 사비니: 일상 언어의 철학). Frankfurt 1993

-P. F. Strawson: Analyse und Metaphysik(P. F. 스트로슨: 분석과 형이상학). München 1994

-G. J. Warnock: Engl. Philosophie im 20. Jh(G. J. 워노크: 20세기 영국 철학). Stuttgart 1971

현대 논리학

-A. Bühler: Einführung in die Logik(A. 논리학 입문). Freiburg ^{2}1997

-W. K. Essler: Einf. in die Logik(W. K. 에슬러: 논리학 입문). Stuttgart ^{2}1969

-R. Kleinknecht u. E. Wüst: Lehrbuch der elementaren Logik(R.클라인크네히트 외: 기초 논리학 교과
서). München 1976

-F. v. Kutschera u. A. Brietkopf: Einf. in die moderne Logik(F. v. 쿠체라 외: 현대 논리학 입문). Freiburg
^{6}1992

-W. van O. Quine: Grundzüge der Logik(W. van O. 콰인: 논리학 개요). Frankfurt 1974

-J. M. Bochenski u. A. Menne: Grundriss der formalin Logik(J. M. 보헨스키 외: 형식 논리학 개요).
Paderborn ^{5}1983

2차 문헌

참고 문헌

-Totok, W.: Handbuch der Geschichte der Philosophie(W. 토토크: 철학사 핸드북). 6 Bde. Frankfurt
1964ff.

사전

-Biographische Enzyklopädie deutschsprachiger Philosophen(V. B. 얀 편: 독일어권 철학자의 전기적 백
과사전). Bearb. V. B. Jahn. München 2001

-Chines.-dt. Lexikon der chines. Philosophie(L. 겔트제처 외 역: 중국 철학 중-독 사전). Übers. L.

Geldsetzer u. Hong Handing. Aalen 1986

-Enzyklopädie Philosophie und Wissenschaftstheorie(J. 미텔슈트라스 편: 철학과 학문론 백과사전). 4
Bde. Hg. J. Mittelstraß. Mannheim u. a. 1980ff., ab Bd. 3: Stuttgart/Weimar

-Enzyklopädie zu Philosophie und Wissenschaften(H. J. 잔트퀼러 편: 철학과 제학문 백과사전. 4 Bde.
Hg. H. J. Sandkühler. Hamburg 1990

-Großes Werklexikon der Philosophie(F. P. 폴피 편: 철학 저작 대사전). 2 Bde. Hg. F. Volpi. Stuttgart
1999

-Histor. Wörterbuch der Philosophie(J. 리터 외 편: 철학사 용어 사전. 12 Bde. Hg. J. Ritter, K. Gründer.
Basel 1971ff.

-Lexikon der Ästhetik(W. 헹크만 외 편: 미학 사전). Hg. W. Henckmann, K. Lotter. München 1992

-Lexikon der Ethik(O. 회페 편: 윤리학 사전). Hg. O. Höffe u. a. München [5]1997

-Lexikon der philosoph. Werke(F. P. 폴피 외 편: 철학 저작 사전). Hg. F. Volpi, J. Nida-Rümelin.
Stuttgart 1988

-Metzler Philosophen Lexikon(P. 프레히틀 외 편: 메츨러 철학자 사전). Hg. P. Prechtl, F.-P. Burkard.
Stuttgart/Weimar [2]1999

-Neues Handbuch philosoph. Grundbegriffe(A. G. 빌트포이어 외 편:철학 기본 개념 신핸드북). 3 Bde.
Hg. A. G. Wildfeuer, P. Kolmer. Freiburg/München 2007

-Philosophenlexikon(W. 치겐푸스 편: 철학자 사전. Hg. W. Ziegenfuss. 2 Bde. Berlin 1949/1950

-Philosophielexikon(A. 휘글리 외 편: 철학 사전). Hg. A. Hügli, P. Lübcke. Reinbek 1991 u. oe.

-Philosoph. Wörterbuch(M. 뮐러 외 편: 철학 용어 사전). Hg. M. Müller, A. Halder. Freiburg 1988;
Neuausg. 1999

-Philosoph. Wörterbuch(G. 쉬슈코프: 철학 용어 사전). Hg. G. Schischkoff. Stuttgart [22]1991

-Wörterbuch der antiken Philosophie(C. 호른 외 편: 고대 철학 용어 사전). Hg. C. Horn, C. Rapp.
München 2002

-Wörterbuch der Philosophie(R. 헤겐바르트 편: 철학 용어 사전). Hg. R. Hegenbart. München 1984

-Wörterbuch der philosoph. Begriffe(A. 레겐보겐 외 편: 철학 개념 사전). Hg. A. Regenbogen, U.
Meyer. Hamburg 1998

철학사, 개론

-Anzenbacher, A.: Einf. in die Philosophie(A. 안첸바허: 철학 입문). Vollst. überarb. Neuausg. Freiburg
2002

-Aster, E. v.: Geschichte der Philosophie(E. v. 아스터: 철학사). Stuttgart [18] 1998

-Bauer, W.: Geschichte der chinesischen Philosophie(W. 바우어: 중국 철학사). Hg. H. von Ess.
München 2001

-Böhme, G. (Hg.): Klassiker der Naturphilosophie. Von den Vorsokratiker bis zur Kopenhagener Schule(G. 뵈메 편: 자연 철학의 고전. 소크라테스 이전 철학자부터 코펜하겐 학파까지). München 1989

-Bubner, R. (Hg.): Geschichte der Philosophie in Text und Darstellung(R. 부브너 편: 도해 철학사). 8 Bde. Stuttgart 1982

-Burkard, F.-P.: Grundwissen Philosophie(F.-P. 부르카르트: 철학의 기초 지식). Stuttgart 1999

-Capelle, W.: Die griech. Philosophie(W. 카펠레: 그리스 철학). 2 Bde. Berlin ³1971

-Châtelet, F. (Hg.): Geschichte der Philosophie(F. 샤틀레 편: 철학사). 8 Bde. Frankfurt u. a. 1973

-Copleston, F. C.: Geschichte der Philosophie im Mittelalter(F. C. 코플스턴: 중세 철학사). München 1976

-Coreth, E., Ehlen, P., Heinzmann, R., Ricken, F. u. a.: Grundkurs Philosophie(E. 코레트 외: 철학 기초 과정). Bd. 6~10. Stuttgart u. a. 1983ff.

-Deussen, P.: Allgemeine Geschichte der Philosophie mit besonderer Berücksichtigung der Religionen(P. 도이센: 종교에 중점을 둔 철학 일반사). Leipzig. ⁵1922

-Erler, M., Graeser, A. (Hg.): Philosophen des Altertums(M. 에를러 외 편: 고대의 철학자들). 2 Bde. Darmstadt 2000

-Flasch, K.: Das philosoph. Denken im Mittelalter(K. 플라슈: 중세 철학 사상). Stuttgart 1987, erw. ²2000

-Fleischer, M. (Hg.): Philosophen des 20. Jhd(M. 플라이셔 편: 20세기의 철학자들). Darmstadt ⁴1995

-Forke, A.: Geschichte der alten chines. Philosophie(A. 포르케: 고대 중국 철학사). Hamburg 1927, 1964

-Frauwallner, E.: Geschichte der ind. Philosophie(E. 프라우발너: 인도 철학사). 2 Bde. Salzburg 1953, 1956

-Gilson, E. u. Böhner, Ph.: Die Geschichte der christl. Philosophie(E. 질송 외: 그리스도교 철학의 역사). Paderborn 1937

-Glasenapp, H. v.: Die Philosophie der Inder(H. v. 글라제나프: 인도인의 철학). Stuttgart 1974

-Helferich, Ch.: Geschichte der Philosophie(Ch. 철학사). Stuttgart ² 1992;Tb.1998

-Hiriyana, M.: Vom Wesen der indischen Philosophie(M. 히라야나: 인도 철학 요체). München 1990

-Hirschberger, J.: Geschichte der Philosophie(J. 히르쉬베르거: 철학사). 2 Bde. Freiburg/Basel/Wien ¹²1984, 1988

-Höllhuber, I.: Geschichte der Philosophie im spanischen Kulturbereich(I. 횔후버: 에스파냐 문화권 철학의 역사). München/Basel 1967

-Höllhuber, I.: Geschichte der italienischen Philosophie(I. 횔후버: 이탈리아 철학사). München/Basel 1969

-Hörster, N. (Hg.): Klassiker des philosoph. Denkens(N. 회르스터: 철학 사상의 고전). 2. Bde. München 1982

-Höffe, O. (Hg.): Klassiker der Philosophie(O. 회페 편: 철학의 고전들). 2 Bde. München ²1985

-Hügli, A., Lübcke, P. (Hg.): Philosophie im 20. Jhd(A. 휘글리 외 편: 20세기 철학). 2 Bde. Reinbek 1992

-Keil, G.: Philosophiegeshcichte(G. 카일: 철학사). 2 Bde. Stuttgart u. a. 1985/1987

-Kobusch, Th. (Hg.): PHilosophen des Mittelalters(Th. 코부쉬 편: 중세의 철학자들). Darmstadt 2000

-Krause, F. E. A.: Ju-Tao-Fo. Die religiösen und philosoph. Systeme Ostasiens(F. E. A: 유교, 도교, 불교. 동아시아의 종교 및 철학 체계). München 1924

-Kreimendahl, L. (Hg.): Philosophen des 17. Jhd(L. 크라이멘달 편: 17세기의 철학자들). Darmstadt 1999

-Kreimendahl, L. (Hg.): Philosophen des 18. Jhd(L. 크라이멘달 편: 18세기의 철학자들). Darmstadt 2000

-Kristeller, P. O.: Acht Philosophen der ital. Renaissance(P. O. 크리스텔러: 이탈리아 르네상스의 철학자 8인). Weinheim 1986

-Lorenz, K.: Indische Denker(K. 로렌츠: 인도의 사상가들). München 1998

-Nida-Rümelin, J. (Hg.): Philosophie der Gegenwart in Einzeldarst.(J. 니다 뤼멜린 편: 항목별 현대 철학 개요)Stuttgart ²1999

-Noak, H.: Die Philosophie Westeuropas (Die philosoph. Bemühungen des 20. Jhd.)(H. 노아크: 서양 철학. 20세기의 철학적 노력). Darmstadt ⁴1976

-Pieper, A.: Selber denken. Anstiftung zum Philosophieren(A. 피퍼: 스스로 생각하기. 철학하기로 이끄는 자극). Leipzig 1997, ⁵2002

-Pieper, A.: Philosophische Disziplinen(A. 피퍼: 철학의 여러 분야). Leipzig 1998

-Radhakrishnan, S.: Ind. Philosophie(S. 라다크리슈난: 인도 철학). Darmstadt/Baden-Baden/Genf o. J.

-Röd, W.: Dialekt. Philosophie der Neuzeit(W. 뢰트: 근세 변증법 철학). München ²1986

-Röd, W.: Geschichte der Philosophie(W. 뢰트: 철학사). 14 Bde. München 1976ff.

-Röd, W.: Der Weg der Philosophie(W. 뢰트: 철학의 길). 2. Bde. München 1994/1996; Tb. 2000

-Russell, B.: Denker des Abendlandes(B. 러셀: 서양의 사상가들). Stuttgart 1962; Tb. 1992

-Sandvoss, E. R.: Geschichte der Philosophie(E. R. 잔트포스: 철학사). 2 Bde. München 1989; neu 2001

-Scherer, G.: Philosophie des Mittelalters(G. 셰러: 중세 철학). Stuttgart/Weimar 1993

-Schleichert. H.: Klass. chines. Philosophie(H. 슐라이헤르트: 중국 고전 철학). Frankfurt 1980

-Speck, J. (Hg.): Grundprobleme der großen Philosophen(J. 슈페크 편: 위대한 철학자들의 근본 문

제).12 Bde. Göttingen 1972ff.

-StegMüller, W.: Hauptströmungen der Gegenwartsphilosophie(W. 슈테크뮐러: 현대 철학의 주류들). 4 Bde. Stuttgart 1987/1989

-Störig, H. J.: Kleine Weltgeschichte der Philosophie(H. 슈퇴리히: 세계 철학 소사). Frankfurt (verschiedene Ausgaben und Auflagen)

-Ueberweg, F.: Grundriß der Geschichte der Philosophie(F. 위버베크: 철학사 개요). 5 Bde. [13]1953. NeueAusgabe: Basel/Stuttgart. Bishererschienen(개정판으로는 지금까지 다음 단행본들이 출간되었음):

-Flashar, H. (Hg.): Die Philosophie der Antike(H. 플라스하르 편: 고대 철학). Bd. 2/1 (1998); Bd. 3 (1983); Bd. 4 (1994)

-Schobinger, J.-P. (Hg.): Die Philosophie des 17. Jhd(J.-P. 쇼빙어 편: 17세기 철학). Bd. 1 (1998); Bd. 2 (1993); Bd. 3 (1988); Bd. 4 (2001)

-Holzhey, H. (Hg.): Die Philosohie des 18. Jhd(H. 홀츠하이 편: 18세기 철학). Bd. 1 (2004)

-Vorländer, K. u. Erdmann, E.: Geschichte der Philosophie(K. 포얼랜더 외: 철학사). 7 Bde. (bearb. v. E. Metzke u. H. Knittermeyer) Hamburg 1963ff.

-Waldenfels, B.: Phänomenologie in Frankreich(B. 발덴펠스: 프랑스 현상학). Franfurt 1983

-Wuchterl, K.: Bausteine zu einer Geschichte der Philosophie des 20. Jhd(K. 부흐테를: 20세기 철학사의 요소들). Stuttgart/Wien 1995

전자 매체
텍스트, CD-ROM

-Philosophie von Platon bis Nietzsche(F.-P. 한젠 간행 및 서문: 플라톤에서 니체까지의 철학). Ausg. u. eingel. v. F.-P. Hansen. Berlin 1998 (Digitale Bibliothek Bd. 2)

-Platon, Kant u. a. im Kontext(맥락으로 본 플라톤, 칸트 등). Karsten Worm InfoSoftWare. Berlin

-Past Masters(옛 거장들) bei InteLex. Charlottesville/USA (http://www.nix.com/pstm/index.htm)

입문 수준 인터넷 자료
http://www.philo.de
http://www.pyrrhon.de
http://www.intute.ac.uk/artsandhumanities/philosophy

텍스트 아카이브
http://classics.mit.edu (고전 아카이브)
http://www.eserver.org/philosophy (철학)

http://www.perseus.tufts.edu

(http://www.forumromanum.org (라틴어 문헌)

(http://www.georgetown.edu/labyrinth (The Labyrinth)

그림 출처

이 책의 모든 도해는 지은이들의 의도에 따라 원본을 바탕으로 새로 그려졌다. 지은이들이 참
고한 원본의 출처는 다음과 같다(별표 다음의 숫자는 본문 항목 번호이며, 회화 등의 제목은 옮긴이
의 번역).

* 16 A: 로댕 "생각하는 사람", 1880   * 40 D: 펑유란 馮友蘭, 〈A History of Chinese Philosophy〉(중
국 철학사), Book 2, Princeton 1953. p. 436   * 56 C, D: 버트런드 러셀, 〈Denker des Abendlandes〉(〈
서양의 지혜〉독일어판) Stuttgart 1962. p. 22, 30   * 62 B: 러셀, 위 p. 24, 26   * 66: 지도 in: C. 헬
페리히, 〈Geschichte der Philosophie〉(철학사). Stuttgart 1985   * 90 B: 러셀, 위 p. 86   * 94 B: 러
셀, 위 p. 82   * 128: 중세 대학 지도 in: H. 킨더, W. 힐게만, 〈dtv-Atlas zur Weltgeschichte〉(dtv 도
해 세계사) 1권. München 1964. p. 180   * 176A: 러셀, 위   * 198 A: 카롤루스 보빌루스, 〈Liber
de Sapiente〉(지혜에 대하여, 1509), 야콥 드 게인, "멜랑콜리" in: Sem Dresden, 〈Humanismus und
Renaissance〉(휴머니즘과 르네상스). p. 67, 235   * 270 왼쪽 아래: 장 미셸 모로의 삽화 in: 〈Emil
ou de l'éducation〉(에밀)   * 312 A: 르네 마그리트, "변증법 찬양"   * 376 B: H. 브로이어의 도해
in: 〈dtv-Atlas Physik〉(dtv 도해 물리학) 2권, München 1988. p. 348   * 376 C 아래: 하인츠 파겔스
의 도해 in: 〈Cosmic Code〉(우주의 암호). Frankfurt 1983. p. 50   * 376 D: M. 드리슈너의 도해 in:
〈Einführung in die Naturphilosophie〉(자연 철학 입문). Darmstadt 1981. p. 107f.   * 384 A, C: J. 크놀
의 도해 in: 〈Evolution〉(진화). Braunschweig 1980. p. 7f, 119   * 384 B: C. 브레슈의 도해 in: 〈Lust
am Denken〉(사고의 즐거움). München ⁶1984. p.30   * 408 A: D. 애튼버러의 도해 in: 〈Das Leben
unserer Erde〉(지구의 삶). Berlin 1979. p. 311   * 412 B: 안토넬로 다 메시나, "남자의 초상"(런던 내
셔널 갤러리) 일부 in: W. 비멜, 〈Sartre〉(사르트르). Reinbeck 1964. p. 48   * 470 B 왼쪽 아래: 월트
디즈니 만화 캐릭터   * 486 A: 레비 스트로스, 〈Das wilde Denken〉(야생의 사고). Frankfurt ³1979.
p. 178

색인

인명색인

용어색인